마이크로서비스 인 액션

올바른 마이크로서비스 도입을 위한 완벽 실용서

마이크로서비스 인 액션
올바른 마이크로서비스 도입을 위한 완벽 실용서

지은이 모건 브루스, 파울로 페레이라
옮긴이 김민석

펴낸이 박찬규 엮은이 전이주 디자인 북누리 표지디자인 아로와 & 아로와나

펴낸곳 위키북스 전화 031-955-3658, 3659 팩스 031-955-3660
주소 경기도 파주시 문발로 115 세종출판벤처타운 311호

가격 32,000 페이지 424 책규격 188 x 240mm

초판 발행 2019년 06월 28일
ISBN 979-11-5839-158-4 (93000)

등록번호 제406-2006-000036호 등록일자 2006년 05월 19일
홈페이지 wikibook.co.kr 전자우편 wikibook@wikibook.co.kr

MICROSERVICES IN ACTION by Morgan Bruce and Paulo A. Pereira
Original English language edition published by Manning Publications.
Copyright ⓒ 2018 by Manning Publications.
Korean edition Copyright ⓒ 2019 by WIKIBOOKS.
All rights reserved.

이 책의 한국어판 저작권은 대니홍 에이전시를 통한 저작권자와 독점 계약으로 위키북스에 있습니다.
신저작권법에 의해 한국 내에서 보호를 받는 저작물이므로 무단 전재와 복제를 금합니다.

이 책의 내용에 대한 추가 지원과 문의는 위키북스 출판사 홈페이지 wikibook.co.kr이나
이메일 wikibook@wikibook.co.kr을 이용해 주세요.

이 도서의 국립중앙도서관 출판시도서목록 CIP는
서지정보유통지원시스템 홈페이지(http://seoji.nl.go.kr)와
국가자료공동목록시스템(http://www.nl.go.kr/kolisnet)에서 이용하실 수 있습니다.
CIP제어번호 CIP2019022977

마이크로서비스
인 액션

올바른
마이크로서비스
도입을 위한
완벽 실용서

모건 브루스, 파울로 페레이라 지음
/
김민석 옮김

마이크로서비스 운영 환경

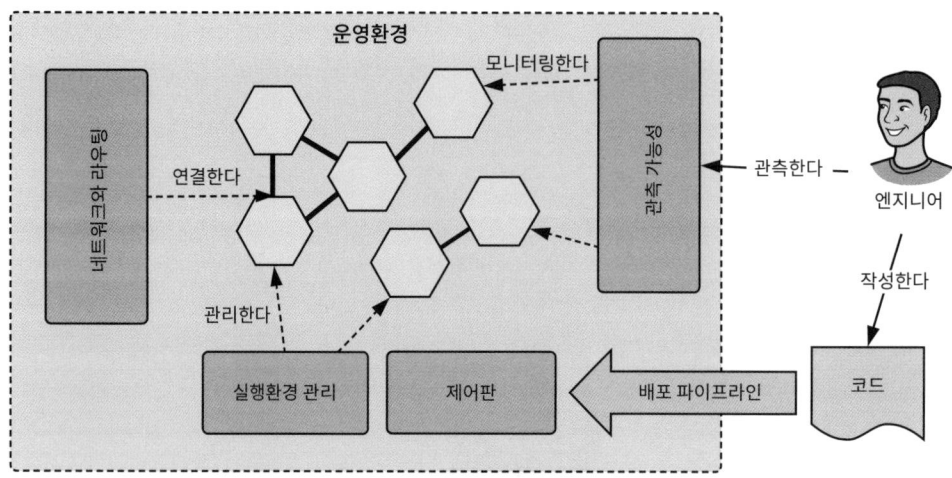

마이크로서비스의 운영 환경에는 배포 대상, 배포 파이프라인, 운영 환경 관리, 네트워킹 기능, 그리고 관측 가능성 지원의 몇 가지 구성요소가 있다. 이 책에서는 이런 구성요소에 대해 알아보고 안정적이고 현대적인 마이크로서비스 애플리케이션을 개발하기 위해 이것들을 사용하는 방법에 대해 배울 것이다.

01부 동향

01장 마이크로서비스 설계하고 실행하기 — 3

1.1 마이크로서비스 애플리케이션이란 무엇인가? — 4
- 1.1.1 분해를 통한 확장 — 7
- 1.1.2 핵심 원칙 — 8
- 1.1.3 누가 마이크로서비스를 사용할까? — 11
- 1.1.4 왜 마이크로서비스가 올바른 선택인가? — 13

1.2 무엇이 마이크로서비스를 어렵게 만드는가? — 15
- 1.2.1 설계상의 어려움 — 16
- 1.2.2 운영상의 도전 과제 — 19

1.3 마이크로서비스 개발 라이프사이클 — 21
- 1.3.1 마이크로서비스 설계하기 — 21
- 1.3.2 마이크로서비스 배포하기 — 24
- 1.3.3 마이크로서비스 관찰하기 — 27

1.4 운영에 대해 인지하고 책임지는 엔지니어링 문화 — 29

요약 — 29

02장 마이크로서비스 적용 사례: 심플뱅크(SimpleBank) — 31

2.1 심플뱅크는 무슨 일을 하는가? — 32

2.2 마이크로서비스가 올바른 선택인가? — 33
- 2.2.1 금융 소프트웨어의 위험과 관성 — 34
- 2.2.2 마찰 감소와 지속 가능한 가치의 전달 — 34

2.3 새로운 기능을 개발하기 — 35
- 2.3.1 도메인 모델링을 통한 마이크로서비스 식별하기 — 36
- 2.3.2 서비스 간의 협업 — 39
- 2.3.3 서비스의 자율적 구성 — 41

2.4 서비스를 외부에 노출하기 — 43

2.5	운영 환경에 기능 반영하기	44
	2.5.1 품질 관리와 자동 배포	47
	2.5.2 회복성	47
	2.5.3 투명성	48
2.6	마이크로서비스 개발 확장하기	50
	2.6.1 기술적 다변화	51
	2.6.2 격리	52
2.7	다음 주제는?	52
	요약	53

02부 설계

03장 마이크로서비스 애플리케이션의 아키텍처 — 55

3.1	전체 아키텍처	55
	3.1.1 모놀리식에서 마이크로서비스로	56
	3.1.2 아키텍트의 역할	58
	3.1.3 아키텍처 원칙	58
	3.1.4 4 계층 마이크로서비스 애플리케이션	59
3.2	마이크로서비스 플랫폼	60
	3.2.1 운영 플랫폼 매핑	62
3.3	서비스	63
	3.3.1 역량(capabilities)	63
	3.3.2 집계 및 상위 주문 서비스	64
	3.3.3 중요 경로와 중요하지 않은 경로	65
3.4	커뮤니케이션	65
	3.4.1 언제 동기식 메시지를 사용하는가	66
	3.4.2 언제 비동기식 메시지를 사용하는가	67
	3.4.3 비동기식 커뮤니케이션 패턴	68
	3.4.4 다른 서비스 찾기	70
3.5	애플리케이션 경계(boundary)	71
	3.5.1 API 게이트웨이	73

	3.5.2 프런트엔드를 위한 백엔드	74
	3.5.3 컨슈머-주도 게이트웨이	75
3.6	**클라이언트**	**77**
	3.6.1 모놀리식 프런트엔드	77
	3.6.2 마이크로 프런트엔드	78
요약		**80**

04장 신규 기능 설계하기 — 81

4.1	**심플뱅크의 새로운 기능**	**82**
4.2	**비즈니스 역량의 범위 지정하기**	**84**
	4.2.1 역량과 도메인 모델링	84
	4.2.2 투자 전략 생성하기	86
	4.2.3 내포된 컨텍스트와 서비스	92
	4.2.4 도전 과제와 한계	93
4.3	**유스케이스로 범위 정하기**	**94**
	4.3.1 투자 전략 주문 제출하기	95
	4.3.2 액션과 저장소	100
	4.3.3 조율과 자율적 구성	102
4.4	**변동 가능성에 따라 범위 정하기**	**102**
4.5	**기술적 역량**	**104**
	4.5.1 알림 보내기	105
	4.5.2 기술 역량은 언제 사용하는가	106
4.6	**모호함 다루기**	**107**
	4.6.1 큰 규모의 서비스로 시작하기	107
	4.6.2 향후 분해를 위한 준비	108
	4.6.3 제거와 이관	109
4.7	**조직의 서비스 오너십**	**111**
요약		**113**

05장 마이크로서비스에서의 트랜잭션과 질의 … 114

- 5.1 분산 애플리케이션에서 일관된 트랜잭션 … 115
  - 5.1.1 왜 분산 트랜잭션을 사용할 수 없는가? … 116
- 5.2 이벤트 기반 커뮤니케이션 … 117
  - 5.2.1 이벤트와 자율적 구성 … 119
- 5.3 사가(Sagas) 패턴 … 120
  - 5.3.1 자율적으로 구성된 사가 패턴 … 122
  - 5.3.2 조율된 사가 패턴 … 125
  - 5.3.3 중첩된(interwoven) 사가 패턴 … 127
  - 5.3.4 일관성 패턴 … 129
  - 5.3.5 이벤트 소싱 … 129
- 5.4 분산된 환경에서의 질의 … 131
  - 5.4.1 데이터 복제본 저장하기 … 132
  - 5.4.2 질의와 명령 분리하기 … 134
  - 5.4.3 CQRS의 어려운 점 … 136
  - 5.4.4 분석과 리포팅 … 138
- 5.5 참고 자료 … 138
- 요약 … 139

06장 신뢰할 수 있는 서비스 설계하기 … 140

- 6.1 신뢰성 정의하기 … 141
- 6.2 잠재 위험 찾아내기 … 143
  - 6.2.1 장애의 원인 … 144
  - 6.2.2 장애의 전파 … 147
- 6.3 신뢰할 수 있는 커뮤니케이션 설계하기 … 151
  - 6.3.1 재시도 … 152
  - 6.3.2 폴백 … 155

	6.3.3 타임아웃	157
	6.3.4 회로 차단기	159
	6.3.5 비동기 커뮤니케이션	162
6.4	서비스 신뢰성 극대화하기	162
	6.4.1 부하 분산과 서비스 상태	162
	6.4.2 비율 제한	164
	6.4.3 신뢰성 검증과 장애 내성	165
6.5	기본적으로 안전하게	169
	6.5.1 프레임워크	169
	6.5.2 서비스 메시	170
요약		171

07장 재사용할 수 있는 마이크로서비스 프레임워크 구축하기 173

7.1	마이크로서비스 섀시	174
7.2	마이크로서비스 섀시의 목적은 무엇인가?	177
	7.2.1 위험 제거	178
	7.2.2 신속한 기반 구축(bootstrapping)	179
7.3	섀시 설계	179
	7.3.1 서비스 디스커버리	181
	7.3.2 관측 가능성	186
7.4	섀시를 사용해 구현된 기능 살펴보기	196
7.5	혼재성이 마이크로서비스의 약속 중 하나가 아니었나?	199
요약		201

03부 배포

08장 마이크로서비스 배포하기 … 203

- **8.1 왜 배포가 중요한가?** … 204
  - 8.1.1 안정성과 가용성 … 204
- **8.2 마이크로서비스 운영 환경** … 205
  - 8.2.1 마이크로서비스 운영 환경의 기능 … 206
  - 8.2.2 자동화와 속도 … 207
- **8.3 서비스를 배포하는 빠른 방법** … 207
  - 8.3.1 서비스 시작하기 … 208
  - 8.3.2 가상 머신 배포하기 … 209
  - 8.3.3 서비스의 여러 인스턴스 실행하기 … 210
  - 8.3.4 부하 분산기 추가하기 … 213
  - 8.3.5 무엇을 배웠나? … 215
- **8.4 서비스 산출물 만들기** … 216
  - 8.4.1 산출물이란 무엇인가? … 217
  - 8.4.2 불변성 … 218
  - 8.4.3 서비스 산출물의 유형 … 219
  - 8.4.4 설정 … 224
- **8.5 서비스와 호스트의 모델** … 225
  - 8.5.1 호스트별 단일 서비스 … 225
  - 8.5.2 호스트별 여러 정적 서비스 … 226
  - 8.5.3 호스트별 여러 서비스 스케줄링 … 226
- **8.6 무중단 서비스 배포** … 228
  - 8.6.1 GCE에 카나리와 롤링 배포 … 229
- **요약** … 231

09장 컨테이너와 스케줄러를 이용해 배포하기 233

9.1 서비스를 컨테이너화하기 234
9.1.1 이미지 작업하기 235
9.1.2 이미지 빌드하기 237
9.1.3 컨테이너 실행하기 240
9.1.4 이미지 저장하기 243

9.2 클러스터에 배포하기 244
9.2.1 파드 설계하고 실행하기 246
9.2.2 부하 분산하기 249
9.2.3 간략하게 내부 살펴보기 251
9.2.4 상태 점검 254
9.2.5 새로운 버전 배포하기 256
9.2.6 롤링 백 263
9.2.7 여러 서비스 연결하기 264

요약 265

10장 마이크로서비스 전달 파이프라인 구축하기 266

10.1 배포를 지루하게 만들기 267
10.1.1 배포 파이프라인 267

10.2 젠킨스로 파이프라인 만들기 269
10.2.1 빌드 파이프라인 설정하기 270
10.2.2 이미지 빌드하기 274
10.2.3 테스트 실행하기 276
10.2.4 산출물 게시하기 278
10.2.5 스테이징 환경에 배포하기 278
10.2.6 스테이징 환경 282
10.2.7 운영 환경에 배포하기 283

10.3 재사용할 수 있는 파이프라인 단계 만들기 287
10.3.1 절차적 빌드 파이프라인과 선언적 빌드 파이프라인 비교 288

10.4 영향을 줄이는 배포와 출시 기법 290
10.4.1 다크 런치(dark launches) 290
10.4.2 기능 플래그 291

요약 293

04부 관측 가능성과 소유권

11장 모니터링 시스템 구축하기 295

11.1 견고한 모니터링 스택 295
11.1.1 좋은 모니터링은 계층화돼 있다 296
11.1.2 골든 시그널 298
11.1.3 메트릭의 유형 299
11.1.4 추천 관례 300

11.2 프로메테우스와 그라파나로 심플뱅크 모니터링하기 302
11.2.1 메트릭 수집 인프라스트럭처 설정하기 303
11.2.2 인프라스트럭처 메트릭 수집하기 – 래빗엠큐 311
11.2.3 심플뱅크의 주문 제출 계측하기 313
11.2.4 경보 설정하기 315

11.3 감지할 수 있고 조치 가능한 경보 발생하기 320
11.3.1 문제가 발생했을 때 누가 알아야 하는가? 321
11.3.2 원인이 아닌 증상 322

11.4 애플리케이션 전체 관찰하기 322

요약 324

12장 로그와 추적 정보로 동작 이해하기 — 325

12.1 서비스 간의 작동 이해하기 — 325

12.2 일관되고 구조적이며 읽기 편한 로그 생성하기 — 328
- 12.2.1 로그에 포함할 유용한 정보 — 329
- 12.2.2 구조와 가독성 — 330

12.3 심플뱅크를 위한 로깅 인프라스트럭처 구축하기 — 333
- 12.3.1 ELK와 플루언트디 기반 솔루션 — 334
- 12.3.2 로깅 솔루션 설정하기 — 336
- 12.3.3 수집할 로그 구성하기 — 339
- 12.3.4 모래사장에서 바늘 찾기 — 342
- 12.3.5 올바른 정보를 로그로 남기기 — 343

12.4 서비스 간 상호작용 추적하기 — 344
- 12.4.1 요청 연관 짓기: 트레이스와 스팬 — 345
- 12.4.2 서비스에서 추적 구성하기 — 347

12.5 트레이스 시각화하기 — 352

요약 — 356

13장 마이크로서비스 팀 구성하기 — 357

13.1 효과적인 팀 구성하기 — 358
- 13.1.1 콘웨이의 법칙 — 359
- 13.1.2 효과적인 팀을 위한 원칙 — 360

13.2 팀 모델 — 362
- 13.2.1 기능에 의해 그룹 짓기 — 363
- 13.2.2 기능적 조직을 넘어서 협업하기 — 365
- 13.2.3 팀 경계 설정하기 — 367
- 13.2.4 인프라스트럭처, 플랫폼, 제품 — 368
- 13.2.5 누가 비상대기할 것인가? — 370
- 13.2.6 지식 공유하기 — 372

13.3 마이크로서비스 팀을 위한 추천 관습   373
    13.3.1 마이크로서비스의 다양한 변경 요인   374
    13.3.2 아키텍처의 역할   375
    13.3.3 동질성과 기술적 유연성   377
    13.3.4 오픈 소스 모델   377
    13.3.5 설계 검토   379
    13.3.6 살아있는 문서   380
    13.3.7 애플리케이션에 관한 질문에 답하기   381

13.4 추가 자료   382

요약   382

부록 미니큐브에 젠킨스 설치하기   384

지난 5년 동안 애플리케이션을 작은 규모의 느슨하게 연결된, 독립적으로 배포 가능한 서비스로 구조화하는 마이크로서비스 아키텍처 스타일은 점점 인기가 높아지고 회사의 규모와 관계없이 엔지니어링 팀에서 실현 가능성이 점점 더 커졌다.

온피도(Onfido)에서 마이크로서비스 프로젝트를 수행한 것은 혁명적이었고 그 과정에서 배운 많은 내용을 이 책에 기록했다. 우리는 제품을 작게 분리함으로써 대규모 모놀리식 코드베이스에서 서로 충돌과 혼란을 겪는 대신 마찰을 적게 겪으면서 더 신속하게 출시할 수 있었다. 마이크로서비스 접근법은 제품이 복잡해지고 팀 규모가 커지더라도 엔지니어가 지속해서 발전할 수 있는 애플리케이션을 개발하도록 돕는다.

애초에 우리는 마이크로서비스 애플리케이션을 운영하는 실전 경험에 대한 책으로 출간하려고 했다. 그런데 책의 범위를 정할 때 그 목표가 점점 커져서 결국 마이크로서비스의 설계와 배포, 운영을 포함하는 애플리케이션의 전체 라이프사이클에 대한 경험을 녹여내 대담하고 실제적인 리뷰를 담기로 결정했다. 이러한 기술을 표현하려고 마이크로서비스의 모범사례를 공유할 수 있는 인기 있는 도구인 쿠버네티스(Kubernetes)와 도커(Docker)를 선정했지만, 궁극적으로는 애플리케이션을 개발하는 데 사용되는 개발 언어와 도구에 구애받지 말고 여기에 담겨있는 교훈을 적용하기 바란다. 모쪼록 이 책이 가치 있는 참고서와 안내서로 활용되고 이 책에서 전하는 지식과 충고, 예제들이 마이크로서비스를 사용한 위대한 제품과 애플리케이션을 개발하는 데 도움이 되기를 바란다.

감사의 글

지난 일 년 반 동안 이 책은 서비스의 배포에 관한 작은 아이디어에서 디자인, 개발, 운영에 이르기까지 마이크로서비스 개발의 다양한 주제를 다루는 작업으로 확장되며 진화했다. 이 책이 마이크로서비스 아키텍처를 도입하기 시작한 사람과 이미 사용 중인 사람 모두에게 도움이 되기를 진심으로 바란다. 이 책의 출판 과정에서 수많은 재능 있는 사람들과 작업하게 된 것을 특권으로 생각한다.

내 가족, 특히 남편이자 아빠의 부재를 견뎌준 아내 로사와 딸 베아트리스에게 감사한다. 또한 공동 저자이자 동료인 모건에게 감사의 마음을 전한다. 그는 첫날부터 안내와 명확성을 제공하는 데 결정적인 역할을 했다.

― 파울로(Paulo)

수많은 주말과 저녁, 휴일에 노트북 앞에 앉아있는 나를 관대하게 참아준 가족의 지원과 인내가 없었으면 이 책을 쓰는 것은 불가능했을 것이다. 또한 책을 사랑하도록 가르쳐주신 나의 부모님, 헤더와 앨런에게 감사한다. 그 가르침이 없었다면 오늘 이 책을 쓰고 있지 않았을 것이다. 마지막으로 함께 프로젝트를 시작하도록 독려하고 여정이 순탄치 않았지만 그 여정에서 많은 것을 배우게 해준 파울로에게 감사한다.

― 모건(Morgan)

함께 감사의 마음을 전한다.

- Karan과 Dan, 최고의 책을 위해 지치지 않고 매주 지원과 충고를 해준 개발 편집자
- Karsten Strøbæk, 날카로운 눈과 관대한 피드백을 제공한 기술 개발 편집자
- Michael Stephens, 우리에 대한 그의 신념, 그리고 Marjan Bace 독자들에게 이 책을 매력적으로 만들어준 사람
- 출판사와 관련해서 작업한 수많은 분, 그리고 전문가로 구성된 팀. 그들이 없었으면 이 책이 나오기는 불가능했을 것이다.
- 리뷰어들, Akshat Paul, Al Krinker, Andrew Miles, Andy Miles, Anto-nio Pessolano, Bachir Chihani, Christian Bach, Christian Thoudahl, Vittal Dam-araju, Deepak Bhaskaran, Evangelos Bardis, John Guthrie, Lorenzo De Leon, Łukasz Witczak, Maciej Jurkowski, Mike Jensen, Shobha Iyer, Srihari Sridharan, Steven Parr, Thorsten Weber, and Tiago Boldt Sousa가 보내준 피드백과 이 책을 개선하는데 도움을 준 분들께 깊이 감사한다.

책 소개

≪마이크로서비스 인 액션≫은 마이크로서비스 기반 애플리케이션을 개발하고 배포하는 것을 다루는 실무서다. 이 책은 서비스 기반 개발(service-oriented development)에 대한 탄탄한 이해를 가진 개발자와 아키텍트를 위한 책으로, 마이크로서비스를 운영 환경에 적용하는 문제를 해결한다. 전통적인 시스템의 지식 위에 마이크로서비스 설계 원칙에 관한 심오한 개요로 시작해서 운영 환경으로의 신뢰할 만한 기반을 만들 것이다. 배포 이후 클러스터를 구축하고 유지보수하는 방법을 배우면서 쿠버네티스(Kubernetes), 도커(Docker), 구글 컨테이너 엔진(Google Container Engine)을 사용하는 예제를 탐색한다.

이 책에서 다루는 기술은 마이크로서비스를 개발하는 데 사용되는 대부분 인기 있는 프로그래밍 언어에 적용될 수 있다. 이 책에서는 파이썬을 기본 언어로 사용하는데, 파이썬의 격식을 배제하는 스타일과 간결한 구문이 명확한 예제를 작성할 수 있게 하기 때문이다. 혹시 파이썬에 익숙하지 않더라도 실행 예제를 통해 안내할 것이므로 걱정하지 않아도 된다.

이 책의 구성: 로드맵

1부에서는 마이크로서비스에 대한 간략한 소개와 마이크로서비스 기반 시스템의 특성과 이점, 그리고 개발할 때 직면할 문제점을 살펴본다.

1장은 마이크로서비스 아키텍처를 소개한다. 마이크로서비스 접근법의 장단점을 검토하고 마이크로서비스 개발의 핵심 원칙을 설명한다. 마지막에는 책 전반에 걸쳐 다룰 설계와 배포의 문제점을 소개한다.

2장은 심플뱅크(SimpleBank) 예제 도메인에 대한 마이크로서비스 접근법을 적용한다. 이 과정에서 마이크로서비스로 새로운 기능을 설계하고 그 기능을 운영 가능한 상태로 만드는 방법을 검토한다.

2부에서는 마이크로서비스 애플리케이션의 아키텍처와 디자인을 살펴본다.

3장에서는 플랫폼, 서비스, 경계, 클라이언트의 4가지 계층을 다루는 마이크로서비스 애플리케이션 아키텍처에 관해 설명한다. 이 장의 목표는 다양한 마이크로서비스 시스템을 이해하려고 할 때 사용할 수 있는 전체적인 모델을 제공하는 것이다.

4장에서는 마이크로서비스 디자인에서 가장 어려운 부분 중 하나인 서비스의 책임을 결정하는 방법을 다룬다. 이 장에서 모델링할 때 비즈니스 역량, 사용 사례, 기술적 역량, 변동성의 4가지 접근법을 제시하고 심플뱅크 예제를 사용해 경계가 모호하더라도 올바른 설계 결정을 할 수 있는 방법을 살펴본다.

5장에서는 트랜잭션 보장이 되지 않는 분산 시스템에서 비즈니스 로직을 작성하는 방법을 살펴본다. 사가(saga)와 같은 트랜잭션 패턴과 API 컴포지션(API composition)과 CQRS 같은 질의 패턴을 소개한다.

6장에서는 신뢰성을 다룬다. 분산 시스템은 모놀리식(Monolithic) 애플리케이션보다 깨지기 쉽고 마이크로서비스 간 커뮤니케이션은 가용성 문제, 다운타임, 장애 확산을 회피하기 위해 신중한 고려가 필요하다. 파이썬 예제를 사용해 비율 제한, 회로 차단, 상태 점검, 재시도와 같은 애플리케이션의 가용성을 극대화하는 일반적인 기술을 살펴본다.

7장에서는 재사용 가능한 마이크로서비스 프레임워크를 설계하는 방법을 배운다. 마이크로서비스 전반에 적용된 일관된 기법은 전반적인 애플리케이션의 품질과 신뢰성을 향상시키고 새로운 서비스를 개발하는 시간을 줄여준다. 관련하여 파이썬으로 된 작업 예제를 제공한다.

3부에서는 마이크로서비스 개발 모범 사례를 살펴본다.

8장에서는 마이크로서비스 애플리케이션을 자동화된 방식으로 지속적으로 배포하는 것의 중요성을 강조한다. 단일 서비스를 구글 컨테이너 엔진에 운영용으로 배포해 본다. 그리고 이를 통해 불변의 산출물의 중요성과 다양한 마이크로서비스 배포 모델의 장단점에 대해 배운다.

9장에서는 컨테이너 스케줄링 플랫폼인 쿠버네티스를 소개한다. 컨테이너를 쿠버네티스와 같은 스케줄러를 결합해 사용하는 것은 마이크로서비스를 대규모로 운용할 때 자연스러운 조합이다. 미니큐브(Minikube)를 사용해 마이크로서비스를 패키징하고 쿠버네티스에 매끄럽게 배포하는 방법을 배운다.

10장에서는 이전 장의 예제를 기반으로 젠킨스(Jenkins)를 사용해 종단간(end-to-end) 배포 파이프라인을 구축한다. 젠킨스와 그루비(Groovy)를 사용해 소스 커밋(commit)을 신속하고 확실하게 운영 환경으로 배포하는 파이프라인을 작성한다. 그렇게 해서 일관되게 배포하는 기법을 대규모 마이크로서비스에 적용하는 방법에 대해 배운다.

이 책의 마지막 부분에서는 마이크로서비스의 관측 가능성과 인간적인 측면을 살펴본다.

11장에서는 마이크로서비스에 대한 대시보드와 경보를 생성하기 위해 StatsD, 프로메테우스(Prometheus), 그라파나(Grafana)를 사용해 모니터링 시스템을 개발하는 것에 관해 설명한다. 경보 관리와 경보 피로를 예방하기 위한 우수 사례를 논의한다.

12장에서는 이전 장의 작업에 로그와 추적 기능을 포함한다. 마이크로서비스에 대한 풍부하고 검색 가능한 실시간 정보를 얻는 것은 시스템을 이해하고 문제를 진단하고 개선하는 데 도움이 된다. 이 장의 예제는 엘라스틱서치(Elasticsearch), 키바나(Kibana), 예거(Jaeger)를 사용한다.

마지막 13장에서는 마이크로서비스 개발에 있어서 사람에 관한 측면을 살펴본다. 사람은 소프트웨어를 개발하고, 위대한 소프트웨어 개발은 구현 방법의 선택만큼 효과적인 협업이 중요하다. 마이크로서비스 팀을 효과적으로 만드는 원칙을 살펴보고 좋은 엔지니어링 방법에 대한 마이크로서비스 아키텍처 접근법의 심리적이고 실제적인 의미를 분석한다.

이 책의 소스 코드

이 책에서는 예제 코드나 본문 안에서 수많은 예제 소스 코드를 소개한다. 모든 소스 코드는 원문과 구분하기 위해 고정 너비 글꼴(fixed-width font like this)을 적용했다. 때때로 특정 라인을 강조하기 위해서나 결과의 출력과 입력 명령을 구분하기 위해 **굵은 글꼴**을 적용했다.

대부분 원본 소스 코드의 포맷을 수정했다. 이 책의 페이지 여백에 맞추기 위해 라인을 끊고 들여쓰기를 했다. 또한 코드 애노테이션은 중요한 개념을 강조하는 설명을 포함하는 데 본문에서 코드를 설명한 경우 소스 코드에서는 주석을 제거했다. 이 책의 소스 코드는 아래 사이트에서 내려받을 수 있다

- 깃허브: https://github.com/morganjbruce/microservices-in-action
- 원서 홈페이지: https://www.manning.com/books/microservices-in-action
- 위키북스 홈페이지: https://wikibook.co.kr/microservices-in-action/

실행 예제의 가이드는 책에서 얻을 수 있다. 예제를 간단히 실행하기 위해 주로 도커와 도커 컴포즈(Docker Compose)를 사용했다. 부록에서는 10장에서 사용한 젠킨스를 로컬에 배포된 쿠버네티스에서 손쉽게 구동하기 위한 설정을 다룬다.

책 포럼

《마이크로서비스 인 액션》을 구매하면 매닝 출판사가 운영하는 사설 웹 포럼에 무료로 접근할 수 있다. 포럼에서 책에 대한 의견과 기술적인 질문, 그리고 저자와 다른 독자로부터 도움을 받을 수 있다. 포럼은 https://forums.manning.com/forums/microservices-in-action에 있다. 또한 매닝 포럼과 행동 규범은 https://forums.manning.com/forums/about에서 확인할 수 있다. 매닝 포럼은 독자에게 저자와 다른 독자와의 의미 있는 대화를 할 수 있는 공간을 제공한다. 저자는 보수없이 자발적으로 참여하므로 일정 분량의 참여를 보장하지 않는다. 독자는 저자가 관심을 잃지 않도록 저자에게 도전적인 질문을 하기 바란다. 이 포럼과 이전 대화의 아카이브는 책이 인쇄되는 한 출판사의 웹사이트에서 접근할 수 있다.

모건 브루스(Morgan Bruce)는 정확성, 회복성, 보안이 중요한 재무와 신원 확인 산업 분야의 전문가로, 복잡한 애플리케이션 구축과 관련해 많은 경험이 있다. 엔지니어링 리더로서 대규모 리팩토링과 아키텍처 재구성 작업을 수행했다. 또한 모놀리식 애플리케이션을 강력한 마이크로서비스 아키텍처로 발전시키는 것을 직접 선도한 경험이 있다.

파울로 페레이라(Paulo A. Pereira)는 보안 및 정확성이 중요한 시스템을 진화시키는 것과 관련된 제약사항을 다루면서 모놀리식 시스템을 마이크로서비스로 변환하는 것에 참여하는 팀을 이끌고 있다. 작업을 위한 올바른 도구의 선정과 다양한 언어와 패러다임을 엮는 것에 열정적인 저자는 현재 주로 엘릭서(Elixir)를 통해 함수형 프로그래밍(Functional Programming)을 탐구하고 있다. 저서로는 ≪Elixir Cookbook≫(Packt Publishing 2015)이 있으며, ≪Learning Elixir≫(Packt Publishing 2016)와 ≪Mastering Elixir≫(Packt Publishing 2018)의 기술 검토자로 참여했다.

김별 (쿠팡 CS 센터, Backoffice Developer)

다른 업체도 마찬가지겠지만, 전자상거래는 복잡하고 다양한 요구사항이 끊임없이 변화하는 도메인이기 때문에 개발팀의 제품이 끊임없이 진화해야 하는 숙명을 타고났다.

이러한 이유로 요구사항에 빠르고 올바르게 대응할 수 있는 개발 환경, 유연한 배포, 효과적인 운영이 필수이며, 마이크로서비스가 제공하는 기술 가치를 통해 이러한 어려움을 극복할 수 있다.

이 책은 심플뱅크라는 가상의 은행에서 마이크로서비스를 통해 서비스 개발을 진화시키는 과정을 보여줌으로써 현업에서 참고할 수 있는 많은 팁을 제공한다. 또한 마이크로서비스 아키텍처로 개발하지 않는다고 하더라도 개발 라이프사이클 전반에서 참고할 수 있는 유용한 도구와 철학을 엿볼 수 있는 지침서다.

조규만 (IBM, Cognitive Architect)

마이크로서비스 구축의 예를 심플뱅크 예제를 기반으로 전반적으로 다루고 있다. 많이 활용되는 스프링 클라우드 네이티브(Spring Cloud Native)에 초점(코드 중심)을 맞추지 않고 MSA 원리 설명에 집중하고 있다.

단계별 개념적 접근을 그림을 통해 설명하고 있어 이해하는 데 많은 도움을 준다. 비즈니스 설계 시 그림을 기반으로 이해력을 높인다면 많은 도움을 얻을 수 있을 것이다.

조인석 (Chris Cho, Elastic, Sr. Support Engineer)

요즘 아키텍처를 논할 때 항상 화제가 되는 마이크로서비스 아키텍처를 이해하기 위해 참고할 만한 도서가 마땅히 없다. 이런 시기에 출간된 《마이크로서비스 인 액션》은 기대 이상이다.

이 책은 마이크로서비스 아키텍처의 개념뿐만 아니라 적절한 도식과 이해를 돕기 위한 가상의 비즈니스 시나리오를 통해 어떻게 마이크로서비스 아키텍처를 적용하는지 알려준다.

기술적인 부분뿐만 아니라 업무 문화, 프로세스, 팀 운영 등의 제약사항과 모범 사례를 제시하고 있어 실용 가치가 더욱더 높은 책이라고 본다.

마이크로서비스 아키텍처를 적용하고 싶고 간단한 개념은 알고 있으나 어떻게 적용할지 잘 모르겠다면 이 책이 훌륭한 길잡이가 될 것이다. 관심 있는 사람이라면 읽어볼 것을 적극 추천한다.

이 책의 표지에는 '1700년 중국 여인의 습관(Habit of a Lady of China in 1700)'이라는 제목의 그림이 있다. 이 삽화는 1757년부터 1772년까지 런던에서 출간된 토마스 제프리스(Thomas Jefferys)의 '고대와 현대, 서로 다른 나라의 드레스의 모음'(총4권)에서 가져온 것이다. 표지에는 이것이 손으로 색칠한 구리 판화라는 것을 아랍어로 강조했다.

토마스 제프리스(1719-1771)는 조지 3세 왕의 지리학자였다. 그는 당시 지도 공급자를 이끌던 영국의 지도 제작자였다. 정부와 다른 공공기관을 위해 지도를 새기고 인쇄했고 특히 북미에 관한 광범위한 상용 지도와 지도책을 생산했다. 지도 제작자로서 그의 업적은 그가 조사하고 지도로 만들었던 땅의 지역 복장 습관에 대한 흥미를 불러일으켰는데, 이는 그의 컬렉션에 눈에 띄게 잘 나타나 있다. 멀리 떨어진 땅에 대한 매력과 즐거움을 위한 여행은 18세기 후반에는 비교적 새로운 현상이었고, 이와 같은 컬렉션은 여행자와 간접 여행자에게 다른 나라의 주민을 소개하면서 인기를 끌었다.

제프리스의 책에 소개된 그림의 다양성은 200년 전 세계 각국의 독특함과 개성을 생생하게 표현한다. 이후 복장 규정이 바뀌었고 당시 지역과 나라에 따라 풍부했던 다양성 대부분은 사라졌다. 요즘에는 종종 한 대륙에 사는 주민을 다른 대륙에 사는 주민과 구분하기가 어렵다. 이것을 긍정적으로 해석하자면 문화에 따른 시각적 다양성을 좀 더 다양한 개인의 삶으로 바꿨거나 더욱 다양하고 흥미로운 지적이고 기술적인 삶으로 바꿨다고 할 수 있다.

컴퓨터 책 분야에서도 어느 책 한 권을 다른 책과 구별하기 어려운 시점에 매닝은 제프리스의 그림으로 되살아난 2세기 전 지역 생활의 풍부한 다양성을 바탕으로 한 책 표지로 컴퓨터 비즈니스의 창조성과 진취성을 축하하고자 한다.

역자 서문

이 책은 마이크로서비스를 성공적으로 도입하기 위해 고려해야 할 다양한 측면을 명확하게 제시하고 있다.

매년 새로운 기술이 등장할 때마다 IT 기술자/관리자들은 어떻게 하면 그 신기술을 비즈니스에 제대로 적용할 수 있을지 고민한다. 그리고 지금까지 대부분 기술은 벤더와 기술자에 의해 성공적으로 기업에 적용됐다. 하지만 마이크로서비스가 등장하면서 기업은 성공적인 적용에 대해 기대보다는 우려를 한다.

그 이유를 4가지로 정리하면 다음과 같다. 첫째, 기존 기술들은 대부분 관련 솔루션이나 벤더의 플랫폼을 도입하면 큰 어려움 없이 적용할 수 있었지만, 마이크로서비스는 기술뿐만 아니라 이를 지탱하는 문화도 같이 뿌리내려야 하는 어려움이 있다. 즉, 제품과 서비스에 적용하려면 관련된 인프라와 애플리케이션과 같은 기술 플랫폼뿐만 아니라 애플리케이션 라이프사이클에 관련된 현업, 개발, 운영의 조직 모델과 협업 모델이 이에 맞게 변화해야 한다. 둘째, 적용하려는 도메인 또는 서비스 모델이 마이크로서비스를 도입할 필요성이 거의 없는 경우다. 안정성이 매우 중요하므로 강력한 절차와 통제로 이를 달성하려고 하며 변화를 장애의 요인으로 보며 통제하려고 한다. 그리고 이런 방식으로 효과를 봤기 때문에 마이크로서비스 도입에 어려움을 겪는다. 셋째, 장기적으로 제품과 서비스를 개선하는 모델이 아니라 개발과 운영이 완벽히 분리된 IT 모델인 경우다. 주로 폭포수 개발 방법론을 적용하며 수년간의 개발이 끝나면 개발팀은 일부만 남아 유지 보수를 하게 된다. 따라서 개발 기간에 미래의 변화를 예측해서 대비해야 하므로 과도한 엔지니어링을 하게 된다. 대체로 이러한 예측은 시장의 변화로 인해 쓸모없어져 결과적으로 고객은 제품과 서비스에 만족하지 못하게 된다. 이런 개발/운영 모델에서 애자일은 단기적으로 계산할 경우 시간과 비용을 소비하는 모델로 치부돼 성공하기 힘들다. 넷째, 장기적인 서비스 품질보다는 단기적인 비용 절감이 우선인 경우다. 마이크로서비스를 적용하면 관리 포인트가 많아지며 이에 따라 유지 비용은 증가하게 된다. 데브옵스 문화와 애자일 방식이 함께 적용된 조직에서는 장기적으로 조직의 역량이 개선되어 결과적으로 서비스 품질이 개선되고 늘어난 운영의 부담을 상쇄하게 된다. 마이크로서비스는 데브옵스 운동, 애자일 개발 방식, 클라우드 플랫폼과 환상적인 조합을 이룬다. 하지만 앞에서 언급한 상황이라면 마이크로서비스를 도입하려고 할 때 큰 혼란을 초래하고 혜택을 극대화하기도 어려울 것이다.

다행스럽게도 이 책은 이러한 우려에 명확한 답을 제시한다. 특히 저자들의 현장 경험을 바탕으로 마이크로서비스를 위한 조직의 구성 방법과 성공적인 정착을 위한 문화적 변화에 대해 깊이 있게 다룬다. 이와 관련해 1장 1절에 마이크로서비스와 관련한 에피소드가 있다. 그리고 마이크로서비스를 도입하려는 기업에서 자주 들었던 개발과 운영에 대한 질문들에 대해 실제 사례를 통해 답을 얻을 수도 있다.

대량 생산 시대가 저물고 다품종 소량 생산 시대가 왔으며 획일적인 서비스의 시대 대신 개인 맞춤형 시대가 온 것을 실감하고 있다. 이런 변화에 걸맞게 마이크로서비스와 애자일, 데브옵스를 통해 이런 시대의 변화를 적극적으로 반영하려는 것이다. 마이크로서비스는 단순한 기술의 변화가 아니라 개발과 운영에 대한 패러다임의 변화를 가시적으로 적용하도록 해주는 살아 숨 쉬는 기술이라고 생각한다. 부디 이 책을 통해 마이크로서비스의 진정한 혜택을 얻기를 바란다.

마지막으로 목차부터 내용까지 세세하게 감수해 주신 베타리더 분들께 감사의 마음을 전한다. 그리고 사랑하는 아버지 김경래, 어머니 박인옥, 밤늦게까지 번역하는 나를 이해해준 아내 김경희와 아들 김형찬, 딸 김채현에게 고맙다는 말을 전한다.

01부

동향

1부에서는 마이크로서비스에 대한 간략한 소개와 마이크로서비스 기반 시스템의 특성과 이점, 그리고 마이크로서비스 애플리케이션을 개발할 때 직면할 문제점을 살펴본다. 또한 가상의 회사 심플뱅크(SimpleBank)를 소개할 텐데, 마이크로서비스 애플리케이션 개발을 시도한 이 회사를 이 책의 많은 예제에서 사용할 것이다.

마이크로서비스 설계하고 실행하기 | 1장

이 장에서는 다음 내용을 다룬다.
- 마이크로서비스 애플리케이션 정의하기
- 마이크로서비스 접근법의 어려운 점
- 마이크로서비스 애플리케이션을 설계하는 방법
- 마이크로서비스를 성공적으로 실행하는 방법

소프트웨어 개발자는 복잡한 문제를 효과적이고 신속히 해결할 솔루션을 만들기 위해 노력한다. 일반적으로 풀어야 할 첫 번째 문제는 고객이 원하는 것이 무엇인지 알아내는 것이다. 숙련된 개발자이거나 운이 좋은 사람이라면 답을 얻을 것이다. 그러나 그 노력은 여기서 멈추지 않는다. 애플리케이션은 계속 성장하고 이슈를 분석하고 새로운 기능을 개발한다. 계속해서 사용할 수 있게 해야 하고 원활하게 운영해야 한다.

대부분 잘 훈련된 팀도 애플리케이션이 성장하는 속도에 따라 초기의 속도와 기민함을 유지하는 데 어려움을 겪을 수 있다. 최악의 경우 한때 간단하고 안정적이었던 제품이 다루기 어렵고 민감해질 수 있다. 고객에게 더 많은 가치를 지속해서 제공하는 것이 아니라, 서비스 중단 장애에 시달리고 출시하는 것을 걱정하며 새로운 기능과 수정사항을 제공하는 것이 점점 느려진다. 결국 고객이나 개발자 모두 행복하지 않게 된다.

마이크로서비스는 비즈니스 영향력을 지속해서 제공할 수 있는 좀 더 나은 방법을 약속한다. 하나의 모놀리식 애플리케이션 대신 마이크로서비스를 사용한 애플리케이션은 느슨하게 연결된 자율 서비스로 구성된다. 하나의 일을 잘 수행하는 서비스를 개발함으로써 대형 애플리케이션의 관성과 엔트로피[1]를 피할 수 있다. 기존 애플리케이션에서도 기능을 점진적으로 독립적인 서비스로 추출해 전체 시스템을 좀 더 쉽게 유지 관리할 수 있게 만들 수 있다.

---
1 (옮긴이) 물질의 무질서 정도를 나타내는 용어로 엔트로피가 높으면 그만큼 상태를 예측하기가 어려워진다.

마이크로서비스를 다루면서 작고 좀 더 자율적인 서비스를 만드는 것이 비즈니스에서 중요한 애플리케이션을 안정적으로 운영하는 요소의 하나라는 것을 바로 알게 됐다. 결국 모든 성공적인 애플리케이션은 코드 편집기보다 운영 환경에서 더 많은 시간을 보낼 것이다. 마이크로서비스를 사용해 가치를 전달하기 위해 우리 팀은 개발에만 집중할 수는 없었고 배포, 모니터링, 진단과 같은 운영에도 숙련될 필요가 있었다.

1.1 마이크로서비스 애플리케이션이란 무엇인가?

마이크로서비스 애플리케이션은 자율적인 서비스의 집합이다. 각각의 서비스는 한 가지 일을 잘하고, 그 서비스가 협업해 좀 더 복잡한 작업을 수행한다. 복잡한 단일 시스템 대신 복잡한 작업을 협업하는 상대적으로 간단한 서비스의 묶음을 개발하고 관리한다. 이러한 서비스들은 점대점 또는 비동기 커뮤니케이션과 같은 기술 중립적인 메시징 프로토콜을 통해 서로 협업한다.

이것은 간단한 개념 같아 보이지만, 복잡한 시스템 개발에서 마찰을 줄이는 데 상당한 효과가 있다. 고전적인 소프트웨어 엔지니어링 실무에서는 잘 설계된 시스템의 바람직한 특성으로 **높은 응집력과 느슨한 결합력**을 강조한다. 이런 특성을 가진 시스템은 유지 및 관리가 쉽고 변화에 대처하기 쉽다.

응집력은 특정 모듈의 내부 구성요소의 결속 정도를 나타내는 반면에, 결합도는 특정 모듈의 한 요소가 다른 모듈의 내부 동작을 아는 정도를 말한다. 로버트 마틴(Robert C. Martin)의 단일 책임 원칙이 앞에서 언급한 정의를 이해하는 데 도움이 될 것이다.

> *같은 이유로 변경되는 것을 함께 모아라. 다른 이유로 변경이 되는 것은 분리하라.*

모놀리식 애플리케이션에서는 이러한 특성을 클래스나 모듈, 또는 라이브러리 수준에서 설계한다. 마이크로서비스 애플리케이션에서는 독립적으로 배포하는 단위의 기능 수준에서 이러한 특성을 반영하려고 한다. 단일 마이크로서비스는 높은 응집력을 가진다. 그것은 애플리케이션 내에서 한 가지 기능을 담당해야 한다. 마찬가지로 각 서비스가 다른 서비스의 내부 동작을 모를수록 다른 서비스의 변경을 강요하지 않고도 서비스 또는 능력을 변경하기가 쉬워진다.

그러면 마이크로서비스 애플리케이션과 어떻게 잘 맞는지 이해하기 위해 온라인 투자 도구의 몇 가지 기능을 생각해 보자.

- 계좌 개설하기
- 자금 맡기고 인출하기
- 금융 상품(예: 주식)을 매수 또는 매도하는 주문 제출하기
- 위험을 모델링하고 재무를 예측하기

또한 주식 매도 절차를 생각해 보자.

1. 사용자가 자신의 계좌에서 판매할 일부 주식에 대한 매도 주문을 생성한다.
2. 이 주식은 계정에서 예약되므로 여러 번 팔 수 없다.
3. 시장에 주문하면 수수료 비용이 발생한다.
4. 시스템은 주문을 위해 적절한 주식 시장과 커뮤니케이션해야 한다.

그림 1.1은 매도 주문을 제출하는 것이 어떻게 마이크로서비스 애플리케이션의 일부로 표현되는지 보여준다.

그림 1.1에서 마이크로서비스의 3가지 주요 특성을 관찰할 수 있다.

- 각 마이크로서비스는 **단일 역량을 담당한다**. 이는 비즈니스와 관련될 수도 있고 제삼자와의 연계(예: 증권 거래소)와 같은 **공유 기술 역량**일 수도 있다.
- 마이크로서비스는 자신의 데이터 저장소가 있는 경우 **데이터 저장소에 대한 오너십을 갖는다**. 이는 서비스 간 결합력을 줄여주는데, 다른 서비스는 자신이 소유하지 않은 데이터에 접근할 때 데이터를 소유한 서비스가 제공한 인터페이스를 통해서만 접근할 수 있기 때문이다.
- 유용한 활동을 수행하기 위해 일련의 메시지와 동작을 **자율적으로 구성하고 협업하는 것을 책임지는 것**은 마이크로서비스를 연결하는 메시징 메커니즘이나 다른 소프트웨어가 아닌 마이크로서비스 자신이다.

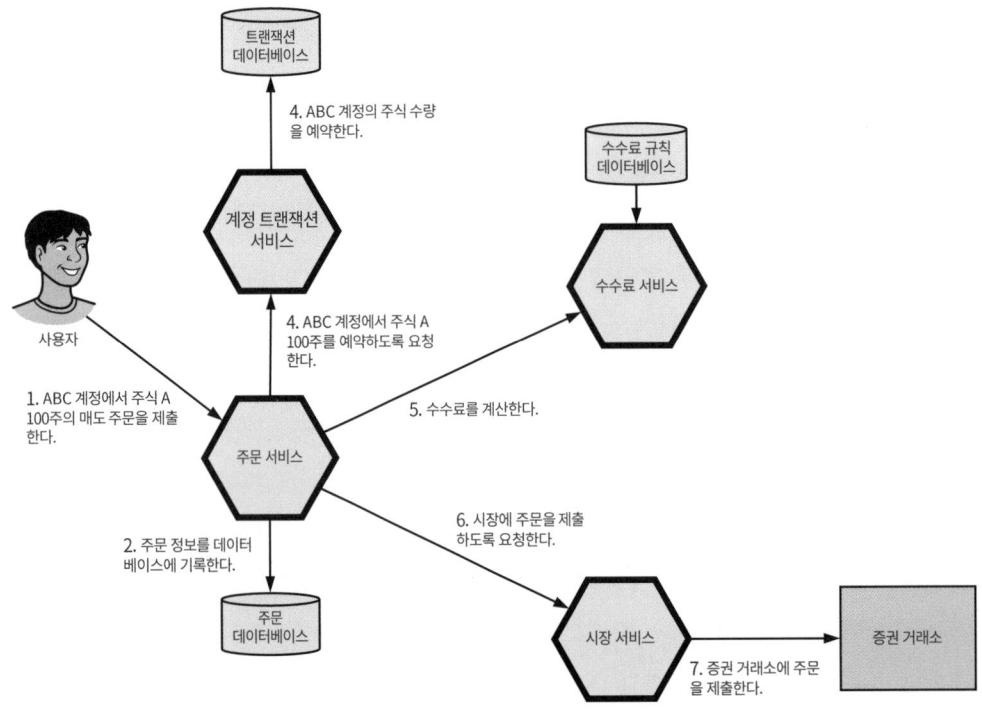

그림 1.1 사용자가 금융상품의 주식을 매도할 수 있는 애플리케이션에서 마이크로서비스를 통한 의사소통의 흐름

이 3가지 특성 외에도 마이크로서비스의 2가지 기본 속성이 있다.

- 각 마이크로서비스는 **독립적으로 배포될** 수 있다. 그렇지 않으면 마이크로서비스 애플리케이션은 배포 시점에 여전히 모놀리식이 된다.
- 마이크로서비스는 **교체할** 수 있다. 이 역량은 자연스럽게 마이크로서비스의 크기를 제한한다. 마찬가지로 이는 서비스의 책임 또는 역할을 이해하기 쉽게 만든다.

시스템에서 작업을 조율하는 책임을 진다는 마이크로서비스의 개념은 전통적인 서비스 기반 아키텍처(SOAs)와 마이크로서비스의 결정적인 차이다. 서비스 기반 아키텍처 시스템은 애플리케이션에서 메시징과 조율을 외부로 떼어내기 위해 엔터프라이즈 서비스 버스(ESBs) 또는 더 복잡한 오케스트레이션 표준을 사용한다. 그러한 모델에서는 비즈니스 로직이 서비스 자체보다 서비스 버스에 점진적으로 추가돼 서비스가 대체로 응집력이 부족했다.

온라인 금융시스템에서 기능의 결합도를 낮춰 변화하는 요구사항에 유연하게 대응하는 것은 흥미롭다. 예를 들어, 수수료가 계산되는 방식을 변경해야 하는 경우 이 서비스의 사용자와 의존하는 서비스에 아무런 변경 없이도 해당 사항을 수정하고 릴리즈를 만들 수 있다. 또는 주문이 제출됐을 때 정상적인 거래 패턴이 아니라면 리스크 관리팀에 경보를 보내야 하는 완전히 새로운 요구사항의 경우 시스템의 나머지 부분을 변경하지 않고 주문 서비스에서 발생하는 이벤트에 근거해 작업을 수행하는 새로운 마이크로서비스를 쉽게 구축할 수 있다.

1.1.1 분해를 통한 확장

마이크로서비스가 어떻게 애플리케이션의 확장을 돕는지 생각해 보자. 애보트(Abbott)와 피셔(Fisher)는 《The Art of Scalability》(Addison-Wesley Professional 2015)에서 확장 큐브를 사용해 확장의 3가지 차원을 정의했다(그림 1.2).

모놀리식 애플리케이션은 일반적으로 수평적 복제를 통해 확장한다. 즉, 동일한 애플리케이션의 여러 인스턴스를 배포한다. 이것은 쿠키-커터 또는 X-축 확장으로도 알려져 있다. 반대로 마이크로서비스 애플리케이션은 다양한 기능의 확장 요건에 따라 시스템을 분해해 Y-축으로도 확장할 수 있다.

> **노트** Z축은 샤딩(sharding)과 같은 수평적 데이터 파티셔닝을 일컫는다. 마이크로서비스 또는 모놀리식 애플리케이션 접근법 모두에 적용할 수 있다. 다만 이 책에서는 이 주제를 다루지 않는다.

다음 특징에 따라 투자 도구 예제를 검토해 보자.

- 금융 예측은 번거로운 계산을 해야 할 수 있고 드물게 수행된다.
- 복잡한 규제와 비즈니스 규칙이 투자 계정을 관리할 수 있다.
- 시장 거래는 대량으로 발생할 수 있는 반면에 대기 시간 또한 최소화해야 한다.

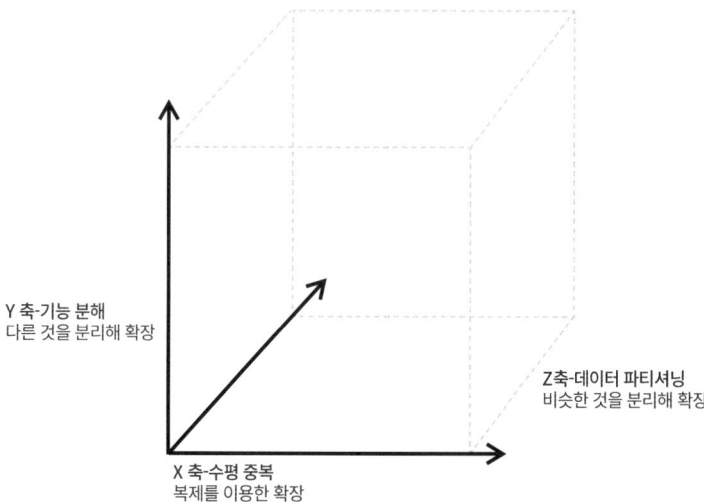

그림 1.2 애플리케이션 확장의 세 가지 차원

이러한 특성을 지닌 요구사항을 만족하는 기능을 마이크로서비스로 개발할 때 도구를 억지로 꿰맞추는 대신 각각의 문제를 해결할 최상의 도구를 선택할 수 있다. 마찬가지로 자율적이고 독립적인 배포는 마이크로서비스의 하위 리소스를 분리할 수 있다는 뜻이다. 흥미롭게도 이것은 장애 확산을 제한하는 자연스러운 방법인데, 예를 들어 금융 예측 서버에 장애가 발생할 경우 시장 거래 또는 투자 계정 서비스에 점진적으로 확산되지 않는다.

마이크로서비스 애플리케이션은 다음과 같은 흥미로운 기술적 속성이 있다.

- 단일 역량에 따라 서비스를 개발하면 자연스럽게 크기와 책임을 제한한다.
- 자율성은 서비스를 독립적으로 개발, 배포, 확장하도록 한다.

1.1.2 핵심 원칙

마이크로서비스 개발을 지원하는 5가지 문화와 아키텍처 원칙은 다음과 같다.

- 자율성
- 회복성
- 투명성
- 자동화
- 정렬성

이런 원칙은 마이크로서비스 애플리케이션을 개발하고 운영할 때 기술 및 조직에 관한 의사결정을 도와줄 것이다. 하나씩 살펴보자.

자율성(Autonomy)

마이크로서비스는 자율적이다. 각 서비스는 **다른 서비스와 독립적으로 변경되고** 운영된다. 자율성을 확실히 하기 위해 다음과 같은 기준으로 설계한다.

- **느슨한 결합**: 명확하게 정의된 인터페이스를 통해 협업하거나 메시징 시스템을 통해 각 마이크로서비스는 협업하는 다른 마이크로서비스의 내부 구현과 독립적으로 유지된다. 예를 들어 앞서 소개한 주문 서비스는 계정 트랜잭션 서비스의 구현을 몰라야 한다. 그림 1.3은 이것을 표현한 것이다.
- **독립적으로 배포 가능**: 서비스는 여러 팀에 의해 종종 동시에 배포된다. 엄격한 규칙에 따라 강제로 배포하거나 배포를 조율하면 위험하고 불안한 배포가 된다.[2] 이상적인 배포는 소규모 서비스로 만들어 신속하게 자주 작게 출시하는 것이다.

---

2 (옮긴이) 조율이 필요할 정도의 규모로 한 번에 배포하는 것은 배포를 위험하고 불안하게 한다.

또한 자율성은 문화에 관한 것이다. 비즈니스 영향력의 전달을 담당하는 팀에게 서비스의 소유권과 책임을 위임하는 것이 중요하다. 알다시피 조직의 구성은 시스템 설계에 영향을 준다. 서비스의 소유권이 명확하면 팀이 반복해서 개발하고 자치적인 의사결정을 내릴 수 있다. 마찬가지로, 이 모델은 서비스의 개발과 운영 모두를 담당하는 소유 방식을 촉진하기에 이상적이다.

> **노트** 13장에서 책임과 자율성을 가진 엔지니어링팀 구성하기와 왜 이것이 마이크로서비스를 다룰 때 중요한지에 대해 논의할 것이다.

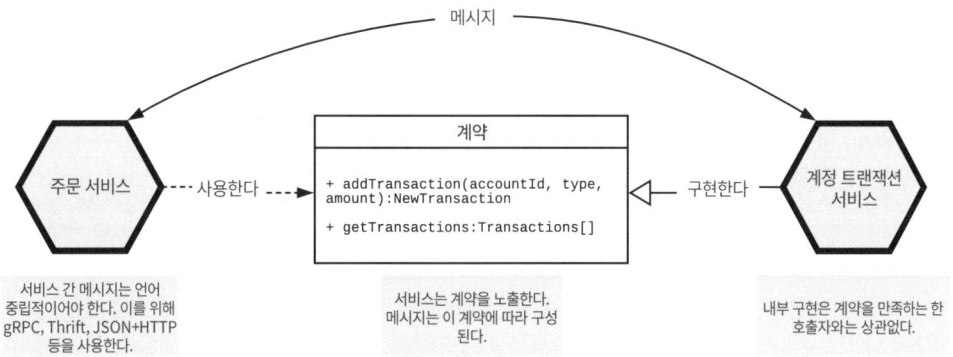

그림 1.3 정의된 계약을 통해 커뮤니케이션하게 하여 상세 구현을 숨김으로써 서비스를 느슨하게 결합할 수 있다.

회복성(Resilience)

마이크로서비스는 장애를 격리하는 자연스러운 메커니즘이다. 다시 말해, 마이크로서비스를 독립적으로 배포하면 애플리케이션 또는 인프라스트럭처의 장애는 시스템의 일부에만 영향을 미친다. 마찬가지로 새로운 기능을 위험한 빅뱅(big bang) 방식으로 출시하는 것보다 작은 기능으로 배포하는 것이 시스템을 점진적으로 변화시키는 데 도움을 준다.

투자 도구 예제를 다시 생각해 보자. 마켓 서비스를 사용할 수 없는 경우, 시장에 주문을 낼 수 없다. 그러나 사용자는 여전히 주문을 낼 수 있고 서비스는 하위 기능을 사용할 수 있을 때 다시 주문을 가져갈 수 있다.

애플리케이션을 여러 서비스로 분리해 장애를 격리시킬 수는 있지만, 그럴 경우 장애 지점이 늘어나게 된다. 게다가 장애가 **발생할 때** 확산을 막으려면 발생한 일을 처리해야 한다. 즉, 가능한 부분에 비동기 처리를 하고 적절한 회로 차단기와 타임아웃을 사용하도록 설계한다. 그리고 입증할 수 있는 지속 전달 기술을 적용하고 시스템 활동을 모니터링한다.

투명성(Transparency)

가장 중요한 것은 언제 장애가 발생했는지 아는 것이다. 그리고 마이크로서비스 애플리케이션은 시스템 하나가 아니라 다른 팀이 개발했을 수도 있는 여러 서비스에 의존하고 상호작용한다. 시스템이 어느 지점에서나 투명하고 관찰 가능해야 문제를 관찰하고 진단할 수 있다.

애플리케이션의 모든 서비스는 비즈니스, 운영, 인프라스트럭처 메트릭과 애플리케이션 로그, 그리고 요청 추적을 생성할 것이다. 결국 엄청난 양의 데이터를 이해해야 한다.

자동화(Automation)

수많은 서비스를 개발하면서 이로 인해 증가하는 애플리케이션의 어려운 점을 완화하려는 것은 다소 직관적이지 않을 것이다. 사실 마이크로서비스는 단일 애플리케이션을 개발하는 것보다 훨씬 복잡한 아키텍처를 가진다. 자동화를 도입하고 **서비스 간** 일관된 인프라스트럭처를 만들면 부가적인 복잡성을 관리하기 위한 비용을 획기적으로 줄일 수 있다. 정확한 배포와 운영을 보장하려면 자동화를 적용해야 한다.

마이크로서비스 아키텍처의 인기가 데브옵스(devops) 기술, 특히 **인프라스트럭처 코드화(infrastructure-as-code)**의 도입 증가와 API를 통해 프로그램을 짤 수 있는 AWS 또는 애저(Azure)와 같은 인프라스트럭처 환경의 부상과 함께한다는 것은 우연이 아니다. 이 2가지 추세는 소규모 팀이 마이크로서비스를 사용하게 하는 데 많은 기여를 했다.

동기화(Alignment)

마지막으로, 개발팀의 노력을 올바른 방향으로 동기화하는 것이 매우 중요하다. 서비스가 비즈니스 컨셉과 일치하도록 노력하면 궁극적으로 팀도 같은 생각으로 동기화된다.

이것이 왜 중요한지 이해하기 위해 다른 대안을 살펴보자. 많은 전통적인 SOA는 애플리케이션의 기술 계층을 UI, 비즈니스 로직, 통합, 데이터로 분리해서 배포했다. 그림 1.4에 SOA와 마이크로서비스 아키텍처를 비교한 것이 있다.

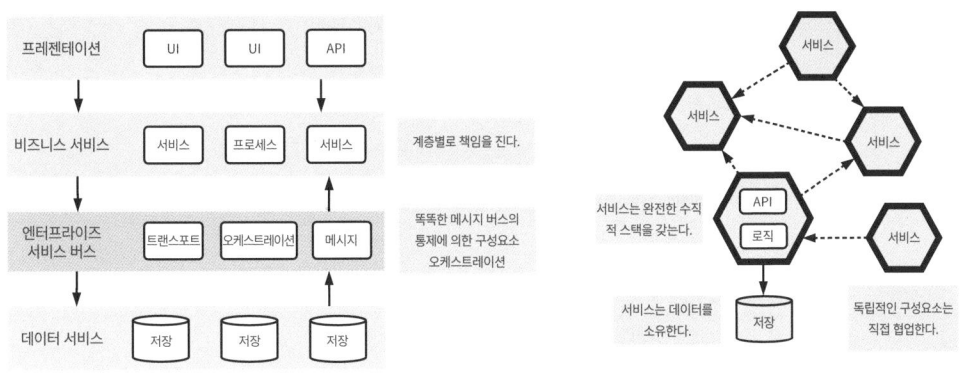

그림 1.4 SOA와 마이크로서비스 아키텍처의 비교

SOA의 **수평적 분해(horizontal decomposition)**가 문제다. 왜냐하면 묶여있는 기능이 여러 시스템에 퍼져있기 때문이다. 새로운 기능은 여러 서비스와 출시를 조율해야 하고 같은 수준의 추상 기술 계층에서 수용할 수 없을 정도로 다른 것들과 엮이게 된다.

반면에 마이크로서비스 아키텍처에서는 **수직으로 분해(vertical decomposition)**한다. 즉, 각 서비스가 모든 관련된 기술 레이어를 내포하면서 하나의 비즈니스 역량과 연결된다.

> **노트** 드물게 여러 서비스가 필요로 하는 기술적 역량을 제공하는 서비스를 개발하는 것이 합리적인 경우도 있다. 제삼자 서비스와의 통합을 지원하는 서비스가 그 예다.

또한 서비스의 사용자를 염두에 둬야 한다. 안정적인 시스템을 보장하기 위해 참을성 있게 개발하고 (명확하게 또는 여러 버전을 유지하면서) 하위호환성을 유지해 다른 팀이 업그레이드하도록 강제하거나 서비스 간의 복잡한 협업을 깨지 않도록 해야 한다.

이 5가지 원칙을 마음에 새기고 작업하면 마이크로서비스를 효과적으로 개발하고 변경과 확장이 용이하며 안정성이 높은 시스템을 구축하는 데 도움을 줄 것이다.

1.1.3 누가 마이크로서비스를 사용할까?

수많은 조직과 다양한 도메인에서 마이크로서비스를 성공적으로 개발하고 배포하고 있다.[3] 예를 들어, 미디어(가디언), 콘텐츠 배포(사운드클라우드, 넷플릭스), 운송 및 물류(헤일로, 우버), 전자상거래(아마존, 길트, 잘란도), 은행(몬조), 사회관계망 서비스(트위터) 등이 있다.

---

[3] 이 패턴에 대한 마틴 파울러(Martin Fowler)의 상세한 설명을 참조하라: "MonolithFirst"(2015년 6월 3일), http://martinfowler.com/bliki/MonolithFirst.html.

이 회사 대부분은 과거에 모놀리식 우선 접근 방식을 취했다. 대규모 단일 애플리케이션을 개발하는 것으로 시작해서 이후 성장의 압박에 직면하면서 점진적으로 마이크로서비스로 전환했다. 이 압박 요인을 표 1.1에 정리했다.

표 1.1 소프트웨어 시스템의 성장을 압박하는 요인들

압박 요인	설명
규모	시스템의 활동 규모가 초기에 선택한 기술의 한계를 넘어설 수 있다.
새로운 기능	새로운 기능이 기존의 기능과 응집되지 않거나 문제 해결에 더 좋은 다른 기술이 나올 수 있다.
엔지니어링팀의 성장	팀이 성장하면서 의사소통이 복잡해진다. 새로운 개발자들이 생산적인 가치를 더하는 것보다 기존 시스템을 이해하는 데 더 많은 시간을 쓴다.
기술 부채	기존 개발 결정을 포함해 시스템의 복잡도가 증가하고 점점 변경하기가 어려워진다.
국제적 배포	전 세계에 배포할 때 데이터의 일관성, 가용성, 대기 시간의 문제점이 발생한다.

예를 들어, 헤일로[4]는 전 세계로 사업을 확장하기를 원했다. 원래의 아키텍처에서 많은 문제점을 겪었을 뿐만 아니라 기능 전달 속도도 느려졌다.[5] 사운드클라우드는 원래의 모놀리식 애플리케이션이 복잡해서 발목을 잡았기 때문에 좀 더 생산성을 향상시키려 했다.[6] 때때로 이런 변화가 우연히 비즈니스 우선순위의 변화와 함께 발생하기도 한다. 넷플릭스는 물리적인 DVD 배포 서비스에서 콘텐츠 스트리밍 서비스로 갈아탔다. 일부 회사는 원래의 모놀리식 시스템을 완전히 폐기했다. 그러나 대부분의 경우에는 그러한 작업을 진행 중이며 모놀리식 서비스를 작은 서비스들의 무리가 둘러싸는 형태다.

마이크로서비스 아키텍처는 더 다양한 분야에서 인기를 얻고 있다. 얼리어댑터들은 자신들이 사용해 효과를 봤던 기법을 오픈 소스로 공개하고 블로그에 올리며 강연을 했다. 새로운 프로젝트인 경우 처음부터 모놀리식 애플리케이션을 개발하는 대신 마이크로서비스를 적용하는 경우가 많아지기 시작했다. 예를 들어, 몬조(Monzo)는 더 개선되고 더 확장 가능한 은행을 구축한다는 미션의 일부로 마이크로서비스를 시작했다.[7]

---

[4] (옮긴이) 2011년에 설립된 영국의 기술 플랫폼 회사로 모바일 앱을 이용한 택시 서비스로 유명하다.
[5] 매트 히스(Matt Heath)의 글을 참조하라: "A Long Journey into a Microservice World"(Medium, 2015년 5월 30일), http://mng.bz/XAOG.
[6] 필 칼카도(Phil Calçado)의 저서를 참조하자: "How we ended up with microservices"(2015년 9월 8일), http://mng.bz/Qzhi.
[7] 매트 히스(Matt Heath)의 저서를 참조하자: "Building microservice architectures in Go"(2015년 6월 18일), http://mng.bz/9L83.

1.1.4 왜 마이크로서비스가 올바른 선택인가?

모놀리식 소프트웨어를 기반으로 한 수많은 성공적인 비즈니스가 있다. 예를 들어 베이스캠프(Basecamp)[8], 스택오버플로(StackOverflow), 엣시(Etsy)가 있다. 그리고 모놀리식 애플리케이션에 대해서는 전통적으로 오랜 기간 동안 풍부한 소프트웨어 개발 기법과 지식이 존재한다. 그런데도 왜 마이크로서비스를 선택해야 할까?

기술의 혼재성(Heterogeneity)이 마이크로서비스를 선택하게 한다.

몇몇 회사에서는 기술적 혼재성이 마이크로서비스를 선택하는 명백한 이유가 된다. 온피도(Onfido)에서 머신러닝이 주도하는 제품을 마이크로서비스로 개발하기 시작했다. 그러나 이 제품은 루비(Ruby) 스택에는 잘 맞지 않았다. 마이크로서비스 접근법에 대한 확신이 없더라도 마이크로서비스 원칙을 적용하면 비즈니스 문제를 해결할 수 있는 다양한 기술을 선택할 수 있다. 그렇기는 해도 그것이 항상 명확한 것은 아니다.

시스템의 복잡성이 커지면서 개발의 마찰이 증가한다

이것은 시스템의 복잡성에 관한 것이다. 이 장의 초반부에 소프트웨어 개발자는 복잡한 문제를 해결하기 위한 방법을 효과적으로 적시에 만들어내기 위해 노력한다고 했다. 그러나 우리가 개발하는 소프트웨어 시스템은 태생적으로 복잡하다. 어떤 방법론이나 아키텍처도 그런 시스템의 근본적인 복잡성을 없앨 수 없다.

그러나 실망할 필요는 없다. 여러분이 선택한 개발 방식이 **의도하지 않는** 복잡성이 아니라 **훌륭한** 복잡성을 가진 시스템을 만들도록 보장할 수 있다.

잠시 시간을 내어 엔터프라이즈 소프트웨어 개발자로서 얻으려고 하는 것이 무엇인지 생각해 보자. 댄 노스(Dan North)는 다음과 같이 멋지게 표현했다.

> *소프트웨어 개발의 목적은 긍정적인 비즈니스 영향력(business Impact)을 전달하는 데 소요되는 시간을 최소화하는 것이다.*

복잡한 소프트웨어 시스템에서 어려운 부분은 변경 요건이 있을 때 지속 가능한 방식으로 비즈니스 가치를 전달하는 것이다. 그리고 시스템의 규모가 커지고 복잡해지더라도 계속해서 기민하게 반복적이고

---

[8] 데이비드 하이네마이어 핸슨(David Heinemeier Hansson)은 베이스캠프(Basecamp)를 만든 37가지 신호를 설명하기 위해 "Majestic Monolith"라는 용어를 처음 사용했다. "Signal v. Noise"(2016년 2월 29일), http://mng.bz/1p3l.

안전하게 요구사항을 반영하는 것이다. 그러므로 잘 설계된 복잡한 시스템이란 마찰과 위험의 2가지 요소가 시스템 전반에 걸쳐 최소화되는 것일 것이다.

마찰과 위험은 개발 속도를 제한하고 결국 고객에게 비즈니스 영향을 전달하는 역량을 제한한다. 모놀리식 시스템은 규모가 커지면서 다음과 같은 요소로 인해 마찰이 발생할 수 있다.

- 여러 변경 사이클이 함께 결합되어 고도의 조율을 요구하고 회귀 테스트의 위험이 증가한다.
- 유연한 모듈과 컨텍스트 경계는 훈련되지 않은 팀에게는 혼란을 유발해 구성요소 간의 예상치 못한 결합을 만들어낸다.
- 규모만으로도 고통이 될 수 있다. 지속적인 통합을 위한 작업과 출시는 점점 느려진다(심지어 로컬에서 애플리케이션을 시작하는 것도 느려진다).

이런 품질이 모든 모놀리식 시스템에서 그런 것은 아니다. 그러나 불행하게도 우리가 접한 대부분 경우에는 그랬다. 마찬가지로, 이런 유형의 문제점은 앞서 거론했던 여러 회사에서 공통적인 내용이었다.

마이크로서비스는 마찰과 위험을 줄여준다

마이크로서비스는 다음 3가지 방식으로 마찰과 리스크를 줄여준다.

- 개발할 때 의존성을 격리시키고 최소화함.
- 개발자가 전체 시스템보다는 응집된 개별 구성요소에 대해 추론할 수 있음.
- 작은 독립적인 변경을 지속적으로 전달할 수 있음.

팀 간이든 기존 코드에서든 개발할 때 의존성을 격리시키고 최소화하면 개발자가 빠르게 이동할 수 있다. 모놀리식 애플리케이션에서 과거에 결정된 장기적인 종속성이 줄어들면 개발은 병렬로 움직일 수 있다. 또한 기술적 부채는 자연스럽게 서비스 경계로 국한된다.

마이크로서비스는 모놀리식 애플리케이션보다 개별적으로 쉽게 개발하고 추론할 수 있다. 이는 성장하는 조직에서 개발 생산성에 도움이 된다. 또한 규모의 증가에 대처하거나 새로운 기술을 원활하게 도입할 수 있는 강력하고 유연한 패러다임을 제공한다.

아울러 소규모 서비스는 지속적인 전달을 가능하게 하는 최고의 요소다. 대규모 애플리케이션의 배포는 위험할 수 있으며 긴 회귀 테스트와 검증 사이클을 포함할 수 있다. 기능을 소규모 요소로 배포하면 운영 중인 시스템의 변경을 더욱 잘 격리시켜 개별 배포의 잠재적 위험을 줄일 수 있다.

여기서 2가지 결론에 도달할 수 있다.

- 소규모의 자율적인 서비스를 구축하면 수명이 긴 복잡한 시스템 개발 과정에서 마찰을 줄여준다.
- 응집되고 독립적인 기능 조각을 전달하면 변경이 쉽고 유연한 시스템을 구축할 수 있고 위험 감소와 함께 지속 가능한 비즈니스 영향을 제공할 수 있다.

그렇다고 모두가 마이크로서비스를 구축해야 하는 것은 아니다. "마이크로서비스가 과연 나에게 필요한가?"라는 질문에 객관적인 답을 할 수 있다면 좋을 것이다. 그러나 안타깝게도 다음과 같은 답밖에 할 수 없을 것이다. "속한 팀이나 회사, 구축하는 시스템의 특성에 따라 다르다." 시스템의 범위가 작다면 작은 규모로 복잡하게 나눠진 애플리케이션을 개발하고 운영하는 것이 부담스러워 그 이상의 혜택을 얻기는 어려울 것이다. 그러나 이 절의 앞에서 언급한 문제 중 일부라도 직면했다면 마이크로서비스가 강력한 솔루션이 될 것이다.

> **마이크로서비스에 관한 경고**
>
> 이 이야기는 어느 스타트업에서 마이크로서비스를 잘못 적용한 사례다. 문제의 스타트업은 규모가 커지기 시작했고, CTO는 기존 시스템을 마이크로서비스로 재구축하는 것이 유일한 해결책이라고 생각했다. 이 말이 걱정스럽지 않다면 걱정해야 할 일이다.
>
> 엔지니어링팀은 애플리케이션을 재구축하기 시작했다. 재구축에는 5개월이 걸렸고 그동안 새로운 기능을 배포하지 못하고 운영으로 출시한 마이크로서비스도 없었다. 비즈니스가 가장 바쁜 시기에 새로운 마이크로서비스 애플리케이션을 출시했고, 마침 그때 장애가 발생해서 원래의 모놀리식 시스템으로 돌아가야 했다.
>
> 이런 형태의 마이그레이션은 마이크로서비스에 오명을 남긴다. 몇 달 동안 기능을 제한하는 호화스러운 비즈니스는 거의 없으며 새로운 아키텍처를 빅뱅 방식으로 출시하는 것을 즐기지도 않는다. 사례가 많지는 않지만, 우리가 목격한 가장 성공적인 마이크로서비스 마이그레이션은 비즈니스 요구사항, 우선순위, 자원의 제약에 따라 균형 있게 아키텍처 비전을 세워 조금씩 이동하는 것이었다. 이 방식이 시간이 오래 걸리고 더 많은 엔지니어링 노력이 들겠지만, 여러분의 팀이 마이크로서비스 실패 사례에서 언급되는 일은 없을 것이다.

1.2 무엇이 마이크로서비스를 어렵게 만드는가?

이제 마이크로서비스를 설계하고 운영하는 데 소요되는 비용과 복잡성에 대해 좀 더 깊이 알아보자.

마이크로서비스가 분해와 분산을 통한 깨달음을 약속한 유일한 아키텍처는 아니지만, SOA[9]와 같은 것은 전반적으로 성공적이지 못했다고 받아들여진다. 소프트웨어의 복잡성을 제거해주는 마법 같은 기술

---

[9] SOA는 어설픈 용어다. SOA의 원칙이 마이크로서비스와 유사하기는 하지만, SOA의 정의는 ESB와 같은 무거운 엔터프라이즈 벤더 도구와 밀접하게 관련되어 있다.

은 존재하지 않는다. 앞서 이야기했듯이 마이크로서비스는 시스템에서 움직이는 부품의 수를 대폭 늘린다. 그것은 기능과 데이터의 소유권을 자율적인 여러 서비스에 분산해 애플리케이션의 안정성과 정상적인 운영의 책임도 마찬가지로 분산시킨다.

마이크로서비스 애플리케이션을 설계하고 운영하다 보면 다음과 같은 다양한 문제에 직면한다.

- **마이크로서비스의 범위를 정하고 식별하는 데는** 대상 도메인에 대한 상당한 지식이 필요하다.
- 서비스 간의 올바른 **경계와 계약**을 식별하는 것이 어렵고, 한번 정한 후 변경하는 데 많은 시간이 소요된다.
- 마이크로서비스는 **분산 시스템**이므로 시스템의 상태, 일관성, 네트워크 신뢰성에 대해 다른 가정을 전제해야 한다.
- 시스템 구성요소를 여러 네트워크에 분산하고 혼재된 기술의 수가 늘어나면 마이크로서비스에는 **새로운 형태의 장애**가 생긴다.
- 정상 상태에서는 무엇이 발생해야 하는지 이해하고 검증하는 것이 더욱더 어렵다.

1.2.1 설계상의 어려움

그렇다면 이런 문제점들이 마이크로서비스의 개발에서 설계와 운영 단계에 어떻게 영향을 줄까? 앞에서 마이크로서비스 개발의 근간이 되는 5가지 핵심 원칙을 소개했다. 그중 첫 번째는 **자율성**이었다. 서비스가 자율적이 되려면 전체적으로는 느슨하게 연결되고 개별적으로는 기능 요소들이 높은 응집도를 가지도록 설계해야 한다. 이는 점진적으로 진화하는 과정이다. 서비스 범위는 시간이 지남에 따라 변화할 수 있고, 기존 서비스에서 새로운 기능을 떼어내거나 제거할지를 선택해야 한다.

이런 선택은 어려운 일이고 애플리케이션 개발을 시작할 때는 더하다. 서비스 간의 경계는 느슨한 결합에서 가장 중요하다. 이것이 잘못되면 서비스는 변화에 저항하게 되고, 전체적으로 애플리케이션의 순응성과 유연성이 떨어지게 된다.

마이크로서비스의 범위를 정하는 것은 도메인 지식을 요구한다

각 마이크로서비스는 단일 역량을 담당한다. 이런 역량을 도출하는 것은 애플리케이션에 대한 비즈니스 도메인 지식을 요구한다. 애플리케이션 수명의 초기에 설계자가 갖고 있는 도메인 지식은 노력을 해도 불완전하고 최악의 경우 부정확할 수 있다.

대상 도메인에 대한 부적절한 이해는 나쁜 디자인을 선택하게 만든다. 마이크로서비스 애플리케이션에서는 모놀리식 애플리케이션 내의 모듈에 비해 서비스 경계가 더욱 견고해진다. 이는 범위가 잘못

결정되면 후속 공정 비용이 증가할 가능성이 높아진다는 뜻이다. 그러면 다음과 같은 일을 해야 할 수 있다.

- 여러 코드베이스에 걸쳐서 리팩토링을 해야 할 수 있다.
- 서비스의 데이터베이스에서 다른 서비스로 데이터를 이관해야 할 수 있다.
- 서비스 간에 내포된 의존성을 식별하지 못했을 수 있다. 이것은 배포할 때 에러와 호환성의 문제를 야기할 수 있다.

이런 활동을 그림 1.5에 도식화했다.

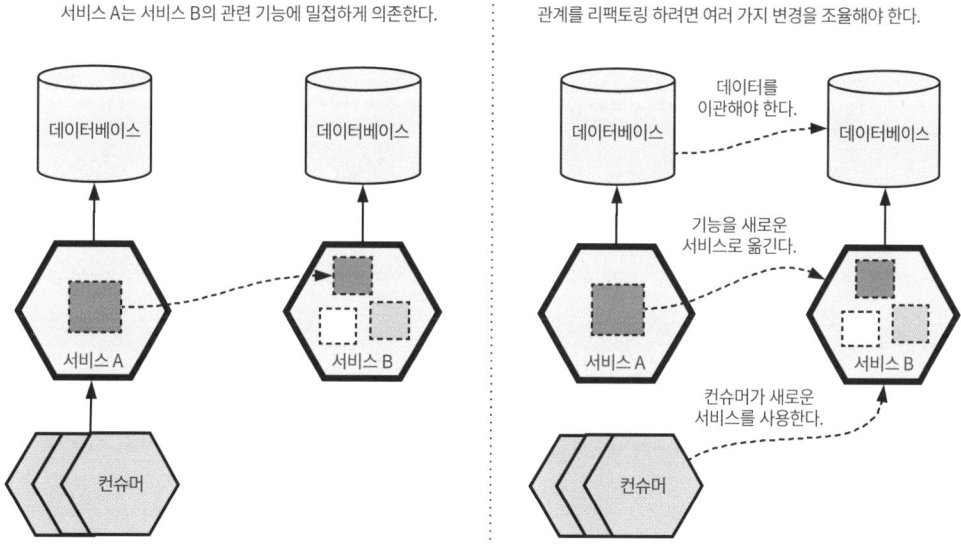

그림 1.5 부정확한 서비스 범위 결정으로 인해 서비스 경계가 복잡해지고 높은 리팩토링 비용이 필요할 수 있다.

그러나 부족한 도메인 지식에 기반해서 설계 결정을 하는 것은 마이크로서비스에서만 있는 일은 아니다! 결국 차이점은 이러한 결정의 영향에 있다.

> 노트 2장과 4장에서 예제 애플리케이션을 활용해 서비스를 식별하고 범위를 정하는 모범 사례에 대해 논의할 것이다.

서비스 간 계약 유지하기

각 마이크로서비스는 다른 서비스와 독립적으로 구현한다. 이것은 기술의 혼재와 자율성을 가능하게 한다. 이를 위해 각 마이크로서비스는 **계약**을 노출한다. 이것은 서비스가 수신하고 응답하기를 기대하는 메시지를 정의하는 것으로 객체 지향 설계에서 인터페이스와 유사하다. 좋은 계약은 다음과 같은 특성이 있다.

- **완전성**: 상호작용의 완전한 범위를 정의한다.
- **충분성**: 필요 이상의 정보를 제거해 메시지 소비자가 적절한 범위에서 메시지를 구성할 수 있게 한다.
- **예측성**: 모든 구현의 실제 행동을 정확하게 반영한다.

API를 설계해본 사람이라면 이런 속성을 달성하는 것이 얼마나 어려운지 알 것이다. 서비스는 계약으로 엮인다. 시간이 지나면서 계약은 기존의 API를 사용하는 협력자와의 하위 호환성을 유지하면서 진화해야 한다. 이러한 안정성과 변화 간의 긴장을 처리하기가 쉽지 않다.

마이크로서비스 애플리케이션은 여러 팀이 설계한다

대규모 조직에서는 여러 팀이 마이크로서비스 애플리케이션을 개발하고 운영할 것이고 각 팀은 각각 다른 마이크로서비스를 담당한다. 팀마다 자신의 목표와 일하는 방식, 전달 주기가 있을 것이다. 그런데 팀이 다른 독립적인 팀의 타임라인과 우선순위를 고려해 개발을 조정해야 한다면 응집력 있는 시스템을 설계하기가 어려울 수 있다. 따라서 모든 실질적인 마이크로서비스의 개발을 조율하려면 여러 팀 간의 우선순위와 일하는 방식을 합의하고 조정할 필요가 있다.

마이크로서비스 애플리케이션은 분산 시스템이다

마이크로서비스 애플리케이션을 설계하는 것은 분산 시스템[10]을 설계하는 것을 의미한다. 분산시스템을 설계할 때는 다음과 같은 오해를 하기 쉽다.

- 네트워크를 신뢰할 수 있다.
- 대기시간이 없다.
- 대역폭이 무한하다.
- 전송 비용이 없다.

분명한 것은 비 분산시스템에서 했던 메소드 호출의 속도와 신뢰성 같은 가정은 더이상 적절치 않으며 나쁘고 불안정한 구현을 야기할 수 있다는 것이다. 즉, 애플리케이션 간의 상태에 대한 대기시간, 신뢰성, 일관성을 고려해야 한다.

---

[10] Arnon Rotem-Gal-Oz의 글을 참조하자: "Fallacies of Distributed Computing Explained", https://pages.cs.wisc.edu/~zuyu/files/fallacies.pdf.

일단 애플리케이션이 분산되면 하위의 상태 데이터가 곳곳에 분산되어 일관성 문제에 직면한다. 시스템에서 동작의 순서를 보장하기 어려울 수 있다. 동작이 여러 서비스에 걸쳐 수행되면 ACID[11]와 같은 트랜잭션 보장을 유지하기가 어려울 수 있다. 이는 애플리케이션 수준의 설계에 영향을 준다. 일관적이지 않은 상태에서 서비스가 동작하는 방법과 트랜잭션이 실패할 때 롤백하는 방법을 고려해야 한다.

1.2.2 운영상의 도전 과제

마이크로서비스 접근 방식은 본질적으로 시스템에 장애가 발생할 수 있는 지점을 증가시킨다. 이를 도식화하기 위해 앞서 소개한 투자 도구 예제로 돌아가 보자. 그림 1.6은 이 애플리케이션에서 발생 가능한 장애 지점을 도출한 것이다. 그림에서 보듯이 여러 지점에서 뭔가 잘못될 수 있고 이는 정상적인 주문 처리에 영향을 미친다.

애플리케이션이 운영 중이라면 다음 질문에 대한 답변을 생각해 보자.

- 문제가 발생해서 사용자의 주문이 제출되지 않으면 어디에서 오류가 발생했는지 어떻게 결정할 것인가?
- 주문에 영향을 주지 않고 새로운 버전의 서비스를 어떻게 배포할 것인가?
- 어떤 서비스가 호출돼야 했는지를 어떻게 알 것인가?
- 어떤 동작이 여러 서비스에 걸쳐 올바르게 작동하는지 어떻게 테스트할 것인가?
- 서비스를 사용할 수 없으면 무슨 일이 발생하는가?

마이크로서비스는 위험을 제거하는 대신 이런 비용을 시스템의 라이프사이클 후반부로 미룬다. 그래서 개발할 때는 마찰이 줄지만, 운영 중인 애플리케이션을 배포하고 검증하고 모니터링하는 방법이 더 복잡해진다.

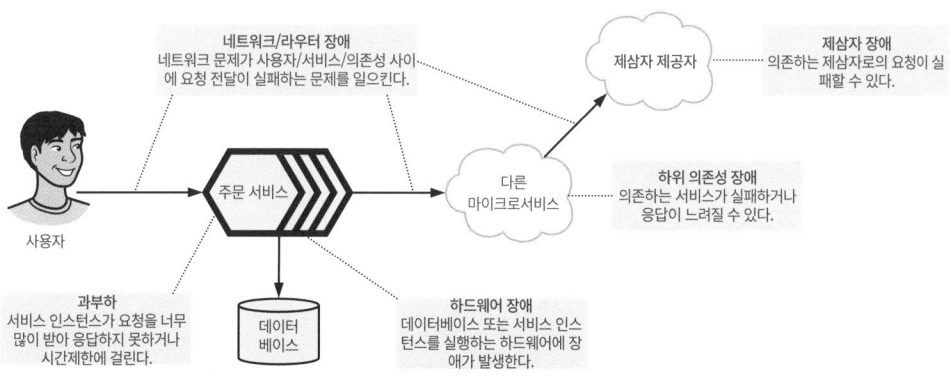

그림 1.6 매도 주문을 제출할 때 장애가 발생할 수 있는 지점

---

11 (옮긴이) Atomicity[원자성], Consistency[일관성], Isolation[격리성], Durability[보존성]

마이크로서비스 접근 방식은 시스템을 설계할 때 점진적인 방식을 권장한다. 기존 서비스를 변경하지 않고 새로운 기능을 독립적으로 추가할 수 있다. 이것은 변경의 비용과 위험을 줄여준다.

그러나 계속해서 변화하는 시스템을 느슨하게 결합하면 전체 그림을 추적하는 것이 극도로 어려워져서 문제를 진단하고 지원하기가 더욱 어려워진다. 뭔가 잘못되면 시스템이 어떻게 행동했는지(무슨 서비스를 호출했고 어떤 순서로, 무슨 결과가 나왔는지)에 대해 추적할 방법이 필요하다. 그리고 시스템이 어떻게 반응해야 했는지 알 방법이 필요하다. 결국, 마이크로서비스에서는 관측 가능성과 장애 지점의 증가라는 운영상의 어려움에 직면하게 된다. 이런 요소에 대해 차례로 살펴보자.

관측 가능성은 달성하기 어렵다

1.1.2절에서 투명성의 중요성에 대해 언급했다. 그런데 왜 마이크로서비스 애플리케이션에서는 투명성을 확보하기가 더 어려운 것일까? 이유는 전체 그림을 이해하기가 더 어렵기 때문이다. 비즈니스 성과를 내기 위한 광범위한 컨텍스트에서 각 서비스가 무엇을 하는지 확실히 이해하기 위해 각 서비스가 발생시키는 데이터의 상관관계를 분석하고 여러 퍼즐 조각을 맞춰 전체 그림을 조립할 필요가 있다. 개별 서비스의 로그는 시스템 운영의 일부를 보여주는 데 도움이 되지만, 시스템 전체를 이해하려면 현미경과 광각렌즈 모두를 이용해야 한다.

마찬가지로 배포 정책에 따라 여러 애플리케이션을 운영하기 때문에 애플리케이션과 인프라의 메모리, CPU사용량과 같은 메트릭의 상관관계가 덜 명확할 수 있다. 그래서 이러한 메트릭은 여전히 유용하지만, 모놀리식 시스템에서보다는 덜 집중하게 된다.

서비스가 많아지면 장애 지점도 증가한다

실패할 가능성이 있는 모든 것은 결국 실패한다고 하면 너무 비관적일까? 그렇지 않다. 오히려 이런 마음가짐을 가지고 시작하는 것이 중요하다. 다시 말해, 시스템을 구성하는 여러 서비스가 약하고 깨지기 쉽다고 생각하면 문제가 발생했을 때 너무 놀라지 않고 시스템을 설계하고 배포하고 모니터링하는 더 나은 방법을 배울 수 있다.

개별 구성요소에 장애가 발생해도 어떻게 하면 시스템이 계속해서 동작할지에 대해 생각해 봐야 한다. 이것은 다시 말해 개별 서비스가 에러 검사, 장애 조치, 복구 등에서 좀 더 견고해질 필요가 있다는 의미다. 또한 개별 구성요소는 100% 신뢰할 수 없어도 전체 시스템은 신뢰성이 있어야 한다.

1.3 마이크로서비스 개발 라이프사이클

개인적인 수준에서 보면 개별 아무리 작은 마이크로서비스라 하더라도 친숙할 것이다. 마이크로서비스를 개발할 때도 일반 애플리케이션을 개발할 때 적용하는 것과 비슷한 프레임워크와 기법을 사용한다(웹 애플리케이션 프레임워크, SQL 데이터베이스, 단위 테스트, 라이브러리 등).

그러나 시스템 수준에서는 마이크로서비스 아키텍처를 선택하는 것이 애플리케이션을 설계하고 운영하는 방법에 상당한 영향을 준다. 이 책에서는 마이크로서비스 애플리케이션의 개발 라이프사이클에서 다음의 3가지 핵심 단계를 집중해서 살펴볼 것이다(서비스 설계하기, 운영으로 배포하기, 시스템 관측하기). 이것을 그림 1.7에 표현했다.

각 단계에서 타당한 의사결정은 요구사항이 변경되고 복잡도가 증가해도 회복력 있는 시스템을 개발하는 데 도움을 준다. 이제 각 단계를 살펴보고 마이크로서비스 애플리케이션을 구축할 때 필요한 절차를 생각해 보자.

1.3.1 마이크로서비스 설계하기

마이크로서비스 애플리케이션을 개발할 때는 모놀리식 애플리케이션을 개발할 때 마주치지 않았을 몇 가지 설계에 관한 의사결정을 해야 한다. 모놀리식 애플리케이션에서는 종종 3계층 아키텍처(three-tier architecture) 또는 MVC(model-view-controller)와 같은 유명한 패턴이나 프레임워크를 따른다. 그러나 마이크로서비스를 설계하는 기법은 여전히 초기 단계에 있다. 마이크로서비스를 설계할 때는 다음과 같은 것을 생각해야 한다.

- 모놀리식으로 시작할 것인지, 아니면 마이크로서비스로 시작할지.
- 애플리케이션과 외부 사용자에게 노출할 관문(façade)에 대한 전반적인 아키텍처.
- 서비스 경계를 식별하고 규정하는 방법.
- 동기식 또는 비동기식과 같은 방식으로 서비스가 서로 커뮤니케이션하는 방법.
- 서비스의 회복성을 달성하는 방법.

다뤄야 할 범위가 상당히 넓다. 이제 하나씩 살펴보면서 마이크로서비스 애플리케이션을 잘 설계하려면 모든 항목에 관심을 둬야 하는 이유를 알아볼 것이다.

모놀리식 애플리케이션으로 시작할 것인가?

마이크로서비스를 시작할 때 2개의 상반된 방식을 발견하게 된다. 즉, 모놀리식으로 먼저 개발하거나 마이크로서비스만으로 개발하는 것이다. 전자의 모놀리식으로 개발을 시작해야 하는 이유는 개발 초기에 시스템의 경계를 이해하기 어렵고 마이크로서비스 애플리케이션에서 잘못 설계한 경우 비용이 증가하기 때문이다. 반면에 모놀리식에서 설정한 경계는 잘 설계된 마이크로서비스 애플리케이션에서의 경계와 같지는 않다.

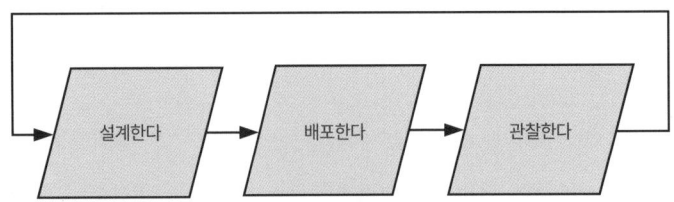

그림 1.7 마이크로서비스 개발 라이프사이클에서의 핵심 반복 단계

개발 초기의 개발 속도는 느리지만, 마이크로서비스는 향후 개발에서 마찰과 위험을 줄여준다. 마찬가지로, 도구와 프레임워크가 성숙하면서 마이크로서비스 모범 사례를 채택하는 데 부담이 점점 줄어들고 있다. 어떤 선택을 하든 이 책에 있는 조언은 유용할 것이다.

서비스 범위 정하기

각 서비스가 담당하는 범위를 올바르게 정하는 것은 마이크로서비스 애플리케이션을 설계하는 데 있어 어려운 일 중 하나다. 이를 위해 서비스가 조직에 제공하는 비즈니스 역량에 근거해 서비스를 모델링해야 한다. 이 장의 초반부에 소개된 예제를 확장해 보자. 새롭고 특별한 유형의 주문을 다루려면 서비스를 어떻게 변경해야 할까? 이 문제를 해결하는 데 3가지 선택지가 있다(그림 1.8).

1. 기존 서비스 인터페이스를 확장하기
2. 새로운 서비스 종단점(endpoint)을 추가하기
3. 새로운 서비스를 추가하기

선택지마다 장단점이 있는데, 이것이 애플리케이션의 서비스 간의 응집력과 결합력에 영향을 미친다.

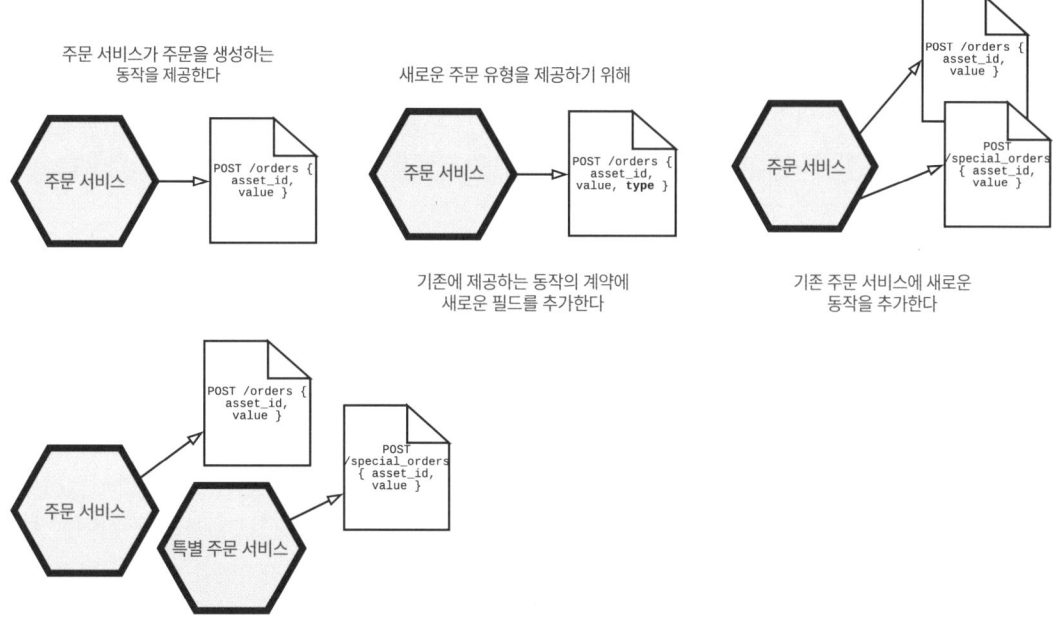

그림 1.8 기능의 범위를 정할 때 기존 서비스에 포함할지 또는 새로운 서비스를 설계할지 결정해야 한다

> **노트** 2장과 4장에서 서비스가 담당하는 범위에 대한 최적의 의사결정 방법에 대해 알아본다.

커뮤니케이션

서비스 간의 커뮤니케이션에는 동기식 또는 비동기식이 있다. 동기식 시스템이 추론하기 쉽기는 하지만, 비동기식 시스템은 결합도가 상당히 낮아서 변경의 위험을 줄여주고 잠재적으로 회복성이 더욱 뛰어나다. 하지만 이런 시스템은 복잡도가 높다. 마이크로서비스 애플리케이션에서는 동기식과 비동기식 메시징 사이에 균형을 맞춰서 여러 마이크로서비스 사이에 효과적으로 작업을 조율해야 한다.

회복성

분산 시스템에서 서비스가 협업하는 다른 서비스를 신뢰할 수 없는 이유는 개발 품질이 낮거나 사람에 의한 에러 때문이 아니라 서비스 간 네트워크 또는 서비스의 행동이 신뢰할 수 있거나 예측 가능하다고 안전하게 가정할 수 없기 때문이다. 이것을 달성하기 위해서는 에러가 발생했을 때 백오프를 하거나 품질이 낮은 서비스로부터의 요청을 제한하거나 정상 서비스를 동적으로 탐색하는 등의 방어적 설계를 해야 한다.

1.3.2 마이크로서비스 배포하기

마이크로서비스를 구축할 때는 개발과 운영이 서로 밀접하게 엮여 있다. 개발 후에 운영할 누군가에게 배포와 운영을 맡기면 마이크로서비스는 제대로 동작하지 않는다. 수많은 자율적인 서비스로 구성된 시스템에서는 개발한 사람이 운영도 해야 한다. 서비스가 운영에서 어떻게 동작하는지 이해하면 시스템의 성장에 따라 더 좋은 설계 결정을 내리는 데 도움이 된다.

애플리케이션을 특별하게 하는 것은 시스템이 전달하는 비즈니스 영향임을 명심해야 한다. 그것은 여러 서비스 협업을 통해서 나온다. 사실 각 서비스가 제공하는 독특한 기능 이외의 것들을 모두 표준화하거나 추상화하면 팀이 비즈니스 가치에 더욱 집중할 수 있다. 궁극적으로 새로운 서비스를 배포하는 것이 더이상 특별한 이벤트가 아닌 단계에 도달하게 된다. 그렇지 않으면 고객에게 가치를 전달하는 대신 시스템을 구성하는 데 모든 에너지를 쏟게 된다.

이 책은 기존 시스템과 새로운 서비스를 운영 환경으로 전달하는 신뢰할 수 있는 기반을 구성하는 방법을 가르쳐준다. 혁신을 가속화하기 위해 새로운 서비스를 배포하는 비용은 작아야만 한다. 마찬가지로 시스템 운영을 간단하게 하고 서비스 간 일관성을 유지하기 위해 프로세스를 표준화해야 한다. 이를 위해 다음 사항을 고려해야 한다.

- 마이크로서비스 배포 산출물 표준화
- 지속적인 전달 파이프라인 구현

신뢰할 만한 배포가 지루하다고 말하는 것을 들은 적이 있는데, 이것은 재미가 없다는 의미가 아니라 장애로부터 자유롭다는 의미다. 그러나 안타깝게도 많은 팀이 이와 반대로 생각하는 것을 경험했다. 예를 들어, 소프트웨어를 배포하는 것에 스트레스를 받고 건강하지 못하게 모든 멤버가 함께 모여 작업하는 것을 독려한다. 이것은 서비스 하나에서도 충분히 나쁘다. 그리고 여러 서비스를 배포한다면 걱정 하나만으로도 미쳐버릴 것이다! 이제 앞서 언급한 절차와 고려사항이 어떻게 안정적이고 신뢰할 수 있는 마이크로서비스 배포를 구현하는지 살펴보자.

마이크로서비스 배포 산출물 표준화

대부분 모든 언어와 프레임워크는 전용 개발 도구가 있다. 예를 들어, 파이썬에는 패브릭(Fabric), 루비(Ruby)에는 캐피스트라노(Capistrano), 엘릭서(Elixir)에는 엑썸(exrm)이 있다. 그리고 개발 환경 자체가 복잡하다.

- 무슨 서버에서 애플리케이션이 구동되는가?
- 애플리케이션이 의존하는 다른 도구는 무엇인가?
- 어떻게 애플리케이션을 실행하는가?

실행 중에 애플리케이션의 의존성(그림 1.9)은 광범위하며 라이브러리, 바이너리, OS 패키지(이미지매직[ImageMagick] 또는 립씨[libc] 등), 그리고 OS 프로세스(크론[cron] 또는 플루언트디[fluentd] 등)를 포함할 수 있다.

기술적으로 혼재성은 서비스 자율성이 주는 환상적인 혜택이다. 그러나 배포는 쉽지 않다. 일관성이 없으면 운영 환경으로 서비스를 이관하는 방식을 표준화할 수 없어서 배포를 관리하고 새로운 기술을 도입하는 비용을 증가시킨다. 최악의 경우, 각 팀이 처음부터 다시 작업해 의존성 관리, 빌드 구성, 서버 배포, 애플리케이션 운영에 대해 서로 다른 접근 방식을 내놓게 된다.

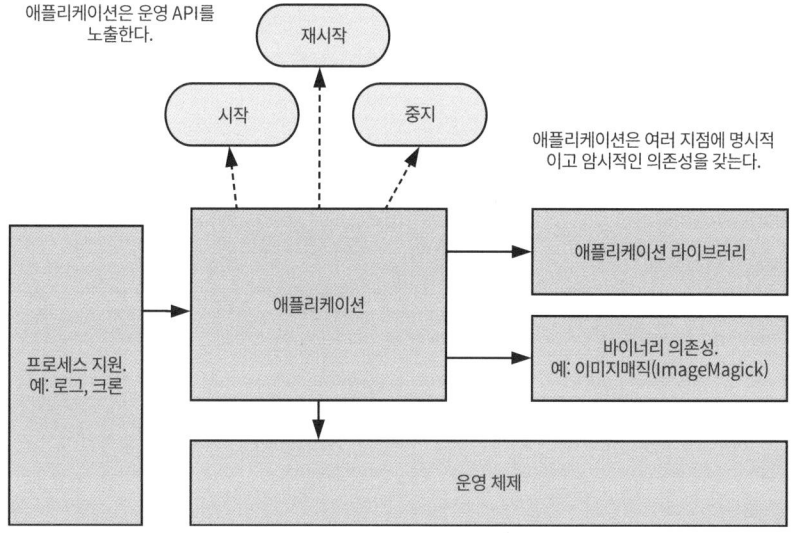

그림 1.9 애플리케이션은 운영 API를 노출하고 라이브러리, 바이너리 의존성, 프로세스 지원 등 다양한 유형의 의존성을 가진다.

경험상 이 작업에 적합한 도구는 **컨테이너(containers)**다. 컨테이너는 호스트 상에 격리된 시스템을 실행하는 것을 지원하는 운영체제 수준의 가상화 도구로 각 컨테이너는 자신의 네트워크와 프로세스 공간을 가지고 다른 컨테이너와 동일한 커널을 공유한다. 컨테이너는 가상 머신에 비해 빠르게 구축하고 실행할 수 있다(수 분 대신 수 초). 하나의 머신에 여러 컨테이너를 실행할 수 있어 로컬 개발을 간단하게 하고 클라우드 환경에서 자원 사용을 최적화하도록 돕는다.

컨테이너는 애플리케이션의 패키징과 애플리케이션의 실행 환경 인터페이스를 표준화한다. 그리고 운영 환경과 코드 모두에 대해 불변성을 제공한다. 이것이 컨테이너를 고수준의 구성을 위한 강력한 빌딩 블록으로 만들어 준다. 이를 활용하면 모든 서비스의 실행 환경을 완전하게 정의하고 격리할 수 있다.

다양한 컨테이너 구현체가 존재하고 리눅스 외에도 프리비에스디(FreeBSD)의 제일스(jails)와 솔라리스(Solaris)의 존스(zones)와 같은 개념이 존재하지만, 가장 성숙하고 접근성이 좋은 도구는 도커(Docker)다. 이 책에서는 이 도구를 사용할 것이다.

지속 전달 파이프라인 구현하기

지속 전달이란 개발자가 소프트웨어를 언제든 운영 환경으로 신뢰할 수 있게 출시하는 관행을 말한다. 공장의 생산라인처럼 소프트웨어를 지속적으로 전달하려면 코드 저장소에 저장된 코드를 실제 운영 환경에 전달하는 비슷한 파이프라인을 개발해야 한다. 그림 1.10에 간단한 파이프라인을 도식화했다. 파이프라인의 각 단계는 개발팀에게 코드의 정확성에 대해 피드백을 준다.

앞서, 작은 크기로 빠르게 개발해서 독립적으로 출시하기 때문에 마이크로서비스가 지속적인 전달을 실현하는 데 최적이라고 했다. 그러나 지속적인 전달은 마이크로서비스를 개발한다고 자동으로 따라오는 것이 아니다. 소프트웨어를 지속적으로 전달하려면 다음 2가지 목표에 집중해야 한다.

- 소프트웨어가 거쳐야 할 검증 세트 구축하기. 개발 프로세스의 각 단계에서 코드가 올바른지 검증할 수 있어야 한다.
- 소스 저장소에 커밋된 코드를 운영 환경으로 전달하는 파이프라인 자동화하기.

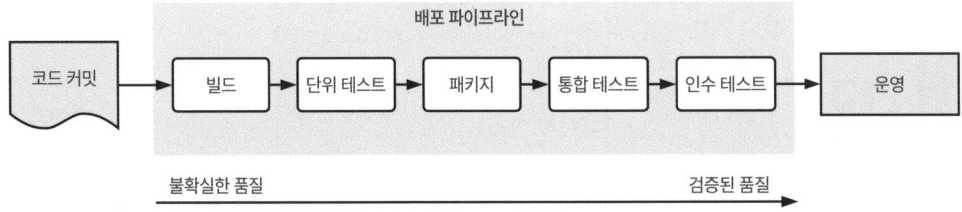

그림 1.10 마이크로서비스를 위한 고수준의 배포 파이프라인

정확한 배포 파이프라인을 구축하면 개발자가 반복적으로 서비스를 개발할 때 안전하게 일정한 속도로 개발하도록 도와준다. 이러한 파이프라인은 새로운 기능을 전달하기 위한 반복적이고 신뢰할 수 있는 프로세스가 된다. 이상적으로는 파이프라인에 검증 및 절차를 표준화하고 이를 여러 서비스에 적용하며 나아가 새로운 서비스를 배포하는 비용을 줄일 수 있어야 한다.

또한 지속적 전달은 위험도 줄여주는 데 개발된 소프트웨어의 품질과 변경을 전달하는 팀의 기민성이 모두 증가하기 때문이다. 제품의 관점에서 신속하게 가설을 검증하고 반복하기 때문에 최적화된 방식으로 일할 수 있게 된다.

> **노트** 3부에서는 무료로 사용할 수 있는 지속 통합 도구인 젠킨스(Jenkins)의 파이프라인 기능을 활용해서 지속 전달 파이프라인을 구축할 것이다. 그리고 카나리(canaries)와 블루그린(blue-green) 배포와 같은 다양한 배포 패턴을 살펴볼 것이다.

1.3.3 마이크로서비스 관찰하기

이 장 앞에서 투명성과 관측 가능성에 대해 논의했다. 운영 환경에서는 시스템에 무슨 일이 일어나고 있는지 알아야 한다. 이것의 중요성은 2가지로 요약한다.

- 시스템에서 깨지기 쉬운 구현을 능동적으로 식별하고 리팩터하기를 원한다.
- 시스템이 어떻게 행동하는지를 이해할 필요가 있다.

마이크로서비스 애플리케이션을 완전히 모니터링하는 것은 상당히 어렵다. 왜냐하면 단일 트랜잭션이 여러 다른 서비스에 걸쳐 있기 때문이다. 기술적으로 혼재된 서비스는 혼란스러운 형식으로 데이터를 생성할 수 있다. 운영 데이터는 단일 모놀리식 애플리케이션에 비해 훨씬 클 가능성이 있다. 그러나 시스템의 동작 방식을 이해하고 가까이 관찰하면 이런 복잡성에도 불구하고 시스템을 효과적으로 변경할 수 있게 된다.

잠재적으로 깨지기 쉬운 구현을 식별하고 리팩터하기

시스템은 버그나 실행 환경 에러, 네트워크 장애, 하드웨어 문제 등으로 실패하게 돼 있다.[12] 시간이 지나면서 알려지지 않은 버그와 에러를 제거하는 비용이 에러가 발생했을 때 신속하고 효과적으로 대응하는 비용보다 높아진다.

모니터링과 알림 시스템은 문제를 진단하고 무엇이 문제를 일으켰는지 결정할 수 있게 도와준다. 경보를 받으면 다른 데이터 센터에 컨테이너를 띄우거나 서비스에 더 많은 컨테이너를 실행해서 부하 문제를 조치하는 등의 자동 조치 메커니즘을 구성할 수 있다.

---

12 (옮긴이) 다람쥐조차도 조심해야 한대(실제로 미국에서는 다람쥐가 정전사고를 일으켜 문제가 되고 있다). 리치 밀러(Rich Miller) "Surviving Electric Squirrels and UPS Failures"(DataCenter Knowledge, 2012년 7월 9일), http://mng.bz/rmbF.

이런 장애의 영향을 최소화하고 시스템에 전파되는 것을 방지하기 위해 장애를 국소화하는 방향으로 서비스 간 의존성을 설계할 수 있어야 한다. 서비스 하나가 중단되더라도 전체 애플리케이션이 중단되지 않도록 해야 한다. 장애는 언제든 발생할 수 있다는 것을 인식하고 애플리케이션에서 장애가 발생할 수 있는 지점에 대해 적절한 대응을 준비하는 것이 중요하다.

수백 개의 서비스에 걸친 동작 이해하기

서비스의 동작을 이해하려면 설계와 구현의 투명성에 우선순위를 둬야 한다. 로그와 메트릭을 수집하고 분석과 경보를 위해 한곳에 저장하면 시스템의 행동을 모니터링하고 조사할 때 정보를 한곳에서 얻을 수 있는 시스템을 구축할 수 있다.

1.3.2절에서 언급했듯이, 각 서비스가 제공하는 독특한 기능 이외의 것들은 모두 표준화하고 추상화할 수 있다. 각 서비스를 양파에 비유한다면 중심에는 독특한 비즈니스 기능이 자리잡는다. 그리고 그 주변으로 여러 층의 도구가 있는데, 비즈니스 메트릭, 애플리케이션 로그, 운영 메트릭, 그리고 인프라스트럭처 메트릭 등은 관측 가능성을 제공하는 기능이다. 시스템으로 들어오는 각 요청은 이 계층을 통해 추적할 수 있다. 그리고 이 과정에서 수집된 데이터는 분석과 경보를 위해 운영 데이터 저장소에 저장할 수 있다. 이것을 그림 1.11에 나타냈다.

> **노트** 이 책의 4부에서 마이크로서비스 모니터링 시스템을 구축하고 적절한 데이터를 수집해 복잡한 마이크로서비스 애플리케이션의 실시간 모델링을 생성하는 방법에 대해 논의한다.

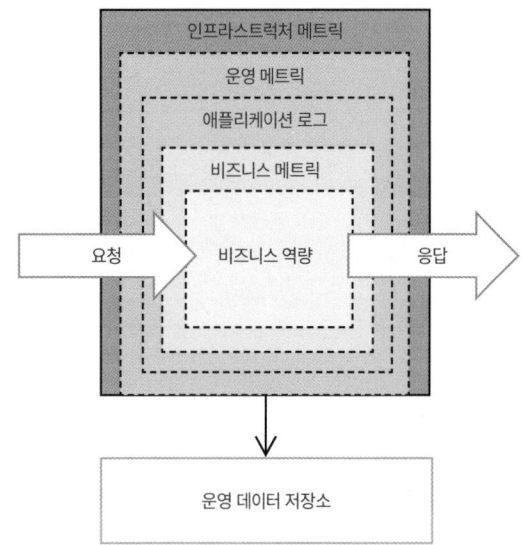

그림 1.11 로그와 메트릭에 관련된 여러 층의 도구들이 비즈니스 역량을 담당하는 마이크로서비스를 둘러싸고 요청을 마이크로서비스로 전달하고 응답을 반환하는 과정에서 데이터가 수집되어 운영 데이터 저장소에 저장된다.

1.4 운영에 대해 인지하고 책임지는 엔지니어링 문화

엔지니어링팀이 마이크로서비스를 개발할 때 어떻게 일하는지를 고려하지 않고 마이크로서비스의 기술적인 속성을 살펴보는 것은 실수다. 작고 독립적인 서비스에서 애플리케이션을 개발하는 것은 조직이 엔지니어링에 접근하는 방식을 크게 변경시킨다. 그래서 팀의 문화와 우선순위를 가이드하는 것은 마이크로서비스 애플리케이션의 성공적인 전달 여부를 결정하는 중요한 요소다.

마이크로서비스를 성공적으로 구축한 조직에서 원인과 결과를 구분하기는 어려울 수 있다. 작은 규모의 서비스를 개발하는 것이 조직 구조와 팀의 행동 양식으로부터 나온 논리적 결과일까? 아니면 조직 구조와 팀의 행동이 작은 규모의 서비스를 개발한 경험에서 나온 것일까?

그 답은 둘 다 어느 정도 맞다는 것이다. 지속적으로 운영되는 시스템은 단순히 요구된 기능을 설계하고 개발한 것이 누적된 것이 아니다. 이것은 구축팀과 운영팀의 선호도와 의견, 그리고 목적도 반영한다. 콘웨이의 법칙(Conway's Law)은 이것을 어느 정도 반영하고 있다.

> 시스템을 설계하는 조직은 그 조직의 커뮤니케이션 구조와 유사하게 시스템을 *제한하여* 설계한다.

여기서 '제한하여'라는 말은 커뮤니케이션 구조가 시스템의 효과적인 개발을 제한하고 축소한다는 것을 제시한다. 사실 마이크로서비스 실무에서는 반대의 의미가 된다. 즉, 시스템을 구축할 때 마찰과 긴장을 피하는 가장 강력한 방법은 구축하려고 하는 시스템의 모습대로 조직을 설계하는 것이다.

일부러 조직의 구조와 공생하는 것이 마이크로서비스의 실무 기법의 하나다. 마이크로서비스의 혜택을 실현하고 복잡성을 적절히 관리하려면 모놀리식 시스템을 구축할 때 사용했던 기법을 사용하는 대신 작동하는 원칙을 개발하고 애플리케이션에 효과적으로 적용하는 것을 실천하는 것이다.

요약

- 마이크로서비스는 다섯 가지 원칙(자율성, 회복성, 투명성, 자동화, 동기화)에 근거한 아키텍처적 스타일이자 문화적 실무의 집합이다.
- 마이크로서비스는 자율성과 기술적 유연성, 느슨한 결합을 가능하게 하여 개발 과정에서 마찰을 줄여준다.
- 마이크로서비스의 설계는 적절한 도메인 지식이 필요하고 팀 간에 우선순위의 균형을 맞춰야 하므로 어렵다.
- 서비스는 다른 서비스로 계약을 노출한다. 좋은 계약은 간결하고 완전하고 예측 가능해야 한다.

- 장기간 실행되는 소프트웨어 시스템에서 복잡성은 피할 수 없다. 그러나 마찰과 위험을 최소화하는 선택을 하면 시스템에 가치를 지속적으로 전달할 수 있다.
- 장애로부터 자유로운 '지루한' 신뢰할 수 있는 배포는 출시를 자동화하고 검증을 통해 마이크로서비스의 위험을 줄여준다.
- 컨테이너는 서비스의 실행 환경 간에 차이를 추상화하고 기술이 혼재된 대규모 마이크로서비스를 간단하게 한다.
- 장애는 피할 수 없다. 마이크로서비스는 팀이 능동적으로 관리하고 이해하고 운영의 소유권을 가질 수 있도록 투명하고 관측 가능해야 한다.
- 마이크로서비스를 채택한 팀은 운영이 성숙해야 하고 설계와 개발 단계뿐만 아니라 서비스 전체의 라이프사이클에 집중해야 한다.

마이크로서비스 적용 사례: 심플뱅크(SimpleBank) | 2장

이 장에서는 다음 내용을 다룬다.
- 마이크로서비스를 적용한 회사 심플뱅크 소개하기
- 마이크로서비스에 새로운 기능 설계하기
- 마이크로서비스 기반 기능을 세상에 노출하는 방법
- 기능을 즉시 운영 가능하게 만들기
- 마이크로서비스 개발의 규모 확장에 직면한 문제들

1장에서 마이크로서비스의 핵심 원칙과 그것이 왜 소프트웨어 가치를 지속적으로 제공하기 위한 강력한 방식인지 배웠다. 또한 마이크로서비스 개발에 근간이 되는 설계와 개발 실무를 소개했다. 이 장에서는 마이크로서비스 기반으로 새로운 제품 기능을 개발할 때 이런 원칙과 실무를 어떻게 적용할 수 있는지 알아본다.

이 장의 전반에 걸쳐 예제로 사용될 심플뱅크라는 가상의 회사를 소개한다. 이 회사는 투자 세상을 변화시킬 큰 계획을 가지고 있고 여러분은 엔지니어로 이 회사를 위해 일하고 있다. 심플뱅크의 엔지니어링팀은 투자자의 자금을 다루는 일이니만큼 확장성과 안정성을 확보하면서 새로운 기능을 신속하게 전달하려고 한다. 마이크로서비스가 바로 이들에게 필요한 것일 수 있다.

독립적으로 배포할 수 있고 자율적인 서비스로 구성된 애플리케이션을 구축하고 운영하는 것에는 단일의 모놀리식으로 구성된 애플리케이션을 구축하는 것과는 아주 다른 어려움이 있다.

여기서는 왜 마이크로서비스 아키텍처가 심플뱅크에 잘 맞는지 생각해 보는 것으로 시작해서 마이크로서비스를 사용한 새로운 기능의 설계를 설명할 것이다. 마지막으로 개념 검증 수준에서 운영 수준의 애플리케이션을 구축하는 데 필요한 단계를 도출할 것이다. 그럼 이제 시작해 보자.

2.1 심플뱅크는 무슨 일을 하는가?

심플뱅크에서 근무하는 팀은 자금의 규모에 상관없이 모두에게 가능한 스마트 금융 투자를 제공하기를 원한다. 그들은 주식을 구매하거나 펀드를 매각하고, 통화를 거래하는 것이 예금 계좌를 개설하는 것만큼 간단해야 한다고 믿는다.

그것은 강력한 미션이지만, 쉽지 않기도 하다. 금융 상품은 여러 관점에서 복잡성을 가지고 있다. 다시 말해, 심플뱅크는 엄격한 정확성이라는 요구사항을 충족하면서 기존 산업 시스템과 통합할 수 있을 뿐만 아니라 시장의 규칙과 복잡한 규제를 이해해야 한다.

이전 장에서 샘플뱅크가 제공할 몇 가지 기능을 식별했다. 그 기능에는 계좌 개설, 지불 관리, 주문 체계, 위험 모델링 등이 있다. 이제부터 이것들을 확장하고 광범위한 투자 도구 도메인에 어떻게 들어맞는지 살펴보자. 그림 2.1에서 이 도메인의 다양한 요소를 표현하고 있다.

그림에서 보듯이, 투자 도구는 계좌를 개설하고 재무 포트폴리오를 관리하는 기능과 같은 고객 대면 기능보다 더 많은 것을 필요로 한다. 예를 들어, 고객을 대신해 자산을 보관하고 이동하는 자산관리가 필요하고 고객의 필요에 따라 적절한 금융상품을 설계하는 상품 설계가 필요하다.

그림 2.1 심플뱅크가 구축할 고수준의 기능 모델(절대 완전한 것은 아님)

그림에서 보듯이 그것은 간단하지가 않다! 심플뱅크가 구현해야 할 일부 비즈니스 기능을 볼 수 있다. 여기에는 포트폴리오 관리, 시장 데이터 통합, 주문 관리, 펀드 설계, 포트폴리오 분석 등이 있다. 식별된 각 비즈니스 영역은 서로 복잡하게 협업하는 여러 서비스로 구성된다.

이런 고수준의 도메인 모델은 어떤 도메인이든 처음 접근할 때 유용하지만, 마이크로서비스를 구축할 때는 필수다. 대상 도메인에 대한 이해가 없으면 서비스의 경계를 설정할 때 잘못된 결정을 내릴 수 있다. **빈약한 서비스**를 구축하고 싶지는 않을 것이다. **빈약한 서비스란 생성, 읽기, 업데이트, 삭제

(CRUD)와 같은 사소한 오퍼레이션만 수행하기 위해 존재하는 서비스를 말한다. 이런 서비스는 종종 애플리케이션에서 단단한 결합력을 유발하는 원인이다. 동시에, 단일 인스턴스에 너무 많은 책임을 지우는 것도 피하고 싶을 것이다. 응집력이 떨어지는 서비스는 소프트웨어를 느리게 변화시키고 위험에 **빠트린다**. 이것은 절대 피해야 할 것이다.

마지막으로 이런 시각이 없으면 제품 또는 도메인의 실제 복잡성에 근거하지 않은 마이크로서비스를 선택하게 되는 과도한 엔지니어링의 함정에 빠질 수 있다.

2.2 마이크로서비스가 올바른 선택인가?

심플뱅크에서 일하는 엔지니어는 마이크로서비스가 그들의 복잡한 도메인에 대응하고 복잡한 요구사항의 변경에 유연하게 대응할 수 있는 최고의 선택이라고 믿는다. 그들은 비즈니스가 성장함에 따라 마이크로서비스가 개별 소프트웨어 변경의 위험을 줄여주고 더 나은 제품과 고객 만족을 가져다줄 것이라고 기대한다. 예를 들어 모든 구매와 매도 트랜잭션에 세금 계산을 처리해야 한다고 가정해 보자. 세금 규칙은 나라마다 다르고 자주 변경된다. 모놀리식 애플리케이션에서는 특정 나라에 대해서만 변경하려고 해도 전체 플랫폼에 시간에 민감한 출시를 조율해서 반영해야 한다. 마이크로서비스 애플리케이션에서는 국가별, 세금 종류별, 계정 유형별 등으로 자율적인 세금 처리 서비스를 구축하고 독립적으로 변경을 배포할 수 있다.

그렇다면 심플뱅크가 적절한 선택을 했을까? 소프트웨어 아키텍트는 항상 제품의 요구사항, 성장에 대한 압박, 팀의 역량에 대해 실용주의와 이상주의 사이의 균형을 고려해야 한다. 시스템의 요구사항은 시스템이 존재하는 한 계속 바뀌기 때문에 나쁜 선택은 즉시 눈에 띄지 않는다. 표 2.1에 마이크로서비스를 선택할 때 고려할 사항을 정리했다.

표 1.1 마이크로서비스 아키텍처를 선택할 때 고려할 요소

요인	영향도
도메인 복잡도	도메인의 복잡도를 객관적으로 평가하는 것은 어렵지만, 마이크로서비스는 규제 요건과 시장 상황과 같은 경쟁 압박에 의한 시스템의 복잡성을 해결할 수 있다.
기술적 요구사항	다양한 프로그래밍 언어를 사용하는 다양한 요소로 구성된 시스템을 구축할 수 있다. 마이크로서비스는 혼재된 기술적 선택을 가능하게 한다.
조직 규모 성장	급격하게 성장하는 엔지니어링 조직에서는 마이크로서비스의 혜택을 볼 수 있는데, 기존 코드베이스에 대한 의존성이 낮아 새로운 엔지니어가 적응하기 쉽고 생산성이 높아지기 때문이다.
팀 지식	많은 엔지니어는 마이크로서비스와 분산 시스템 경험이 부족하다. 팀의 지식과 확신이 부족한 경우, 완전한 구현을 하기 전에 개념 검증을 위한 마이크로서비스를 구축하는 것이 적절하다.

이런 요소들을 사용해 마이크로서비스가 점점 복잡해지는 애플리케이션에 대해 지속적인 가치 전달을 하는 데 도움을 줄지를 평가할 수 있다.

2.2.1 금융 소프트웨어의 위험과 관성

심플뱅크의 경쟁자들이 어떻게 소프트웨어를 개발하는지 잠시 살펴보자. 대부분 은행은 기술 혁신에 관해 앞서가지 않는다. 금융 산업군에만 해당하는 말은 아니지만, 대규모 조직에서 일반적으로 나타나는 관성의 요소가 있다. 혁신과 유연성을 제한하는 주요 요인에는 다음 2가지가 있다.

- **위험 회피**: 금융 회사는 강력한 규제를 받아 소프트웨어 변경의 주기나 영향도를 최소화해 위험을 회피할 수 있도록 하향식(top-down) 변경 관리 시스템을 구축하는 경향이 있다.
- **복잡한 기존 시스템에 대한 의존성**: 대부분 코어 뱅킹(core banking) 시스템은 1970년대 이전에 구축됐다. 게다가 회사 간 병합과 아웃소싱은 소프트웨어 시스템이 열악하게 통합되고 상당한 기술 부채를 갖게 했다.

그러나 변경을 제한하고 기존 시스템에 의존한다고 해서 소프트웨어 문제가 고객 또는 금융사 자체의 고통으로 이어지는 것을 막지는 못한다. 스코틀랜드왕립은행(Royal Bank of Scotland)은 2014년 650만 명의 고객에게 지급을 못 한 장애로 인해 5,600만 유로[1]의 벌금을 부과받았다. 이것은 이 회사가 이미 매년 IT 시스템에 2억5천만 유로[2]를 투자한 상황에서 발생한 것이다.[3]

게다가 그 방식은 더 나은 제품을 제공하지도 못했다. 몬조(Monzo)와 트랜스퍼와이즈(Transferwise)와 같은 금융 스타트업은 대부분 은행이 꿈에서만 가능했던 속도로 새로운 기능을 만들고 있다.

2.2.2 마찰 감소와 지속 가능한 가치의 전달

여러분이라면 더 잘할 수 있을까? 어쨌든 은행 산업은 복잡하고 경쟁이 심한 도메인이다. 은행의 수명이 수십 년이라고 해도 회복성과 기민성 모두 필요하다. 점점 비대해지는 모놀리식 애플리케이션은 이런 목표에 맞지 않는다. 은행에서 새로운 제품을 출시하고자 할 경우, 이전에 구축한 기존 시스템의 수렁에 빠지거나[4] 기존 기능으로 되돌아가지 않도록 더 많은 노력과 투자가 필요할 것이다.

---

[1] (옮긴이) 약 720억 원
[2] (옮긴이) 약 3,210억 원
[3] 숀 파렐(Sean Farrell)과 카먼 피시웍(Carmen Fishwick)의 글 참조: "RBS could take until weekend to make 600,000 missing payments after glitch"(The Guardian, 2015년 6월 17일), http://mng.bz/kxQY. 채드 브래이(Chad Bray)의 글 참조: "Royal Bank of Scotland Fined $88 Million Over Technology Failure"(Dealbook, The New York Times, 2014년 11월 20일), http://mng.bz/hn8D.
[4] 얼마나 상황이 더 나빠질 수 있을까? 내가 금융 소프트웨어 회사에서 일할 때 그 회사는 2백만 라인 이상의 코드베이스를 가진 모놀리식 시스템을 10개 이상 운영했다.

잘 설계된 마이크로서비스 아키텍처로 이런 문제를 해결할 수 있다. 앞서 설명했듯이, 이런 유형의 아키텍처는 개발 속도를 늦추는 모놀리식 애플리케이션의 수많은 특징을 피해갈 수 있다. 개별 팀은 다음과 같은 이유로 확신을 가지고 앞으로 나아갈 수 있다.

- 변경 주기가 다른 팀과 별개다.
- 협업하는 구성요소 간의 상호작용이 잘 훈련됐다.
- 작고 격리된 변경의 지속적인 전달이 기능을 깨뜨리는 위험을 제한한다.

이런 요소는 복잡한 시스템 개발 시 마찰을 줄여주고 동시에 회복성을 유지해준다. 그렇게 해서 관료주의를 통해 혁신을 억누르지 않고도 위험을 줄여준다.

이것은 단기적 해결책이 아니다. 마이크로서비스는 개별 구성요소의 개념적 복잡성과 구현의 복잡성에 자연스러운 경계를 둠으로써 엔지니어링팀이 애플리케이션의 라이프사이클 동안 지속 가능한 가치를 전달하도록 돕는다.

2.3 새로운 기능을 개발하기

마이크로서비스가 샘플뱅크의 좋은 선택임을 입증했기 때문에 이번에는 새로운 기능을 개발할 때 이것을 어떻게 사용할지 살펴보도록 하자. 최소기능제품(MVP, Minimum Viable Product)을 구축하는 것은 팀이 마이크로서비스 스타일의 제약과 요건을 이해하는 데 도움이 되는 좋은 첫 걸음이다. 1장에서 소개한 라이프사이클(그림 2.2)을 살펴보고 심플뱅크가 구축할 하나의 기능과 이 팀이 선택할 설계를 살펴보는 것으로 시작하자.

1장에서 매도 주문을 발행하기 위해 어떻게 서비스가 협업하는지 살펴봤다. 그림 2.3은 이 프로세스의 개요를 표현한다.

이제 이 기능을 구축하기 위해 어떻게 접근할지 살펴보자. 다음의 몇 가지 질문에 답해 보자.

- 무슨 서비스를 개발해야 하는가?
- 그 서비스는 다른 서비스와 어떻게 협업하는가?
- 어떻게 기능을 세상에 노출할 것인가?

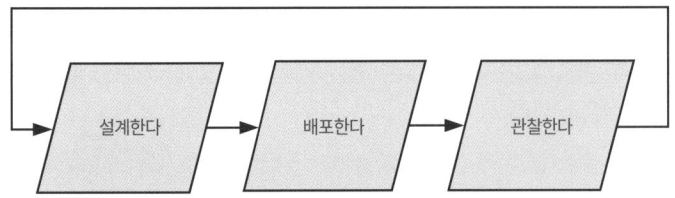

그림 2.2 마이크로서비스 개발 라이프사이클에서의 핵심 반복 단계

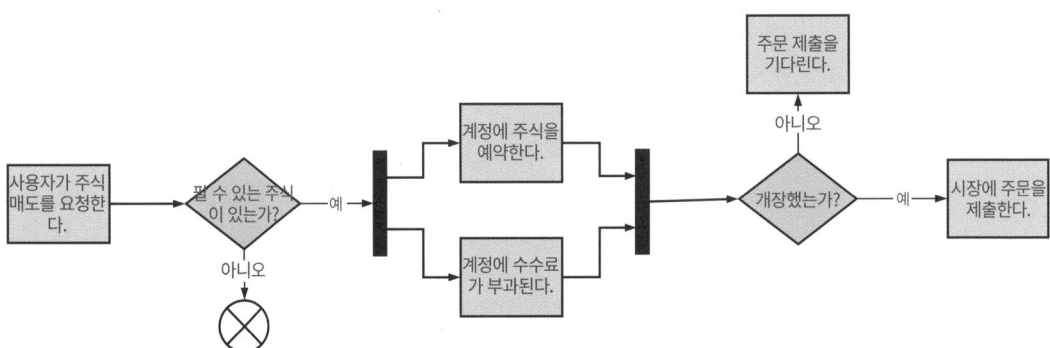

그림 2.3 심플뱅크 계정에서 주식 매도 주문을 내는 절차

이 질문은 모놀리식 애플리케이션에서 기능을 설계할 때 하는 질문과 비슷할 수 있지만, 다른 의미를 담고 있다. 예를 들어, 새로운 서비스를 배포하는 데는 새로운 모듈을 생성하는 것보다 본질적으로 더 많은 노력을 해야 한다. 마이크로서비스의 범위를 정할 때는 시스템을 분리해서 얻는 이득이 그로 인해 추가된 복잡성보다 더 커야 한다.

> **노트** 애플리케이션이 진화함에 따라 이런 질문은 새로운 관점을 추가한다. 또한 나중에 새로운 기능을 기존 서비스에 추가할지, 아니면 새로운 서비스로 떼어낼지 질문할 것이다. 이에 대해서는 4장과 5장에서 살펴본다.

앞서 논의했듯이, 각 서비스는 단일 기능을 담당해야 한다. 제일 먼저 할 일은 구현하고자 하는 뚜렷한 비즈니스 기능과 기능 간의 상관관계를 식별하는 것이다.

2.3.1 도메인 모델링을 통한 마이크로서비스 식별하기

원하는 비즈니스 기능을 식별하기 위해 구축할 소프트웨어의 도메인에 대한 이해를 발전시켜야 한다. 이것은 일반적으로 제품 탐색(product discovery) 또는 비즈니스 분석(연구, 시안, 고객 또는 동료와 인터뷰 등)의 어려운 작업을 말한다.

그림 2.3에 있는 주문 제출 예제를 살펴보자. 전달하고자 하는 가치가 무엇인가? 높은 수준에서 보면 고객은 주문을 내기를 원한다. 그에 따라 명백한 비즈니스 기능은 주문의 상태를 저장하고 관리하는 것이다. 이것이 바로 첫 마이크로서비스 후보가 된다.

계속해서 예제를 탐색하다 보면 애플리케이션이 제공해야 할 다른 기능을 식별할 수 있다. 무엇이든 매도하려면 먼저 그것을 가지고 있어야 한다. 따라서 고객의 계정에서 발생된 트랜잭션의 결과로 고객의 현재 소유권을 표현하는 방법이 필요하다. 이 시스템은 브로커에게 주문을 보내야 한다. 즉, 애플리케이션이 제삼자와 상호작용을 할 수 있어야 한다. 결국 매도 주문을 내는 심플뱅크 애플리케이션은 다음의 기능을 지원하게 된다.

- 매도 주문의 상태와 이력을 기록.
- 고객에게 매도 주문의 수수료를 부과.
- 고객 계정에 트랜잭션 기록.
- 시장에 주문 제출.
- 소유주식의 가치를 제공하고 고객에게 주문.

각 기능이 하나의 마이크로서비스에 매핑된다는 것은 아니다. 어떤 기능이 응집되는지 결정해서 함께 묶어야 한다. 예를 들어, 주문에서 발생한 트랜잭션은 주식 배당금과 같은 다른 이벤트의 트랜잭션과 비슷하다. 이런 기능이 모여 하나의 서비스가 제공할 만한 기능의 그룹을 형성한다.

이제 이 기능의 그룹을 비즈니스 기능(비즈니스가 하는 일)에 매핑해 보자. 그림 2.4에 이 매핑이 나타나 있다. 수수료 같은 기능은 여러 도메인에 매핑된다.

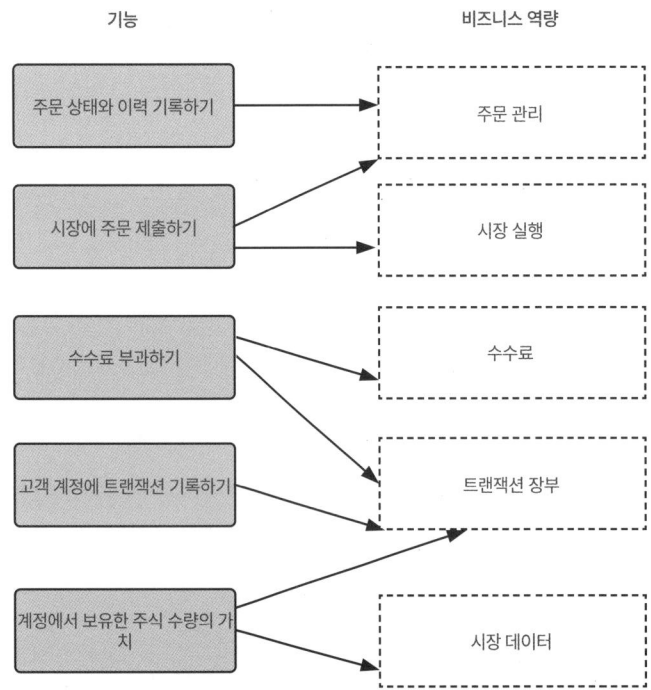

그림 2.4 애플리케이션의 기능과 심플뱅크의 비즈니스 역량 간의 관계

이러한 기능을 직접 마이크로서비스로 매핑해 시작할 수 있다. 각 서비스는 그 비즈니스가 제공하는 역량을 반영하는데, 이로 인해 규모 대비 책임이 제대로 균형을 이루게 된다. 또한 앞으로 무엇이 마이크로서비스의 변화를 주도하는지도 고려해야 한다. 이는 진정으로 마이크로서비스가 단일 책임을 가지는지 여부에 따라 달라진다. 예를 들어, 마켓 실행(market execution)은 주문 관리(Order Management)의 일부이기 때문에 서비스를 분리해서는 안 된다고 주장할 수 있다. 그러나 이 영역에서 변화를 주도하는 것은 서비스가 지원하는 시장의 행동과 범위다. 반면에 주문 관리는 거래에 사용되는 계정과 제품의 유형과 좀 더 관련이 있다. 이러한 두 개의 영역은 같이 변경되지 않는다. 이들을 분리해 변동 영역을 분리하고 응집력을 극대화한다(그림 2.5).

일부 마이크로서비스 실무자는 마이크로서비스가 단일 기능보다는 단일 역량에 더 가까워야 한다고 주장한다. 어떤 이는 심지어 마이크로서비스는 '추가만 가능'하다고 하면서 기존 서비스에 추가하기보다 새로운 서비스를 작성하는 것이 항상 낫다고 제안한다.

그러나 우리는 이 말에 동의하지 않는다. 너무 분리하면 서비스의 응집도가 떨어지고 긴밀하게 협업하는 서비스 간에 강한 결합이 생긴다. 마찬가지로 수많은 마이크로서비스를 배포하고 모니터링하는 것은 초기의 마이크로서비스 구현 단계에서 엔지니어링팀의 역량을 넘어설 수 있다. 경험에 따르면 대개 실수는 규모가 큰 서비스에서 발생한다. 이 경우 기능을 좀 더 특화하거나 명확하게 독립된 서비스로 만들면 나중에 떼어 내기가 쉬워진다.

마지막으로 도메인을 이해하는 것이 한 번에 끝나는 프로세스가 아니라는 것을 명심해야 한다. 시간이 지나면서 도메인을 이해하는 작업을 계속 반복해야 한다. 사용자의 요구사항이 바뀌고 제품은 끊임없이 진화한다. 이렇게 도메인에 대한 이해가 변하면 시스템 자체도 이런 요건을 만족하도록 변화한다. 다행스럽게도 1장에서 논의했듯이 요구사항의 변화에 대응하는 것이 마이크로서비스 접근 방식의 강점이다.

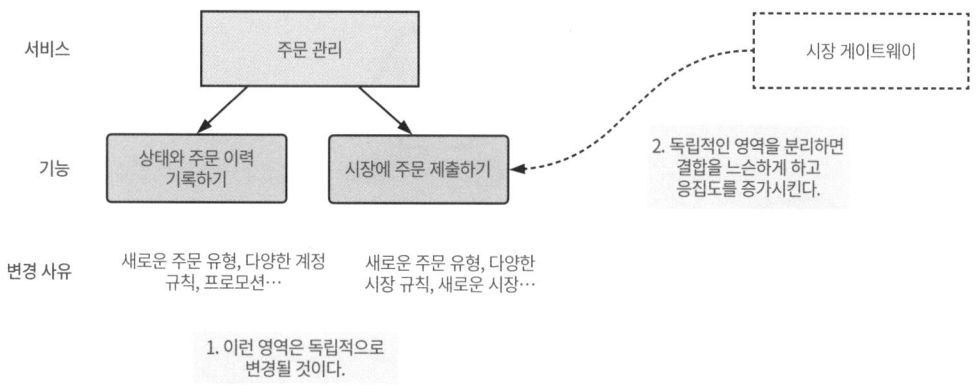

그림 2.5 서비스는 느슨한 결합과 단일 책임을 발전시키기 위해 변경하는 이유에 따라 분리해야 한다.

2.3.2 서비스 간의 협업

앞에서 몇 가지 마이크로서비스 후보를 도출했다. 이 서비스들은 심플뱅크의 고객에게 유용한 도움을 주기 위해 서로 협업을 해야 한다.

이미 알고 있듯이, 서비스 협업은 점대점 또는 이벤트 주도 방식으로 이루어질 수 있다. 점대점 커뮤니케이션은 일반적으로 동기식인 반면에 이벤트 주도 방식은 비동기 커뮤니케이션이다. 수많은 마이크로서비스 애플리케이션은 동기 커뮤니케이션으로 시작한다. 그렇게 하는 동기로는 다음 두 가지를 꼽을 수 있다.

- 동기 호출은 일반적으로 간단하고 비동기 방식에 비해 이해하기 쉽다. 그러나 로컬과 프로세스 내의 함수 호출이 같은 특성을 공유한다고 생각하는 함정에 빠지지 말아야 한다. 네트워크를 통한 호출은 상당히 느리고 신뢰할 수 없기 때문이다.
- 대부분 프로그래밍 도구는 많은 개발자가 이미 알고 있는 간단하고 언어에 독립적인 전송 메커니즘을 지원한다. HTTP는 주로 사용되는 동기 호출방식이지만, 비동기 방식으로도 사용할 수 있다.

심플뱅크의 주문 제출 프로세스를 생각해 보자. 주문 서비스는 주문을 시장에 기록하고 시장에 내놓는다. 이를 위해 시장, 수수료, 계정 트랜잭션 서비스와 상호작용할 필요가 있다. 이러한 협업을 그림 2.6에 도식화했다.

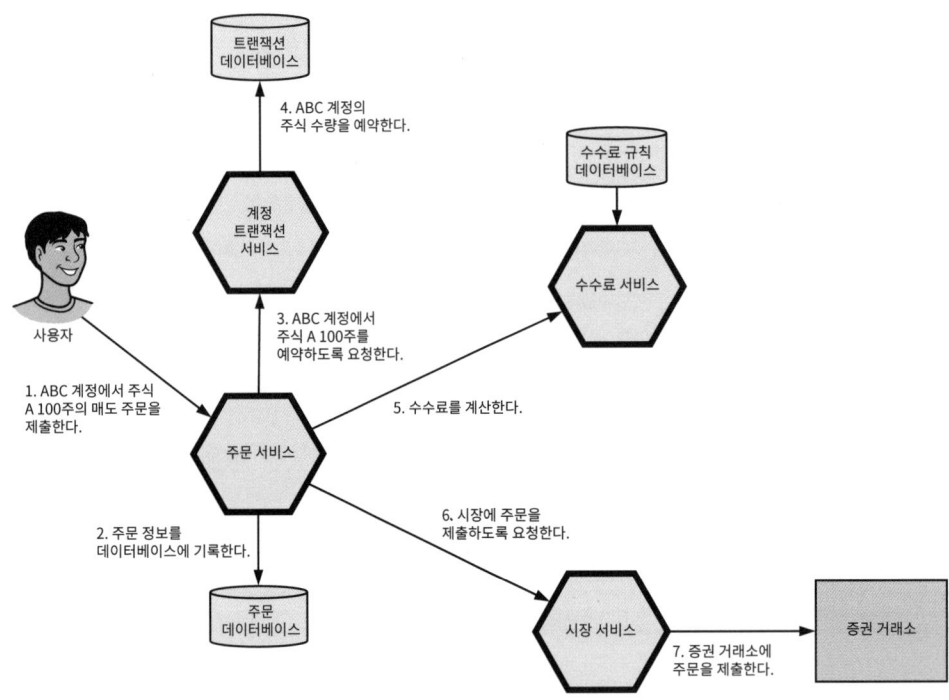

그림 2.6 주문 서비스는 주문을 시장에 내놓기 위해 다른 여러 서비스와 조율한다.

앞서, 마이크로서비스는 자율적이고 이를 위해 서비스가 느슨하게 결합해야 한다고 지적했다. 서비스 설계를 통해 이것을 일부 달성할 수 있는데, '같은 이유로 변하는 것을 함께 [모으기]'를 통해서 하나의 서비스 변경이 협업하는 다른 서비스에도 변경할 것을 요구할 가능성을 최소화할 수 있다. 또한 **서비스 계약**(service contracts)과 **서비스 책임**(service responsibility)에 대해서도 생각해야 한다.

서비스 계약(contracts)

각 서비스가 수신하고 응답하는 메시지는 서비스에 의존하는 **상위 조율 서비스**(upstream collaborators)와 계약을 형성한다. 계약은 협업자가 각 서비스를 블랙박스로 취급하게 한다. 예를 들어, 요청을 보내고 응답을 받을 때 에러 없이 진행되면 그 서비스는 해야 할 일을 하고 있는 것이다.

서비스의 구현은 시간이 지남에 따라 변경될 수 있지만, 컨트랙트 수준에서 호환성을 유지하려면 다음 2가지를 보장해야 한다.

1. 변경이 컨슈머에 장애를 일으키지 않아야 한다.
2. 서비스 간 의존성을 명확하게 식별하고 관리할 수 있어야 한다.

경험상 계약은 마이크로서비스 구현 초기에는 종종 묵시적으로 표현된다. 즉, 명확하게 글로 나타내기보다는 문서나 관행에 의해 제시된다. 그러나 서비스의 수가 많아질 때 인터페이스를 기계가 읽을 수 있는 형태로 표준화하면 상당한 혜택을 실감할 수 있다. 예를 들어, REST API는 스웨거(Swagger)/OpenAPI를 사용할 수 있다. 표준 계약을 게시하면 개별 서비스의 적합성 테스팅을 도와줄 뿐만 아니라 조직 내 엔지니어들이 사용 가능한 서비스의 사용법을 이해하도록 도울 것이다.

서비스 책임

그림 2.6에서 보듯이 주문 서비스는 상당한 책임을 가진다. 주문 제출 처리 과정에서 모든 다른 서비스의 활동을 직접 조율한다. 이것은 개념상으로 간단하지만, 단점도 있다. 최악의 경우, 다른 서비스는 빈약해지는데, 소수의 똑똑한 서비스가 수많은 빈약한 서비스를 조정하고 점점 커지게 된다.

이런 접근법은 단단한 결합을 만들어낸다. 프로세스에 새로운 부분을 추가하고자 한다면(가령 대규모 주문이 제출될 때 고객의 계정 담당자에게 알림을 보내고 싶다고 하자) 새로운 변경을 주문 서비스에 반영할 수밖에 없다. 이것은 변경 비용을 증가시킨다. 이론상으로 주문 서비스가 처리의 결과를 동기화된 방식으로 확인할 필요가 없이 요청을 받기만 해도 좋다면 이후의 하위 처리에 대해서는 알 필요가 없다.

2.3.3 서비스의 자율적 구성

마이크로서비스 애플리케이션 내에서 서비스는 자연스럽게 다른 수준의 책임을 가진다. 그러나 **자율적 구성**과 조율의 균형을 맞추어야 한다. 자율적으로 구성된 시스템에서는 하나의 서비스가 다른 서비스의 활동을 직접 지시하거나 유발할 필요가 없다. 대신, 각 서비스는 다른 이벤트에 반응을 수행하는 독특한 책임을 가진다.

앞의 설계에서 몇 가지를 수정해 보자.

1. 누군가 주문을 생성할 때 시장이 개장하지 않았을 수 있다. 그러므로 주문의 상태를 생성됨 또는 제출됨으로 기록해야 한다. 주문 제출은 동기식으로 수행될 필요가 없다.

2. 주문이 제출되면 수수료만 부과할 것이다. 따라서 수수료 부과는 동기식으로 수행될 필요가 없다. 사실 이것은 주문 서비스가 조율하기보다는 마켓 서비스에 의해 발생해야 한다.

그림 2.7은 수정된 설계를 보여준다. 이벤트를 추가하면서 아키텍처에 걱정거리가 생겼다. 이벤트를 저장하고 다른 애플리케이션에 전달할 방법이 필요하다. 이 용도로 래빗엠큐(RabbitMQ) 또는 SQS와 같은 메시지 큐를 추천한다.

이 설계는 주문서비스에서 다음의 책임을 제거했다.

- **수수료 부과하기**: 주문 서비스는 주문이 시장에 제출되면 수수료 부과에 대해 알 필요가 없다.
- **주문 제출하기**: 주문 서비스는 시장 서비스와 직접 협업하지 않는다. 그래서 주문 서비스 자체에 영향을 주지 않고 시장 서비스를 다른 구현으로 바꾸거나 심지어 시장별로 서비스를 구현할 수도 있다.

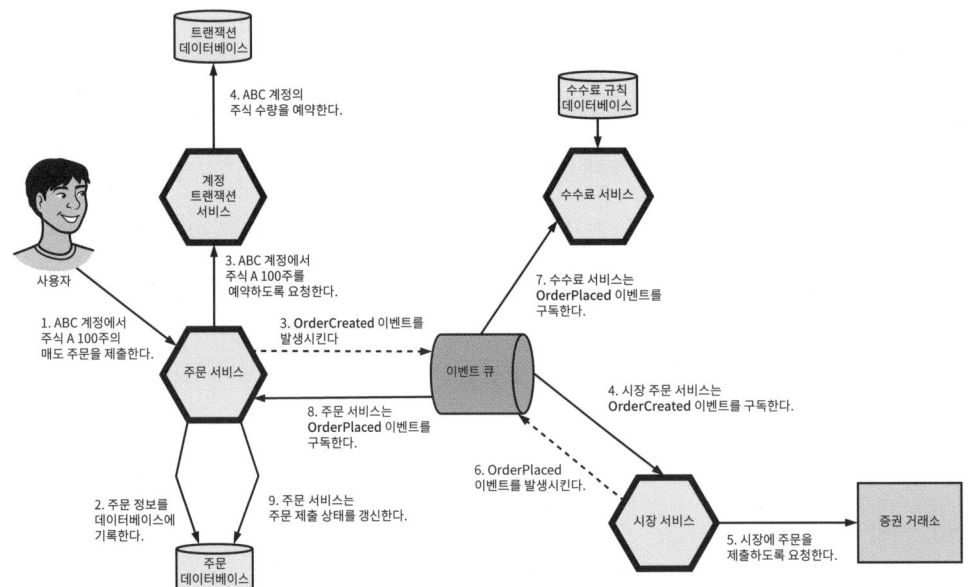

그림 2.7 이벤트를 통해 다른 서비스의 행동을 자율적으로 구성하고 주문 서비스의 조율 역할을 줄였다. 몇 개의 활동(예를 들어 "3."으로 시작하는 두 개의 활동)이 동시에 발생할 수 있다.

또한 주문 서비스 자체는 시장 서비스가 발생하는 `OrderPlaced` 이벤트를 구독함으로써 다른 서비스의 동작에 반응한다. 이것을 확장해 앞으로의 요구사항에 쉽게 대응할 수 있다. 예를 들어, 시장에서 주문이 완료됐을 때를 기록하기 위해 주문 서비스는 `TradeExecuted` 이벤트를 구독하거나 일정 시간 범위에서 판매가 이루어질 수 없는 경우를 위해 `OrderExpired` 이벤트를 구독할 수 있다.

이런 구성은 원래의 동기식 협업보다 더욱 복잡하다. 그러나 가능한 곳에 자율적 구성을 적용해서 결합이 매우 느슨하고, 그에 따라 독립적으로 배포가 가능하며 변경이 쉬운 서비스를 구축할 수 있다. 반면에 이런 혜택에는 비용이 든다. 예를 들어, 메시지 큐는 관리와 확장이 필요한 또 다른 인프라스트럭처이고 그 자체가 단일 장애 지점이 될 수 있다.

한편 지금까지 다룬 설계는 회복성 면에서도 장점이 있다. 예를 들어, 시장 서비스에 장애가 발생했을 때 주문 서비스의 장애를 차단할 수 있다. 주문 제출이 실패했을 때 나중에[5] 서비스를 사용할 수 있게 되면 다시 이벤트를 실행하거나 시간이 너무 지난 경우 만료시킬 수 있다. 반면에 시스템의 전체 활동을 추적하는 것은 더욱 어려워진다. 이는 운영용 서비스를 어떻게 모니터링할지 생각할 때 고려할 필요가 있다.

2.4 서비스를 외부에 노출하기

지금까지 비즈니스 목표를 달성하기 위해 서비스가 어떻게 협업하는지에 대해 살펴봤다. 그렇다면 이런 기능을 실제 사용자 애플리케이션에서 어떻게 노출할 것인가?

심플뱅크는 웹과 모바일 제품 모두 구축하기를 원한다. 이를 위해 엔지니어링팀은 서비스 위에 관문으로 API 게이트웨이를 구축하기로 결정했다. 이것은 애플리케이션 사용자 입장에서 백엔드의 관심사를 분리시켜 하위에 있는 마이크로서비스 또는 기능을 전달하기 위해 하위의 서비스들이 어떻게 협업하는지를 알 필요가 없게 한다. API 게이트웨이는 요청을 하위의 서비스에 전달하고 서비스의 응답을 공개된 API의 필요에 맞게 변환하고 합친다.

주문 제출 화면의 사용자 인터페이스를 상상해 보자. 여기에는 4개의 핵심 기능이 있다.

- 사용자 계정이 현재 보유하고 있는 자산의 수량과 가치 정보를 표시한다.
- 보유 자산에 대한 가치와 시장의 움직임을 보여주는 시장 정보를 표시한다.
- 주문을 입력하고 비용을 계산한다.
- 지정된 수량에 대해 주문 실행을 요청한다.

그림 2.8은 API 게이트웨이가 어떻게 기능을 제공하고 하위의 서비스와 협업하는지 보여준다.

---

5   큐 자체가 영구 저장을 지원한다고 가정한다.

API 게이트웨이 패턴은 우아하지만 몇 가지 단점이 있다. API 게이트웨이는 여러 서비스를 위한 단일 구성 지점의 역할을 하므로 점차 커지거나 다루기 어려워진다. 이것을 독립적인 프락시로 다루는 대신 비즈니스 로직을 추가하고 싶은 유혹에 빠지기 쉽다. 또한 모든 애플리케이션에 모든 것을 제공하려고 하는 데서 오는 어려움이 있을 수 있다. 모바일 고객 애플리케이션은 작고 간소화된 페이로드를 원하겠지만, 내부 관리용 웹 애플리케이션은 상당히 많은 데이터를 요구할 것이다. 응집도가 높은 API를 구축하면서 이런 상충되는 요건들 사이에 균형을 맞추기가 어려울 수 있다.

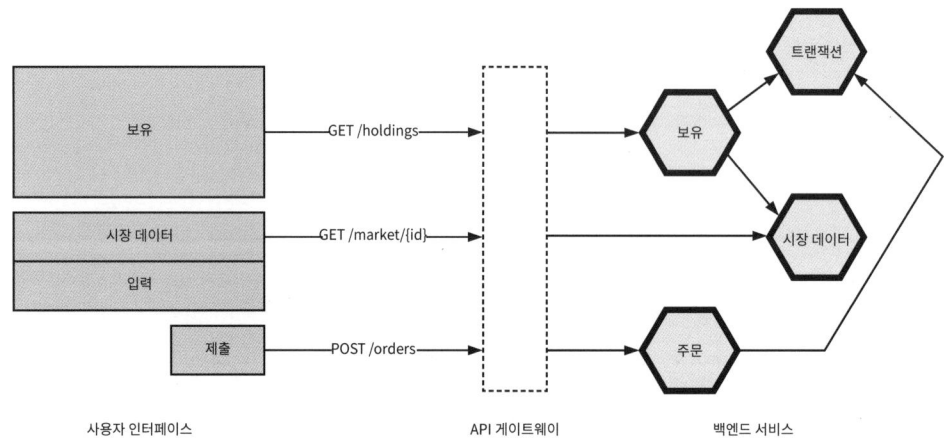

그림 2.8 웹페이지 또는 모바일 앱 같은 사용자 인터페이스는 API 게이트웨이가 노출하는 REST API와 상호작용을 한다. 게이트웨이는 하위의 마이크로서비스로의 관문을 제공하고 요청을 적절한 백엔드 서비스로 전달한다.

노트 3장에서 API 게이트웨이 패턴을 다시 둘러보고 다른 접근 방식을 논의할 것이다.

2.5 운영 환경에 기능 반영하기

다음과 같이 가정해 보자. 여러 서비스와 이벤트 큐, API 게이트웨이의 상호작용을 포함하는 심플뱅크의 새로운 기능을 설계했다. CEO는 여러분이 개발한 서비스가 운영 환경에 반영되기를 바란다.

AWS, Azure, GCE와 같은 공개 클라우드에서는 가상 머신 그룹에 각 서비스를 배포하는 것이 명백한 솔루션이다. 웹 서비스 인스턴스에 부하를 분산하기 위해 부하 분산기(load balancer)를 사용할 수 있다. 또는 서비스 간에 이벤트를 분배하기 위해 AWS Simple Queue Service와 같은 관리형 이벤트 큐를 사용할 수 있다.

> **노트** 효과적인 인프라스트럭처 자동화와 관리에 관한 깊이 있는 논의는 이 책의 범위를 벗어난다. 대부분 클라우드 제공자는 AWS 클라우드포메이션(CloudFormation) 또는 엘라스틱 빈스톡(Elastic Beanstalk) 같은 사용자 맞춤형 도구를 제공한다. 대안으로, 셰프(Chef)나 테라폼(Terraform)과 같은 오픈 소스 도구를 고려할 수 있다.

어쨌든 코드를 컴파일하고 FTP[6]로 VM(가상 머신)에 전송했다. 데이터베이스를 올리고 몇 가지 테스트 요청을 시도했다. 이렇게 하는 데 며칠이 소요됐다. 그림 2.9는 운영용 인프라스트럭처를 보여준다.

몇 주 동안은 나쁘지 않았다. 몇 가지 수정사항을 새로운 코드에 반영했다. 그러나 곧 문제가 생기기 시작했다. 서비스가 기대한 대로 작동하는지 분간하기가 어려웠다. 게다가 다른 사람은 심플뱅크에서 새로운 버전을 출시하는 방법을 모른다. 그보다 더 나쁜 것은, 트랜잭션 서비스를 개발한 개발자가 몇 주 동안 휴가를 가서 서비스를 배포하는 방법을 아는 사람이 없었다. 이런 서비스는 **버스 팩터(bus factor)**가 1이다. 즉, 팀원 중 어느 하나라도 사라지면 서비스가 중단되는 것이다.

> **정의** 버스 팩터란 팀원들 사이에 공유되지 않은 지식의 위험에 대한 척도다. '만약 버스에 치이면'이라는 표현에서 비롯된 것으로 트럭 팩터(truck factor)로도 알려져 있다. 버스 팩터가 낮을수록 더 나쁘다.

뭔가 확실히 잘못됐다. 이 상황은 전에 일했던 자이언트뱅크(GiantBank)에서의 상황과 비슷하다. 거기는 인프라스트럭처 팀이 출시를 관리했다. 기술지원 티켓을 발행했고 논쟁을 주고받은 후 몇 주 후에 필요한 것을 얻기도 했지만 그렇지 않기도 했다. 그래서 또 다른 티켓을 발행했다. 그것 또한 올바른 접근 방식 같지 않다. 사실 여러분은 마이크로서비스를 사용함으로써 직접 배포를 관리할 수 있게 됐다는 것이 기뻤다.

---

[6] (옮긴이) 파일 전송 프로토콜

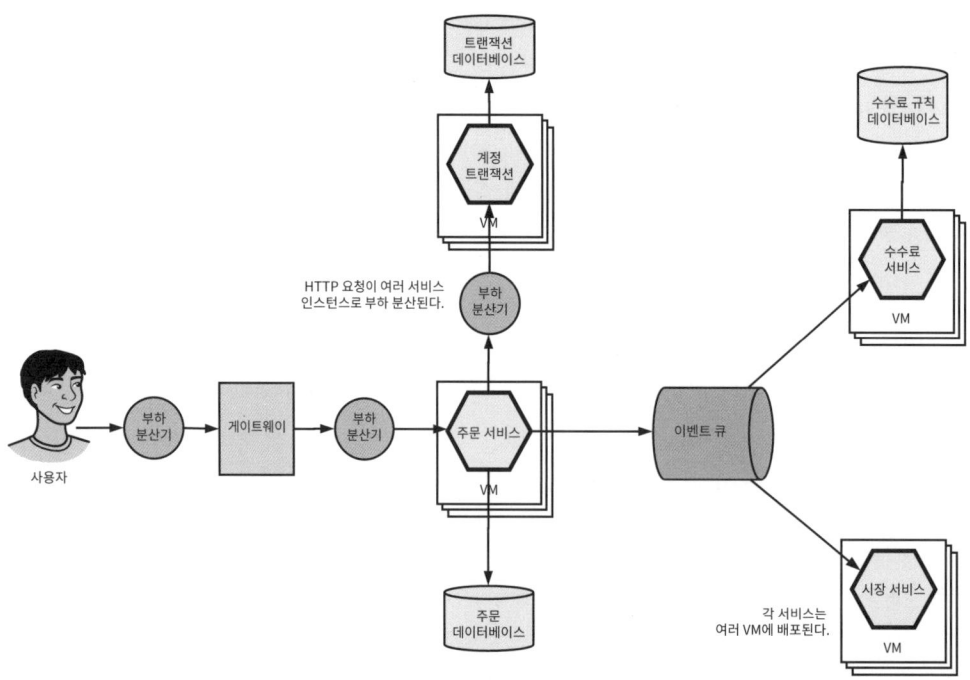

그림 2.9 간단한 마이크로서비스 구성을 보면 각 서비스로의 요청은 여러 가상 머신에서 실행되는 여러 인스턴스로 부하 분산된다. 마찬가지로 서비스의 여러 인스턴스는 큐를 구독한다.

이 서비스는 아직 운영할 준비가 되지 않았다고 할 수 있다. 마이크로서비스를 운영하는 것은 모놀리식 애플리케이션에서 일반적으로 필요한 것보다 더 높은 수준의 엔지니어링팀의 운영 인식과 성숙도를 요구한다. 서비스가 운영의 워크로드를 제공할 수 있다는 것을 확신할 때만 서비스가 운영 준비가 되었다고 말할 수 있다.

그렇다면 어떻게 하면 서비스를 신뢰할 수 있을까? 여기 운영 준비 상태를 확인할 수 있는 질문 목록이 있다.

- **신뢰성**: 서비스가 가용하고 에러에 대응할 수 있는가? 배포 프로세스가 새로운 기능을 배포할 때 불안정성과 결함을 유발하지 않을 것을 신뢰할 수 있는가?
- **확장성**: 서비스가 필요로 하는 리소스와 용량을 이해하는가? 부하 상황에서 어떻게 서비스의 응답성을 유지할 것인가?
- **투명성**: 로그와 메트릭을 통해 서비스의 운영을 관찰할 수 있는가? 뭔가 잘못되면 누군가 알림을 받는가?
- **장애 내성**: 단일 장애 지점을 어떻게 극복할 것인가? 의존하는 다른 서비스의 장애를 어떻게 대응할 것인가?

마이크로서비스 애플리케이션의 초기 단계에 다음 3가지 기본 원칙을 수립한다.

- 품질 관리와 자동 배포
- 회복성
- 투명성

그럼 이러한 기본 원칙이 심플뱅크가 겪고 있는 문제를 어떻게 해결하도록 돕는지 살펴보자

2.5.1 품질 관리와 자동 배포

마이크로서비스를 운영 환경으로 신속하고 신뢰할 수 있게 반영하지 못하면 마이크로서비스로부터 얻은 개발 속도를 잃게 된다. 심각한 에러와 같은 불안정한 배포의 고통은 속도 향상을 저해한다.

전통적인 조직(또는 관료조직)에서는 종종 변경 관리와 승인 절차를 통해 안정성을 확보한다. 이런 전통적인 절차는 변경을 관리하고 제한하도록 설계된다. 변경이 대부분 버그를 유발해[7] 수백만(또는 수십억) 원의 엔지니어링 노력과 이익 손실을 발생시킨다면 변경을 면밀히 관리해야 하는 것은 당연한 일이다.

그러나 마이크로서비스 아키텍처에서 이런 방식은 작동하지 않는다. 왜냐하면 시스템의 상태가 지속해서 진화할 것이기 때문이다. 가시적 혁신을 일으키는 것이 바로 이 자유다. 그러나 이 자유가 에러나 장애를 유발하지 않도록 하려면 개발 팀의 프로세스와 배포를 신뢰할 수 있어야 한다. 같은 맥락으로 초반부터 그러한 자유를 활성화하려면 새로운 서비스를 출시하거나 기존 것을 변경하는 데 드는 노력을 최소화해야 한다. 안정성은 표준화와 자동화로 달성할 수 있다.

- **개발 프로세스를 표준화해야 한다.** 코드 변경을 리뷰하고 적절한 테스트를 작성하고 소스 코드의 버전 제어를 관리한다. 이런 표준화에 대해 놀라는 사람이 없기를 바란다.
- **배포 프로세스를 표준화하고 자동화해야 한다.** 코드 변경을 운영으로 전달하는 것을 완전하게 검증하고 엔지니어의 개입을 최소화해야 한다. 이것이 배포 파이프라인이다.

2.5.2 회복성

장애 상황에서 소프트웨어 시스템의 회복성을 보장하는 것은 복잡한 일이다. 시스템 하부의 인프라스트럭처는 본질적으로 신뢰할 수 없다. 코드가 완벽해도 네트워크 호출에 실패하고 서버가 멈춘다. 서비

---

7 "SRE는 약 70%의 장애가 운영 시스템의 변경 때문이라는 것을 알아냈다" 벤자민 트레이너 슬로스(Benjamin Treynor Sloss) 《사이트 신뢰성 엔지니어링》(제이펍 2018) 1장. http://mng.bz/7Mm4.

스를 설계할 때는 그 실패 시나리오를 회피하거나 그 실패 시나리오의 영향을 최소화하기 위해 설계 중인 서비스와 서비스가 의존하는 서비스가 어떻게 실패할 수 있고 능동적으로 어떻게 사전에 대책을 강구할 수 있는지를 고려해야 한다.

표 2.2는 심플뱅크 시스템에서 잠재 위험 영역을 분석한 것이다. 상대적으로 간단한 마이크로서비스 애플리케이션조차도 몇 가지 잠재적 위험과 복잡성을 가진 영역이 있는 것을 볼 수 있다.

표 1.1 심플뱅크 마이크로서비스 애플리케이션의 위험 영역

영역	가능한 장애
하드웨어	호스트, 데이터 센터 구성 요소, 물리 네트워크
의존하는 서비스 간 커뮤니케이션	네트워크, 방화벽, DNS 에러
의존성	타임아웃, 외부 의존성, 내부 장애(예: 데이터베이스 지원)

> **노트** 6장에서 서비스 회복성을 극대화하는 기법을 조사한다.

2.5.3 투명성

마이크로서비스의 상태와 행동은 **관측 가능**해야 한다. 항상 서비스가 정상 상태인지와 기대한 대로 워크로드를 처리하는지를 결정할 수 있어야 한다. 뭔가 핵심 메트릭에 영향을 준다면(예: 주문이 시장에 제출되는 데 너무 오래 걸리는 경우) 엔지니어링팀에 실행 가능한 경고를 보내야 한다.

가령 지난주에 심플뱅크에 장애가 있었다고 하자. 한 고객이 전화해서 주문을 제출할 수 없다고 했다. 즉시 조사가 이루어졌고 모든 고객이 영향을 받은 것으로 파악됐다. 주문을 생성하는 서비스에서 타임아웃이 발생했다. 그림 2.10에 그 서비스 내 장애 발생 가능 지점을 표시했다.

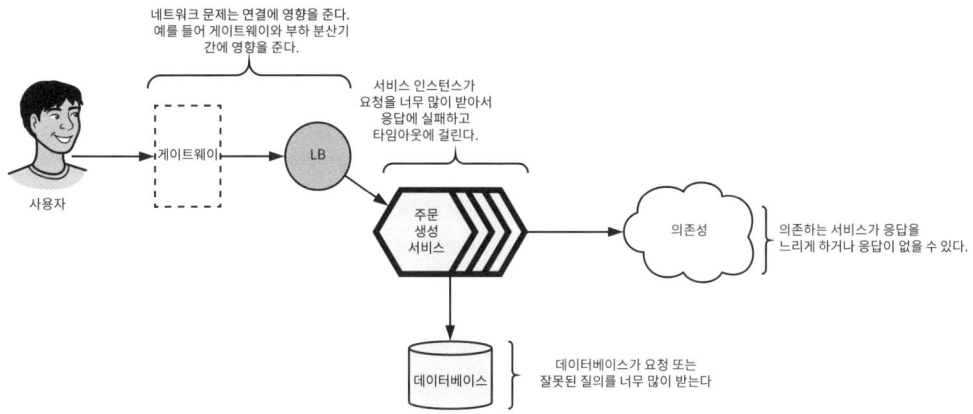

그림 2.10 서비스 타임아웃은 몇 가지 근본적인 원인에 의해 발생할 수 있다. 네트워크 문제나 의존하는 내부 서비스(예: 데이터베이스), 다른 서비스의 비정상 동작 등이 원인일 수 있다.

운영상 중대한 문제가 있었다는 것은 명확했다. 다만 무엇이 잘못됐고 어디서 장애가 발생했는지 정확하게 판단할 로그가 부족했다. 수동 테스트를 통해 문제를 분리할 수 있었다. 계정 트랜잭션 서비스가 응답이 없었다. 한편, 고객은 몇시간 동안 주문을 제출할 수 없어 행복하지 않았다.

앞으로 이러한 문제를 방지하기 위해 마이크로서비스에 완전한 계측 장치를 추가해야 한다. 모든 계층에서 애플리케이션의 활동에 대한 데이터를 수집하는 것은 마이크로서비스 애플리케이션에서 현재와 과거의 운영 행동을 이해하는 데 중요하다.

그 첫 단계로 심플뱅크는 서비스가 생성하는 기본 로그를 통합하는 인프라스트럭처를 구성하고 로그를 검색할 수 있는 서비스로 로그를 전송하도록 했다.[8] 그림 2.11은 이 접근 방식을 보여준다. 이렇게 함으로써 다음에 서비스 장애가 발생하면 엔지니어링팀이 이 로그를 활용해 시스템의 어디에서 장애가 시작됐는지 식별하고 어디에서 문제가 발생했는지를 정확하게 진단할 수 있게 된다.

그러나 적절하지 못한 로그만이 유일한 문제는 아니었다. 고객이 전화를 했을 때 비로소 심플뱅크가 문제를 알았다는 것 또한 당황스러운 일이다. 회사는 서비스가 그 책임과 목표를 만족하는지를 보장하는 알림 시스템을 가지고 있어야 했다.

이 경우, 각 서비스에 하트비트 검사를 반복적으로 해서 서비스가 완전히 응답하지 않으면 팀에 알림을 보내야 한다. 여기에서 더 나아가 팀은 각 서비스에 대해 운영상 보장을 해야 한다. 예를 들어, 중요한

---

[8] 로그 통합을 위한 몇 가지 관리형 서비스가 있다. 로글리(Loggly)와 스플렁크(Splunk), 수모(Sumo)가 대표적이다. 또한 유명한 ELK(엘라스틱서치, 로그스태시, 키바나 – 옮긴이) 도구 스택을 사용해 회사 내부에서 운영할 수 있다.

서비스의 경우 99.99%의 가용성을 유지하면서 95%의 서비스가 100ms 이내에 응답한다는 목표를 세울 수 있다. 이런 임곗값을 만족하지 못하면 서비스 소유자에게 경보가 가도록 해야 한다.

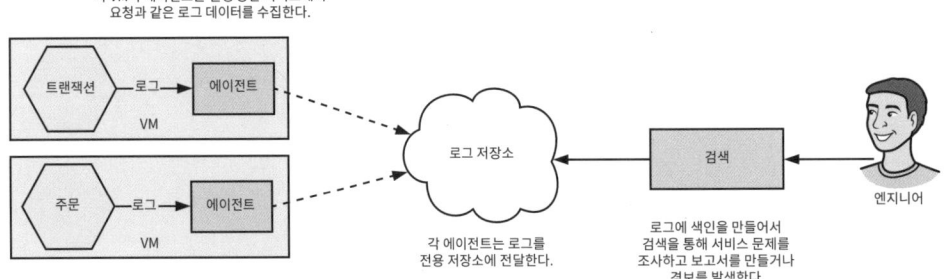

그림 2.11 각 인스턴스에 로그 수집 에이전트를 설치한다. 이것은 애플리케이션의 로그 데이터를 중앙 저장소에 전송해 나중에 색인, 검색, 분석을 할 수 있다.

마이크로서비스 애플리케이션에 대한 철저한 모니터링 시스템을 구축하는 것은 복잡한 일이다. 적용할 모니터링의 깊이는 시스템의 복잡성과 서비스의 수가 증가함에 따라 진화한다. 앞서 설명한 운영 메트릭과 로그뿐만 아니라 성숙한 마이크로서비스 모니터링 솔루션은 비즈니스 메트릭, 상호작용 추적, 그리고 인프라스트럭처 메트릭도 다룬다. 서비스를 신뢰하려면 지속해서 이런 데이터를 이해하려고 노력해야 한다.

> **노트** 4장에서 모니터링에 대해 상세히 논의하고 프로메테우스(Prometheus)와 같은 도구를 사용해 경보를 발생시키는 방법을 알아보고 마이크로서비스를 위한 상태 대시보드를 구축할 것이다.

2.6 마이크로서비스 개발 확장하기

마이크로서비스의 기술적 유연성은 개발의 속도와 시스템의 효과적인 확장에 큰 도움이 된다. 반면에 이같은 유연성은 또한 엔지니어링팀이 규모 있게 일하는 본질을 변화시키는 조직적 문제를 불러온다. 곧 2가지 문제에 직면하게 될 텐데, **기술적 다변화**와 **분리**가 그것이다.

2.6.1 기술적 다변화

심플뱅크가 1000개의 대규모 마이크로서비스를 구축했다고 해보자. 소규모 엔지니어링팀은 각 서비스를 소유하고 선호하는 프로그래밍 언어와 도구들, 배포스크립트, 설계 원칙, 외부 라이브러리 등을[9] 사용하고 있다.

이토록 다양한 접근 방식을 유지하고 지원하는 데 소요되는 노력은 엄청나다. 마이크로서비스를 통해 다양한 언어와 프레임워크를 선택할 수는 있지만, 선택에 대한 합리적인 표준과 제한이 없으면 시스템은 장애 확산에 취약하게 구성된다.

이런 좌절감은 작은 규모로 시작되는 것을 쉽게 볼 수 있다. 2개의 팀이 소유한 2개의 서비스(예를 들어, 계정 트랜잭션과 주문)을 생각해 보자. 첫 서비스는 모든 요청에 대해 도움이 되는 진단 정보(시간, 요청 ID, 릴리즈 버전 ID 등)를 포함해 잘 구성된 로그를 출력한다.

```
service=api
git_commit=d670460b4b4aece5915caf5c68d12f560a9fe3e4
request_id=55f10e07-ec6c
request_ip=1.2.3.4
request_path=/users
response_status=500
error_id=a323-da321
parameters={ id: 1 }
user_id=123
timing_total_ms=223
```

두 번째 서비스는 다른 형식의 빈약한 메시지를 출력한다.

```
Processed /users in 223ms with response 500
```

간단한 로그 메시지 형식의 예제에서도 일관성과 표준화가 여러 서비스 간의 문제를 진단하고 요청 추적을 쉽게 해주는 것을 볼 수 있다. 결국 다양성과 확산을 관리하기 위해 마이크로서비스 시스템의 모든 계층에 합리적인 표준을 두는 것은 매우 중요하다.

---

[9] 이것은 구성요소 간의 단단한 경계와 명확한 서비스 소유권 때문에 악화되지만, 불행하게도 마이크로서비스에서만 문제가 되는 것이 아니다. 개인적으로 오래 전에 단일 루비 프로젝트에서 6개의 다른 HTTP 클라이언트 라이브러리를 사용하는 것을 봤다.

2.6.2 격리

1장에서 콘웨이의 법칙을 이야기했다. 마이크로서비스를 사용하는 조직에서라면 이 법칙을 거꾸로 적용하는 것이 맞을 것이다. 즉, 회사의 조직 구성이 제품의 아키텍처에 의해 결정된다.

이 말은 개발팀의 구성이 마이크로서비스의 구성 형태를 점점 더 많이 반영하게 된다는 것이다. 개발팀은 하나를 특별히 잘하는 전문가가 될 것이다. 각 팀은 긴밀하게 협업하는 마이크로서비스를 소유하고 담당하게 된다. 개발팀 전체적으로는 시스템에서 알아야 하는 모든 것을 알게 되고 개발자 개개인의 입장에서는 좁은 영역의 전문 지식을 알게 된다. 심플뱅크의 고객층이 증가하고 제품이 복잡해지면서 이런 전문성은 더욱더 깊어진다.

이런 구성은 커다란 문제가 될 수 있다. 마이크로서비스는 그 자체로서의 가치가 제한적이고 혼자서는 동작하지 않는다. 그러므로 이런 독립적인 팀은 그 팀 목표가 담당 영역에 국한되더라도 전체 애플리케이션이 매끄럽게 실행될 수 있도록 긴밀하게 협업해야 한다. 마찬가지로 이러한 담당 영역에만 집중해 조직 전체의 필요보다는 팀 자체의 문제와 선호도에 맞추고자 하는 유혹에 빠지기 쉽다. 최악의 경우, 이로 인해 팀 간의 충돌이 나타나기도 한다. 그 결과, 배포가 느려지고 제품의 신뢰성이 떨어진다.

2.7 다음 주제는?

이 장에서 마이크로서비스가 심플뱅크에 잘 맞는다는 것을 입증했고 새로운 기능을 설계했으며 그 기능을 운영 수준으로 준비하는 방법을 생각해 봤다. 이번 사례 연구가 마이크로서비스 기반 애플리케이션 개발이 강력하고도 도전적이라는 것을 보여줬기를 바란다!

이 책 전반에서 마이크로서비스 애플리케이션을 운영하는 데 필요한 기법과 도구를 배울 것이다. 마이크로서비스가 유연하고 높은 개발 생산성을 제공하지만, 여러 분산 서비스를 운영하는 것은 단일 애플리케이션을 운영하는 것에 비해 더 많은 것을 요구한다. 불안정성을 피하려면 운영 수준(투명성, 장애 내성, 신뢰성, 그리고 확장성)으로 서비스를 설계하고 배포할 줄 알아야 한다.

2부에서는 설계에 집중할 것이다. 효과적으로 분산되고 독립적인 서비스로 이루어진 시스템을 설계하려면 시스템 도메인과 서비스 간의 상호작용을 신중하게 고려해야 한다. 책임의 올바른 경계를 식별할 줄 아는 것, 그래서 응집도 높고 느슨하게 결합된 서비스를 구축하는 것은 모든 마이크로서비스 실무자에게 가장 가치 있는 기술의 하나다.

요약

- 마이크로서비스는 여러 복잡한 차원을 가진 시스템에 적합하다. 예를 들어 여러 차원에는 제품이 제공하는 기능의 범위, 글로벌 배포, 다양한 규제 압박 등이 있다.

- 마이크로서비스를 설계할 때는 제품의 도메인을 이해하는 것이 중요하다.

- 서비스의 상호작용은 조율되거나 자율적으로 구성될 수 있다. 후자는 좀 더 복잡하지만, 더 느슨하게 결합된 시스템을 만든다.

- API 게이트웨이는 프런트엔드 또는 외부 사용자들에게 마이크로서비스 아키텍처의 복잡성을 감추는 일반적인 패턴이다.

- 서비스가 운영 수준의 워크로드를 지탱할 수 있다는 것을 확신할 때 운영할 준비가 됐다고 말할 수 있다.

- 서비스의 배포와 모니터링을 신뢰할 수 있을 때 서비스에 대해 더욱 확신할 수 있다.

- 서비스의 모니터링은 통합 로그와 서비스 수준의 상태 점검을 포함해야 한다.

- 모니터링은 코드의 결함뿐만 아니라 하드웨어, 커뮤니케이션, 의존성의 문제로 인해 실패할 수 있다.

- 비즈니스 메트릭, 로그, 내부 서비스 간 추적은 현재와 과거에 마이크로서비스 애플리케이션의 운영 동작을 이해하는 데 매우 중요하다.

- 기술적 다양성과 격리 문제는 마이크로서비스와 지원팀의 수가 증가함에 따라 엔지니어링 조직에 점점 어려운 일이 되고 있다.

- 다양성과 격리를 회피하려면 기반 기술과 상관없이 여러 팀 간에 유사한 것을 표준화해야 하고 그것들에 대한 모범사례가 필요하다.

02 부
설계

2부에서는 마이크로서비스 애플리케이션의 설계를 살펴본다. 전체 애플리케이션의 아키텍처를 보여주는 전체 그림 보기에서 시작해 서비스의 범위를 정하는 방법과 이들을 연결하는 방법을 상세히 알아본다. 신뢰할 수 있는 서비스를 설계하는 방법과 재사용할 수 있는 마이크로서비스 프레임워크에 대해 배운다.

마이크로서비스 애플리케이션의 아키텍처 | 3장

이 장에서는 다음 내용을 다룬다.

- 마이크로서비스 애플리케이션의 전체 그림 보기
- 마이크로서비스의 4가지 계층(플랫폼, 서비스, 경계, 클라이언트) 살펴보기
- 서비스 커뮤니케이션을 위한 패턴 살펴보기
- 애플리케이션의 경계로서 API 게이트웨이와 컨슈머 주도 관문 (consumer-driven facades) 설계하기

2장에서 심플뱅크를 위한 새로운 기능을 여러 마이크로서비스를 사용해 설계했고 애플리케이션 도메인의 깊은 이해가 성공적인 구현을 위한 핵심 요소 중 하나라는 것을 알아봤다. 이 장에서는 더 큰 그림을 보면서 마이크로서비스로 구성된 전체 애플리케이션의 설계와 아키텍처를 생각해 본다. 여기서 애플리케이션 도메인을 깊이 있게 이해할 수는 없겠지만, 도메인에 대한 전반적인 이해를 통해 점진적으로 성장하고 진화하는 유연한 시스템을 구축하는 방법을 보여줄 것이다.

마이크로서비스 애플리케이션을 플랫폼, 서비스, 경계, 클라이언트의 4가지 계층으로 설계하는 일반적인 방법을 살펴보고 이런 요소가 무엇이고 어떻게 그것들이 협력해 고객이 사용하는 애플리케이션을 만들어내는지를 배운다. 또한 대규모 애플리케이션을 구축할 때 이벤트 백본(backbone)의 역할을 강조하고 API 게이트웨이와 같은 애플리케이션 경계를 구축하는 다양한 패턴에 대해 논의한다. 마지막으로 마이크로-프런트엔드(micro-frontends)와 프런트엔드 컴포지션(frontend composition)과 같은 마이크로서비스 애플리케이션에서 사용자 인터페이스를 구축하는 최신 경향을 둘러본다.

3.1 전체 아키텍처

소프트웨어 설계자는 변경이 쉬운 소프트웨어를 구축하기를 원한다. 새로운 요구사항, 결함, 시장의 요구사항, 새로운 고객, 성장 등의 다양한 힘이 소프트웨어에 압력을 준다. 이런 압력에는 점진적으로

확신을 가지고 대응하는 것이 이상적이다. 이를 위해서는 개발 방식에서 마찰을 줄이고 위험을 최소화해야 한다.

엔지니어링 조직은 시간이 흐르고 시스템이 진화함에 따라 개발에 장애가 되는 모든 것을 없애기를 원한다. 그리고 시스템에서 필요 없어진 구성요소를 신속하고 자연스럽게 교체할 수 있기를 바란다. 팀이 완전히 자율적으로 움직이고 대규모 시스템의 일부분을 담당하기를 원한다. 그리고 이런 팀을 지속해서 동기화하지 않아도 되며 다른 팀을 방해하지 않기를 바란다. 이렇게 되기 위해서는 애플리케이션 구축 계획에 관한 아키텍처를 고려해야 한다.

3.1.1 모놀리식에서 마이크로서비스로

모놀리식 애플리케이션에서는 기본적으로 단일 애플리케이션을 만들어 낸다. 이 애플리케이션은 수평으로 분리하면 여러 기술 계층(그림 3.1에서처럼 일반적으로 데이터, 로직, 프레젠테이션의 3계층)으로 나뉘고 세로로 분리하면 여러 비즈니스 도메인으로 나뉜다. MVC 같은 패턴과 레일즈(Rails), 장고(Django)와 같은 프레임워크는 3계층 모델을 반영한다. 각 계층은 상위 계층에 서비스를 제공한다. 예를 들어, 데이터 계층은 상태를 저장한다. 로직 계층은 유용한 작업을 수행하고 프레젠테이션 계층은 사용자에게 결과를 반환한다.

개별 마이크로서비스는 모놀리식 애플리케이션과 비슷하다. 데이터를 저장하고 비즈니스 로직을 수행하고 데이터를 반환하며 API를 통해 결과를 컨슈머에게 전달한다. 각 마이크로서비스는 비즈니스 또는 애플리케이션의 기술적 역량을 소유하고 다른 마이크로서비스와 협업해 작업을 수행한다. 그림 3.2는 개별 서비스의 고수준 아키텍처를 표현한다.

> **노트** 4장에서 마이크로서비스의 경계와 책임을 정의하는 범위 설정(scoping)에 대해 상세히 논의한다.

모놀리식 애플리케이션에서는 아키텍처가 애플리케이션 자체의 경계로 제한된다. 반면에 마이크로서비스 애플리케이션에서는 크기와 범위 측면에서 계속해서 진화하는 것에 대해 계획을 세운다. 예를 들어, 도시를 생각해 보자. 모놀리식 구축은 대형 빌딩을 짓는 것과 비슷하지만, 마이크로서비스 애플리케이션을 구축하는 것은 이웃을 구축하는 것과 비슷하다. 배관, 도로, 케이블 등의 인프라스트럭처를 구축하고 주택, 상업 지구 같은 성장 계획을 세울 필요가 있다.

이런 도시와의 비유는 구성요소 자체뿐만 아니라 연결하는 방법, 위치, 그리고 어떻게 동시에 구축할지 등의 방법까지도 고려하는 것이 중요하다는 것을 강조한다. 계획이 전체 애플리케이션 상에서 어떤 구조를 강요하거나 강제하기보다는 좋은 가이드라인을 따라 성장할 수 있게 북돋우기를 바랄 것이다.

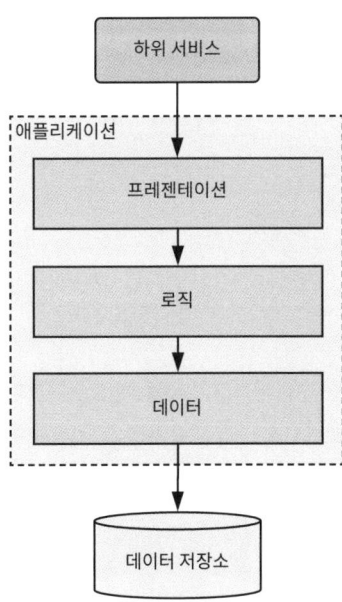

그림 3.1 일반적인 3계층 모놀리식 애플리케이션의 아키텍처

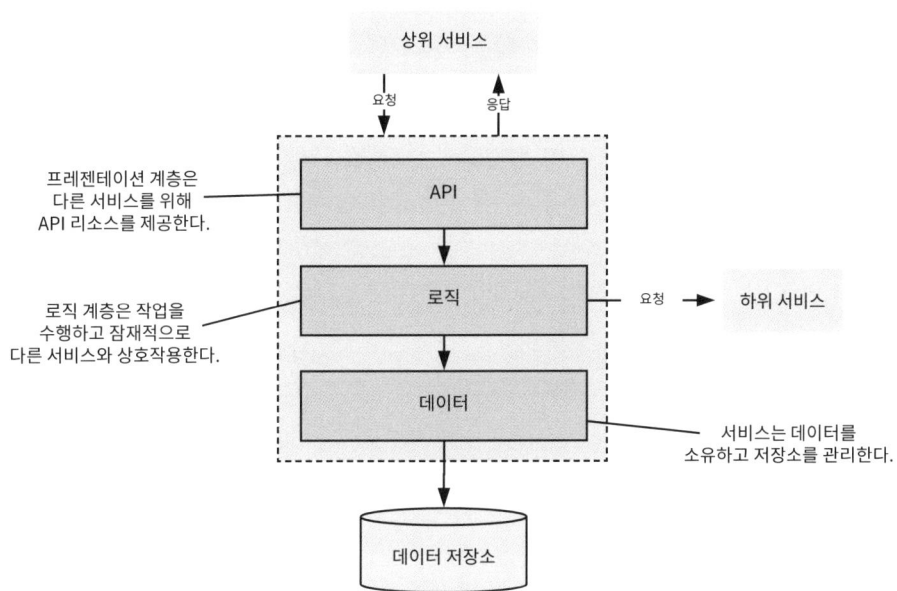

그림 3.2 개별 마이크로서비스의 고수준 아키텍처

가장 중요한 점은 마이크로서비스는 격리되어 실행되지 않는다는 것이다. 각 마이크로서비스는 마이크로서비스를 다른 마이크로서비스와 함께 개발, 배포, 실행할 수 있는 환경에 존재한다. 애플리케이션 아키텍처는 전체 환경을 포괄해야 한다.

3.1.2 아키텍트의 역할

소프트웨어 아키텍트는 어디에 적합한가? 많은 엔터프라이즈에서 소프트웨어 아키텍트를 고용하지만, 이들의 역할에 대한 효율성과 접근 방식은 많이 다르다.

마이크로서비스 애플리케이션은 빠른 변경을 가능하게 한다. 시간이 지남에 따라 팀이 새로운 서비스를 구축하거나 기존 서비스를 폐기하고 기존 기능 등을 리팩토링하면서 마이크로서비스는 발전한다. 아키텍트 또는 기술 리더의 역할은 설계를 강제하기보다 진화를 가능하게 하는 것이다. 마이크로서비스가 도시라면 여러분은 시의회의 도시계획가다.

아키텍트는 애플리케이션의 기술적 근간이 빠른 속도와 유연성을 제공하도록 해야 한다. 아키텍트는 포괄적 시각을 가지고 애플리케이션의 요건이 충족되게 하고 발전시켜 다음과 같이 되도록 가이드해야 한다.

- 애플리케이션이 조직의 전략적 목표에 부합된다.
- 팀이 공통의 기술적 가치와 기대를 공유한다.
- 관측 가능성, 배포, 상호 커뮤니케이션 등의 공통 관심사가 여러 팀의 요구사항을 만족한다.
- 전체 애플리케이션이 변경에 유연하고 그것을 적용하기 쉽다.

이를 달성하기 위해 아키텍트는 2가지 방식으로 개발을 가이드해야 한다.

- **원칙**: 고도의 기술적 목표나 조직의 목표를 달성하기 위해 팀이 따라야 하는 가이드라인
- **개념 모델**: 시스템의 관계를 보여주는 고수준의 모델과 애플리케이션 수준의 패턴

3.1.3 아키텍처 원칙

원칙은 팀이 고수준의 목표를 달성하기 위해 따라야 할 일종의 가이드라인 또는 규칙이다. 이 원칙은 팀에게 실무를 알려준다. 그림 3.3에 이 모델을 표현했다. 예를 들어, 제품 목표가 개인정보와 보안에 민감한 엔터프라이즈 고객에게 판매하는 것이라면 다음과 같은 원칙을 설정할 것이다.

- 개발 실무는 외부 표준을 준수해야 한다(예: ISO 27001).
- 모든 데이터는 이동 가능해야 하고 보관 기간을 제한하는 것을 염두에 둬야 한다.
- 개인정보는 애플리케이션을 통해 명확하게 추적할 수 있어야 한다.

원칙은 유연하다. 이는 비즈니스의 우선순위와 애플리케이션의 기술적 발전을 반영해 변경될 수 있어야 한다. 예를 들어 개발 초기에는 제품의 시장 검증에 우선순위를 두지만, 애플리케이션이 성숙하면 성능과 확장성에 중점을 둔다.

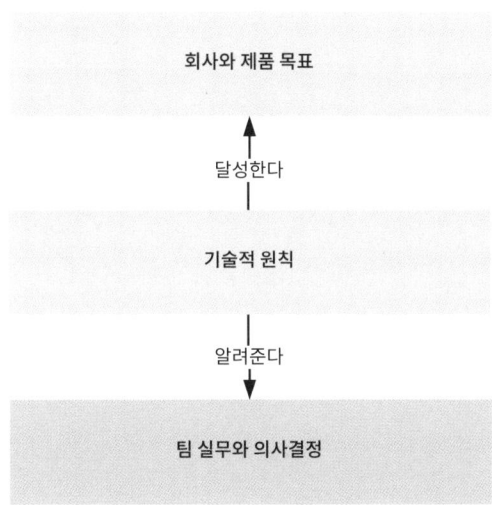

그림 3.3 기술적 원칙에 근거한 아키텍처 접근방법

3.1.4 4 계층 마이크로서비스 애플리케이션

아키텍처는 고수준의 개념 모델을 명확하게 반영해야 한다. 모델은 애플리케이션의 기술적 구조를 추론하는 유용한 도구다. 그림 3.1에 표현된 3 계층 모델과 같은 다계층 모델은 전체 시스템에서 추상화와 책임의 계층을 반영하는 애플리케이션 구조를 접근하는 일반적인 방식이다.

이 장의 나머지 부분에서 마이크로서비스 애플리케이션을 위한 4 계층 모델을 살펴볼 것이다.

- **플랫폼**: 마이크로서비스 플랫폼은 마이크로서비스의 신속한 개발, 운영, 배포를 지원하는 도구와 인프라스트럭처를 제공한다. 성숙한 플랫폼 계층은 엔지니어로 하여금 인프라를 구성하는 대신 기능 개발에 집중하도록 한다.
- **서비스**: 이 계층은 하위 플랫폼 위에 서비스 간의 상호 협력을 통해 비즈니스 또는 기술적 역량을 제공한다.

- **경계**: 클라이언트는 요구사항을 만족하기 위해 미리 정의된 경계를 통해 애플리케이션과 상호작용한다.
- **클라이언트**: 웹사이트, 모바일 애플리케이션과 같은 클라이언트 애플리케이션은 마이크로서비스 백엔드와 상호작용한다.

그림 3.4는 이런 아키텍처 계층을 표현한다. 이것은 하위의 기술적 선택에 상관없이 모든 마이크로서비스 애플리케이션에 적용할 수 있다.

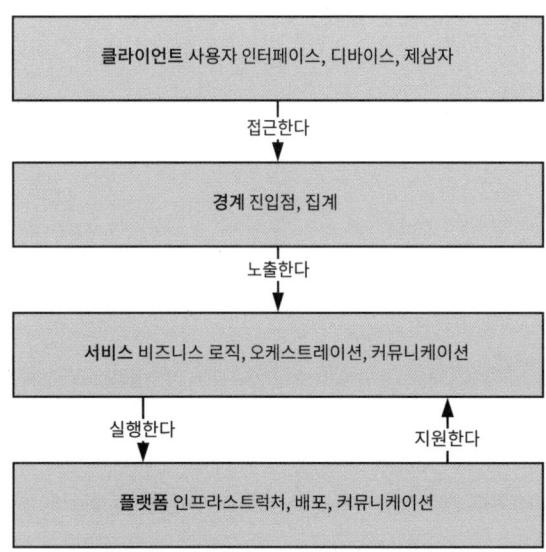

그림 3.4 마이크로서비스 애플리케이션 아키텍처의 4 계층 모델

각 계층은 하위 계층의 역량 위에 구축된다. 예를 들어 개별 서비스는 하위의 마이크로서비스 플랫폼이 제공하는 배포 파이프라인, 인프라스트럭처, 공통 메커니즘을 활용한다. 잘 설계된 마이크로서비스 애플리케이션은 모든 계층에 정교한 투자를 요구한다.

이제 작업할 수 있는 모델을 가졌다. 다음 다섯 개 절에서는 이 아키텍처 모델의 각 계층에 관해 설명하고 지속 가능하고 유연하며 진화하는 마이크로서비스 애플리케이션을 구축하는 데 그것들이 어떤 도움을 주는지 살펴본다.

3.2 마이크로서비스 플랫폼

마이크로서비스는 혼자 살지 못한다. 즉, 마이크로서비스는 다음과 같은 인프라스트럭처의 지원을 받는다.

- 부하 분산기와 가상 머신같은 기본적인 인프라스트럭처를 포함해 서비스가 실행되는 배포 환경.
- 서비스 운영을 관측하기 위한 로깅과 모니터링의 통합.
- 새로운 서비스와 버전을 테스트하기 위한 일관되고 반복적인 배포 파이프라인.
- 네트워크 제어, 비밀 정보 관리, 애플리케이션 강화와 같은 안전한 운영을 위한 지원.
- 서비스 상호작용을 지원하는 커뮤니케이션 채널과 서비스 디스커버리.

그림 3.5는 이러한 역량이 어떻게 애플리케이션의 서비스 계층과 관련이 있는지 표현한다. 각 마이크로서비스가 집이라면 플랫폼은 도로, 물, 전기, 전화 케이블을 제공한다.

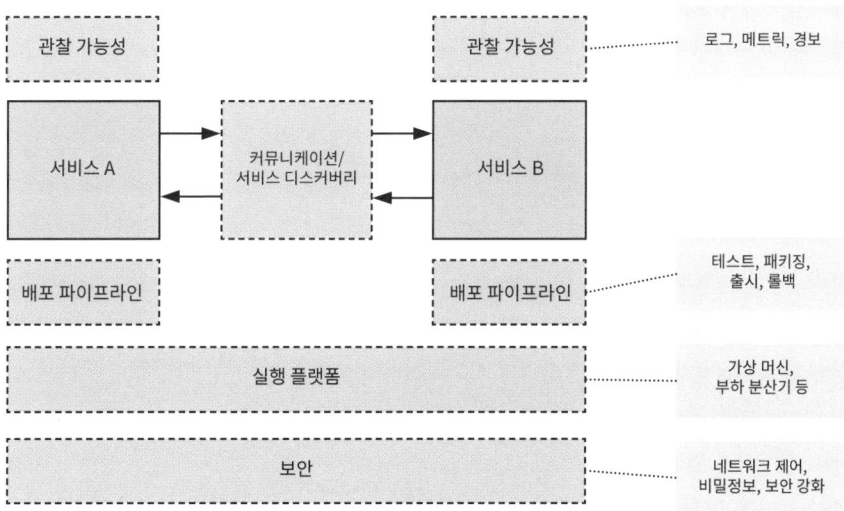

그림 3.5 마이크로서비스 플랫폼의 역량

튼튼한 플랫폼 계층은 전체적인 구현 비용을 절감하고 전반적인 안정성을 개선하며 신속한 서비스 개발을 가능하게 한다. 이런 플랫폼이 없다면 개발자는 인프라를 위한 코드를 직접 반복적으로 작성할 것이고 새로운 기능과 비즈니스 영향을 전달하는 데 써야 할 에너지를 빼앗긴다. 보통의 개발자가 애플리케이션의 모든 계층의 복잡성에 대해 전문가가 될 필요는 없다. 결국 일부 독립적인 전문가팀이 애플리케이션의 서비스 계층에서 일하는 여러 팀의 요구사항을 만족하는 플랫폼 계층을 개발하게 된다.

3.2.1 운영 플랫폼 매핑

마이크로서비스 플랫폼은 팀이 개발하는 서비스가 운영 수준의 워크로드를 지탱할 수 있고 회복력이 있으며 투명하고 확장성이 있다는 것을 신뢰할 수 있도록 확신을 준다. 그림 3.6은 마이크로서비스를 위한 런타임 플랫폼의 설계를 보여준다.

런타임 플랫폼 또는 배포 타깃 플랫폼(AWS와 같은 클라우드 환경 또는 히로쿠와 같은 PaaS 등)은 여러 서비스 인스턴스를 실행하고 요청을 전달하는 데 필요한 기본적인 인프라스트럭처를 제공한다. 게다가 비밀정보와 환경 관련 변수 등의 설정 정보를 서비스 인스턴스에 제공하는 메커니즘을 제공한다.

이런 기반 위에 마이크로서비스 플랫폼의 다른 요소를 구축한다. 관측 도구는 서비스부터 하위의 인프라스트럭처까지 데이터를 수집하고 연관 짓는다. 배포 파이프라인은 이 스택에 대한 업그레이드와 롤백을 관리한다.

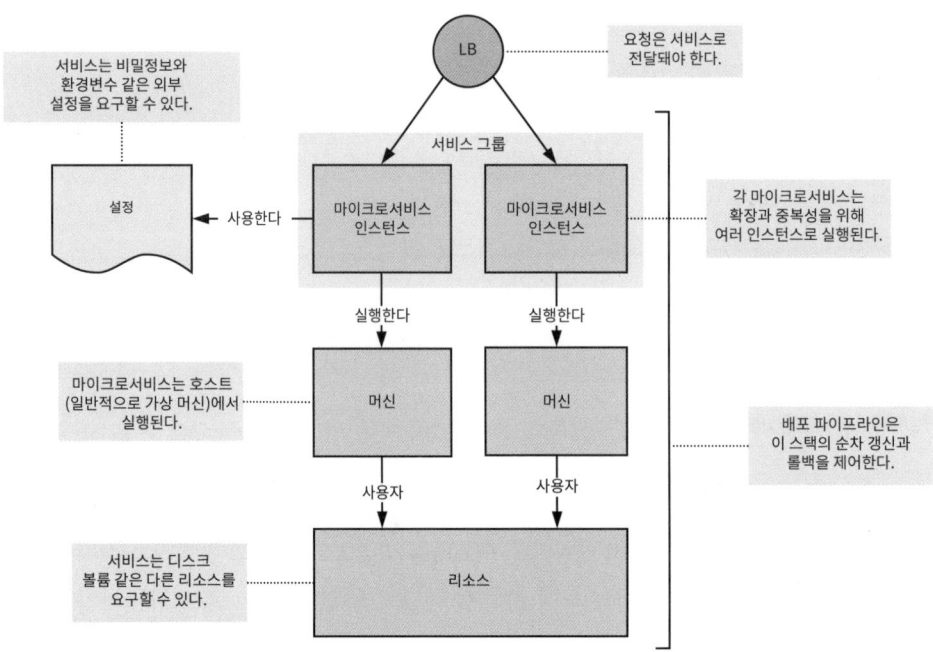

그림 3.6 일반적인 클라우드 환경에서 실행하는 마이크로서비스의 배포 설정

3.3 서비스

서비스 계층은 아마도 스스로를 가장 잘 설명하는 이름을 가졌을 것이다. 여기가 바로 서비스가 존재하는 곳이기 때문이다. 이 계층에서 서비스는 유용한 작업을 수행하기 위해 서로 상호작용을 하고 신뢰할 수 있는 작업 및 커뮤니케이션을 위해 하위 플랫폼을 신뢰하고 작업의 결과를 경계 계층을 통해 애플리케이션의 클라이언트에 제공한다. 또한 논리적으로 서비스에 대한 내부 요소인 데이터 저장소와 같은 컴포넌트도 이 계층의 일부로 고려할 수 있다. 서비스 계층의 구조는 비즈니스 속성에 따라 상당히 다를 것이다. 이 절에서 앞으로 접하게 될 몇 가지 공통 패턴에 대해 논의할 것이다.

- 비즈니스와 기술적 역량
- 집계 및 상위 주문 서비스
- 중요한 경로의 서비스와 중요하지 않은 경로의 서비스

3.3.1 역량(capabilities)

여러분이 작성하는 서비스는 다양한 역량을 구현할 것이다.

- **비즈니스 역량**은 가치를 창출하고 비즈니스 목표를 만족하기 위해 조직이 수행하는 것이다. 비즈니스 역량의 범위에 있는 마이크로서비스는 비즈니스 목표를 직접적으로 반영한다.
- **기술적 역량**은 공유된 기술적 기능을 구현해 다른 서비스를 지원한다.

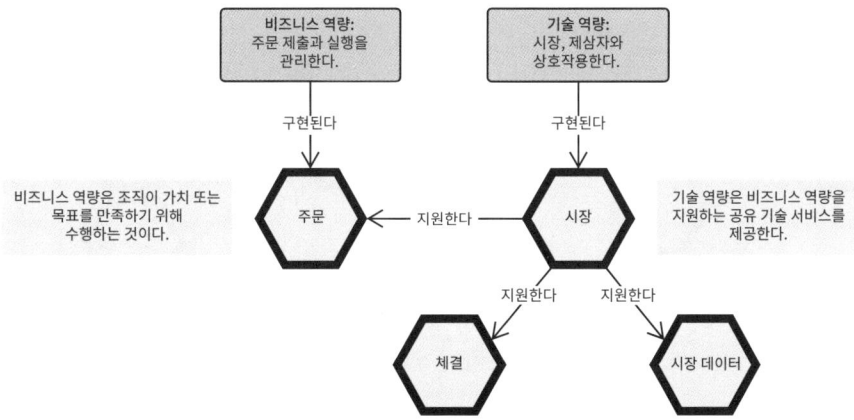

그림 3.7 비즈니스 역량 또는 기술 역량을 구현하는 마이크로서비스

그림 3.7은 2가지 유형의 역량을 비교한다. 심플뱅크의 주문 서비스는 주문 실행을 관리하는 역량을 제공하는데, 이것이 비즈니스 역량이다. 반면에 시장 서비스는 기술적 역량이다. 이것은 제삼자에게 연결되는 게이트웨이를 제공해서 다른 서비스(예: 시장 정보 또는 거래 성사 서비스)가 재활용할 수 있다.

> **노트** 다음 장에서 언제 비즈니스 역량과 기술 역량을 사용할지와 이를 어떻게 개별 서비스와 매핑할지를 살펴본다.

3.3.2 집계 및 상위 주문 서비스

마이크로서비스 애플리케이션의 초기에는 서비스의 계층이 **평평할** 것이다. 즉, 각 서비스가 비슷한 수준의 책임을 갖는다. 예를 들어, 2장의 서비스(주문, 수수료, 트랜잭션, 계정)는 대체로 동등한 추상화 수준을 갖는다.

애플리케이션이 성장함에 따라 서비스의 성장에 영향을 미치는 2가지 압력을 마주하게 된다.

- 비정규화 데이터의 요청을 지원하기 위해 여러 서비스로부터 데이터 집계하기(예: 주문과 수수료를 함께 반환하기).
- 하위의 역량을 활용해 특화된 비즈니스 로직 제공하기(예: 특별한 유형의 주문 제출하기).

시간이 지나면서 이런 2가지 압력이 서비스의 계층을 형성시킨다. 시스템 경계에 가까운 서비스는 몇몇 서비스와 상호작용하여 서비스의 결과를 집계할 것이다. 이것을 **집계자(aggregator)**라고 하자(그림 3.8). 게다가 특화된 서비스는 여러 하위 주문 서비스의 작업을 **조율하는 역할**을 할 수 있다.

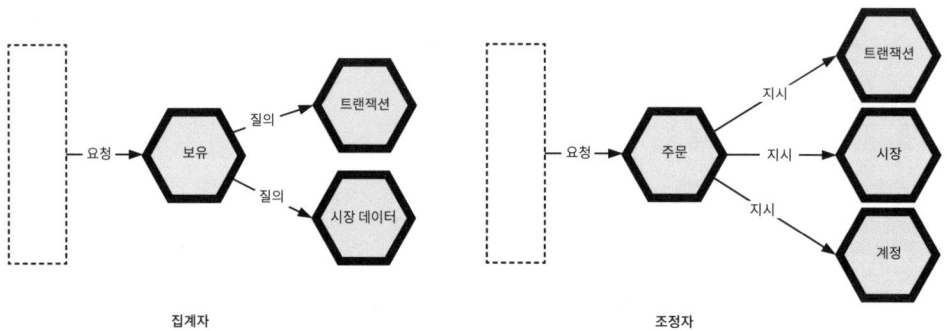

그림 3.8 집계자는 하위 서비스로부터 데이터를 모아서 질의를 지원하고 조정자는 하위 서비스로 명령을 요청해 행동을 조율한다.

앞으로 마주하게 될 어려운 점은 새로운 데이터 요구사항 또는 새로운 애플리케이션 행동이 필요할 때 기존 서비스를 변경하지 않고 새로운 서비스를 만들 것인지를 결정하는 것이다. 새로운 서비스를 만드는 것은 전체적인 복잡도를 증가시키고 서비스 간의 결합도를 강하게 만들 수 있다. 반면, 기존 서비스에 새로운 기능을 넣는 것은 응집도를 떨어뜨리고 교체를 어렵게 할 것이다. 이것은 마이크로서비스의 기본 원칙을 위반하는 것이다.

3.3.3 중요 경로와 중요하지 않은 경로

시스템이 진화하면서 어떤 기능은 고객의 요구사항과 성공적인 비즈니스 실행을 위해 자연스럽게 다른 기능보다 더 중요해질 것이다. 예를 들어 심플뱅크에서 주문 서비스는 주문 제출에서 중요한 경로에 있다. 이 서비스가 제대로 동작하지 않으면 고객의 주문을 실행할 수 없다. 반대로, 다른 서비스는 덜 중요하다. 고객 프로파일 서비스를 사용할 수 없어도 중요한 이익 창출 구성요소에 영향을 줄 가능성은 낮다. 그림 3.9는 심플뱅크의 예제 경로를 나타낸다.

이것은 양날의 검이다. 중요 경로에 더 많은 서비스가 있을수록 더 많은 장애가 발생할 것이다. 100% 신뢰할 수 있는 서비스는 없기 때문에 서비스의 누적 신뢰성은 의존하는 서비스의 신뢰도의 곱으로 계산한다.

그러나 마이크로서비스는 이런 경로를 명확하게 도출하고 독립적으로 취급하며 회복성과 확장성을 최대로 하기 위해 시스템에서 덜 중요한 경로보다 더 많은 엔지니어링 노력을 기울이게 해준다.

3.4 커뮤니케이션

커뮤니케이션은 마이크로서비스 애플리케이션에서 기본적인 요소다. 마이크로서비스는 유용한 작업을 수행하기 위해 서로 커뮤니케이션한다. 다른 마이크로서비스와 요청을 주고받기 위해 결정한 방법이 구축하는 애플리케이션의 형태를 결정한다.

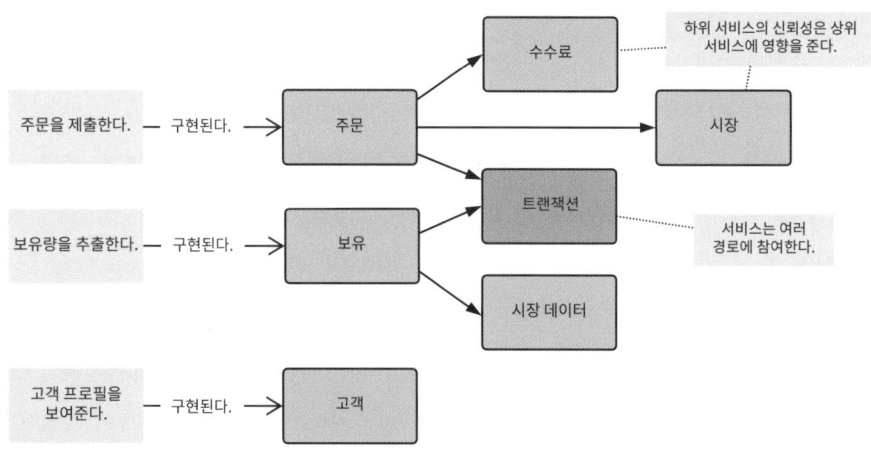

그림 3.9 서비스의 체인은 역량을 제공한다. 여러 서비스가 여러 경로에 참여할 것이다.

> **팁** 네트워크 커뮤니케이션은 마이크로서비스 애플리케이션의 신뢰성을 떨어뜨리는 주요 원인 중 하나다. 6장에서 서비스 간 커뮤니케이션의 신뢰성을 극대화하는 기법에 대해 알아본다.

커뮤니케이션은 독립적인 아키텍처 계층은 아니지만, 서비스 계층과 플랫폼 계층의 경계를 모호하게 하기 때문에 별도의 섹션으로 떼어냈다. 커뮤니케이션 브로커와 같은 일부 요소는 플랫폼 계층의 일부다. 그러나 서비스 자체에서 메시지를 구성하고 전달하는 것을 담당한다. 일반적으로 결과를 전달하기만 하는 서비스(dumb pipes)보다는 스스로 요청 사항을 처리할 줄 아는 서비스(smart endpoints)를 개발하기를 원한다.

이 섹션에서는 마이크로서비스 커뮤니케이션의 일반적인 패턴과 이것이 마이크로서비스 애플리케이션의 유연성과 진화에 어떻게 영향을 미치는지를 논의한다. 대부분 성숙한 마이크로서비스 애플리케이션은 동기식과 비동기식 상호작용 스타일을 혼용한다.

3.4.1 언제 동기식 메시지를 사용하는가

동기식 메시지는 가장 먼저 떠오르는 설계 방식이다. 이것은 다음 작업을 시작하기 전에 현재 작업의 결과 또는 성공/실패를 아는 시나리오에 적합하다.

그림 3.10은 동기식 메시지의 요청-응답 패턴을 설명한다. 최초의 서비스는 적절한 메시지를 구성한 후 HTTP와 같은 전송 메커니즘을 사용해 협력자에게 보낸다. 목적지 서비스는 이 메시지를 수신하고 처리해 응답한다.

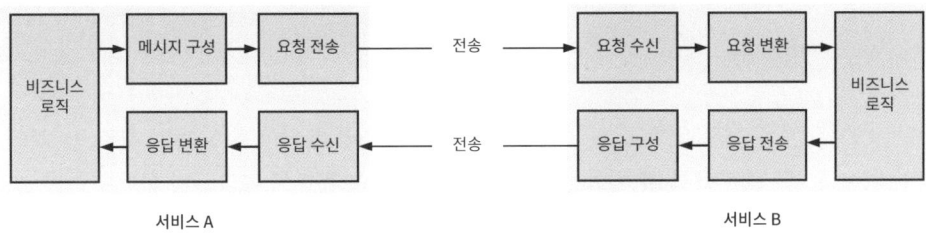

그림 3.10 두 서비스 간의 동기식 요청-응답 커뮤니케이션의 과정

전송 메커니즘 선택

RESTful HTTP, RPC 라이브러리 등의 전송 메커니즘 선택은 서비스의 설계에 영향을 준다. 각 전송 메커니즘은 대기시간, 언어 지원, 엄격함에 따른 특성을 가진다. 예를 들어, gRPC는 프로토콜 버퍼(protobufs)를 사용해 생성된 클라이언트/서버 API 계약을 제공한다. 반면에 HTTP는 메시지의 맥락(context)에 중립적이다. 애플리케이션 전반에 하나의 동기식 전송 메커니즘을 사용하면 규모의 경제를 이룬다. 이렇게 하면 도구를 사용해 추론하고 모니터링하며 지원하는 것이 쉬워진다.

또한 마이크로서비스 내에 관심사를 분리하는 것도 중요하다. HTTP 상태 코드 또는 gRPC 응답 스트림에 대해 알 필요가 없는 비즈니스 로직을 전송 메커니즘과 분리해야 한다. 그러면 애플리케이션을 개선할 때 다른 메커니즘으로 쉽게 교체할 수 있다.

단점

동기식 메시지의 단점은 다음과 같다.

- 서비스가 반드시 협력자를 알아야 하므로 서비스 간에 단단한 결합이 생긴다.
- 강력한 브로드캐스트 모델 또는 게시-구독 모델이 없어서 병렬 작업을 수행하는 데 제약이 있다.
- 응답을 기다리는 동안 코드 수행을 멈춘다. 스레드 또는 프로세스 기반 서버 모델에서 이 모델은 용량을 고갈시키고 장애를 전파시킬 수 있다.
- 과도한 동기식 메시지 사용은 깊은 의존성 체인을 만들어서 전반적인 호출 경로의 장애 가능성을 증가시킬 수 있다.

3.4.2 언제 비동기식 메시지를 사용하는가

비동기식 메시지 스타일은 좀 더 자유롭다. 서비스가 더 이상 하위의 컨슈머를 알 필요가 없기 때문에 이벤트를 선언해서 새로운 요구사항을 다루도록 시스템을 쉽게 확장할 수 있다. 새로운 서비스는 기존 서비스를 변경하지 않고 기존 이벤트를 소비할 수 있다.

> **Tip** 이벤트는 호출 후 상태 변화를 나타낸다. OrderCreated, OrderPlaced, OrderCanceled는 심플뱅크의 주문 서비스가 생성할 수 있는 이벤트의 예시다.

이 스타일은 서비스 간의 좀 더 유연한 발전을 가능하게 하고 느슨한 결합을 생성한다. 하지만 이것은 비용 투자를 수반한다. 즉, 비동기식 상호작용은 전체적인 시스템의 행동이 명확하게 일련의 연속성을 띠지 않기 때문에 추론하기가 더욱 어렵다. 또한 시스템의 행동이 점점 더 **창발적**(emergent)[1]이 되므로 발생된 사건을 적절히 추적할 수 있는 모니터링 시스템에 투자해야 한다.

> **노트** 이벤트는 이벤트 소싱(event sourcing)과 CQRS(Command Query Responsibility Segregation) 등의 다양한 영속 및 질의 스타일을 가능하게 한다. 이들은 마이크로서비스의 필수 요소는 아니지만, 마이크로서비스와 함께 시너지를 낸다. 5장에서 이에 대해 알아본다.

일반적으로 비동기 메시징은 이벤트를 수신하고 이벤트 컨슈머에게 전달하는 독립적인 구성요소인 **커뮤니케이션 브로커**(communication broker)를 요구한다. 이것은 종종 시스템에서 중심적인 역할을 강조하는 의미로 **이벤트 백본**(event backbone)이라고도 불린다(그림 3.11). 브로커로 사용되는 일반적인 도구에는 카프카(Kafka), 래빗엠큐(RabbitMQ), 레디스(Redis)가 있다. 이 도구들의 의미가 각각 다른데, 카프카는 대용량의 재실행 가능한 이벤트 저장소를 제공하는 반면에 래빗엠큐는 AMQP 프로토콜(https://www.amqp.org/)에 기반한 고수준의 메시징 미들웨어를 제공한다.

3.4.3 비동기식 커뮤니케이션 패턴

이제 가장 일반적인 2가지 이벤트 기반 패턴인 잡 큐(job queue)와 게시-구독(publish-subscribe)을 살펴보자. 마이크로서비스를 구축할 때 이 패턴을 자주 접할 것이다. 가장 높은 수준의 상호작용 패턴은 이 두 가지 기본 패턴 중 하나를 기반으로 구축된다.

잡 큐

이 패턴에서 워커(worker)는 큐에서 일감을 꺼내 실행한다(그림 3.12). 일감은 운용하는 워커의 수에 상관없이 한 번만 처리된다. 또한 이 패턴은 승자독식(winner takes all)으로도 알려져 있다.

---

1 (옮긴이) 서비스 간의 상호작용이 더욱 예측하기 어려워짐.

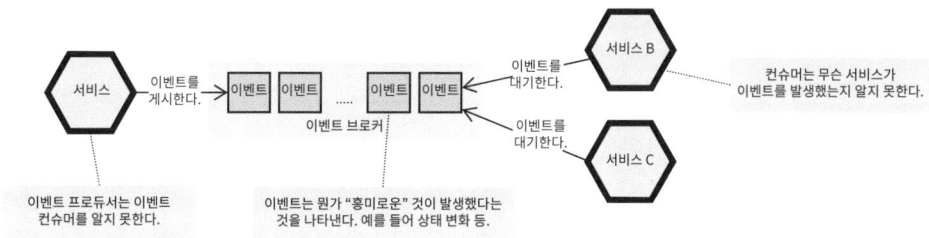

그림 3.11 서비스 간 이벤트 주도 비동기 커뮤니케이션

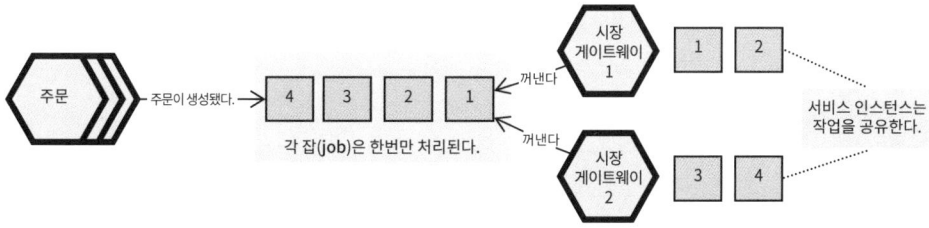

그림 3.12 잡 큐는 한 개 이상의 워커에 일감을 분산한다.

시장 게이트웨이도 이런 방식으로 운영될 수 있다. 주문 서비스가 생성한 각 주문은 OrderCreated 이벤트를 생성하고 시장 게이트웨이 서비스에 적재된다. 이런 패턴은 다음과 같은 경우에 유용하다.

- 이벤트와 이벤트에 따라 수행될 작업이 1:1 관계에 있을 때.
- 수행될 작업이 복잡하거나 시간 소모적이어서 발생된 이벤트와 별개로 수행돼야 할 때.

기본적으로 이런 접근 방식은 복잡한 이벤트 전달이 필요 없다. 레디스(레스큐[Resque], 셀러리[Celery], 사이드킥[Sidekiq])[2] 또는 SQL 데이터베이스와 같은 일반적인 데이터 저장소를 사용하는 수많은 작업 큐(task queue) 라이브러리를 사용할 수 있다.

게시-구독

게시-구독 모델에서 서비스는 임의의 리스너를 위해 이벤트를 발생시킨다. 이벤트를 수신한 모든 리스너는 이벤트에 따라 적절하게 행동한다. 이 모델은 서비스가 이벤트를 발행하고 누가 이를 처리하는지 관리하지 않는 경우에 이상적인 마이크로서비스 패턴이다.

---

2 (옮긴이) 레스큐(Resque): 레디스 기반 작업 관리 루비 라이브러리(https://github.com/resque), **셀러리**(Celery): 레디스, 래빗엠큐를 사용하는 작업 큐 라이브러리(http://docs.celeryproject.org), **사이드킥**(Sidekiq): 레디스 기반 작업 관리 루비 라이브러리(https://sidekiq.org/).

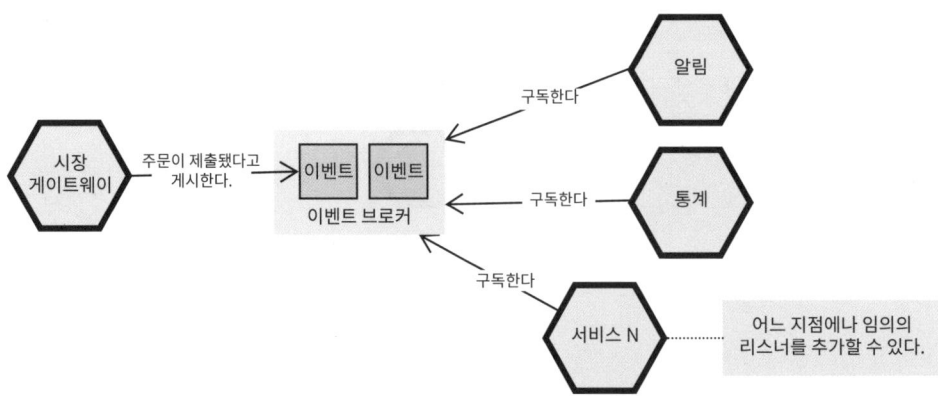

그림 3.13 게시-구독 모델에서 구독 서비스에 이벤트를 보내는 방식

예를 들어 주문이 제출되면 다른 하위 작업을 작동시켜야 한다고 가정해 보자. 고객에게 알림을 보내거나 주문 통계를 제공하고 추천하는 기능 등은 모두 같은 이벤트를 구독할 수 있다.

3.4.4 다른 서비스 찾기

이 섹션의 마지막으로 **서비스 디스커버리(service discovery)**에 대해 잠시 살펴보자. 서비스는 커뮤니케이션하기 위해 서로를 **발견**해야 한다. 플랫폼 계층이 이 역량을 제공한다.

이를 위한 가장 기초적인 접근 방법은 부하 분산기를 활용하는 것이다(그림 3.14). 예를 들어 AWS의 ELB(Elastic Load Balancer)는 DNS 이름이 부여되고 가상 머신의 그룹(AWS 상의 자동-확장 그룹)을 기반으로 하위 노드의 상태를 관리한다.

이 방식은 잘 동작하지만, 좀 더 복잡한 시나리오는 다루지 못한다. 예를 들어 카나리 배포를 위해 트래픽을 다른 버전의 코드로 전달하고 싶거나 다크 런치(dark launches)와 같이 실제 운영 오픈 전에 일부 사용자를 대상으로 오픈할 경우, 또는 트래픽을 다른 데이터 센터로 전환하고자 할 경우에는 어떻게 할 것인가?

더욱 진보된 방식은 컨설(Consul, https://www.consul.io)과 같은 레지스트리를 사용하는 것이다. 서비스 인스턴스는 자신을 레지스트리에 등록하고 레지스트리는 서비스의 요청을 처리하는 자체 메커니즘 또는 DNS를 통한 API를 제공한다. 그림 3.15에 이런 접근 방식을 도식화했다.

서비스 디스커버리의 요구사항은 배포된 애플리케이션의 토폴러지의 복잡도에 따라 달라진다. 지리적 배포와 같은 더 복잡한 배포는 좀 더 튼튼한 서비스 디스커버리 아키텍처가 필요하다.[3]

---

[3] bit.ly/2o86ShQ에 다양한 형태의 프락시와 부하 분산기에 대한 정보가 있다.

> **노트** 9장에서 쿠버네티스에 배포할 때 쿠버네티스가 제공하는 디스커버리 메커니즘인 서비스 (services)에 대해 배운다.

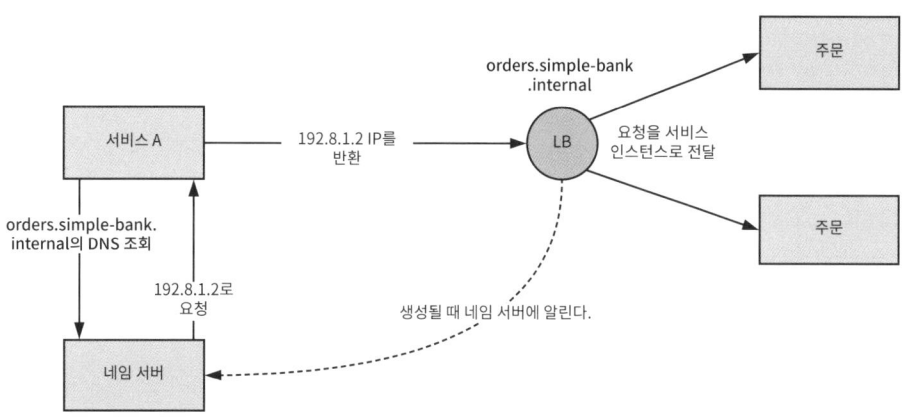

그림 3.14 부하 분산기와 알려진 DNS를 활용한 서비스 디스커버리

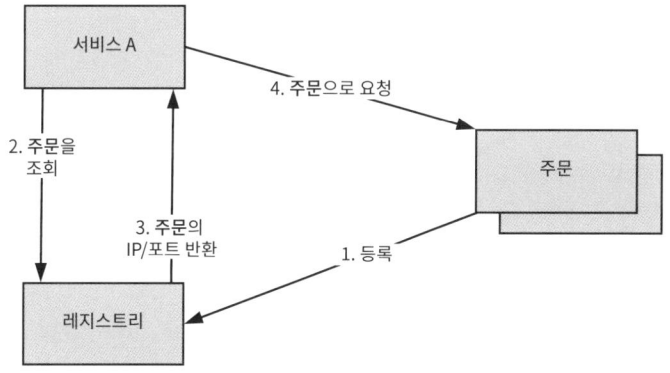

그림 3.15 진실의 원천으로 서비스 레지스트리를 사용하는 서비스 디스커버리

3.5 애플리케이션 경계(boundary)

경계 계층은 내부 서비스와 복잡한 상호작용을 할 수 있는 관문(façade)를 제공한다. 모바일 앱, 웹 기반 사용자 인터페이스 또는 IoT 디바이스 등과 같은 클라이언트는 마이크로서비스와 상호작용할 수 있다(직접 클라이언트를 개발하거나 애플리케이션에 접근하는 공개 API를 사용하는 제삼자가 이것을 개발할 수 있다). 예를 들어, 그림 3.16에서 표현한 것처럼 심플뱅크에는 내부 관리자 도구, 투자 웹사이트, iOS와 안드로이드 앱, 공개 API 등이 있다.

경계 계층은 내부의 복잡도와 변경을 **추상화해** 제공한다(그림 3.17). 예를 들어, 클라이언트에 모든 주문 이력을 제공하는 일관된 인터페이스를 제공할 수도 있지만, 시간이 흐르면서 기능의 내부 구현을 완전히 리팩토링할 수도 있다. 이 계층이 없으면 클라이언트가 내부 서비스에 대해 너무 많이 알아야 하고 시스템 구현에 단단히 결합된다.

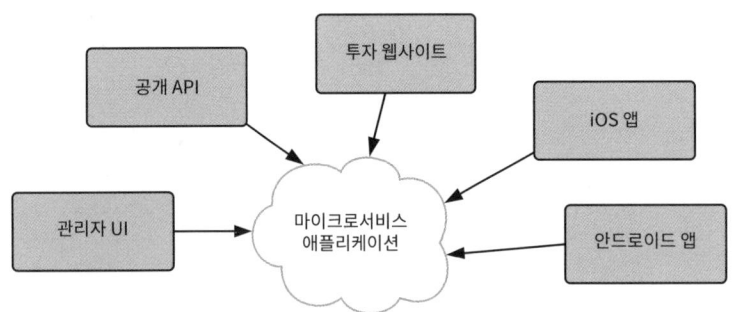

그림 3.16 심플뱅크의 클라이언트 애플리케이션

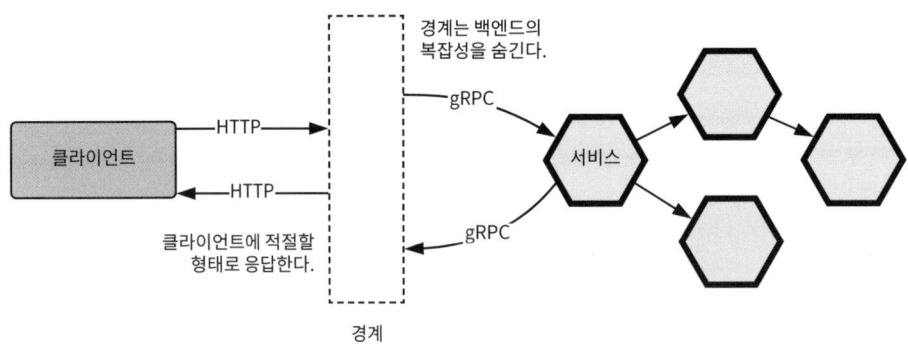

그림 3.17 경계 계층은 클라이언트에 내부 복잡도를 숨기기 위해 서비스 계층에 대한 관문을 제공한다.

또한 경계 계층은 컨슈머에게 적절한 전송 메커니즘과 콘텐츠 유형을 사용해 데이터와 기능에 접근할 수 있게 한다. 예를 들어, 서비스 간에는 gRPC를 통해 커뮤니케이션하는 반면, 관문은 외부 애플리케이션이 접근하기에 더 적합한 HTTP API를 노출할 수 있다.

이런 역할을 엮으면 애플리케이션은 기능을 전달하기 위해 클라이언트가 모르게 무엇이든 실행하는 블랙박스가 될 수 있다. 또한 클라이언트가 단일 지점을 통해 접근하기 때문에 더욱 자신감 있게 서비스 계층을 변경할 수 있다.

경계 계층은 다음과 같은 다른 클라이언트 접점 기능을 구현할 수 있다.

- **인증 및 권한 부여**: API 클라이언트의 신원 및 권한 검증
- **비율 제한**: 클라이언트의 오용으로부터 시스템을 보호
- **캐싱**: 백엔드의 전반적인 부하를 경감
- **로그와 메트릭 수집**: 클라이언트의 요청에 대한 분석과 모니터링

경계 계층에 이러한 **엣지 역량**(edge capabilities)을 두는 것은 명확한 관심사의 분리를 제공한다. 그렇지 않으면 백엔드 서비스는 개별적으로 이런 관심사를 구현해야 해서 복잡도가 증가하게 된다.

또한 서비스 계층 내에서 도메인을 분리하기 위해 경계 계층을 사용할 수 있다. 예를 들어, 주문 제출 프로세스는 여러 서비스로 구성될 수 있는데, 이중 하나의 서비스만 다른 도메인에서 접근할 수 있는 종단점으로 노출할 수 있다(그림 3.18).

> **노트** 내부 서비스 경계는 종종 응집력 있는 전체 애플리케이션 도메인의 하위 경계 집합인 **바운디드 컨텍스트**(bounded context)를 반영한다.

이로서 어떻게 경계를 사용할 수 있는지 개략적으로 살펴봤다. 이제 애플리케이션 경계의 세 가지 패턴인 API 게이트웨이, 프런트엔드를 위한 백엔드, 그리고 컨슈머-주도 게이트웨이에 대해 좀 더 상세히 알아보자.

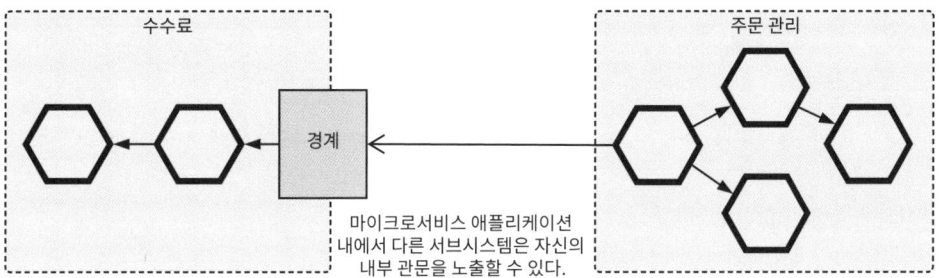

그림 3.18 경계는 마이크로서비스 애플리케이션 내에서 서로 다른 컨텍스트 사이에 존재한다.

3.5.1 API 게이트웨이

2장에서 API 게이트웨이 패턴을 소개했다. API 게이트웨이는 서비스-지향 백엔드에 대해 단일 클라이언트-유입 지점을 제공한다. 이것은 요청을 하위 서비스에 전달하고 응답을 변환한다. API 게이트웨이는 인증과 요청 서명 등 클라이언트의 공통 관심사를 처리할 수도 있다.

> **Tip** 사용 가능한 API 게이트웨이로는 매셰이프(Mashape)의 콩(Kong)과 같은 오픈 소스와 AWS API 게이트웨이와 같은 상용 제품이 있다.

그림 3.19는 API 게이트웨이를 표현한다. 게이트웨이는 요청을 인증하고 성공하면 적절한 백엔드 서비스로 전달한다. 그리고 백엔드의 결과를 클라이언트가 소비하기 좋은 형태로 변환해 반환한다.

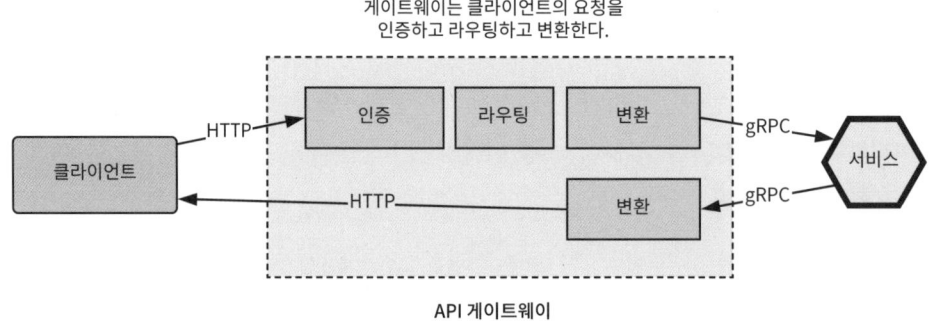

그림 3.19 클라이언트의 요청을 처리하는 API 게이트웨이

또한 게이트웨이는 내부 서비스를 사설 네트워크에 배포하고 게이트웨이에서만 접근하게 해서 보안 관점에서 시스템의 노출 영역을 최소화하게 한다.

> **경고** 종종 API 게이트웨이가 API 컴포지션을 수행할 수 있다. 여러 서비스의 결과를 조합해 단일 응답으로 만든다. 이 방식과 서비스 계층에서의 통합은 혼란스럽다. 게이트웨이 자체에 비즈니스 로직을 유입시키는 것을 조심하고 피해야 한다. 이는 게이트웨이와 하위 서비스의 결합력을 과도하게 증가시키기 때문이다.

3.5.2 프런트엔드를 위한 백엔드

프런트엔드를 위한 백엔드(BFF, backends for frontends) 패턴은 API 게이트웨이 접근 방식의 변형이다. API 게이트웨이 접근 방식은 우아하지만, 몇 가지 단점이 있다. API 게이트웨이가 여러 애플리케이션의 구성 지점으로 작동하면 점점 더 많은 책임을 지기 시작한다.

예를 들어 데스크톱과 모바일 애플리케이션을 서비스한다고 해보자. 모바일 디바이스는 다른 요구사항을 갖고 있어, 적은 대역을 사용해 적은 데이터를 표시하고 위치와 컨텍스트를 인지해 다양한 사용자 인터페이스를 제공한다. 실제로 데스크톱과 모바일 API는 게이트웨이에서 통합해야 할 기능의 범주가 증가하기 때문에 분리해야 한다. 또한 반환되는 데이터의 양과 이로 인한 페이로드의 크기 같은 다른 요구사항이 충돌할 수 있다. 응집도가 높고 최적화된 API를 유지하면서 이런 상충되는 특성 간의 균형을 맞추기가 어려울 수 있다.

BFF 접근 방식에서는 각 클라이언트 유형을 위해 API 게이트웨이를 사용한다. 예를 들어, 심플뱅크 예제에서 각 사용자 서비스는 독특한 게이트웨이를 가질 것이다(그림 3.20).

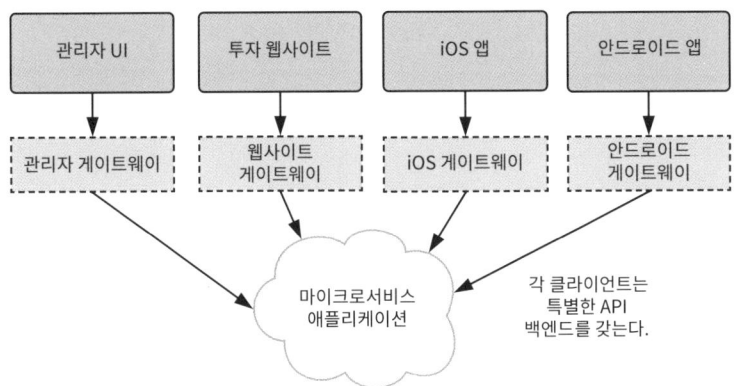

그림 3.20 심플뱅크의 클라이언트 애플리케이션을 위한 BFF 패턴

이렇게 함으로써 게이트웨이는 컨슈머의 요구에 충돌을 유발하지 않으면서 매우 구체적으로 응답하게 된다. 그 결과 게이트웨이가 더욱 작고 간단해져서 개발에 집중할 수 있게 된다.

3.5.3 컨슈머-주도 게이트웨이

앞의 패턴은 모두 API 게이트웨이가 컨슈머에게 반환할 데이터의 구조를 결정한다. 다른 클라이언트를 지원하려면 또 다른 독특한 백엔드를 구축해야 할 것이다. 이것을 뒤집어 생각해 보자. 만약 컨슈머가 서비스로부터 필요한 데이터를 정확하게 표현할 수 있게 해주는 게이트웨이를 구축하면 어떨까? BFF 접근 방식을 발전시켜서 생각해 보자. 여러 API를 개발하는 대신 컨슈머가 필요한 응답의 형태를 정의할 수 있게 해주는 '슈퍼세트(super-set)' API를 구축하는 것이다.

그래프큐엘(GraphQL)[4]을 사용하면 이것이 가능하다. GraphQL은 컨슈머가 원하는 데이터필드를 정의해 여러 다양한 리소스를 단일 요청으로 만들어주는 API를 위한 질의 언어다. 예를 들어 심플 뱅크의 클라이언트를 위해 다음 스키마를 노출할 수 있다.

4 (옮긴이) https://graphql.org

예제 코드 3.1 심플뱅크의 기본 GraphQL 스키마

```
type Account {
  id: ID!              ←——— !는 필드가 NULL이 될 수 없음을 나타낸다.
  name: String!
  currentHoldings: [Holding]!   ←——— 계정은 보유 및 주문 목록을 담는다.
  orders: [Order]!
}
type Order {
  id: ID!
  status: String!
  asset: Asset!
  quantity: Float!
}
type Holding {
  asset: Asset!
  quantity: Float!
}
type Asset {
  id: ID!
  name: String!
  type: String!
  price: Float!
}
type Root {
  accounts: [Account]!
  account(id: ID): Account     ←——— 모든 계정 또는 ID의 계정을 반환한다.
}
schema: {
  query: Root.     ←——— 스키마는 질의를 위한 단일 진입 지점을 갖는다.
}
```

이 스키마는 주문과 자산 고객의 계정과 각 계정의 주문 및 보유 정보를 노출한다. 클라이언트는 이 스키마에 대해 질의를 실행한다. 모바일 앱 스크린이 계정의 보유 정보와 특이한 주문 정보를 보여준다면 다음과 같이 단일 요청으로 데이터를 추출할 수 있다.

예제 코드 3.2 GraphQL을 사용한 요청 내용

```
{
  account(id: "101") {          ◀——— 계정 ID로 필터링한다.
    orders.
    currentHoldings             응답에서 특정 필드를 요청한다.
  }
}
```

백엔드에서 GraphQL 서버는 API 게이트웨이처럼 동작해 요청을 전달하고 여러 백엔드 서비스(이 경우에는 주문과 보유 자산 서비스)의 데이터를 조합한다. 여기서는 GraphQL에 대해 자세히 다루지 않지만, 관심이 있다면 공식 문서(http://graphql.org/)에 자료가 많으니 참고하기 바란다. 또한 개인적으로 아폴로(Apollo, https://www.apollographql.com/)를 사용해 RESTful 백엔드 서비스의 GraphQL API 관문을 성공적으로 제공한 경험이 있다.

3.6 클라이언트

3계층 아키텍처에서의 프레젠테이션 계층과 마찬가지로 클라이언트 계층은 사용자에게 애플리케이션의 인터페이스를 제공한다. 이 계층을 하위 계층과 분리하면 사용자 인터페이스를 세분화된 방식으로 개발하고 다양한 유형의 클라이언트 요구사항을 지원할 수 있다. 이것은 곧 백엔드의 장애로부터 독립적으로 프런트엔드를 개발할 수 있다는 말이다. 앞에서 언급했듯이, 애플리케이션은 각기 다른 기술과 제약사항을 가지는 모바일 디바이스, 웹사이트, 내부 또는 외부의 다양한 클라이언트를 지원할 필요가 있다.

하나의 마이크로서비스가 자신의 사용자 인터페이스만 지원하는 것은 일반적이지 않다. 일반적으로 일정 사용자 그룹에 노출된 기능은 단일 서비스의 역량보다 넓다. 예를 들어, 심플뱅크의 운영 스텝은 다른 관리, 계정 설정, 조정, 세금 등을 다뤄야 한다. 그리고 이런 것은 인증, 로그 감사, 사용자 관리 등의 공통 관심사와 함께 제공된다. 이런 것은 명확하게 주문 또는 계정 설정 서비스의 책임이 아니다.

3.6.1 모놀리식 프런트엔드

백엔드는 독립적으로 배포할 수 있고 유지 보수가 가능한 서비스로 나누는 것이 직관적이다. 그러나 프런트엔드에서는 그렇게 하기가 어렵다. 일반적으로 마이크로서비스 애플리케이션 상의 프런트엔드는

여전히 모놀리식으로 취급된다. 즉, 하나의 단위로 배포되고 변경된다(그림 3.21). 프런트엔드 전문가, 특히 모바일 애플리케이션의 전문가는 실제로 달성하기 어려운 종단 간 기능의 소유권을 가지는 전담팀을 요구한다.

> **노트** 13장에서 종단 간 소유권에 대해 더 이야기한다. 그리고 왜 그것이 바람직하고 마이크로서비스 애플리케이션을 개발할 때 혜택이 있는지에 대해 논의할 것이다.

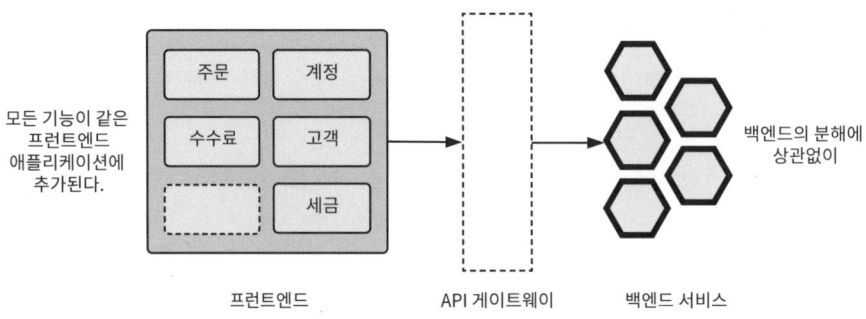

그림 3.21 마이크로서비스 애플리케이션에서 일반적인 프런트엔드 클라이언트는 모놀리식이 될 수 있다.

3.6.2 마이크로 프런트엔드

프런트엔드 애플리케이션이 성장함에 따라 대규모 백엔드 개발을 괴롭히는 조율과 마찰 문제가 똑같이 발생한다. 백엔드 서비스를 분리했던 것과 동일하게 프런트엔드 개발도 분리할 수 있다면 운이 좋은 것이다. 웹 애플리케이션에서 최근 부상하는 추세는 마이크로-프런트엔드(micro-frontend)다. 이것은 독립적인 패키지로 배포할 때 조합될 수 있는 구성요소로 UI를 제공하는 것이다. 그림 3.22에 이런 방식을 표현했다.

이 방식은 각 마이크로서비스 팀이 처음부터 끝까지 기능을 제공할 수 있게 한다. 예를 들어, 주문 팀이 주문 관리 마이크로서비스와 주문 제출과 관리에 필요한 웹 인터페이스를 모두 독립적으로 전달할 수 있게 한다.

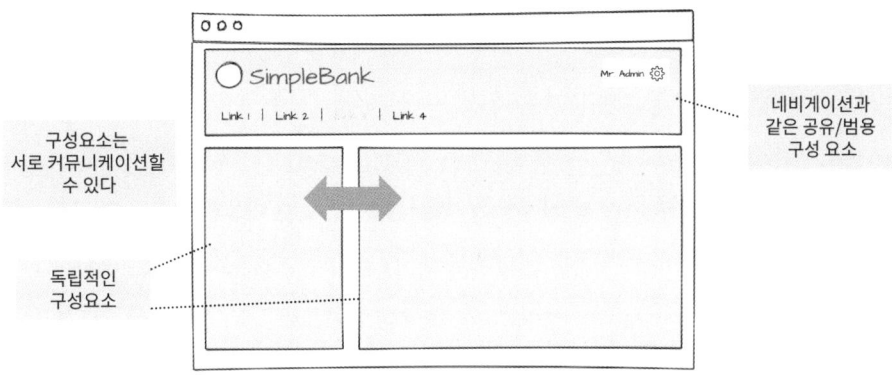

그림 3.22 독립적인 조각에서 조합된 사용자 인터페이스

유망해 보이지만, 이 방식은 여러 어려운 점이 있다.

- 다른 구성 요소와의 일관된 시각과 상호작용을 위해 공통 구성 요소와 설계 원칙을 개발하고 유지하는 데 많은 노력이 필요하다.
- 결과물의 크기와 이로 인한 적재 시간은 여러 소스를 참조하는 자바스크립트 코드를 로딩할 때 관리를 어렵게 한다.
- 인터페이스를 다시 적재하거나 다시 그리는 것은 전체적인 성능 문제를 일으킬 수 있다.

마이크로-프런트엔드는 일반적으로 쓰이지 않지만, 개발자들이 다음과 같은 것을 포함해 실전에서 다양한 기술적 접근 방식을 사용한다.

- 명확한 이벤트 주도 API와 함께 웹 구성 요소 형태로 UI 조각을 제공.
- 클라이언트 측 인클루드(includes)를 사용해 조각을 통합.
- 마이크로-앱을 분리된 화면의 공간에 제공하기 위해 아이프레임(iframe)을 사용.
- 엣지 측 인클루드(ESI, Edge Side Include)를 사용해 캐시 계층의 구성 요소와 통합.

더 많은 자료에 관심이 있다면 마이크로-프런트엔드(https://micro-frontends.org/)와 잘란도(Zalando)의 모자이크(Mosaic) 프로젝트(https://www.mosaic9.org)가 훌륭한 시작점이 될 것이다.

요약

- 개별 마이크로서비스의 내부는 모놀리식 애플리케이션과 유사하다.
- 마이크로서비스 애플리케이션은 이웃과 같다. 최종 형태를 설명하지는 않지만, 원칙과 고수준의 개념 모델을 제공한다.
- 마이크로서비스 아키텍처의 가이드 원칙은 조직의 목표를 반영하고 팀의 실무를 가이드하는 것이다.
- 아키텍처의 계획은 전체 애플리케이션이 따라야 할 접근 방식을 강제하기보다 좋은 라인을 따라 성장하는 것을 북돋는 것이다.
- 마이크로서비스 애플리케이션은 플랫폼, 서비스, 경계, 클라이언트의 4개 계층으로 구성된다.
- 플랫폼 계층은 제품 지향 마이크로서비스의 개발을 지원하기 위한 도구와 인프라스트럭처를 제공한다.
- 동기식 커뮤니케이션은 종종 마이크로서비스 애플리케이션에서 가장 먼저 선택하는 커뮤니케이션 모델이고 명령형 상호작용에 잘 맞는다. 그러나 이것은 단점을 가지고 있고 결합력과 장애 가능성을 높인다.
- 비동기식 커뮤니케이션은 좀 더 유연하고 신속하게 시스템을 발전하게 도와주지만, 복잡도가 증가한다.
- 일반적인 비동기식 커뮤니케이션 패턴에는 큐와 게시-구독 패턴이 있다.
- 경계 계층은 마이크로서비스 애플리케이션 상단에 외부 컨슈머에 적합한 관문을 제공한다.
- 일반적인 경계 유형에는 API 게이트웨이와 GraphQL같은 컨슈머-주도 게이트웨이가 있다.
- 웹사이트와 모바일 애플리케이션 같은 클라이언트 애플리케이션은 경계 계층을 통해 모바일 백엔드와 상호작용한다.
- 클라이언트 계층은 모놀리식과 유사하지만, 프런트엔드 애플리케이션에도 마이크로서비스 원칙을 적용할 수 있게 기술이 발전하고 있다.

신규 기능 설계하기 | 4장

> 이 장에서는 다음 내용을 다룬다.
> - 비즈니스 역량과 유스케이스 기반으로 마이크로서비스 범위 정하기
> - 기술적 역량을 반영하기 위해 마이크로서비스의 범위를 정하는 시점
> - 서비스 경계가 명확하지 않을 때 설계하는 방법
> - 여러 팀이 마이크로서비스를 소유할 때 효과적으로 범위 정하기

마이크로서비스 애플리케이션에 새로운 기능을 설계하려면 신중하고 합리적인 마이크로서비스의 범위를 설정해야 한다. 새로운 서비스를 개발하거나 기존 서비스를 확장할 시기와 서비스 간의 경계, 그리고 어떻게 이런 서비스가 협업할지를 결정해야 한다.

잘 설계된 서비스에는 3가지 핵심 특징이 있다. 그 특징은 단일 역량을 담당하고 독립적으로 배포 가능하며 교체가 가능하다는 것이다. 마이크로서비스의 경계가 잘못되거나 너무 작으면 단단한 결합이 생겨서 독립적으로 배포하거나 교체하는 것을 어렵게 만든다. 단단한 결합은 변경의 위험성을 높인다. 서비스가 너무 크면, 그래서 너무 많은 책임을 담당하면 응집도가 떨어지고 개발을 진행하는 데 마찰이 증가한다.

초반에 잘 설계했더라도 대부분 복잡한 소프트웨어 애플리케이션의 요구사항은 계속해서 발전한다. 그리고 애플리케이션 개발 초기에 작동했던 접근 방법이 항상 적합하지는 않을 수도 있다. 어떤 설계도 영원히 완벽할 수 없다.

애플리케이션이 오랫동안 유지되거나 대규모 엔지니어링 조직에서는 부가적인 어려움과 마주칠 것이다. 서비스는 여러 팀이 관리하는 웹 의존성에 의지할 수 있고, 그래서 팀의 엔지니어는 자신이 통제할 수 없는 서비스에 의지하면서 응집도 있는 기능을 설계해야 한다. 그리고 전체 시스템의 요건에 더이상 맞지 않는 서비스를 언제 제거하거나 이관할지를 알아야 한다.

이 장에서는 마이크로서비스를 사용해 새로운 기능을 설계하는 방법을 설명한다. 새롭게 개발되거나 장시간 운영 중인 마이크로서비스 애플리케이션 모두에 대해 유지 보수가 용이한 설계를 하는 데 사용할 수 있는 기법과 실무를 예제를 통해 알아볼 것이다.

4.1 심플뱅크의 새로운 기능

심플뱅크 팀은 잘하고 있다. 고객은 제품을 사랑한다. 그러나 심플뱅크는 대부분 고객이 스스로 투자를 선택하기를 원치 않는다는 사실을 알아냈다. 대신 고객은 심플뱅크가 자신들을 위해 어려운 일을 해주기를 원하고 있다. 이 문제를 마이크로서비스 애플리케이션으로 해결하는 방법을 알아보자. 다음 몇 섹션에서는 아래 4단계로 설계를 할 것이다.

1. 비즈니스 문제, 유스케이스, 잠재적 솔루션 **이해하기**
2. 서비스가 지원해야 할 다양한 요소와 비즈니스 역량 **식별하기**
3. 이런 역량을 책임질 서비스의 **범위 정하기**
4. 현재와 잠재적인 미래 요구사항에 대한 설계 **검증하기**

2장과 3장에서 사용했던 작은 서비스(주문, 시장 게이트웨이, 계정 트랜잭션, 수수료, 시장 데이터, 보유자산 서비스)를 기반으로 해서 개발할 것이다.

우선, 풀고자 하는 비즈니스 문제를 이해해 보자. 실제로 시장 조사나 고객 인터뷰, 영향도 매핑 등의 몇 가지 기법을 활용해 비즈니스 문제에 대해 조사와 분석을 할 수 있다. 문제를 이해하는 것뿐만 아니라 회사가 이 문제를 해결해야 할지 말지도 결정해야 한다. 다행스럽게도 이 책은 제품 관리에 관한 책이 아니므로 이 부분은 건너뛰어도 된다.

> **노트** 여기서는 비즈니스 문제를 이해하는 일반적인 접근법을 추정하지 않는다. 그것은 별도의 책으로 써도 될 만큼 방대한 내용이다.

결국 심플뱅크의 고객은 자금 투자를 원한다. 이는 일회성 또는 정기적인 투자일 수 있고 정해진 기간 동안 자산 증가를 확인하거나 주택 예금 같은 특수 목적을 달성하려고 하는 것일 수 있다. 현재 심플뱅크의 고객은 자신이 투자를 모르더라도 자금이 투자되는 방식을 선택해야 한다. 정보가 없는 투자자는 고수익은 고위험을 가진다는 사실을 알지 못한 채 고수익 상품을 선택할 수 있다.

이 문제를 해결하기 위해 심플뱅크는 미리 만들어진 투자 전략을 고객이 선택하게 하여 고객 대신 투자 결정을 할 수 있다. 투자 전략은 일정 수준의 위험도와 투자 기간으로 설계된 채권, 주식, 펀드 등의 다양한 상품의 비율로 구성된다. 고객이 투자금을 자신의 계정에 넣으면 심플뱅크는 투자 전략에 따라 자동으로 투자한다. 이 구성을 그림 4.1에 요약했다.

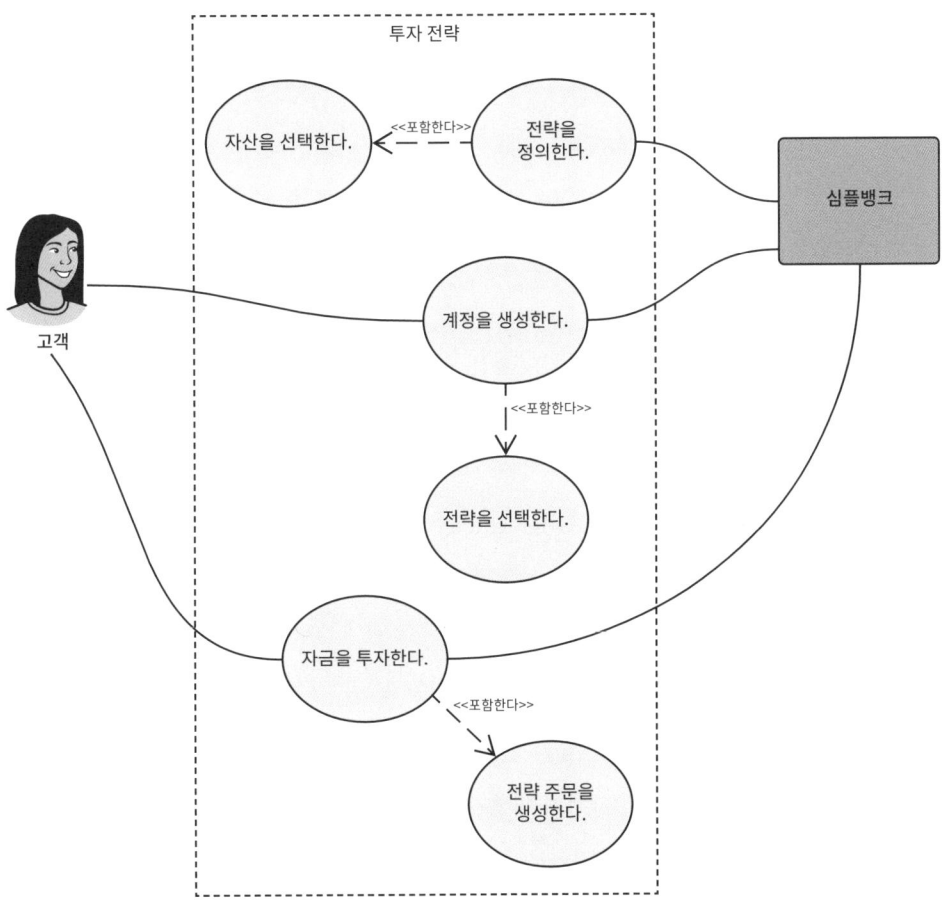

그림 4.1 투자 전략을 정의하고 선택하는 것을 지원하는 잠재적 유스케이스

그림 4.1에 따라 문제 해결을 위해 필요한 유스케이스를 식별할 수 있다.

- 심플뱅크는 전략을 생성하고 업데이트할 수 있어야 한다.
- 고객은 계정을 생성하고 적절한 투자 전략을 선택할 수 있어야 한다.
- 고객은 전략에 따라 자금을 투자할 수 있어야 하고 전략에 따른 투자는 적절한 주문을 생성한다.

다음 몇 개 섹션에서 이 유스케이스를 살펴볼 것이다. 도메인에서 유스케이스를 식별할 때 좀 더 구조적이고 완전한 접근 방법, 예를 들어 행동 주도 개발(BDD, Behavior-Driven Development) 시나리오를 선호할 수도 있다. 중요한 것은 문제를 완전히 이해하는 것에서 시작하는 것이다. 그러면 나중에 솔루션의 적합성을 검증할 때 그것을 활용할 수 있다.

4.2 비즈니스 역량의 범위 지정하기

비즈니스 요구사항을 식별한 다음에 할 일은 기술적인 솔루션을 식별하는 것이다. 여기에는 어떤 기능을 구축할지, 그리고 이미 존재하는 서비스와 새로운 마이크로서비스에서 그 기능을 어떻게 지원할지가 포함된다. 올바른 범위와 각 서비스의 목적을 선택하는 것은 성공적이고 유지 가능한 마이크로서비스 애플리케이션을 구축하는 데 필수다.

이 프로세스가 바로 서비스 범위 정하기다. 이것은 분해(decomposition) 또는 파티셔닝(partitioning)으로도 알려져 있다. 애플리케이션을 서비스로 분해하는 것은 어렵다. 이는 과학적이면서도 예술적이다. 다음 섹션에서는 서비스의 범위를 정하는 3가지 전략을 살펴본다.

- **비즈니스 역량 또는 바운디드 컨텍스트(bounded context)에 따라 지정**: 서비스는 상대적으로 크기가 크면서도 응집도가 있고 비즈니스 기능에 대응해야 한다.
- **유스케이스에 따라 지정**: 서비스는 동사여야 하고 시스템에서 발생할 동작을 반영해야 한다.
- **변동 가능성에 따라 지정**: 서비스는 향후 변경될 가능성이 있는 영역을 감싸서 보호해야 한다.

이런 접근법을 서로 독립적으로 사용하지는 않는다. 수많은 마이크로서비스 애플리케이션에서 다양한 시나리오와 요구사항에 적합한 서비스를 설계하기 위해 이 범위 지정 전략을 혼합해 사용한다.

4.2.1 역량과 도메인 모델링

비즈니스 역량은 조직이 가치를 창출하고 비즈니스 목표를 만족하기 위해 조직이 수행하는 것이다. 비즈니스 역량의 범위를 가지는 마이크로서비스는 비즈니스 목표를 바로 반영한다. 상용 소프트웨어 개발에서 이런 목표는 시스템의 변화를 주도하는 주요 동기다. 그러므로 이 영역의 변화를 감싸도록 시스템을 구성하는 것은 자연스러운 것이다. 지금까지 서비스에 구현된 몇 가지 비즈니스 역량을 살펴봤다(주문 관리, 트랜잭션 장부, 수수료 부과, 시장에 주문 제출)(그림 4.2).

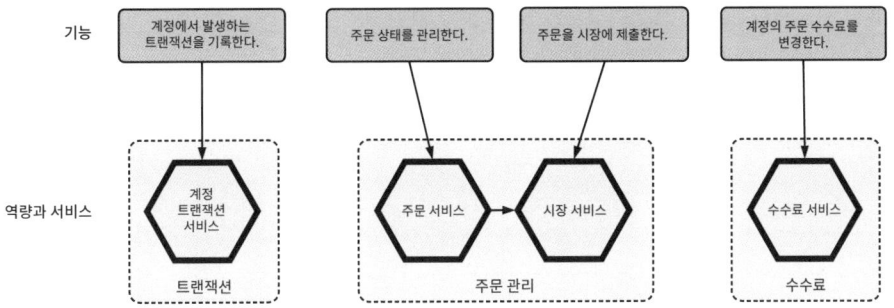

그림 4.2 심플뱅크에 존재하는 마이크로서비스가 제공하는 기능과 심플뱅크에서 수행되는 비즈니스 역량과의 관계

비즈니스 역량은 도메인-주도 설계 접근 방식과 밀접하게 관련이 있다. 도메인 주도 설계(DDD, domain-driven design)라는 말은 에릭 에반스의 같은 명칭의 책으로 유명해졌고 실제 도메인[1]의 공유된, 진화하는 뷰(view) 또는 모델을 반영하는 시스템을 구축하는 것에 중점을 둔다. 에반스가 소개한 유용한 개념의 하나는 **바운디드 컨텍스트(bounded context)** 표기법이었다. 도메인 내의 모든 솔루션은 여러 바운디드 컨텍스트로 구성될 수 있다. 각 컨텍스트 내의 모델은 응집도가 높고 실 세계와 동일한 뷰를 가진다. 각 컨텍스트는 다른 컨텍스트와 강력하고 명확한 경계를 가진다.

바운디드 컨텍스트는 명확한 범위와 경계를 가지는 응집된 단위다. 이것은 서비스의 범위를 지정할 때 자연스러운 출발점이 된다. 각 컨텍스트는 솔루션의 여러 영역 간 경계를 나타낸다. 이것은 종종 조직의 경계와 밀접하게 연관된다. 예를 들어, 이커머스(e-commerce) 회사에는 배송 또는 결제 등의 다양한 필요성에 따라 관련 팀이 있을 것이다.

우선 컨텍스트는 서비스와 비즈니스 역량의 영역에 직접 매핑된다. 비즈니스가 성장하고 복잡해지면서 컨텍스트가 독립적으로 구현되고 서비스와 협업하는 여러 하위 역량으로 쪼개진다. 클라이언트의 관점에서 컨텍스트는 여전히 하나의 논리적 서비스로 보일 것이다.

> **Tip** 3장에서 논의한 API 게이트웨이 패턴은 애플리케이션에서 다양한 컨텍스트와 하위 서비스 그룹의 경계를 설정하는 데 유용하다.

---

1 수많은 구현 패턴(리포지토리, 애그리게이트, 팩토리 등)이 객체 지향 프로그래밍에 특화됐지만, 에반스의 수많은 분석 기법(유비쿼터스 언어 등)은 모든 프로그래밍 패러다임에 유용하다.

4.2.2 투자 전략 생성하기

비즈니스 역량 접근 방법을 사용해 투자 전략을 생성하는 서비스를 설계할 수 있다. 이것을 설명하기 위해 스케치 패드를 사용할 수도 있다. 예제를 통해 유스케이스를 더욱 구체화하기 위해 이 기능의 UI를 그림 4.3에 표현했다.

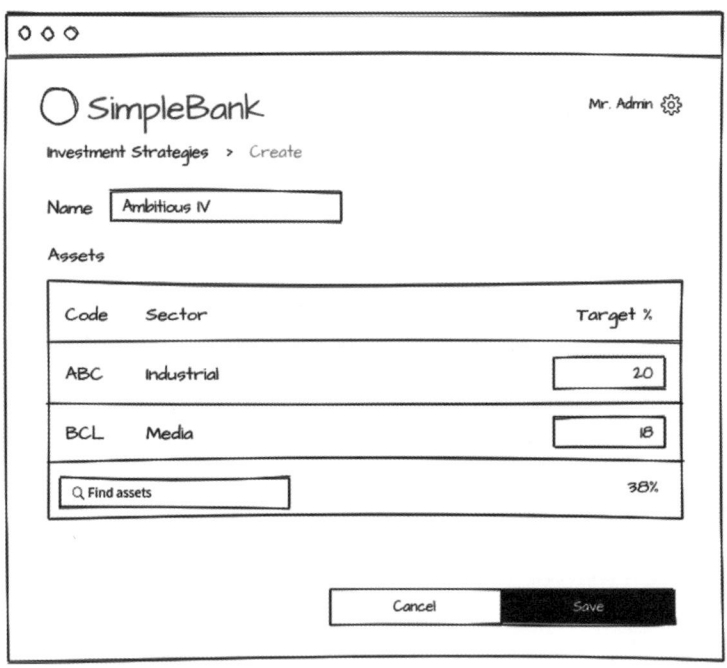

그림 4.3 관리자가 새로운 투자 전략을 생성할 수 있는 사용자 인터페이스(UI)

비즈니스 역량별로 서비스를 설계하려면 도메인 모델부터 시작하는 것이 좋다. 도메인 모델은 바운디드 컨텍스트에서 비즈니스가 수행하는 기능과 관련된 엔티티를 설명한다. 아마도 이미 그림 4.3처럼 식별했을 것이다. 간단한 투자 전략은 이름과 할당 비율을 가지는 자산의 집합으로 구성된 2개의 구성 요소가 있다. 심플뱅크의 관리자는 투자 전략을 생성할 것이다. 그림 4.4에 이런 엔티티를 작성했다.

이런 엔티티를 설계하는 것은 서비스가 소유하고 저장하는 데이터를 이해하는 데 도움을 준다. 설계에는 3개의 엔티티가 있는데, 이 중 2개(사용자 관리와 자산 정보)는 이미 식별한 것으로 보인다. 사용자와 자산 엔티티 모두 별개의 바운디드 컨텍스트다.

- **사용자 관리** - 이것은 가입, 인증, 권한 부여 등의 기능을 담당한다. 은행 시스템에서 다양한 리소스와 기능에 대한 권한 부여는 보안, 규제, 개인정보 보호의 이유로 엄격한 통제를 받는다.

- **자산 정보** - 이것은 자산 가격, 범주, 분류, 재무 성과 등 제삼자 시장 데이터 제공자와의 통합을 담당한다. 사용자 인터페이스에서 요구한 대로 자산 검색 역량을 포함한다(그림 4.3).

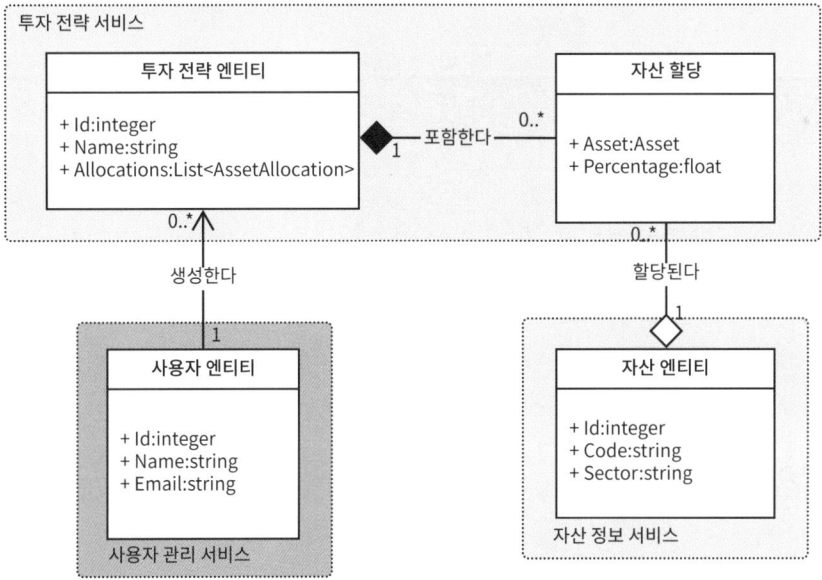

그림 4.4 투자 전략 생성을 지원하는 엔티티로 구성된 초기 도메인 모델

흥미롭게도 이런 다양한 도메인은 심플뱅크 자체의 조직을 반영한다. 운영 전담팀은 자산 데이터를 관리한다. 마찬가지로 사용자 관리 전담팀은 사용자 데이터를 관리한다. 이것은 서비스가 실제 팀 간의 커뮤니케이션 라인을 반영하므로 바람직하다.

이에 대해서는 나중에 더 살펴보도록 하고 투자 전략으로 돌아가보자. 투자 전략을 고객 계정과 연결 짓고 주문을 생성하는 데 사용할 수 있다는 것을 알 것이다. 계정과 주문은 모두 뚜렷한 바운디드 컨텍스트지만, 투자 전략은 어디에도 속하지 않는다. 전략이 바뀌어도 계정과 주문 자체에 영향을 미치지 않을 것이다. 반대로 이 2개의 서비스에 투자 전략을 추가하면 교체 가능성을 저해하고 응집도를 떨어뜨리고 변경하기 어렵게 만든다.

이런 요소들은 투자 전략이 새로운 서비스로 만들어져야 하는 독특한 비즈니스 역량임을 나타낸다. 그림 4.5는 이 컨텍스트와 기존 역량의 관계를 나타낸다.

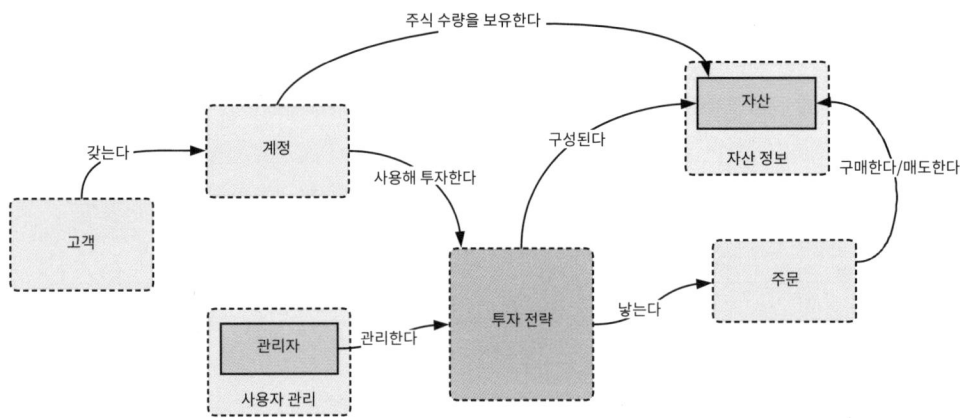

그림 4.5 심플뱅크 애플리케이션에서 새로운 비즈니스 역량과 다른 바운디드 컨텍스트의 관계

그림에서 보듯이 일부 컨텍스트는 다른 컨텍스트에 속한 정보를 알고 있다. 컨텍스트 내의 일부 엔티티는 공유된다. 엔티티는 개념적으로 동일하지만, 다양한 컨텍스트에서 독특한 연관성을 갖거나 동작을 수행한다. 예를 들어 자산은 다음과 같이 여러 가지 방식으로 사용된다.

- 전략 컨텍스트는 다른 전략에 할당된 자산을 기록한다.
- 주문 컨텍스트는 자산의 구매와 매도를 관리한다.
- 자산 컨텍스트는 여러 컨텍스트에서 사용되는 가격과 범주 등의 기본적인 자산 정보를 저장한다.

그림 4.5에 표현된 모델은 서비스의 행동에 대해서는 표현하지 않는다. 단지 서비스가 담당하는 비즈니스 범위에 대해서만 말해준다. 이제 서비스 경계가 어디에 놓여있는지 확실히 알았으므로 서비스가 다른 서비스 또는 최종 사용자에게 제공할 계약을 작성할 수 있을 것이다.

> **노트** 이 단계에서는 서비스 간의 커뮤니케이션에 무슨 기술을 사용할지를 걱정하지 않아도 된다. 이 장의 예제는 모든 점대점 메시징 방식을 쉽게 적용할 수 있다.

우선 투자 전략 서비스는 투자 전략을 생성하고 조회하는 방법을 노출해야 한다. 그러면 다른 서비스 또는 UI에서 이 데이터에 접근한다. 투자 전략을 생성하는 종단점을 작성해 보자. 예제 코드 4.1에 나온 예제는 REST API 인터페이스를 설계하고 문서화하는 데 유명한 기법인 OpenAPI 명세(이전에는 스웨거로 알려짐)를 사용한다. 이것에 대해 더 배우려면 OpenAPI 명세[2]에 관한 깃허브(Github) 페이지를 참조하자.

---

[2] https://github.com/OAI/OpenAPI-Specification 참조

예제 코드 4.1 투자 전략 서비스를 위한 API

```yaml
openapi: "3.0.0"
info:
  title: Investment Strategies          ◁─── API에 대한 몇 가지 메타데이터로 시작한다.
servers:
  - url: https://investment-strategies.simplebank.internal
paths:
  /strategies:
    post:               ◁─────── "POST /strategies" 경로를 정의한다.
      summary: Create an investment strategy
      operationId: createInvestmentStrategy
      requestBody:      ◁─────── 이 요청의 바디는 새로운 투자 전략이어야 한다.
        description: New strategy to create
        required: true
        content:
          application/json:
            schema:
              $ref: '#/components/schemas/NewInvestmentStrategy'   ◁─── 문서의 다른 위치를 참조한다. 여기서는
                                                                        components 키를 참조한다.
      responses:
        '201':
          description: Created strategy
          content:
            application/json:
              schema:
                $ref: '#/components/schemas/InvestmentStrategy'   ◁─── components 섹션의
                                                                       응답 유형을 정의한다.
components:            ◁─────── 재사용할 수 있는 데이터 유형을 정의한다.
  schemas:
    NewInvestmentStrategy:     ◁─────── 새로운 투자 전략 유형
      required:
        - name
        - assets
      properties:
        name:
          type: string
        assets:
          type: array
          items:                                                  ◁─── AssetAllocation 유형의 자산
            $ref: '#/components/schemas/AssetAllocation'               목록을 담는다.
```

```yaml
    AssetAllocation:
      required:
        - assetId
        - percentage
      properties:
        assetId:
          type: string
        percentage:
          type: number
          format: float
    InvestmentStrategy:
      allOf:
        - $ref: '#/components/schemas/NewInvestmentStrategy'    ◀── InvestmentStrategy 유형은
        - required:                                                  NewInvestmentStrategy를 확장하고
            - id                                                     엔티티 모델에 따라 필드를 추가한다.
            - createdByUserId
            - createdAt
          properties:
            id:
              type: integer
              format: int64
            createdByUserId:
              type: integer
              format: int64
            createdAt:
              type: string
              format: date-time
```

나중에 전략을 사용하려면 그것을 추출해야 한다. 예제 코드 4.1의 paths 요소 아래에 다음 코드를 추가한다.

예제 코드 4.2 투자 전략 서비스에서 전략을 추출하는 API

```yaml
    /strategies/{id}:       ◀──────── 투자 전략을 추출하는 API의 경로
      get:
        description: Returns an investment strategy by ID
        operationId: findInvestmentStrategy
```

```
            parameters:
              - name: id
                in: path
                description: ID of strategy to fetch      ID의 형식을 정의
                required: true
                schema:
                  type: integer
                  format: int64
            responses:
              '200':
                description: investment strategy
                content:
                  application/json:
                    schema:
                      $ref: '#/components/schemas/InvestmentStrategy'   ← 투자 전략을 반환한다.
```

또한 이 서비스가 어떤 이벤트를 생성할지도 고려해야 한다. 이벤트 기반 모델은 각 서비스의 결합이 느슨해지도록 돕고 명시적으로 서비스를 조율하는 대신 장기간의 상호 협업이 자율적으로 구성되도록 해준다.

> **경고** 서비스에 미래의 유스케이스를 적용하는 것은 서비스 설계에서 가장 어려운 요소의 하나다. 그러나 유연한 API와 서비스 간 통합 지점을 구축하면 미래의 재작업과 팀 간의 조율을 줄여준다.

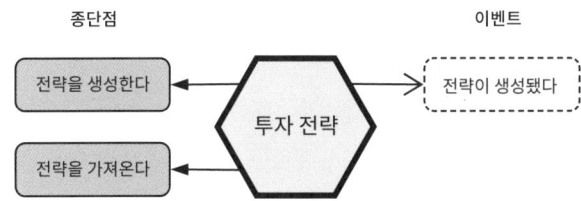

그림 4.6 투자 전략 마이크로서비스에서 들어오고 나가는 계약

예를 들어, 전략을 생성하면 관심 있는 잠재 고객에게 이메일 알림을 발생시킬 것이다. 이것은 투자 전략 서비스 자체의 범위와 별개다. 투자 전략 서비스는 고객 또는 고객의 선호도에 대해 알지 못한다. 이 경우에 이벤트를 이상적으로 적용할 수 있다. /strategies 경로의 POST 호출이 이벤트를 발생시키면 (이 이벤트를 StrategyCreated라고 부르자), 이 이벤트를 구독하는 임의의 마이크로서비스가 적절한 동작을 할 수 있다. 그림 4.6에서 서비스의 API에 대한 전체 범위를 표현했다.

이제 이 유스케이스를 지원하기 위해 필요한 모든 역량을 식별했다. 그림 4.7의 UI에서 식별한 역량과 투자 전략 서비스를 매핑해 상관성을 확인할 수 있다.

지금까지 작업한 내용을 요약하면 다음과 같다.

1. 예제 문제에서 비즈니스가 가치를 창출하기 위해 필요한 기능과 심플뱅크의 여러 비즈니스 도메인 영역 간의 자연스러운 이음새를 식별했다.
2. 마이크로서비스 애플리케이션 내의 경계를 식별하고 다양한 역량을 위한 엔티티와 책임을 식별하는 데 이 지식을 활용했다.
3. 도메인 경계를 반영하는 서비스로 시스템의 범위를 지정했다.

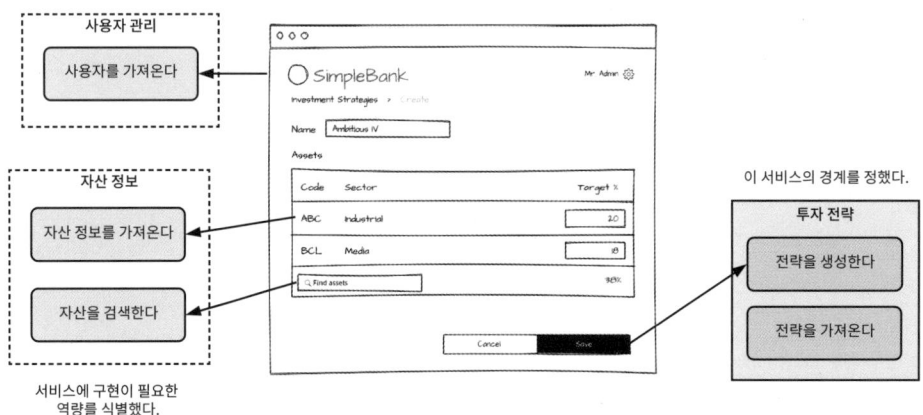

그림 4.7 투자 전략 생성 사용자 인터페이스의 기능을 지원하기 위한 식별된 기능과 서비스 매핑

이런 방식은 상대적으로 안정적이고 응집력이 있으며 비즈니스 가치를 반영하는 느슨하게 결합된 서비스를 식별한다.

4.2.3 내포된 컨텍스트와 서비스

각 바운디드 컨텍스트는 내부 동작을 감추면서 다른 컨텍스트에 API를 제공한다. 자산 정보 서비스를 예로 들어보자(그림 4.8).

- 이것은 다른 컨텍스트가 사용할 수 있는 자산을 검색하거나 조회하는 방법을 제공한다.
- 심플뱅크 내의 타사 통합 팀 또는 전문가팀이 자산 데이터를 채운다.

내부/공개의 구분은 서비스가 진화하는 데 유용한 메커니즘을 제공한다. 시스템 초기에는 고수준의 경계를 나타내는 큰 크기의 서비스를 구축하는 것을 선택할 수 있다. 시간이 지나면서 내포된 컨텍스트의 행동을 노출하는 별도의 서비스로 분리할 수 있다. 이렇게 하면 비즈니스 로직의 복잡도가 증가해도 교체하기 쉽고 높은 응집도를 유지할 수 있다.

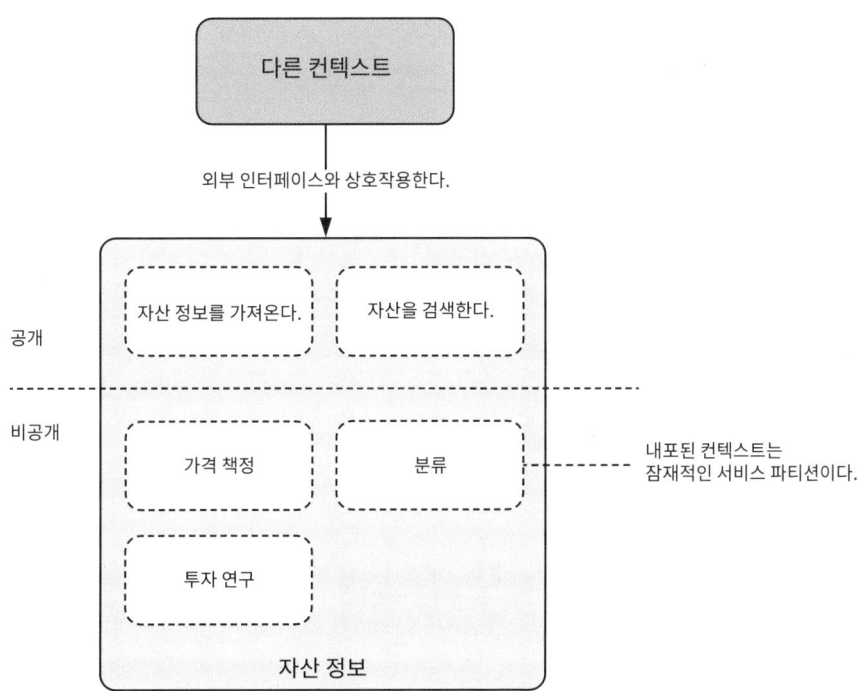

그림 4.8 컨텍스트는 외부 인터페이스를 노출하고 내포된 컨텍스트를 가질 수 있다.

4.2.4 도전 과제와 한계

이전 섹션에서 조직의 비즈니스 도메인 내의 자연스러운 이음새를 식별했다. 이 방식은 서비스를 비즈니스의 기능 구조와 매핑해 조직이 운영되는 도메인을 서비스에 바로 반영하므로 효과적이다. 그러나 완벽하지는 않다.

상당한 비즈니스 지식을 요구한다

비즈니스 역량 기준으로 분리하는 것은 비즈니스와 대상 도메인에 대한 상당한 이해를 요구한다. 이는 어려운 일이다. 충분한 정보가 없거나 잘못된 가정을 하면 올바른 설계 결정을 내렸는지 완전히 확신할 수 없다. 모든 비즈니스에서 요구사항을 이해하는 것은 복잡하고 시간이 걸리며 반복적인 과정이다.

이 문제는 마이크로서비스에만 해당되는 것이 아니다. 그러나 비즈니스 범위를 잘못 이해해 서비스에 잘못 반영하면 마이크로서비스 아키텍처에서 높은 리팩토링 비용을 유발한다. 서비스 간에 데이터와 행동 모두를 이관하는 것은 시간 소모적인 일이기 때문이다.

큰 규모의 서비스는 계속 성장한다.

마찬가지로 비즈니스 역량 접근법은 대규모 비즈니스 경계(예: 주문, 계정, 자산)를 포함하는 큰 크기의 서비스 초기 개발에 치우쳐 있다. 새로운 요구사항은 이 영역의 폭과 깊이를 증가시키고 서비스가 담당하는 범위를 키운다. 이 변경을 유발하는 새로운 이유는 단일 책임 원칙을 위반할 수 있다. 그래서 감당할 만한 수준의 응집도와 교체성을 유지하기 위해 서비스를 쪼갤 필요가 있다.

> **경고** 서비스 팀은 때때로 기존 서비스에 기능을 추가한다. 왜냐하면 새로운 서비스를 만들거나 기존 서비스를 적절히 분리하는 것에 시간을 투자하기보다 배포 체계가 이미 존재하는 기존 서비스가 쉽기 때문이다. 비록 때때로 팀이 실용적인 결정을 내릴 필요가 있지만, 기술 부채의 원인을 최소화하는 원칙을 따라야 한다.

4.3 유스케이스로 범위 정하기

지금까지 서비스는 비즈니스 도메인 내에 존재하는 명사, 객체, 사물을 지향해왔다. 범위를 정하는 다른 방법은 애플리케이션 내의 동사 또는 유스케이스를 식별하고 이런 책임에 해당하는 서비스를 구축하는 것이다. 예를 들어 이커머스 사이트의 경우 다른 서비스(예: 사용자 프로파일, 환영 알림, 특별 제안 등의 서비스)와 협업하는 복잡한 가입 절차를 구현할 수 있다.

이런 방식은 다음과 같은 경우에 유용하다.

- 역량이 하나의 도메인에 명확하게 속하지 않거나 여러 도메인과 상호작용하는 경우
- 구현할 유스케이스가 복잡하고 다른 서비스에 두면 단일 책임 원칙을 위반하는 경우

이제 이 방식이 명사-지향 분해(noun-oriented decomposition)와 어떻게 다른지 알아보기 위해 심플뱅크에 이 방법을 적용해 보자. 연필과 종이를 준비하자!

4.3.1 투자 전략 주문 제출하기

고객이 투자 전략에 자금을 투자할 수 있다. 그러면 적절한 주문이 생성된다. 예를 들어, 고객이 1,000달러를 투자하면 전략이 ABC 주식에 20%를 투자하도록 하므로 200달러의 ABC 주식을 구매하는 주문이 생성될 것이다.

이제 다음과 같은 몇 가지 질문이 생긴다.

1. 어떻게 심플뱅크가 투자금을 받을 것인가? 고객이 신용카드나 계좌 이체와 같은 외부 지불 방법으로 투자를 할 수 있다고 가정해 보자.
2. 어떤 서비스가 전략에 따라 주문을 생성할 것인가? 이것은 기존 주문 서비스 및 투자 전략 서비스와 어떤 관계가 있는가?
3. 전략에 따라 생성된 주문을 어떻게 추적할 것인가?

이 역량을 기존 투자 전략 서비스에 구축할 수 있다.

그러나 주문을 제출하는 것은 투자 전략 서비스가 담당하는 범위를 불필요하게 확장시킨다. 마찬가지로 이 역량을 주문 서비스에 넣는 것도 말이 안 된다. 주문과 관련된 모든 가능한 원인과 주문 서비스를 결합하는 것은 너무 많은 변경 사유를 유발한다.

이러한 경우, 이 유스케이스를 위한 독립적인 서비스를 작성할 수 있다. 그 서비스를 `PlaceStrategyOrders`라고 하자. 그림 4.9에 이 서비스에 기대하는 행위를 묘사했다.

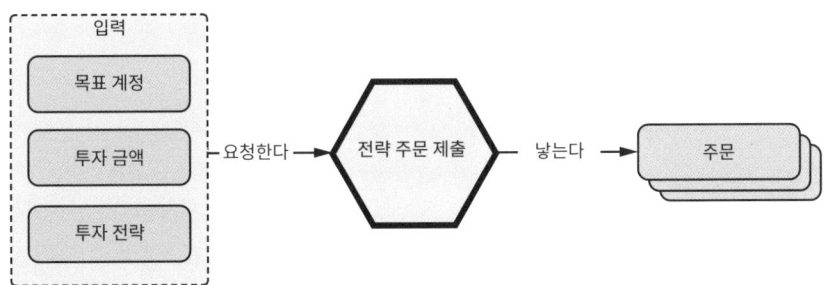

그림 4.9 제안된 PlaceStrategyOrders 서비스의 예상 행위

이 서비스의 입력값을 생각해 보자. 주문이 제출되려면 이 서비스는 주문을 제출할 계정, 사용할 전략, 투자 금액의 3가지가 필요하다. 다음 코드에서처럼 이 입력값을 형식화할 수 있다.

예제 코드 4.3 PlaceStrategyOrders의 입력값

```yaml
paths:
  /strategies/{id}/orders:        ◀──────── 주문을 실행하는 것은 투자 전략의 하위에 있다.
    post:
      summary: Place strategy orders
      operationId: PlaceStrategyOrders
      parameters:
        - name: id
          in: path
          description: ID of strategy to order against
          required: true
          schema:
            type: integer
            format: int64
      requestBody:
        description: Details of order
        required: true
        content:
          application/json:
            schema:
              $ref: '#/components/schemas/StrategyOrder'
components:
  schemas:
    StrategyOrder:
      required:
        - destinationAccountId        ┤ 주문에는 필요한 계정 및 투자 금액이
        - amount                      │ 필요하다.
      properties:
        destinationAccountId:
          type: integer
          format: int64
        amount:
          type: number
          format: decimal
```

이것은 우아하지만, 너무 간단하다. 투자금이 외부 소스를 통해 들어온다면 펀드를 사용할 수 있을 때까지 주문을 실행할 수 없다. 그러나 PlaceStrategyOrders 서비스가 펀드의 수령을 취급하는 것은 말이 안 된다. 이것은 명백하게 구분되는 비즈니스 역량이다. 대신 다음과 같이 지불 서비스에 전략 주문을 제출하도록 링크를 걸 수 있다.

예제 코드 4.4 PlaceStrategyOrders에 payment ID 사용하기

```yaml
components:
  schemas:
    StrategyOrder:
      required:
        - destinationAccountId
        - amount
        - paymentId.          ← 새로 필요한 필드: paymentId
      properties:
        destinationAccountId:
          type: integer
          format: int64
        amount:
          type: number
          format: decimal
        paymentId:
          type: integer
          format: int64
```

여기서 새로운 서비스 역량인 지불 서비스가 등장한다. 이 역량은 다음 기능을 지원한다.

- 사용자가 지불 초기화하기
- 제삼자의 지불 시스템과 상호작용해 지불 처리
- 심플뱅크에서 계정의 수량(positions) 갱신하기

지불은 즉시 이루어지지 않으므로 이 서비스가 다른 서비스가 대기 중인 PaymentCompleted같은 비동기 이벤트를 생성하기를 기대할 것이다. 그림 4.10은 이 지불 역량을 보여준다.

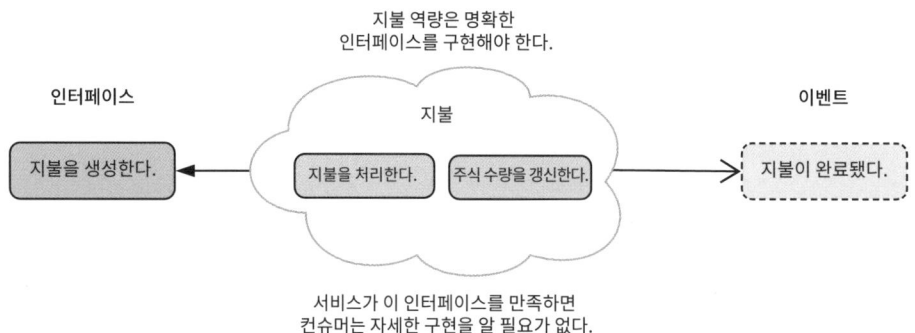

그림 4.10 제안된 지불 역량이 기대하는 인터페이스

PlaceStrategyOrders 입장에서는 기대하는 대로 인터페이스가 구현만 돼 있다면 지불 역량의 구현 방식은 상관없다. Payments의 단일 서비스일 수도 있고 CompleteBankTransfer처럼 액션-지향-서비스(action-oriented services)의 집합일 수도 있다.

그림 4.11의 시퀀스 다이어그램은 지금까지의 설계를 도식화한 것이다.

이 다이어그램에서 빠진 한 가지는 주문을 시장에 제출하는 것이다. 앞서 이야기한 대로 비록 이 서비스가 주문을 생성하지만, 이것은 명백하게 기존 주문 서비스가 담당할 역량은 아니다. 주문 서비스는 새로운 서비스를 포함해 여러 컨슈머가 사용할 수 있는 동작을 노출한다(그림 4.12). 주문의 원천은 달라도 그것을 처리하는 과정은 같다.

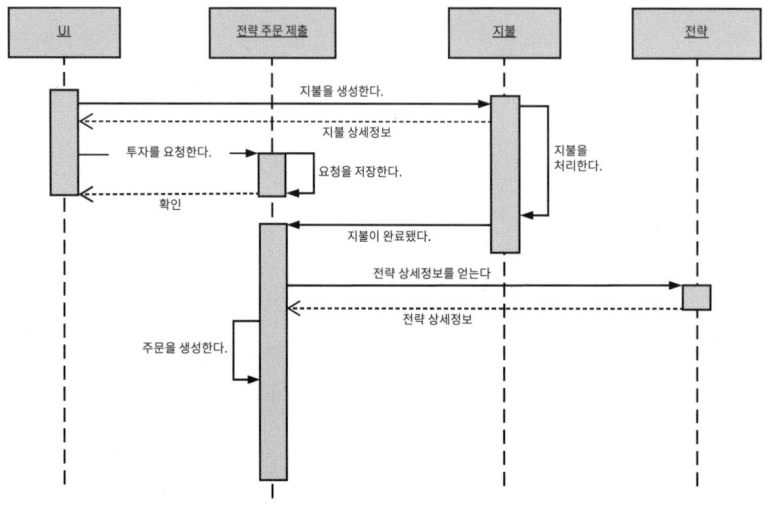

그림 4.11 제안된 PlaceStrategyOrders 서비스를 사용해 지불을 생성하고 투자하는 프로세스

마지막으로, 이런 주문과 전략, 그리고 투자의 연결 정보를 저장해야 한다. PlaceStrategyOrders 서비스는 이런 데이터를 소유하고 수신한 모든 요청을 저장할 책임이 있다. 그러므로 전략 주문 서비스 내에 외부 키 관계를 유지할 모든 주문 ID를 기록해야 한다. 또한 비록 주문 서비스에서 질의할 가능성은 적어 보이지만, 주문 서비스 자체에 투자 전략 요청에 대한 ID인 주문 원천 ID를 기록해야 한다.

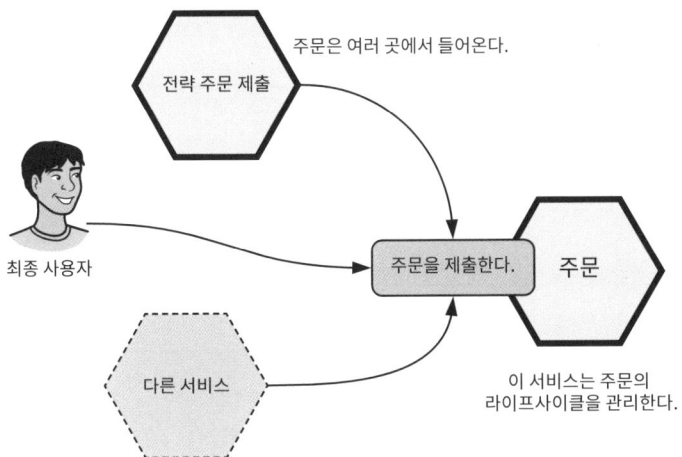

그림 4.12 주문 서비스는 시스템에서 여러 다른 서비스가 사용할 API를 제공한다.

주문 서비스는 주문이 완료되면 OrderCompleted 이벤트를 생성한다. 전략 주문 서비스는 이 이벤트를 기다려 전반적인 투자 요청의 상태를 반영한다.

시퀀스 다이어그램에 주문 서비스를 추가해 그림 4.13에 표현했다.

드디어 새로운 서비스를 설계했다. 이전 섹션과 다르게 광범위한 역량 대신 지정된 복잡한 유스케이스를 자세히 표현하는 서비스를 설계했다.

이로써 단일한 책임을 지고 교체 가능하며 독립적으로 배포할 수 있는 범위가 잘 지정된 바람직한 마이크로서비스의 특성을 만족하는 서비스가 탄생했다. 비즈니스 역량에 중점을 둘 때와는 달리 단일 유스케이스에 집중한 서비스는 앞으로 다른 유스케이스에서 다시 사용될 가능성이 제한된다. 이런 유연성 부족이 의미하는 것은 작게 세분화된 유스케이스 서비스의 경우 혼자보다는 큰 규모의 서비스와 협력할 경우 잘 활용될 수 있다는 것이다.

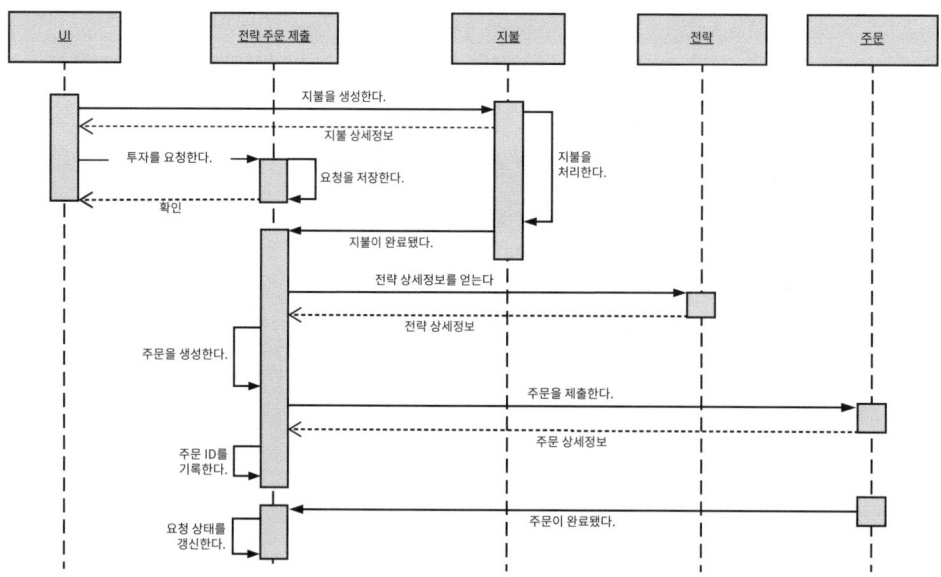

그림 4.13 새로운 PlaceStrategyOrders 서비스를 사용해 투자 전략 주문을 생성하는 전체 프로세스

4.3.2 액션과 저장소

앞의 예제에서 흥미로운 패턴을 발견했다. 즉, 여러 고수준의 마이크로서비스가 큰 규모의 하위 비즈니스 역량에 접근하는 것이다. 이것은 특히 다른 행위에서 필요한 데이터가 겹치는 동사-지향 접근법(verb-oriented approach)에서 흔히 나타났다.

예를 들어, 주문 갱신과 주문 취소의 2가지 동작을 생각해 보자. 둘 다 같은 하위의 주문 상태에 대해 동작한다. 그래서 둘 다 상태 자체를 소유하지 않는다. 그리고 어딘가에서 이런 충돌을 조정해야 한다. 이전 예제에서는 주문 서비스가 문제를 해결한다. 이 서비스는 궁극적으로 애플리케이션의 영속 상태 중 일부에 대한 소유권을 가진다.

이런 패턴은 밥 마틴(Bob Martin)의 클린 아키텍처(clean architecture)[3] 또는 앨리스테어 콕번(Alistair Cockburn)의 육각형 아키텍처(hexagonal architecture)와 유사하다.[4] 이 모델에 따르면 애플리케이션의 중심은 2개의 계층으로 구성된다.

---

[3] 마틴의 클린 아키텍처에 대한 더 많은 정보는 "The Clean Architecture" August 13, 2012, http://mng.bz/LJB4를 참조하라.
[4] 그러나 완전히 같지는 않다. 콕번의 아키텍처는 객체 지향 애플리케이션에서 독립적인 구현 세부사항(예를 들어, 비즈니스 로직을 데이터 저장 솔루션과 독립적으로 유지하는 것)에 관심이 있다. 이것은 인프라 서비스 수준과는 관련이 없다.

- **엔티티** – 전사 범위의 비즈니스 객체와 규칙
- **유스케이스** – 유스케이스의 목적을 달성하기 위해 엔티티로 향하는 애플리케이션별 동작

이런 계층 주위에 비즈니스 로직의 관심사를 애플리케이션 수준의 구현 관심사로 연결하는 인터페이스 어댑터를 사용한다. 예를 들어, 특정 웹 프레임워크 또는 데이터베이스 라이브러리 등이 그것이다. 이와 비슷하게, 인프라 서비스 수준에서 유스케이스 또는 액션은 유용한 결과를 만들어내기 위해 하위의 엔티티 또는 저장소와 상호작용한다. 그리고 하위의 서비스 간 표현을 외부 컨슈머(예: RESTful API)로 매핑하기 위해 API 게이트웨이 같은 관문으로 감싼다. 그림 4.14에 이 배치를 표현했다.

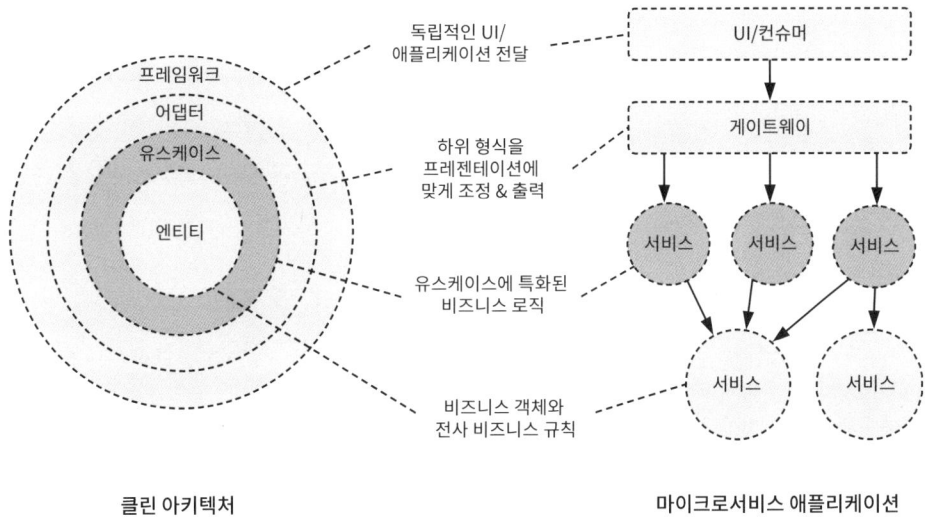

그림 4.14 밥 마틴의 클린 아키텍처와 마이크로서비스 애플리케이션의 아키텍처 비교

이 아키텍처는 개념적으로 우아하지만, 마이크로서비스 시스템에 현명하게 적용해야 한다. 무엇보다도 하위 역량을 상태 저장소로 대하는 것은 빈약하고 '우둔한(dumb)' 서비스를 낳을 수 있다. 이런 서비스는 다른 고수준 서비스의 중재 없이는 아무런 동작도 할 수 없기 때문에 진정으로 자율적이지 못하다. 또한 이 아키텍처에서는 유용한 모든 동작을 수행하는 데 필요한 원격 호출과 긴 서비스 연결의 수가 증가한다.

또한 이 방식은 동작과 하위 저장소가 단단히 결합할 위험이 있어 서비스를 독립적으로 배포하는 능력을 저해한다. 이런 오류를 피하려면 세분화된 동작 지향 서비스(action-oriented services)를 개발하기 **전에** 내부에서 외부로 설계해 큰 크기의 유용한 역량을 가진 마이크로서비스를 설계할 것을 추천한다.

4.3.3 조율과 자율적 구성

2장에서 서비스 상호작용에서 조율(orchestration)과 자율적 구성(choreography)의 차이점에 대해 논의했다. 자율적 구성은 좀 더 유연하고 자율적이고 유지 보수가 쉬운 서비스를 만드는 경향이 있다. 그림 4.15에 이런 접근 방법의 차이점을 표현했다.

유스케이스별로 서비스의 범위를 지정했다면 몇 개의 다른 서비스 행동을 명백하게 조율하는 서비스를 작성하고 있는 자신을 발견할 것이다. 그러나 다음과 같은 이유로 이것이 항상 이상적인 것은 아니다.

- 조율은 서비스 간의 결합력을 높이고 의존성을 가진 배포의 위험을 높인다.
- 조율을 담당하는 서비스가 점점 더 많은 유용한 비즈니스를 담당하면서 하위 서비스가 빈약해지고 목적을 잃을 수 있다.

유스케이스를 반영하는 서비스를 설계할 때 광범위한 범위의 책임 중에서 어떤 부분을 서비스가 맡을지 고려하는 것이 중요하다. 예를 들어 앞서 설계한 PlacestrategyOrders 서비스는 (주문을 제출하는) 행동을 조율하고 (지불을 처리하는) 다른 이벤트에 반응한다. 조율과 자율적 구성 기법을 균형 있게 선택하면 자율성이 떨어지는 서비스를 구축할 위험을 줄어든다.

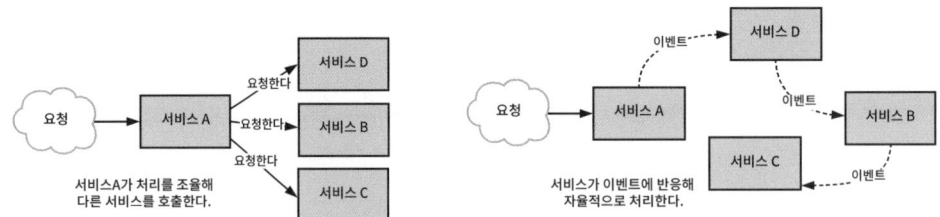

그림 4.15 서비스 간 상호작용에서 조율과 자율적 구성의 차이점

4.4 변동 가능성에 따라 범위 정하기

이상적으로는 기존의 마이크로서비스를 엮어 모든 기능을 구성할 수 있다. 실용적이지 않게 들리지만, 서비스를 구축할 때 장기적으로 유틸리티 성격의 서비스를 어떻게 최대한 재활용할지 고려하는 것은 흥미로운 일이다.

지금까지 서비스를 분해하는 데 대부분 기능적인 접근 방식을 취했다. 이 방식은 효과적이지만, 한계가 있다. 기능적 분해는 애플리케이션의 현재 필요성에 치우쳐 있고 애플리케이션이 어떻게 진화할지에 대해서는 명확하게 고려하지 않는다. 순수한 기능적 접근 방법은 새로운 또는 진화하는 요구사항에 대해 유연하지 못한 서비스를 만들어 시스템의 미래 성장에 제약을 줄 수 있다. 그래서 변경의 위험을 증가시킨다.

그러므로 시스템의 기능을 고려할 뿐만 아니라 애플리케이션의 어느 부분이 앞으로 변경될지도 고려해야 한다. 이것을 변동 가능성(volatility)이라고 한다. 변경될 것 같은 영역을 감싸면 한 영역의 불확실성이 애플리케이션의 다른 영역에 부정적인 영향을 주지 않도록 보장하는 데 도움을 줄 수 있다. 이는 객체 지향 프로그래밍의 안정적인 의존성 원리에서 유사성을 찾을 수 있다. 즉, "패키지는 자신보다 안정적인 패키지만 의존해야 한다."

심플뱅크의 비즈니스 도메인은 변경 가능성의 여러 축을 갖고 있다. 예를 들어, 주문을 제출하는 것은 변경 가능성이 높다. 즉, 다른 주문은 다른 시장으로 제출돼야 한다. 심플뱅크는 각 시장을 위한 다양한 API를 가질 수 있다. 예를 들어, 브로커를 통하거나 시장에 직접 연동한다. 그리고 심플뱅크가 금융 자산 제공을 확대하면 이런 시장은 변경될 수 있다.

주문 서비스의 일부로서 단단히 결합된 시장과의 상호작용은 높은 수준의 불안정성을 발생시킨다. 대신 시장 서비스를 분리해서 궁극적으로 각 시장의 요구사항에 맞는 여러 서비스를 구축할 것이다. 그림 4.16은 이런 방식을 보여준다.

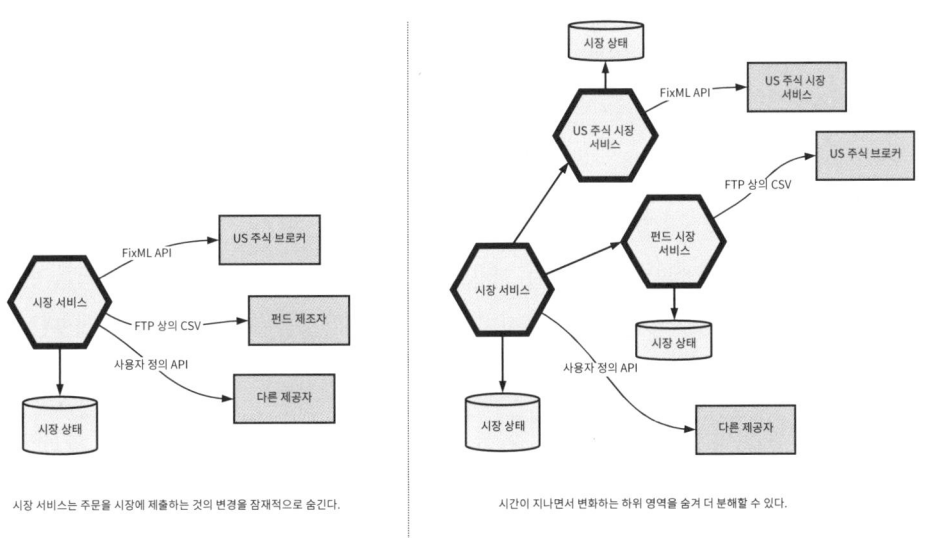

그림 4.16 시장 서비스는 심플뱅크가 다양한 금융 시장 제공자와 협업하는 방식의 변화를 서비스 사용자로부터 숨긴다. 시간이 지나면서 이것은 여러 서비스로 발전할 수 있다.

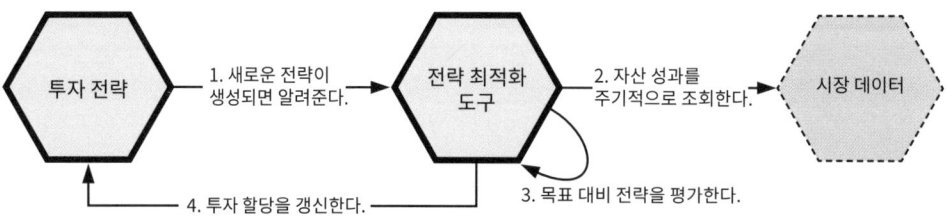

그림 4.17 시스템의 변경 가능성에 따라 명백한 영역으로 구분한다. 투자 전략 최적화를 별도의 서비스로 분리한다.

예제 하나를 더 살펴보자. 하나 이상의 투자 전략이 있다고 해보자. 딥러닝으로 전략을 최적화할 수도 있다. 예를 들어, 시장에서 자산의 성과에 따라 미래 투자 전략에서 할당을 조정해야 할 수 있다.

InvestmentStrategies 서비스에 이런 복잡한 행동을 추가하는 것은 변경 사유의 범위를 상당히 확대해 응집도를 떨어뜨린다. 대신 그림 4.17에서 보듯이 이런 일을 하는 새로운 서비스를 추가한다. 이렇게 하면 불필요한 변경을 줄이고 다른 기능과의 불필요한 결합도 없이 독립적으로 서비스를 개발하고 출시할 수 있다.

궁극적으로 좋은 아키텍처는 애플리케이션의 현재와 미래의 필요 사이에서 균형을 유지한다. 마이크로서비스가 너무 좁은 범위를 가지면 시스템의 한계에 대한 초기의 가정에 대해 제한되어 미래에는 변경의 비용이 증가하게 된다. 한편, YAGNI[5]를 지키기 위해 노력해야 한다. 애플리케이션에서 미래에 가능한 모든 조합을 기대하고 만족시킬 수 있는 사치스러운 시간과 자금이 항상 있는 것은 아니다.

4.5 기술적 역량

지금까지 설계한 서비스는 비즈니스 역량(예: 주문 제출)과 밀접하게 연결되는 동작과 엔티티를 반영했다. 이런 비즈니스 지향 서비스는 모든 마이크로서비스 애플리케이션 중에서 우선적으로 개발할 유형이다.

또한 기술적 역량을 반영하는 서비스를 설계할 수 있다. 기술 역량은 다른 마이크로서비스를 지원하므로 비즈니스 성과에 간접적으로 공헌한다. 기술 역량의 일반적인 예는 제삼자 시스템과의 통합과 알림을 보내는 것과 같은 기술적 공통 관심사가 포함된다.

---

5 (옮긴이) You Aren't Gonna Need It, 지금 상황에 불필요한 것을 제거하고 간단하게 유지하라는 뜻.

4.5.1 알림 보내기

예제로 살펴보자. 심플뱅크에서 지불이 완료될 때마다 고객에게 이메일을 통해 알림을 보내려고 한다고 하자. 직관적으로 지불 서비스 내에 이 코드를 개발하려고 할 것이다. 그러나 이 방식은 3가지 문제가 있다.

1. 지불 서비스는 고객 연락 정보와 선호도를 알지 못한다. (고객이 연락 정보를 업데이트할 수 있게) 고객 연락 데이터를 포함하도록 인터페이스를 확장하거나 다른 서비스에 조회할 필요가 있다.
2. 애플리케이션의 다른 부분도 알림을 보낼 수 있다. 주문, 계정 설정, 마케팅 등 다른 기능도 이메일을 보낼 수 있다.
3. 고객이 이메일 받기를 원치 않을 수 있다. SMS, 푸시 알림 또는 우편을 선호할 수 있다.

1번과 2번을 위해 서비스를 분리하기를 추천한다. 3번을 위해서는 여러 서비스가 필요하거나 서비스 하나가 여러 유형의 알림을 다룰 수 있다. 그림 4.18에 이것을 표현했다. 알림 서비스는 지불 서비스가 생성하는 `PaymentCompleted` 이벤트를 구독할 수 있다.

알림을 보내야 할 모든 서비스로부터 이벤트를 받도록 알림 서비스를 설정할 수 있다. 각 서비스는 알림을 보내기 위해 고객의 연락처와 선호도를 알아야 한다. 고객 서비스 또는 각 서비스 자체 등의 분리된 서비스에 고객 정보를 저장할 수 있다. 이 영역은 복잡성을 숨기고 있다. 예를 들어, 많은 고객이 지불 대상 계정을 가지고 있어 여러 알림을 발생시킬 수 있다.

알림 서비스가 각 이벤트에 기반해 적절한 메시지 내용을 생성해야 한다는 것을 알아챘을 것이다. 이것은 향후에 잠재적인 알림의 수에 따라 메시지가 크게 증가할 수 있다는 것을 나타낸다. 결국 복잡성을 줄이기 위해 메시지 내용과 전달을 분리해야 한다.

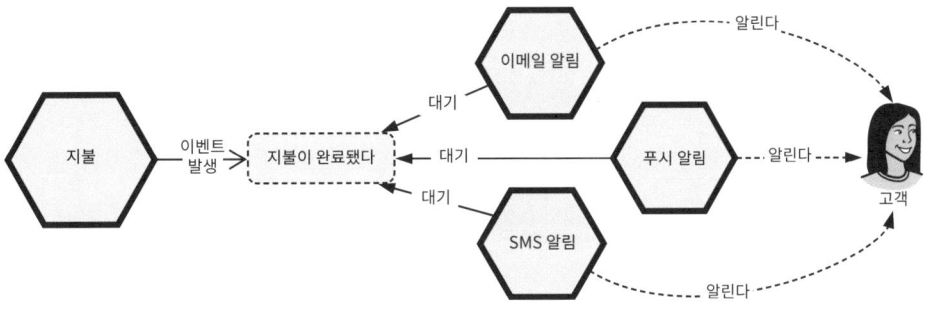

그림 4.18 알림을 위한 기술 마이크로서비스 지원

이 예제는 기술 역량을 구현하면 비즈니스 서비스가 간단해지고 중대한 기술 관심사를 분리하면서 재활용성이 극대화된다는 것을 보여준다.

4.5.2 기술 역량은 언제 사용하는가

기술 역량은 비즈니스 역량의 크기와 복잡성을 제한해 다른 마이크로서비스를 지원하고 단순화할 때 사용해야 한다. 다음의 경우에 이런 역량을 분리하는 것이 바람직하다.

- 비즈니스-지향 서비스 내에 이 역량을 포함하면 서비스가 불합리하게 복잡해지고 향후 교체를 복잡하게 할 때
- 기술적 역량(예: 이메일 알림을 보내는 것)을 여러 서비스에서 요구할 때
- 중요한 제삼자 통합과 같은 기술 역량이 비즈니스 역량과 독립적으로 변경될 때

이런 역량을 별도의 서비스로 분리할 때 독립적으로 변경될 것 같은 변경 가능성을 포착해 서비스 재사용성을 극대화한다.

어떤 시나리오에서는 기술 역량을 분리하는 것이 현명하지 못하다. 어떤 경우에는 역량을 분리하면 서비스의 응집도를 낮출 것이다. 예를 들어 전통적인 SOA에서는 데이터 저장소와 비즈니스 기능을 분리하는 것이 재활용성을 극대화한다는 믿음에서 시스템을 종종 수평으로 분리했다. 그림 4.19는 이 방식에서 어떻게 요청이 처리되는지 설명한다.

불행하게도 의도한 재활용성은 높은 비용을 동반한다. 애플리케이션을 이렇게 분리하는 것이 여러 배포 단위 사이에 강한 결합을 만들기 때문에 개별 기능을 전달할 때 여러 애플리케이션을 동시에 변경해야 한다(그림 4.20). 독특한 구성요소를 변경하기 위해 조율해야 한다면 에러가 발생하기 쉽고 배포 시 잠금을 걸어야 할 수 있다. 즉, 분산된 모놀리식 시스템이 된다.

처음부터 비즈니스 역량에 중점을 두면 이런 함정을 피할 수 있다. 그러나 모든 기술 역량이 진정으로 다른 서비스로부터 자율적이고 독립적일 수 있도록 신중하게 범위를 정해야 한다.

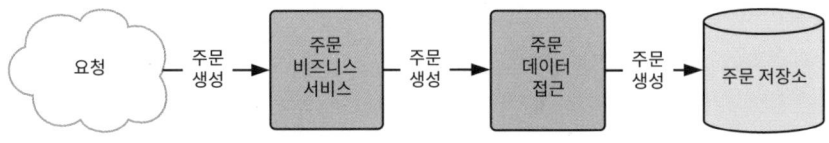

그림 4.19 수평으로 서비스가 분리된 애플리케이션에서 주문 요청을 생성하는 과정

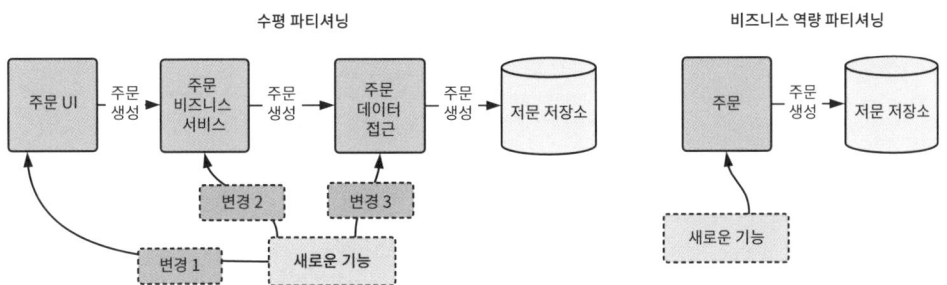

그림 4.20 수평으로 서비스를 분리했을 때와 비즈니스 역량에 따라 서비스의 범위를 정했을 때 변경의 영향도

4.6 모호함 다루기

마이크로서비스의 범위를 정하는 것은 과학적인 노력만큼이나 예술적인 노력도 필요하다. 소프트웨어 설계에서는 모호함에 직면했을 때 가장 좋은 솔루션을 효과적으로 달성하는 방법을 찾는 것이 큰 부분을 차지한다.

- 문제 도메인에 대한 이해가 불완전하거나 부정확할 수 있다. 모든 비즈니스 문제의 필요성을 이해하는 것은 복잡하고 시간 소모적이고 반복적인 과정이다.
- 지금 당장보다는 향후 서비스를 어떻게 사용할지 고려해야 한다. 그러나 단기간의 요구사항과 장기간의 서비스 유연성 간의 경쟁에 직면할 수 있다.

마이크로서비스에 최적화되지 않은 서비스 분리는 비용이 들 수 있다. 예를 들어, 개발에 마찰이 발생하고 리팩토링에 더 많은 노력이 들 수 있다.

> **노트** 비즈니스 도메인을 이해하는 것은 마이크로서비스에만 국한된 것이 아니다. 엔지니어링 프로세스 자체도 그렇다. 대부분 현대적인 제품 엔지니어링 방법론은 요구사항의 변경에도 유연성과 기민성을 유지하는 데 목적이 있다. 이런 이유로 마이크로서비스 애플리케이션을 구축할 때 반복적이고 최적화된 개발 프로세스를 따르기를 권한다.

4.6.1 큰 규모의 서비스로 시작하기

이 섹션에서는 서비스 범위를 정할 때 올바른 솔루션이 명확하지 않은 경우 실전에 적용할 수 있는 몇 가지 접근 방식을 알아볼 것이다.

앞에서 집중적이고 응집도 있고 제한된 서비스의 책임을 유지하는 것의 중요성에 대해 많이 이야기했다. 그래서 이제부터 하려는 이야기가 다소 직관적이지 않게 들릴 것이다. 때때로 서비스 경계가 의심스러울 때는 큰 규모의 서비스를 구축하는 것이 낫다.

너무 작은 서비스를 구축하는 오류는 하나의 서비스로 묶여야 할 다른 서비스 간에 단단한 결합을 만든다. 이것은 비즈니스 역량을 잘못 분해하고 책임이 불분명하며 기능을 리팩토링하기 어렵게 만들고 비용이 많이 들게 했다는 것을 나타낸다.

대신 기능을 큰 서비스로 묶으면 다루기 힘든 서비스 간 의존성을 회피할 뿐만 아니라 향후 리팩토링의 비용도 줄일 수 있다. 마찬가지로, 마이크로서비스 애플리케이션에서 발생될 가장 비싼 작업 중 하나는 공개 인터페이스를 변경하는 것이다. 예를 들어, 구성요소 간의 인터페이스 범위를 줄이면 유지 보수 유연성에 도움이 된다. 특히 개발 초기에 더욱더 그렇다.

큰 서비스는 변경하고 교체하기가 더 어렵기 때문에 서비스를 크게 만드는 것도 비용을 발생시킨다는 것을 알아야 한다. 물론 초기에는 서비스가 작을 것이다. 그래도 너무 큰 서비스로 인한 비용이 잘못된 분해로 인해 발생한 복잡성으로 인한 비용보다는 작다. 모놀리식 시스템을 구축하지 않도록 서비스의 크기와 복잡도를 조심스럽게 관찰해야 한다.

또한 린(lean) 소프트웨어 개발의 핵심 원칙을 적용하는 것도 유용하다. 즉, 가능한 한 늦게 결정하는 것이다. 서비스를 구축하는 것은 개발과 운영 모두 비용을 발생시킨다. 불확실할 때 섣부르게 분해하지 않으면 문제 영역을 이해할 시간을 얻는다. 또한 애플리케이션이 성장하면서 애플리케이션의 구조에 대해 충분한 정보에 근거해서 의사결정을 할 수 있도록 돕는다.

4.6.2 향후 분해를 위한 준비

이 장의 초반에 알아본 모델링 및 범위 정하기 기법은 서비스가 너무 커졌을 때를 알아채도록 도와준다. 종종 서비스의 생애 초반에 분해 가능한 경계를 알아챌 수 있을 것이다. 이 경우 클래스와 네임스페이스 설계, 또는 별도의 라이브러리를 사용하여 서비스 설계가 서비스 내부의 경계를 반영하도록 노력해야 한다.

일반적으로 좋은 소프트웨어는 명확한 공개 API를 사용해 내부 모듈 경계를 잘 유지한다. 이것은 마이크로서비스에서 코드가 강한 결합을 만들거나 엉키는 것을 방지해 향후 리팩토링 비용을 줄인다. 그러나 코드 라이브러리의 컨텍스트에서 잘 설계된 하나의 API는 마이크로서비스의 인터페이스로서 항상 이상적이지 않을 수 있다는 점을 명심해야 한다.

4.6.3 제거와 이관

앞서 향후 분해를 위한 계획에 관해 이야기했지만, 서비스의 제거에 대해서도 이야기해야 한다. 마이크로서비스 개발은 어느 정도 거침이 없어야 한다. 코드가 아닌 애플리케이션이 문제라는 것을 기억하는 것이 중요하다. 특히 큰 서비스로 시작했다면 시간이 지나면서 기존 서비스에서 새로운 마이크로서비스를 떼어내거나 마이크로서비스를 퇴역시킬 필요성을 발견할 것이다.

이 과정은 어려울 수 있다. 가장 중요한 것은 이것을 사용하는 서비스가 깨지지 않도록 하고 적시에 새로운 교체 서비스로 이관해야 한다는 것이다.

새로운 서비스를 떼어내려면 확장-이관-축소 패턴(expand-migrate-contract pattern)을 적용해야 한다. 예를 들어, 주문 서비스에서 새로운 서비스를 떼어낸다고 상상해 보자. 처음에 주문 서비스를 구축했을 때 모든 주문 유형의 요건을 만족할 것이라고 생각해서 단일 서비스로 만들었다. 그러나 주문 유형 하나가 다른 것과 다르다는 사실을 알아냈고 그것을 지원하느라 원래 서비스가 부담이 됐다.

이 경우, 우선 확장해야 한다. 즉, 대상 기능을 새로운 서비스로 추출한다(그림 4.21). 그리고 예전 서비스의 사용자를 새로운 서비스로 이관한다(그림 4.22). 이때 API 게이트웨이를 통해 서비스에 접근한다면 요청을 새로운 서비스로 전달할 수 있다.

그러나 다른 서비스가 주문 서비스를 호출하는 경우 이것도 이관해야 한다. 이때 다른 팀에 이것을 요청하는 것은 (우선순위, 출시 사이클, 위험 등으로 인해) 항상 성공하지는 못할 수 있다. 대신 새로운 서비스가 경쟁력을 갖도록 해서 사람들이 이관 노력에 투자하고 싶게 하거나 여러분이 그들을 위해 이관해야 한다.

이제 마지막으로 원래 서비스에서 불필요한 코드를 제거해 축소한다(그림 4.23).

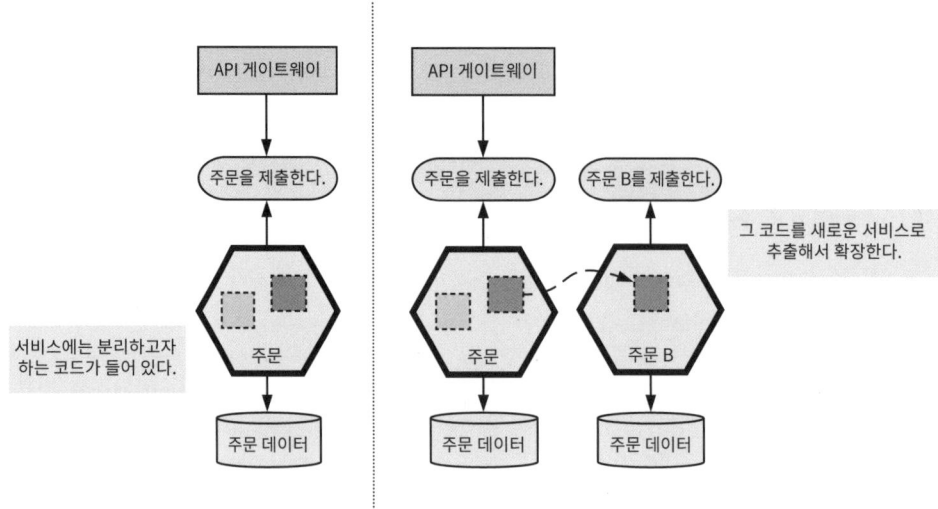

그림 4.21 기능을 새로운 서비스로 확장하기

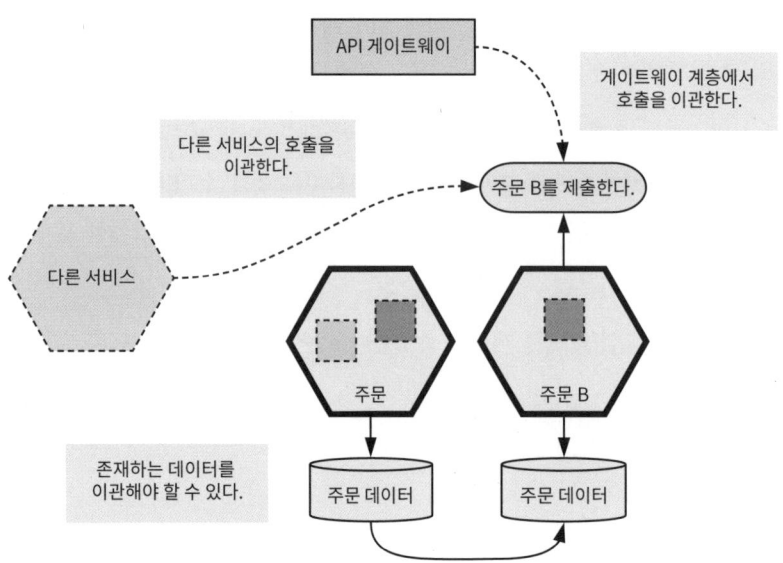

그림 4.22 기존 컨슈머를 새로운 서비스로 이관하기

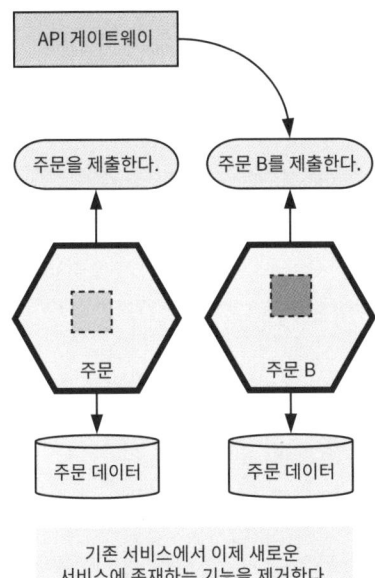

그림 4.23 서비스 이관의 최종 상태로, 새로운 서비스에 존재하는 기능을 기존 서비스에서 제거해 축소하기

이제 완료했다. 이러한 침착한 여러 단계의 과정은 기존 서비스의 컨슈머가 깨지는 위험을 줄이면서 조직적으로 기능을 퇴역시키거나 이관한다.

4.7 조직의 서비스 오너십

지금까지의 예제는 대부분 단일 팀이 마이크로서비스를 구축하고 변경하는 책임을 진다고 가정했다. 대규모 조직에서는 다양한 팀이 다양한 마이크로서비스를 소유할 것이다. 이것이 나쁘지는 않다. 엔지니어링팀 입장에서는 이것이 확장을 위한 중요한 부분이다.

앞서 지적한 대로, 바운디드 컨텍스트 자체는 조직에서 여러 팀이 애플리케이션의 소유권을 효과적으로 나눠 갖는 방법이다. 특정 바운디드 컨텍스트의 서비스를 소유하는 팀을 구성하는 것은 콘웨이의 법칙을 반대로 이용하는 것이다. 예를 들어, 시스템이 이를 만든 팀의 조직 구조를 반영한다면 우선 조직의 구조와 책임을 만들면 원하는 시스템의 아키텍처를 얻을 수 있다. 그림 4.24는 심플뱅크에서 지금까지 도출한 서비스와 바운디드 컨텍스트를 중심으로 어떻게 엔지니어링팀을 구성할 수 있을지 보여준다.

서비스의 소유와 전달을 여러 팀에 나누는 것은 3가지 의미가 있다.

- **제한된 제어**: 서비스의 의존성에 대한 인터페이스 또는 성능에 대해 완전한 제어권을 갖지 않을 수 있다. 예를 들어 지불은 투자 전략 주문을 제출하는 데 있어 중요하지만, 그림 4.24에서의 팀 모델처럼 다른 팀이 이 의존성의 행동을 담당할 수 있다.
- **설계 제약**: 서비스 컨슈머의 요구사항은 서비스 계약을 제약할 것이다. 서비스를 변경할 때 컨슈머를 고려해야 한다. 마찬가지로 다른 기존 서비스가 제공하는 기능이 설계에 잠재적인 영향을 준다.
- **다양한 속도로 개발**: 여러 팀이 소유한 서비스는 팀의 크기, 효율성, 우선순위에 따라 다른 속도로 변경하고 발전할 것이다. 투자팀이 고객팀에 요청한 기능은 고객팀의 우선순위 리스트에서 높은 우선순위가 아닐 수 있다.

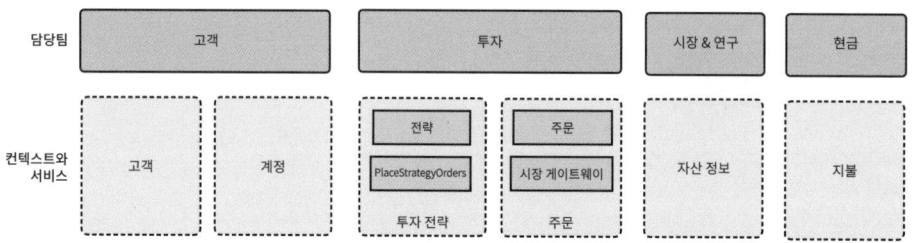

그림 4.24 심플뱅크의 엔지니어링 조직의 규모가 성장함에 따라 서비스와 역량의 소유를 여러 엔지니어링팀에 나누는 모델의 예시

이런 서비스 오너십의 분산은 커다란 어려움을 초래하지만, 다음 몇 가지 전술이 도움이 될 수 있다.

- **개방**: 모든 엔지니어가 모든 코드를 조회하고 변경할 수 있게 하는 것은 방어적인 것을 줄이고 다른 팀이 서로의 작업을 이해하도록 돕고 장애물을 줄여준다.
- **명확한 인터페이스**: 명확하게 잘 문서화된 서비스 인터페이스는 커뮤니케이션의 부담을 줄여주고 전체적인 품질을 개선한다.
- **DRY에 대해 덜 걱정하기**: 마이크로서비스 접근 방식은 효율성보다는 전달에 무게를 둔다. 엔지니어는 DRY(don't repeat yourself, 중복된 반복 작업)를 실천하기를 원하겠지만, 마이크로서비스 접근 방식에서는 약간의 중복 작업이 있을 수 있다.
- **명백한 기대**: 팀은 운영 서비스의 성능, 가용성, 특성에 대해 명확한 기대치를 설정해야 한다.

이런 종류의 전술은 마이크로서비스에서 인간적인 측면을 다룬다. 이것은 그 자체로도 상당한 주제인데 이 책의 마지막 장에서 깊이 있게 다룰 것이다.

요약

- 비즈니스 문제를 이해하고 엔티티와 유스케이스를 식별하며 서비스를 책임에 따라 분리하는 과정을 거쳐 서비스의 범위를 정한다.
- 비즈니스 역량, 유스케이스, 또는 변동 가능성이라는 몇 가지 방식으로 서비스를 분리할 수 있다. 그리고 이런 방식을 조합해 사용할 수 있다.
- 좋은 범위 지정 결정은 마이크로서비스의 3가지 특징을 만족하는 서비스를 낳는다. 즉, 단일 역량을 담당하고 교체 가능하며 독립적으로 배포된다.
- 바운디드 컨텍스트는 종종 서비스 경계와 일치하고 향후 서비스의 발전을 고려한 유용한 방법을 제공한다.
- 변동 가능성이 있는 영역을 고려하면 함께 변경되는 영역을 감싸서 향후 변경을 쉽게 할 수 있다.
- 좋지 않은 범위 지정 결정은 여러 코드 베이스에서 많은 리팩토링 노력을 들여야 해서 바로잡는 데 비용이 들 수 있다.
- 기술 역량을 서비스로 만들면 비즈니스 역량을 간단하게 하도록 지원하고 재활용성을 극대화한다.
- 서비스 경계가 모호할 경우에는 큰 단위로 서비스를 구성하는 편이 낫고 내부적으로 모듈화해 향후 분리에 적극적으로 대비한다.
- 서비스를 제거하는 것은 어려운 일이지만, 마이크로서비스 애플리케이션의 진화 과정에 필요한 일이다.
- 큰 조직에서는 팀 사이에 소유권을 나누는 것이 필요하지만, 제어가 제한되고 설계에 제약이 생기며 다양한 개발 속도가 필요해지는 등 새로운 문제가 생긴다.
- 코드 개방, 명확한 인터페이스, 지속적 커뮤니케이션, 그리고 DRY 원칙을 완화해 팀 간의 긴장을 제거할 수 있다.

5장 | 마이크로서비스에서의 트랜잭션과 질의

> **이 장에서는 다음 내용을 다룬다.**
> - 분산 애플리케이션에서 일관성의 어려움
> - 동기식과 비동기식 커뮤니케이션
> - 여러 서비스 간의 비즈니스 로직을 개발할 때 사가(sagas) 패턴 사용하기
> - 마이크로서비스에서 질의를 위한 API 컴포지션과 CQRS

수많은 모놀리식 애플리케이션은 애플리케이션 상태를 변경할 때 일관성과 격리를 보장하기 위해 트랜잭션에 의지한다. 이런 속성을 얻는 것은 직관적이다. 예를 들어, 애플리케이션은 일반적으로 강력한 일관성을 보장하는 단일 데이터베이스와 상호작용을 하고 트랜잭션 동작의 시작, 완료, 롤백을 지원하는 프레임워크를 사용한다. 각 논리 트랜잭션은 몇 가지 구별되는 입력 항목으로 구성된다. 예를 들어, 주문 제출은 트랜잭션을 갱신하고 주식 수량을 예약하고 수수료를 부과한다.

마이크로서비스 애플리케이션에서는 그런 행운이 없다. 앞서 배웠듯이, 각기 독립적인 서비스가 특정 역량을 담당한다. 서비스별 데이터 정합성(source of truth)을 위한 단일 소유권을 보장하기 위해 데이터 소유권을 분산시킨다. 이렇게 결합을 제거해 자율성을 얻지만, 이전에 가졌던 일정 부분의 안전함을 희생해 애플리케이션 수준에서 일관성의 문제가 발생한다. 또한 분산된 데이터 소유권은 데이터 조회를 더욱 복잡하게 만든다. 이전에 사용한 데이터베이스 수준의 조인을 통한 질의를 하려면 이제 여러 서비스를 호출해야 한다. 이는 몇몇 유스케이스에서는 감당할 수 있지만, 대량의 데이터를 다룰 때는 고통스럽다.

또한 가용성은 애플리케이션 설계에 영향을 준다. 서비스 간의 상호작용이 실패하면 비즈니스 프로세스가 멈추고 시스템이 일관성을 잃은 상태로 남게 된다.

이번 장에서는 여러 서비스 간에 복잡한 트랜잭션을 조율하기 위해 사가(sagas) 패턴을 사용하는 법을 배우고 효과적으로 데이터를 조회하는 모범 사례를 살펴본다. 이와 함께 이벤트 소싱(event sourcing)과 같은 다양한 유형의 이벤트 기반 아키텍처와 마이크로서비스 애플리케이션에의 적용 가능성을 살펴본다.

5.1 분산 애플리케이션에서 일관된 트랜잭션

심플뱅크에서 일부 주식을 매도하려는 경우를 가정해 보자. 2장을 떠올려보면, 여기에는 다음과 같은 몇 가지 절차가 있다(그림 5.1).

1. 주문을 생성한다.
2. 애플리케이션이 주식 수량을 검증하고 예약한다.
3. 애플리케이션이 수수료를 부과한다.
4. 애플리케이션이 시장에 주문을 제출한다.

고객의 입장에서 수수료를 부과하고 주식을 예약하고 주문을 생성하는 것은 모두 한 번에 일어난다. 그리고 가지고 있지 않은 주식을 매도하거나 두 번 이상 매도할 수 없다.

대부분의 모놀리식 애플리케이션에서는[1] 이러한 요구사항을 달성하기가 쉽다. 예를 들어, ACID 트랜잭션에서 데이터베이스 동작을 감싸고 잘못된 상태를 유발하는 에러는 원래 상태로 되돌아갈 것을 알기 때문에 편했다.

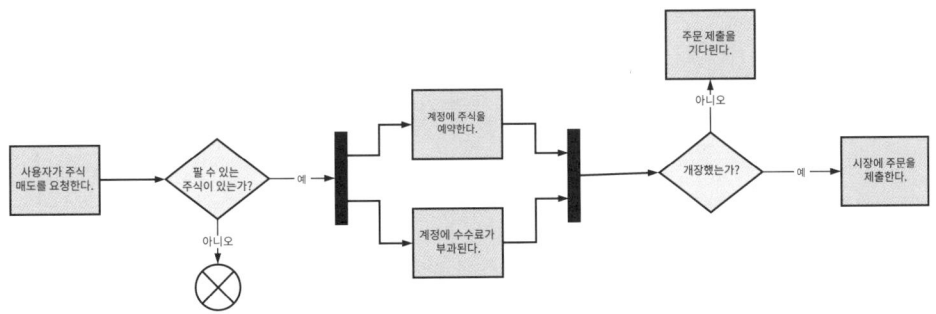

그림 5.1 주문 제출하기

---

1 적어도 3-계층 아키텍처와 단일 데이터 저장소를 가진 아키텍처를 말한다.

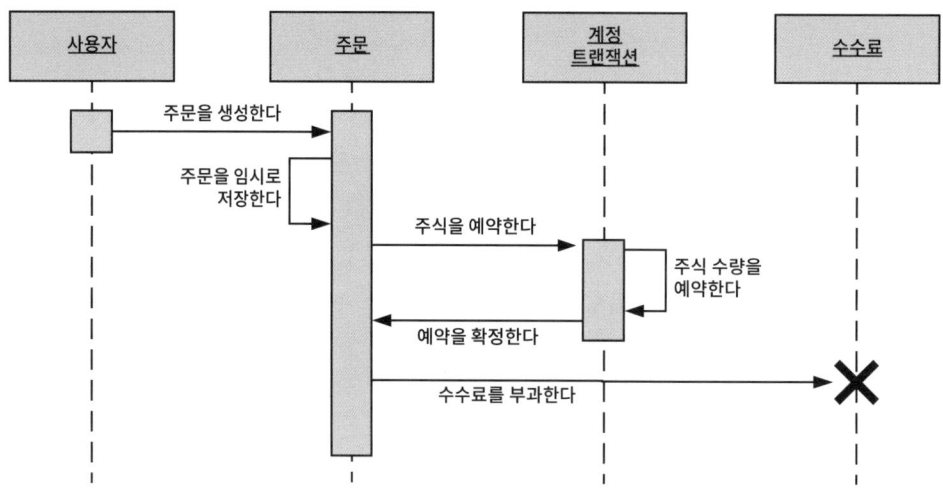

그림 5.2 여러 서비스를 통한 주문 제출 과정에서 실패가 발생한 경우

이와는 대조적으로, 마이크로서비스 애플리케이션에서 그림 5.1에 표현된 각 동작은 애플리케이션 상태의 일부를 담당하는 명확한 서비스에 의해 수행된다. 분산된 데이터 소유권은 서비스가 독립적이고 느슨하게 연결되는 것을 보장하지만, 애플리케이션 수준에서 전체적인 데이터의 일관성을 유지하는 메커니즘을 구축할 필요가 있다.

주문 서비스가 주식 매도를 조율하는 것을 담당한다고 가정해 보자. 주식 서비스는 주식을 예약하기 위해 계정 트랜잭션을 호출하고 고객에게 수수료를 부과하기 위해 수수료 서비스를 호출한다. 그러나 이 트랜잭션이 실패할 수 있다(그림 5.2).

시스템은 이 단계에서 일관성이 깨진 상태다. 예를 들어, 주식은 예약됐고 주문은 생성됐지만 고객에게 수수료를 부과하지 못했다. 이 상태로 둘 수는 없다. 따라서 주문 구현은 계정 트랙잭션 서비스가 주식 예약을 보상하고 삭제하도록 지시하는 시정 조치를 시작해야 한다. 이것은 간단해 보이지만, 많은 서비스가 관여하며 긴 트랜잭션이나 더 많은 하위의 트랜잭션을 실행할 경우에는 점차 복잡해진다.

5.1.1 왜 분산 트랜잭션을 사용할 수 없는가?

이 문제에 직면할 경우 드는 첫 번째 생각은 여러 서비스에 걸쳐 트랜잭션을 보장하도록 시스템을 설계하는 것일 수 있다. 이것의 일반적인 방식은 2단계 커밋(2PC, two-phase commit)이다.[2] 이 방식은

---

2 자세한 정보는 https://en.wikipedia.org/wiki/Two-phase_commit_protocol를 참조하라

여러 리소스에 걸친 동작을 준비하고 커밋하는 트랜잭션 관리자를 사용한다(그림 5.3).

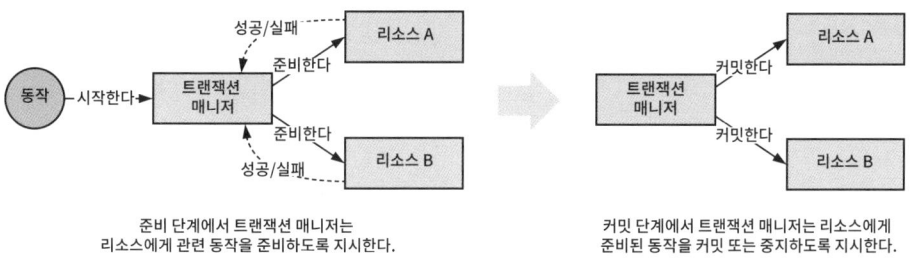

그림 5.3 2PC 프로토콜에서의 준비와 커밋 단계

이것은 익숙하고 멋지게 들린다. 하지만 불행하게도 이 방식에는 단점이 있다. 우선 2PC는 트랜잭션 관리자와 자원 간에 동기식 커뮤니케이션을 사용한다는 것을 의미한다. 자원을 사용할 수 없으면 트랜잭션을 커밋할 수 없고 롤백해야 한다. 이것은 차례로 재시도의 횟수를 증가시키고 시스템의 전체적 가용성을 떨어뜨린다. 비동기식 서비스 상호작용을 지원하려면 서비스 간의 2PC를 지원하면서 동시에 메시지 계층도 지원해야 한다. 이것은 기술적으로 선택의 범위를 제한한다.

> **노트** 마이크로서비스 애플리케이션에서 가용성은 주어진 동작을 처리하는 데 관여하는 모든 마이크로서비스 가용성의 곱이다. 어떤 서비스도 100% 신뢰할 수 없기 때문에 더 많은 서비스가 참여하면 전체적인 신뢰성은 떨어지고 장애 가능성은 높아진다. 다음 장에서 이 주제에 대해 자세히 살펴본다.

또한 중요한 조율 책임을 트랜잭션 관리자에게 넘기는 것은 마이크로서비스의 핵심 원칙의 하나인 서비스 자율성을 위반한다. 최악의 경우, 데이터에 대한 CRUD 동작만 하는 우둔한 서비스와 시스템 전체의 동작을 감싸는 트랜잭션 관리자를 갖게 된다.

마지막으로 분산 트랜잭션은 트랜잭션의 격리를 보장하기 위해 자원에 대해 락(lock)을 사용한다. 이것은 경쟁과 데드락(deadlock)의 위험을 증가시키기 때문에 긴 트랜잭션에는 부적합하다. 그렇다면 대신 무엇을 사용해야 할까?

5.2 이벤트 기반 커뮤니케이션

이 책의 초반부에 커뮤니케이션 메커니즘으로서 서비스가 발생하는 이벤트를 활용하는 것에 대해 논의했다. 비동기 이벤트는 서비스 간의 결합을 느슨하게 하는 데 도움을 주고 전체적인 시스템의 가용성을 높이며 서비스 작성자로 하여금 **궁극적 일관성(eventual consistency)** 관점에서 생각하도록 독려한다. 시스템에 궁극적 일관성을 적용하는 것은 시간의 경과에 따라 여러 독립적인 로컬 트랜잭션의 결과로부터 복잡한 결과를 내도록 설계하는 것이므로 하위 리소스를 설계할 때 명시적으로 잠정적인 상태를 나타내도록 한다. 에릭 브루어(Eric Brewer)의 CAP 이론[3]의 관점에 따르면 이 설계 방식은 하위 데이터의 가용성에 우선순위를 둔다.

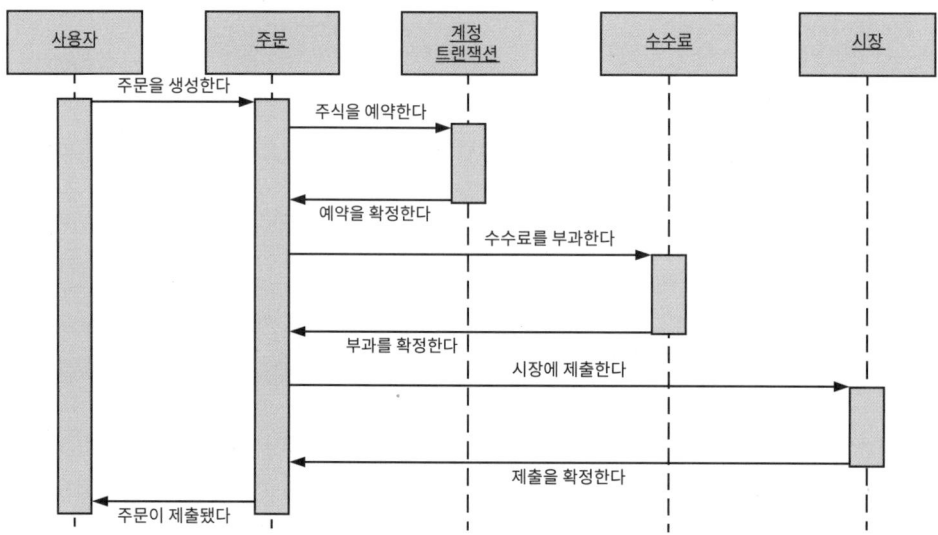

그림 5.4 매도 주문 제출의 동기식 처리 과정

주문 예제로 동기식과 비동기식 접근 방식의 차이점을 알아보자. 동기식 접근법(그림 5.4)에서는 주문 서비스가 주문이 시장에 제출될 때까지 스텝 순서대로 호출해 다른 서비스의 행동을 조율한다. 어느 스텝 하나가 실패하면 주문 서비스는 다른 서비스의 롤백 동작을 실행할 책임이 있다. 예를 들어, 수수료 부과 취소가 그것이다.

이런 방식에서 주문 서비스는 상당한 책임을 떠안게 된다.

- 주문 서비스는 어떤 서비스를 어떤 순서로 호출해야 할지를 안다.
- 주문 서비스는 하위 서비스에서 에러가 발생하거나 비즈니스 룰 때문에 진행할 수 없는 경우에 무엇을 할지 알아야 한다.

---

3 CAP 이론은 일관성(Consistency), 가용성(Availability), 파티션 내성(Partition Tolerance)으로 구성된다. 에릭 브루어 "CAP Twelve Years Later: How the 'Rules' Have Changed"(InfoQ, May 30, 2012). 더 많은 자료는 http://mng.bz/HGA3를 참조하라.

이런 유형의 상호작용은 호출 관계가 논리적이고 순차적이어서 추론하기 쉽지만, 감당해야 할 책임 때문에 주문 서비스가 다른 서비스와 단단하게 결합돼 독립성을 저해하고 향후 변경을 어렵게 한다.

5.2.1 이벤트와 자율적 구성

이벤트를 사용하도록 이 시나리오를 재설계할 수 있다(그림 5.5). 각 서비스는 언제 어떤 작업을 해야 할지 알기 위해 관심 있는 이벤트를 구독한다.

1. 사용자가 UI에서 매도 요청을 생성하면 애플리케이션은 OrderRequested 이벤트를 발행한다.
2. 주문 서비스는 이 이벤트를 받아 처리하고 OrderCreated 이벤트를 이벤트 큐에 발행한다.
3. 트랜잭션과 수수료 서비스 모두 이 이벤트를 받는다. 각자 처리하고 완료를 알리는 이벤트를 발행한다.
4. 이어서 시장 서비스는 수수료 부과와 주식 예약을 알리는 2개의 이벤트를 기다리는데, 이벤트가 모두 수신되면 주식 시장에 주문을 제출한다. 제출이 완료되면 시장 서비스는 이벤트 큐에 마지막 이벤트를 발생한다.

이벤트는 가용성에 대해 낙관적인 접근 방식을 취할 수 있게 해준다. 예를 들어, 수수료 서비스가 작동하지 않아도 주문 서비스는 여전히 주문을 생성할 수 있다. 수수료 서비스가 온라인으로 돌아오면 쌓여 있던 이벤트를 계속해서 처리할 수 있다. 또한 롤백을 하도록 확장할 수도 있다. 예를 들어, 자금이 부족해 수수료 서비스가 실패하면 ChargeFailed 이벤트를 발행하고 이어서 다른 서비스가 주문을 취소한다.

이런 상호작용은 **자율적으로 구성된다(choreographed)**. 즉, 각 서비스는 이벤트에 반응해 처리 과정의 전반적인 결과를 인지하지 않고 독립적으로 행동한다. 이런 서비스는 무용수와 비슷하다. 그들은 스텝을 알고 뮤지컬의 각 섹션에서 무엇을 할지 알고 명시적인 호출 또는 명령 없이 적절히 반응한다. 결국 이런 설계는 다른 서비스와 결합력을 떨어뜨리고 독립성을 증가시켜 독립적으로 변경을 반영하기 쉽게 만든다.

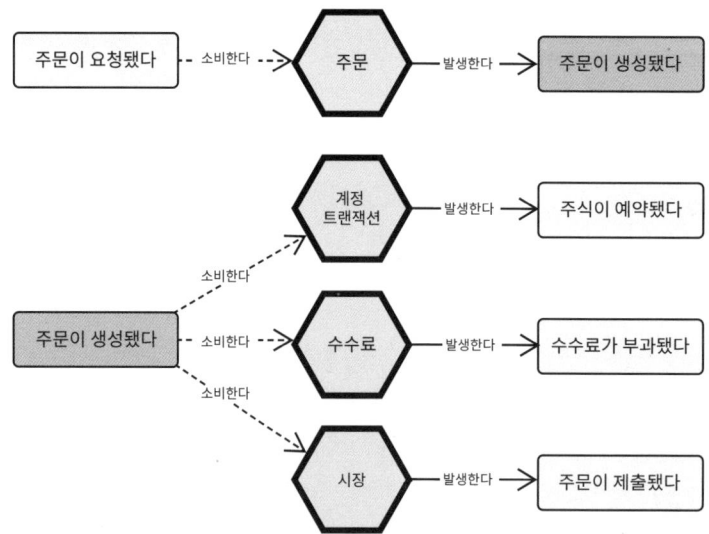

그림 5.5 주문 제출을 위해 서비스가 이벤트를 처리하고 발행하는 과정

> **이벤트와 모놀리식 시스템**
>
> 서비스 커뮤니케이션에 이벤트 지향 접근 방식을 사용하는 것은 모놀리식 애플리케이션을 마이크로서비스 애플리케이션으로 이관할 때 빛난다. 모놀리식 시스템에서 이벤트를 발행해 동시에 개발하는 마이크로서비스에서 그 이벤트를 처리한다. 이렇게 하면 모놀리식 시스템을 새로운 서비스와 단단하게 결합하지 않고도 새로운 기능을 구축할 수 있다.
>
> 생각해 보자: 외부 시스템이 현재 시스템과 함께 동작하게 하기 위해 기존 모놀리식 시스템에서 이벤트를 발행하도록 구현하는 것이 전부다. 이렇게 하면 위험을 줄이고 새로운 서비스에 안전한 실험을 할 수 있다.

5.3 사가(Sagas) 패턴

자율적 구성 접근 방식은 **사가(saga)** 패턴의 기본적인 예시다. 사가는 조율된 로컬 트랜잭션의 연속이다. 사가에서는 앞의 단계가 다음 단계를 작동시킨다.

개념 자체는 마이크로서비스 접근 방식보다 꽤 오래전에 나왔다. 헥터 가르시아-모리나(Hector Garcia-Molina)와 케니스 살렘(Kenneth Salem)이 1987년 논문[4]에서 데이터베이스 시스템에서 긴 트랜잭션을 위한 접근 방식으로 사가를 설명했다. 분산 트랜잭션에서 긴 트랜잭션의 잠금 방식은 가용성을 떨어뜨리는데, 사가는 연속해서 끼워 넣은 개별 트랜잭션으로 이 문제를 해결한다.

---

[4] 헥터 가르시아-모리나와 케니스 살렘의 사가 논문 원본은 http://mng.bz/Qdot를 참조하라.

로컬 트랜잭션은 원자적(트랜잭션이 보장되는 단위)이지만, 사가 전체는 그렇지 않다. 그래서 개발자는 개별 트랜잭션이 실패하더라도 시스템이 궁극적으로 일관성 있는 상태가 되도록 코드를 짜야 한다. 팻 헬런드(Pat Helland)의 유명한 논문 "분산 트랜잭션 너머의 삶(Life Beyond Distributed Transactions)"[5]에 따르면 여러 서비스 간의 상호작용은 결과를 보장하지 않을 수 있는데, 이것을 불확실성으로 생각할 수 있다. 분산 트랜잭션에서 불확실성은 데이터에 록(locks)을 사용해 관리할 수 있다. 트랜잭션이 없다면 불확실성은 의미상 적절한 워크플로를 통해 관리할 수 있다. 워크플로는 발생 순서대로 동작을 확정하거나 취소, 보상한다.

매도 주문과 서비스에 관해 이야기하기 전에 간단한 실제 사가를 살펴보자. 커피를 구매하는 예제다.[6] 일반적인 구매 절차는 주문, 지불, 준비, 전달의 4단계다(그림 5.6). 정상 결과에서는 고객이 커피값을 지불하고 주문한 커피를 받는다.

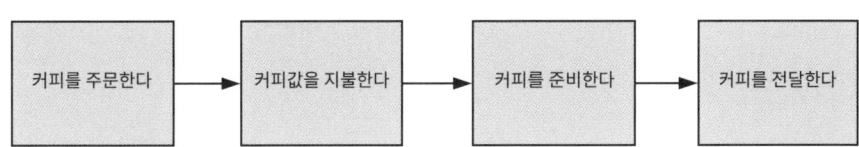

그림 5.6 커피 구매 과정

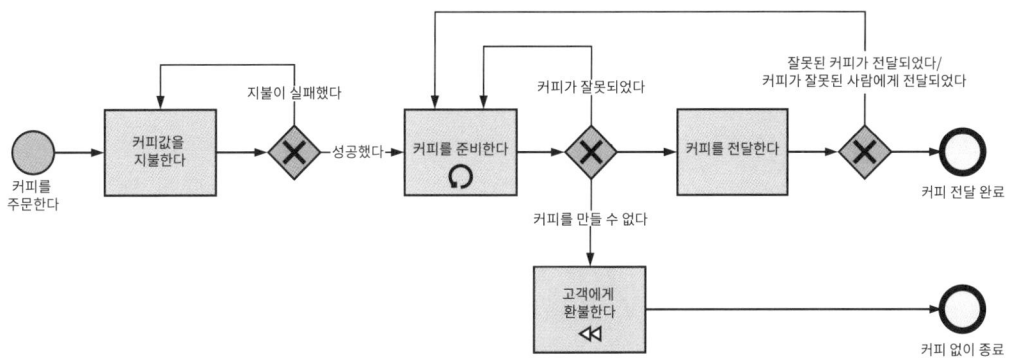

그림 5.7 보상 동작이 포함된 커피 구매 과정

구매 과정은 잘못될 수 있다! 예를 들어, 커피숍의 머신이 고장 나거나 바리스타가 플랫 화이트 대신 카푸치노를 만들 수 있다. 또는 커피를 다른 고객에게 전달할 수도 있다. 이런 이벤트 중 하나가 발생하면

---

5 팻 헬런드의 논문 내용은 "Life Beyond Distributed Transactions"(acmqueue, December 12, 2016), http://queue.acm.org/detail.cfm?id=3025012 참조.
6 그레고 호프(Gregor Hohpe)의 "Compensating Action"(Enterprise Integration Patterns), http://mng.bz/5FcG에서 발췌한 내용을 각색했다.

바리스타는 당연히 보상해야 한다. 즉, 커피를 다시 만들거나 지불을 환불한다(그림 5.7). 그러나 대부분의 경우 고객은 결국 커피를 받는다.

보상 동작은 사가에서 이전 작업을 없던 일로 하거나 시스템을 좀 더 일관된 상태로 돌리기 위해 사용한다. 시스템은 **원래(original)**의 상태로 돌아가는 것을 보장하지 않는다. 적절한 동작은 비즈니스 의미에 따라 달라진다. 이 설계 방식은 폭넓은 잠재적 시나리오를 고려할 필요가 있기 때문에 비즈니스 로직을 더욱 복잡하게 만들지만, 분산된 서비스 간의 신뢰할 수 있는 상호작용을 구축하기 위한 훌륭한 도구다.

5.3.1 자율적으로 구성된 사가 패턴

사가 패턴을 마이크로서비스에 적용하는 방법을 좀 더 잘 이해하기 위해 앞의 매도 주문 예제로 돌아가 보자. 사가의 동작은 자율적으로 구성된다. 즉, 각 동작 Tx는 전체적인 지휘자나 조율자 없이 다른 것에 응답해 수행된다. 이 태스크는 5개의 하위 태스크로 나눌 수 있다.

- T1: 주문을 생성한다.
- T2: 주식 수량만큼 예약한다. 이것은 계정 트랜잭션 서비스가 구현한다.
- T3: 수수료를 계산하고 부과한다. 이것은 수수료 서비스가 구현한다.
- T4: 매도 주문을 시장에 제출한다. 이것은 시장 서비스가 구현한다.
- T5: 주문 상태를 갱신한다.

그림 5.8에서 이 상호작용 과정 중에서 낙관적인(아마도 그럴 가능성이 높은) 경우를 설명한다.

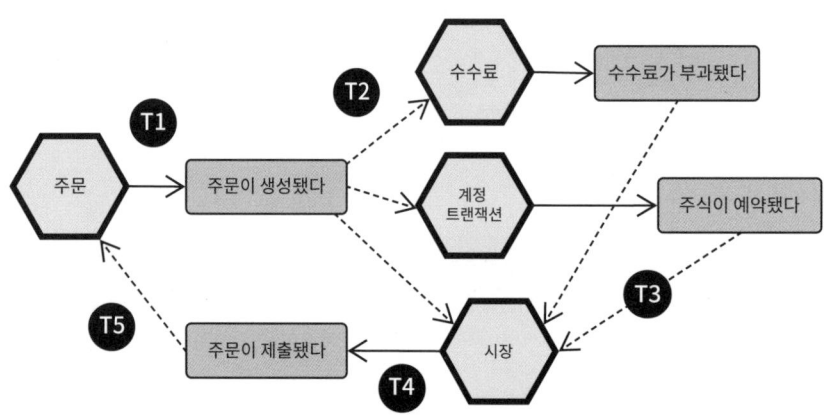

그림 5.8 매도 주문을 처리하는 사가

이 프로세스를 구성하는 5단계를 설명해 보자.

1. 주문 서비스는 T1을 수행하고 OrderCreated 이벤트를 발행한다.
2. 수수료와 계정 트랜잭션, 시장 서비스가 이 이벤트를 수신한다.
3. 수수료와 계정 트랜잭션 서비스는 적절한 동작을 수행하고(T2와 T3) 이벤트를 발행한다. 시장 서비스가 이 이벤트를 수신한다.
4. 주문이 사전 조건을 만족하면 시장 서비스는 주문을 시장에 제출하고(T4) OrderPlaced 이벤트를 발행한다.
5. 마지막으로 주문 서비스는 이 이벤트를 수신하고 주문 상태를 갱신한다(T5).

각 태스크는 실패할 수 있다. 이 경우, 애플리케이션은 정상적이고 일관성 있는 상태로 돌아가야 한다. 각 태스크에는 다음과 같은 보상 동작이 있다.

- C1: 고객이 생성한 주문을 취소한다.
- C2: 주식 수량 예약을 되돌린다.
- C3: 수수료 부과를 되돌리고 고객에게 환불한다.
- C4: 시장에 제출된 주문을 취소한다.
- C5: 주문의 상태를 되돌린다.

그렇다면 무엇이 이런 동작을 실행시킬까? 이벤트다! 예를 들어, 주문을 시장에 제출하는 것이 실패하면 시장 서비스는 사가 패턴에 포함된 다른 서비스가 구독하는 OrderFailed 이벤트를 발행해 주문을 취소할 것이다. 이 이벤트를 수신하는 각 서비스는 적절한 동작을 한다. 주문 서비스는 고객의 주문을 취소하고(C1) 트랜잭션 서비스는 주식 예약을 취소하고(C2) 수수료 서비스는 부과된 수수료를 되돌린다(C3). 이것을 그림 5.9에 표현했다.

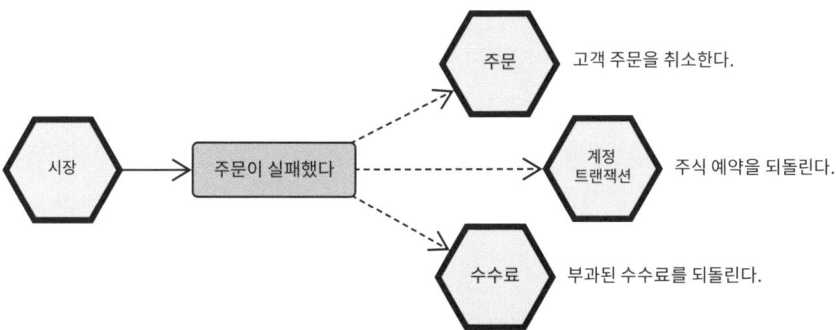

그림 5.9 시장 서비스는 실패 이벤트를 발행해 다른 여러 서비스가 롤백 절차를 시작하도록 한다.

이런 형태의 롤백은 시스템의 일관성을 아주 정확하게 유지하는 것이 아니라 **의미상(semantically)** 유지하려고 한다. 롤백 동작을 수행한 시스템은 원래의 완전히 동일한 상태로 돌아갈 수 없을 수 있다. 예를 들어, 수수료를 계산하는 태스크 중 하나가 이메일을 보냈다. 발송된 이메일은 되돌릴 수 없기 때문에 다른 사과 메일을 보내서 부과된 수수료가 계좌에 반환됐다고 전한다.

프로세스에 포함된 모든 동작은 하나 이상의 적절한 보상 동작을 가질 수 있다. 이 방식은 시나리오를 예측하고 코딩하고 테스트하는 모든 것에서 시스템을 더 복잡하게 만든다. 특히 더 많은 서비스가 포함될수록 롤백은 더욱더 복잡해질 수 있다.

고립된 운영이 아닌 실 세계의 환경을 반영하는 서비스를 구축할 때 실패 시나리오를 예측하는 것은 중요한 부분이다. 마이크로서비스를 설계할 때 더 넓은 애플리케이션이 복원력을 발휘하도록 보상 설계를 고려해야 한다.

장점과 단점

자율적 상호작용 스타일은 참여하는 서비스가 서로를 명시적으로 알 필요가 없기 때문에 느슨하게 연결되도록 하는 데 도움이 된다. 결국 각 서비스의 자율성을 증대하는 것이다. 그러나 불행하게도 이것은 완벽하지 않다.

여기서 매도 주문을 실행하는 방법을 아는 코드는 없다. 이 때문에 규칙을 검증할 때 여러 구분된 서비스를 확인해야 해서 검증이 어려워진다. 또한 이것은 상태 관리를 복잡하게 만든다. 각 서비스는 주문 처리 과정에서 구분된 상태를 반영해야 한다. 예를 들어, 주문 서비스는 주문이 생성, 제출, 취소, 거절 등이 됐는지를 추적해야 한다. 이런 추가적인 복잡성이 시스템을 추론하는 데 어려움을 가중한다.

또한 자율적 구성은 서비스 간의 순환 의존성을 유발한다. 주문 서비스는 시장 서비스가 구독하는 이벤트를 발행한다. 그러나 반대로 주문서비스는 시장 서비스가 발행하는 이벤트를 구독한다. 이런 유형의 의존성은 서비스를 출시할 때 결합을 발생시킨다.

일반적으로, 비동기 커뮤니케이션 스타일을 선택할 경우 시스템의 실행 흐름을 추적할 수 있는 모니터링과 추적 기능에 투자해야 한다. 에러가 발생할 경우 또는 분산 시스템을 디버그해야 할 경우, 모니터링과 추적 역량은 비행 기록 장치 역할을 한다. 여기에 시스템의 이벤트가 기록되어 추후에 시스템의 여러 부분에서 무슨 일이 일어났는지를 조사할 수 있게 된다. 이런 역량은 자율적 구성을 통한 상호작용에서 중요한 역할을 한다.

> **노트** 11장과 12장에서 로깅, 추적, 모니터링을 통해 어떻게 관측 가능성을 확보하는지 알아본다.

자율적 구성 방식은 처리 과정이 얼마나 진행됐는지 알기 어렵게 한다. 마찬가지로 주문의 롤백도 중요한데, 조율 또는 동기식 방법과 달리 느슨한 시간 보장을 하는 자율적 구성 방식은 이를 보장하지 않는다. 간단하고 거의 즉시 처리되는 워크플로에서는 처리가 얼마나 진행됐는지 아는 것이 의미가 없을 때가 많지만, 많은 비즈니스 프로세스가 즉각 처리되지 않는다. 이 경우 다른 시스템, 사람, 조직과 연관되어 여러 날이 소요될 수 있다.

5.3.2 조율된 사가 패턴

자율적 구성 대신 **조율(orchestration)** 방식으로 사가를 구현할 수도 있다. 조율된 사가에서는 서비스가 조율자 역할을 한다. 조율 서비스는 여러 서비스에 걸친 사가의 결과를 실행하고 추적하는 프로세스다. 조율자는 독립 서비스로 구성할 수 있다. 4장의 동사-지향(verb-oriented) 서비스를 떠올려보자. 조율자의 역할은 사가의 실행을 관리하는 것이다. 사가의 참여자와 비동기 이벤트 또는 메시지 요청/응답을 통해 상호작용한다. 가장 중요한 것은 프로세스의 각 단계에서 실행의 상태를 추적하는 것이다. 때때로 이것을 **사가 로그(saga log)**라고 한다.

사가 조율자를 통해 주문 서비스를 만들어 보자. 그림 5.10은 고객이 성공적으로 주문을 제출하는 시나리오를 설명한다.

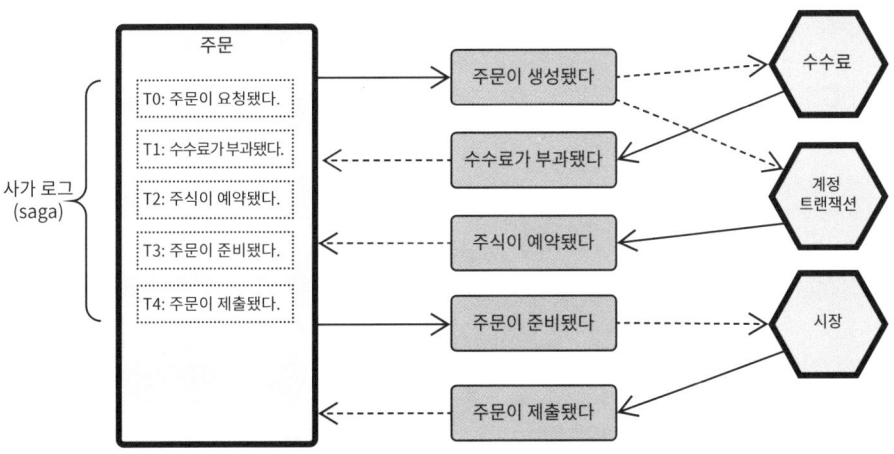

그림 5.10 주문을 제출하기 위한 조율된 사가

그림 5.8의 자율적 구성의 예제와 이 그림의 중요한 차이점을 바로 알아챌 수 있을 것이다. 주문 서비스는 주문을 제출하는 과정에서 각 절차의 실행을 추적한다. 조정자를 일련의 상태와 상태의 전이를 표

현하는 상태 머신(state machine)으로 생각하면 된다. 협력자의 응답은 상태 변화를 유발해 조율자가 사가의 결과로 이동하게 한다.

그러나 사가도 실패를 한다. 조율된 사가에서 조율자는 실패한 트랜잭션에 영향을 받은 엔티티를 유효한 일관된 상태로 되돌리기 위해 적절한 보상 동작(reconciliation action)을 시작할 책임이 있다.

이전 예제에서 했듯이, 시장 서비스가 시장에 주문을 제출할 수 없는 경우 조율 서비스는 보상 동작을 시작한다.

1. 계정 트랜잭션 서비스에 매도될 주식에 대한 잠금을 해제하도록 요청할 것이다.
2. 고객에게 부과된 수수료를 취소하도록 요청할 것이다.
3. 사가의 결과(예: 거절 또는 실패)를 반영하도록 주문의 상태를 변경할 수 있다. 이것은 비즈니스 로직(실패한 주문을 고객에게 보여줄지 아니면 재시도할지)에 따라 달라진다.

결국, 조율자는 동작 1, 2의 결과를 추적할 수 있다. 그림 5.11은 실패 시나리오를 설명한다.

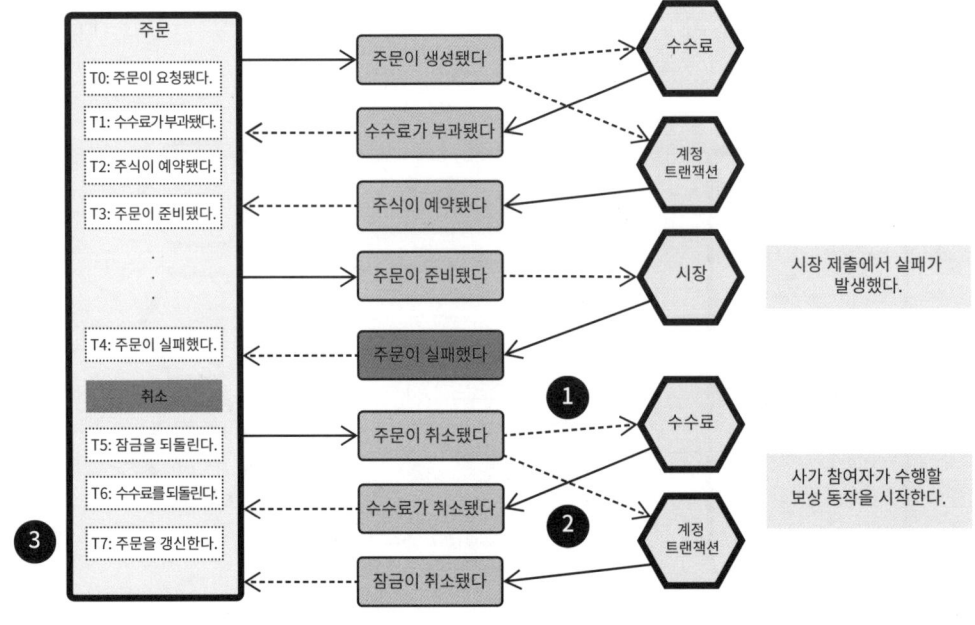

그림 5.11 사가에서 실패한 시나리오의 경우, 시장 서비스에서의 실패는 조율자가 보상 동작을 실행하도록 한다.

> **Tip** 보상 동작이 즉각 일어나지 않거나 동시에 발생하지 않을 수 있다는 것을 잊지 말자. 예를 들어 고객의 직불카드로 부과됐다면 은행으로 반환하는 데 일주일이 걸릴 수 있다.

그러나 기대하는 동작이 실패한다면 보상 동작 또는 조율자 자신도 실패할 수 있다. 보상 동작도 의도치 않은 부작용(예: 중복 반환) 없이 재시도할 수 있도록 설계해야 한다. 최악의 경우, 롤백 중 반복된 실패로 인해 수동 개입이 필요할 수도 있다. 완전한 에러 모니터링은 이런 시나리오도 잡아내야 한다.

장점과 단점

사가에서 일련의 로직을 단일 서비스에 집중시키면 한 곳에서 순서를 변경하는 것뿐만 아니라 사가의 결과와 진행 상황을 추론하기가 상당히 쉬워진다. 결국 로직이 조율자로 이동하므로 개별 서비스가 간단해지고 관리해야 할 상태의 복잡도가 줄어든다.

그러나 이런 방식은 조율자가 너무 많은 로직을 가진다는 위험이 있다. 최악의 경우 이것이 다른 서비스를 자율적이고 독립적으로 책임지는 비즈니스 역량 대신 데이터 저장소를 감싸는 빈약한 래퍼로 만들 수도 있다.

수많은 마이크로서비스 실무자들은 조율자 방식보다는 동료 간(peer-to-peer) 자율적 구성을 옹호한다. 이들은 자율적 구성 방식이 엔터프라이즈 SOA에서 자주 사용된 WS-BPEL같은 무거운 워크플로 도구와는 대조적으로 마이크로서비스 아키텍처에서 추구하는 '똑똑한 종단점, 우둔한 파이프(smart endpoints, dumb pipes)'를 반영한다고 본다. 그러나 조율 방식도 커뮤니티에서 점점 인기를 얻어가고 있다. 특히 넷플릭스 컨덕터(Netflix Conductor) 프로젝트의 인기와 AWS의 스텝 워크플로(Step Workflows)에서 보듯이 긴 상호작용을 구축할 때 더욱더 그렇다.

5.3.3 중첩된(interwoven) 사가 패턴

ACID 트랜잭션과 다르게 사가는 격리(isolation)가 없다. 각 로컬 트랜잭션의 결과는 엔티티에 영향을 주는 다른 트랜잭션이 즉시 볼 수 있다. 이런 가시성은 엔티티가 동시에 여러 사가에 엮일 수 있다는 뜻이다. 그래서 서비스가 엔티티의 중간 상태(intermediate state)를 예상하고 다루도록 비즈니스 로직을 설계해야 한다. 이때 필요한 중첩의 복잡도는 주로 하위의 비즈니스 로직에 달려있다.

예를 들어, 고객이 실수로 주문을 제출해서 취소하고 싶다고 가정해 보자. 주문이 시장에 제출되기 전에 취소 요청을 했다면 주문 제출 사가는 여전히 진행 중일 수 있고 이를 멈추기 위해 새로운 지시가 필요할 것이다(그림 5.12).

이렇게 중첩된 사가를 다루기 위한 3가지 일반적인 전략이 있다. 회로 차단하기(short-circuiting), 잠그기(locking), 인터럽트(interruption)가 그것이다.

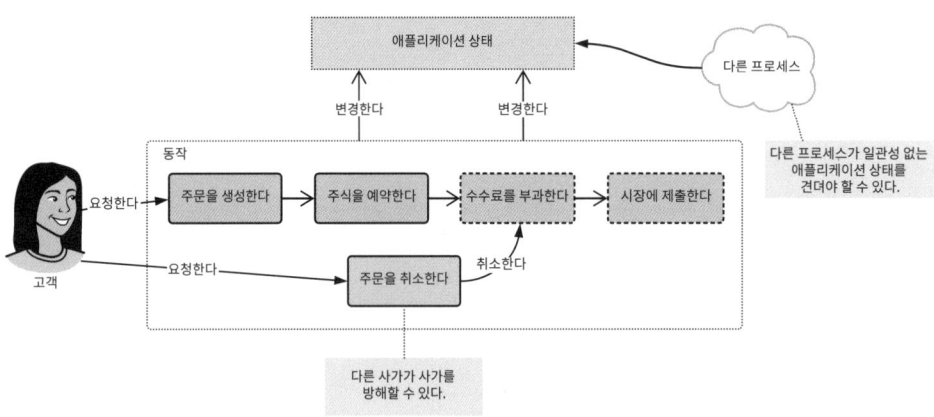

그림 5.12 사가의 단계들은 중첩될 수 있다.

회로 차단하기(short-circuiting)

사가에서 주문이 진행 중일 때 새로운 사가가 시작되는 것을 막을 수 있다. 예를 들어 고객은 시장 서비스가 시장에 주문을 제출하기 전에는 주문을 취소할 수 없다. 이것은 사용자 입장에서 좋지는 않지만, 가장 쉬운 전략일 것이다!

잠그기(locking)

엔티티로의 접근을 제어하기 위해 록(lock)을 사용할 수 있다. 엔티티의 상태를 변경하고자 하는 다른 사가는 록을 얻기 위해 대기해야 한다. 이 예제는 매도 주문에서 이미 봤다. 보유 주식의 매도 주문이 활성화된 경우 고객이 두 번 매도하는 것을 막기 위해 주식 수량에 예약 또는 록을 건다.

이 방식은 여러 사가가 록을 얻기 위해 서로를 방해하는 데드락에 빠질 수 있어서 시스템이 멈추는 것을 방지하기 위해 데드락 모니터링과 타임아웃을 구현해야 한다.

인터럽트(interruption)

마지막으로 동작이 실행되는 것을 방해하도록 할 수 있다. 예를 들어, 주문 상태를 '실패'로 갱신할 수 있다. 주문을 시장에 제출하기 위해 메시지를 기다릴 때 시장 게이트웨이는 주문이 유효한지를 최신의 주문 상태로 확인한다. 이때 '실패' 상태를 확인할 것이다. 이 방식은 비즈니스 로직의 복잡도를 증가시키지만, 데드락의 위험은 피할 수 있다.

5.3.4 일관성 패턴

사가가 대부분 보상 동작에 의지하지만, 이것이 서비스 상호작용에서 일관성을 달성하는 유일한 방식은 아니다. 지금까지 실패를 다루는 2가지 패턴을 봤다. 보상 동작(커피값을 반환한다)과 재시도(새로운 커피를 만든다)였다. 표 5.1에 여러 가지 전략을 설명했다.

표 5.1 마이크로서비스 애플리케이션에서의 일관성 전략

#	이름	전략
1	보상 동작	이전 동작을 없던 일로 하는 동작을 수행한다.
2	재시도	성공 또는 시간 만료될 때까지 재시도한다.
3	무시	에러 이벤트가 발생해도 아무것도 하지 않는다.
4	재시작	원래 상태로 초기화하고 다시 시작한다.
5	잠정적 동작	잠정적 동작을 수행하고 나중에 확정 또는 취소한다.

이런 전략의 사용은 서비스에서 상호작용의 비즈니스적 의미에 따라 달라진다. 예를 들어, 대용량 데이터 세트를 처리할 때는 전체 데이터 세트를 처리하는 비용이 크기 때문에 개별 실패는 무시하는 것이 낫다(전략 #3 적용). 주문을 처리하는 등의 처리를 할 때는 고객의 주식 수량을 요청보다 많이 판매할 가능성을 줄이기 위해 잠정적으로 중지 상태로 두는 것이 합리적이다(전략 #5).

5.3.5 이벤트 소싱

지금까지 엔티티의 상태와 이벤트는 다르다고 가정했다. 엔티티의 상태는 적절한 트랜잭션 저장소에 저장되는 반면에 이벤트는 독립적으로 게시된다(그림 5.13).

이런 방식의 다른 대안으로 이벤트 소싱(event sourcing) 패턴이 있다. 엔티티 상태에 대한 이벤트를 게시하는 대신, 객체에 발생한 이벤트의 연속으로 전체의 상태를 나타낸다. 특정 시각에 엔티티의 상태를 얻기 위해서 그 시각 이전의 이벤트를 통합한다. 예를 들어 주문 서비스의 경우에는 다음과 같다.

- 지금까지 가정한 전통적인 저장 방식에서는 주문의 최신 상태를 데이터베이스에 저장할 것이다.
- 이벤트 소싱에서는 주문의 상태를 변경하도록 한 모든 이벤트를 저장한다. 이런 이벤트를 재생해 주문의 현재 상태를 나타낼 수 있다.

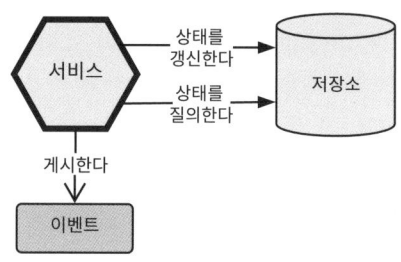

그림 5.13 상태를 데이터 장소에 저장하고 이벤트를 게시하는 서비스

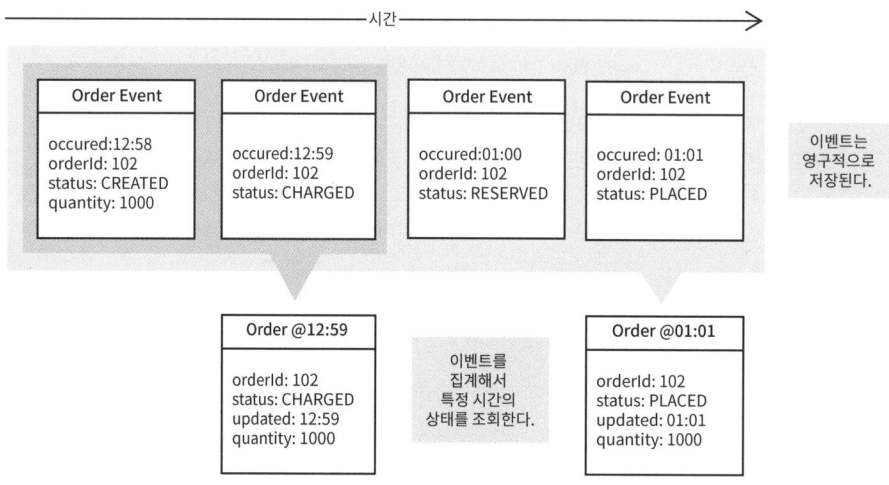

그림 5.14 이벤트의 연속으로 저장된 주문

그림 5.14는 주문 이력을 추적하기 위한 이벤트 소싱 방식을 설명한다.

이 아키텍처는 엔터프라이즈 애플리케이션의 공통적인 문제, 즉 현재 상태에 도달하는 방법을 설명한다. 여기서는 상태와 이벤트의 구분이 없다. 다시 말해, 비즈니스 로직은 본질적으로 이벤트를 생성하고 조작하기 때문에 비즈니스 로직에 이벤트를 적용할 필요가 없다.[7] 한편, 이벤트 소싱에서 복잡한 질의는 더욱 어렵다. 그래서 이벤트 저장소의 형식은 기본키로 엔티티를 추출하는 것만 지원하기 때문에 조인을 하거나 필드 값으로 필터링해 뷰를 나타내야 한다.

이벤트 소싱은 마이크로서비스 애플리케이션의 요구사항이 아니지만, 애플리케이션의 상태를 저장하기 위해 이벤트를 사용하는 것은 매우 세련된 방법이다. 게다가 상태 전이의 이력을 추적하는 것이

---

[7] (옮긴이) 현재 상태는 이벤트 저장소에서 얻을 수 있기 때문이다.

중요한 복잡도가 높은 사가를 포함하는 애플리케이션의 경우에는 특히 그렇다. 이벤트 소싱에 대해 더 배우고 싶다면 닉 체임벌린(Nick Chamberlain)의 awesome-ddd 목록(https://github.com/heynickc/awesome-ddd)에 더 많은 리소스와 읽을 거리가 있다.

5.4 분산된 환경에서의 질의

또한 분산된 데이터 소유권은 데이터 조회를 더욱더 어렵게 한다. 왜냐하면 조인처럼 데이터베이스 수준 또는 근접한 수준에서 관련된 데이터를 집계하는 것이 더이상 불가능하기 때문이다. 분산된 서비스로부터 데이터를 표현하는 것은 애플리케이션의 UI 계층에서 종종 필요하다.

예를 들어, 고객 목록과 현재 진행 중인 주문을 함께 보여주는 관리자 UI를 구축한다고 해보자. SQL 데이터베이스의 경우, 단일 질의로 두 테이블을 조인해 하나의 데이터 세트를 추출할 것이다. 마이크로서비스 애플리케이션에서 이런 **컴포지션(composition)**은 일반적으로 API 수준에서 일어난다. 서비스 또는 API 게이트웨이가 이 작업을 수행할 수 있다(그림 5.15). **연관 ID(correlation ID)**는 관계형 데이터베이스에서 외래 키(foreign keys)에 비유할 수 있는데, 각 서비스가 소유하는 데이터의 관계를 식별한다. 예를 들어, 각 주문은 관련 고객의 ID를 기록한다.

그림 5.15에 표현된 2단계 접근 방법은 한 개 또는 작은 데이터 세트에서는 잘 작동하지만, 대량 요청에는 제대로 성능을 확장하지 못한다. 첫 질의가 N개의 고객 목록을 반환하면 두 번째 질의는 N번 수행하므로 즉시 제어할 수 없게 된다. SQL 데이터베이스에 질의를 했다면 조인으로 간단히 해결했겠지만, 데이터베이스가 여러 데이터 저장소에 흩어져 있기 때문에 조인 같은 쉬운 해결책은 불가능하다.

대신 예제 코드 5.1에서처럼 대용량 요청 종단점과 페이징(paging) 기법으로 개선할 수 있다. 모든 고객을 가져오는 대신 첫 페이지만 가져오고, 고객의 주문을 하나씩 조회하는 대신 ID 목록으로 조회할 수 있다. 그러나 각 고객이 수천 개의 주문을 가지고 있다면 이를 페이지로 조회하는 것도 상당한 부담을 줄 것이다.

예제 코드 5.1 데이터 추출을 위한 다양한 종단점

/customers?page=1&size=20. ← 대용량 데이터를 페이지 단위로 조회해야 한다.
/orders?customerIds=4,5,10,20. ← 개별적으로 조회하는 대신 "IN" 개념을 사용해 하위 데이터를 조회한다.

API 컴포지션은 간단하고 직관적이다. 개별 집계 또는 소규모 열거 목록과 같은 수많은 사용 사례에서 이 방식의 성능은 수용할 만하다.

그러나 다음과 같은 경우에 성능은 비효율적이고 기대 이하가 된다.

- **리포트와 같이 상당한 데이터를 조인해 반환하는 질의**: "지난해 이후 모든 고객의 주문을 조회"
- **여러 서비스 간의 집계와 분석을 수행하는 질의**: "35세 이상의 고객이 구매한 신흥 시장 주식의 평균 주문 가격 정보"
- **서비스가 소유한 데이터베이스가 지원하지 않는 질의**: 예를 들어, 복잡한 조회 패턴은 관계형 데이터베이스에서는 종종 최적화하기 어렵다.

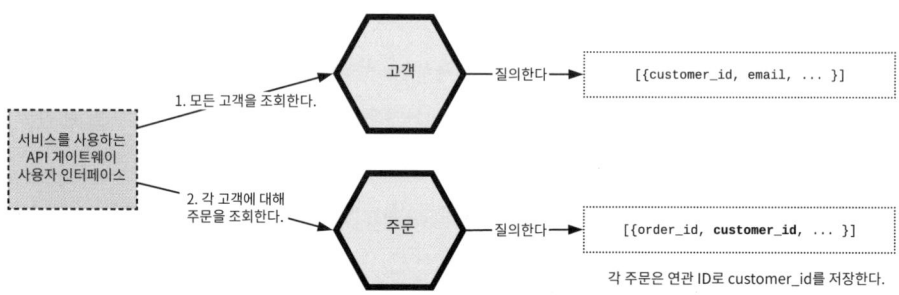

그림 5.15 API 수준에서의 데이터 구성

마지막으로 API 컴포지션은 가용성에 영향을 받는다. 컴포지션은 하위 서비스에 동기식 호출을 해야 하므로 질의 경로의 전체 가용성은 이 경로에 포함된 모든 서비스 가용성의 곱으로 제공된다. 예를 들어, 그림 5.15에 있는 두 개의 서비스와 API 게이트웨이가 각기 99%의 가용성을 가지면 전체 가용성은 99%^3, 즉 97.02%가 된다. 이어지는 세 개 섹션에서는 마이크로서비스 애플리케이션에서 효율적인 질의를 구축하기 위해 어떻게 이벤트를 사용할 수 있을지 논의한다.

> **노트** 다음 장에서는 이런 속성을 극대화하기 위한 서비스의 가용성과 신뢰성, 기법에 대해 논의한다.

5.4.1 데이터 복제본 저장하기

서비스가 이벤트를 통해 다른 서비스로부터 받은 데이터를 저장하거나 캐시하도록 선택할 수 있다. 예를 들어 그림 5.16에서는 수수료 서비스가 OrderCreated 메시지를 받으면 연관 ID 외에 주문에 관한 추가적인 상세 정보를 저장하도록 선택할 수 있다. 이 서비스에서는 주문 서비스에 추가 호출을 해서 데이터를 추출할 필요 없이 "이 주문의 가치는 얼마였나?"와 같은 질의를 다룰 수 있다.

이런 기법은 아주 유용하지만 다음과 같은 이유로 위험할 수 있다.

- 데이터의 여러 복제본을 유지하는 것은 애플리케이션과 서비스의 복잡도(그리고 전체적인 저장소 비용까지)를 증가시킨다.
- 서비스가 점점 이벤트의 내용에 결합될수록 이벤트 스키마의 파괴적 변경은 극도로 관리하기 위험해진다.
- 캐시(Cache)를 무효화하는 것은 어렵기로 악명이 높다.[8]

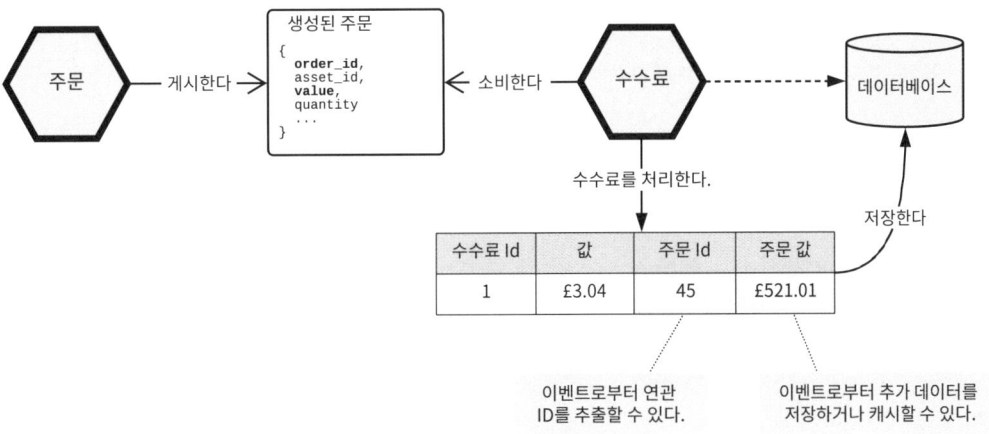

그림 5.16 이벤트를 공유해 여러 서비스에 상태를 복제하도록 할 수 있다.

표준 데이터를 여러 장소에 유지하면 이 데이터를 갱신하기 위한 비동기식 이벤트가 지연되거나 실패 또는 여러 번 전달될 수 있으므로 궁극적인 일관성 문제와 조회한 복제 데이터가 최신이 아닌 상황에 대비해야 한다.

최신이 아닌 데이터가 괜찮은지는 종종 특정 기능의 비즈니스 의미에 따라 달라진다. 그러나 이것은 선택하기 어려운 문제. CAP 이론[9]에 따르면 항상 가용성과 일관성 중에서 선택해야 하며 2가지를 모두 만족할 수는 없다. 다시 말해, 최신 데이터를 보장하지 않으면서 성공적인 결과를 반환하는 가용성과 최신 상태를 반환하거나 실패하는 일관성 사이에서 선택해야 한다.

일관성을 보장하는 것은 시스템에 분산 록(locks) 같은 조율을 강화하도록 하는 경향이 있고 이는 트랜잭션 속도를 저해한다. 반대로 가용성을 극대화하는 시스템은 궁극적으로 사가(sagas)와 같은 보상 동작과 재시도에 의지한다. 아키텍처의 관점에서 가용성은 일반적으로 달성하기 쉽고 조율 비용이 줄기 때문에 확장성 있는 애플리케이션을 구축하기가 더 쉽다.

---

8 마틴 파울러(Martin Fowler)의 "TwoHardThings"(July 14, 2009), https://martinfowler.com/bliki/TwoHardThings.html과 마크 히스(Mark Heath)의 "Troubleshooting Caching Problems"(SoundCode, January 23, 2018), http://mng.bz/M2J7을 참조하라.
9 CAP 이론을 환상적으로 설명한 카우식 사투파디(Kaushik Sathupadi)의 글을 참조하자: http://ksat.me/a-plain-english-introduction-to-cap-theorem/.

> **가용성 우선순위 지정하기**
>
> 구축하는 시스템의 가용성에 대한 우선순위를 정할 때 문제 해결을 위한 본능적인 일관성 지향 솔루션을 피해야 할 수 있다. 일관성에 우선순위를 둬야 할 것 같은 시스템조차도 종종 가용성에 대한 트레이드오프를 선택해 성공적인 사용을 극대화한다.
>
> 좋은 예로 ATM(automated teller machine)을 들 수 있는데, 가용성에 우선순위를 두면 은행의 수익이 증가한다. ATM이 은행 백엔드에 연결할 수 없거나 넓은 ATM 네트워크에 연결할 수 없어도 여전히 인출이 가능하지만, 제약을 걸어 초과 인출의 위험을 제한하도록 보장한다. 초과 인출이 발생하면 은행은 수수료로 회수할 수 있다.
>
> 에릭 브루어(Eric Brewer)의 최신 글(http://mng.bz/HGA3)에서 이 시나리오에 대한 훌륭한 개요를 설명한다.

5.4.2 질의와 명령 분리하기

이벤트를 사용해 뷰를 생성하기 위해 이전 방식을 좀 더 일반화할 수 있다. 많은 시스템에서 질의(query)는 쓰기(write)와 상당히 다르다. 쓰기는 고도로 정규화된 단일 엔트리에 영향을 주는 데 반해, 질의는 소스 범위에서 종종 정규화되지 않은 데이터를 조회한다. 일부 질의 패턴에서는 쓰기와 다르게 완전히 다른 데이터 저장소에서 혜택을 얻을 수 있다. 예를 들어, 영속적인 트랜잭션 저장소로 PostgreSQL를 사용하지만 인덱스 조회 질의에는 엘라스틱서치(Elasticsearch)를 사용할 수 있다. CQRS(Command-query responsibility segregation) 패턴은 이런 시나리오를 관리하기 위한 일반적인 모델로, 시스템에서 읽기와 쓰기를 명시적으로 분리한다.[10]

> **노트** 이 책에서는 CQRS의 구현에 대해 기술적으로 상세히 다루지 않지만, 커맨디드[Commanded](엘릭서[Elixir]), CQRS.net(닷넷[.NET]), 라곰[Lagom](자바와 스칼라), 브로드웨이[Broadway](PHP)와 같은 다양한 언어의 프레임워크를 둘러볼 수 있다.

CQRS 아키텍처

그림 5.17에서 CQRS를 사용해 명령과 질의를 분리한 것을 볼 수 있다.

- 애플리케이션에서 **명령(command)** 측은 생성, 갱신, 삭제의 시스템 갱신을 수행한다. 명령은 인-밴드(in-band)나 래빗엠큐(RabbitMQ), 또는 카프카(Kafka)와 같은 별개의 이벤트 버스로 이벤트를 발행한다.
- 이벤트 핸들러는 적절한 **질의(query)** 또는 **읽기(read)** 모델을 구축하기 위해 이벤트를 소비한다.
- 분리된 데이터 저장소가 시스템의 각 측면을 지원할 수 있다.

---

[10] 이벤트 소싱 아키텍처를 구현한다면 CQRS를 사용할 필요가 있다.

애플리케이션 데이터의 복잡한 뷰를 소유하고 관리하는 전담 질의 서비스를 구축하기 위해 이벤트를 사용해 이 패턴을 서비스 내부와 전체 애플리케이션에 모두 적용할 수 있다. 예를 들어, 전체 고객을 기반으로 주문 수수료를 집계하고 잠재적으로 여러 속성(예를 들어, 주문 유형, 자산 범주, 지불 방법)으로 쪼개려고 한다고 하자. 이것은 서비스 수준에서는 불가능하다. 수수료, 주문, 고객 중 어느 서비스도 이런 속성으로 분류할 수 있는 데이터를 가지고 있지 않기 때문이다.

대신 그림 5.18에서 보듯이 적절한 뷰를 구성하기 위해 질의 서비스 CustomerOrders를 구축할 수 있다. 질의 서비스는 다른 어떤 서비스에도 명확히 속하지 않는 뷰를 다루기 위한 좋은 방법으로, 관심사를 합리적으로 분리할 수 있게 해준다.

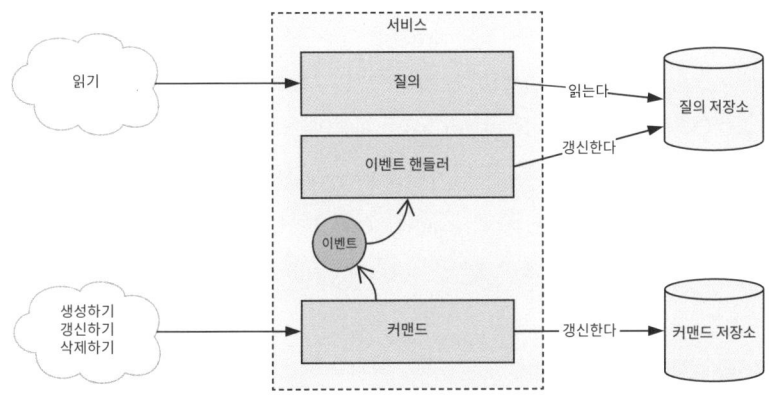

그림 5.17 CQRS는 서비스를 각각 분리된 데이터 저장소를 접근하는 명령과 질의 측으로 나눈다.

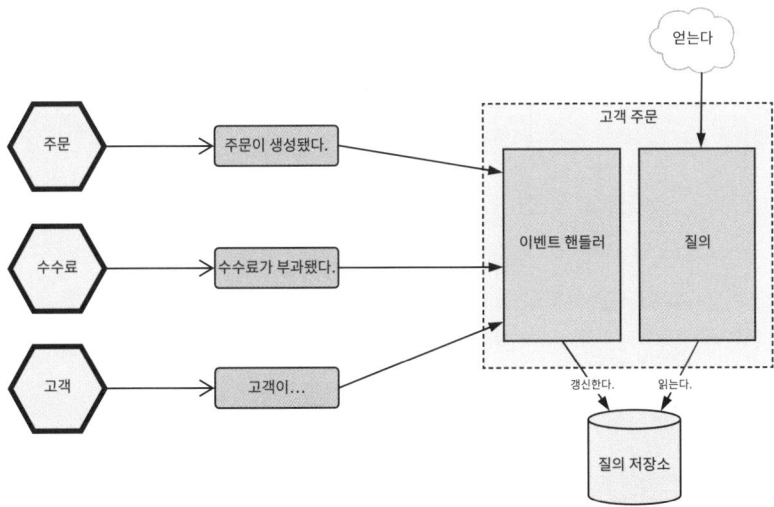

그림 5.18 질의 서비스는 여러 서비스가 발생하는 이벤트로부터 복잡한 뷰를 구성할 수 있다.

> **Tip** 애플리케이션 내에 CQRS만 사용할 필요는 없다. 여러 시나리오에 다양한 질의 스타일을 사용하면 복잡성, 구현 속도, 고객 가치 사이에서 균형을 이루는 데 도움이 된다.

지금까지 설명한 내용 모두 훌륭해 보인다! 마이크로서비스 애플리케이션에서 CQRS는 2가지 중요한 혜택을 준다.

- 특정 질의를 위해 질의 모델을 최적화해 질의 성능을 개선하고 서비스 간 조인의 필요성을 제거할 수 있다.
- 서비스 내 및 애플리케이션 수준 모두에서 관심사의 분리를 돕는다.

그러나 단점도 있다. 이제 이 부분에 대해 살펴보자.

5.4.3 CQRS의 어려운 점

데이터 캐시 예제와 같이, CQRS는 **복제 로그(replication log)** 때문에 궁극적인 일관성을 고려해야 한다. 이벤트가 질의 모델을 갱신하기 때문에 누군가 그 데이터를 조회하면 만료된 뷰를 보게 된다. 이 것은 실망스러운 사용자 경험이다(그림 5.19). 예를 들어 주문의 값을 갱신한 후 확인 버튼을 클릭했는 데, 원래 주문의 상세 정보가 조회되는 식이다! POST/재이동(redirect)/GET 패턴을[11] 사용하는 웹 UI 는 종종 이런 문제를 겪는다.

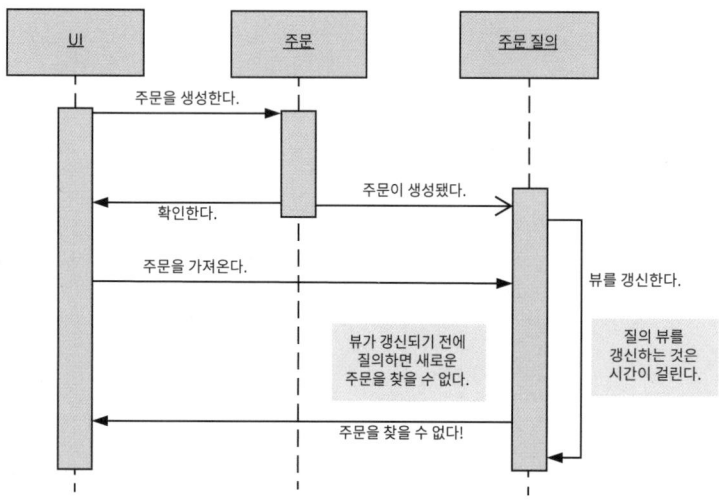

그림 5.19 질의 뷰를 갱신할 때 지연이 발생하면 조회 결과가 일관성이 없다.

---

[11] 자세한 사항은 https://en.wikipedia.org/wiki/Post/Redirect/Get을 참조하자.

어떤 시스템에서는 이것이 문제가 되지 않는다. 예를 들어, 활동 피드(activity feed)[12]에서는 지연 업데이트가 흔한 일이다. 트위터(Twitter)에 글을 갱신할 때 모든 팔로워가 이것을 동시에 수신하지 않아도 문제가 되지 않는다. 사실, 높은 일관성을 유지하려고 하면 불필요한 확장성 문제가 생길 수 있다.

어떤 시스템에서는 일관성 없는 상태를 질의하지 못하게 하는 것이 중요할 것이다. 이를 위해 낙관적 갱신이나 폴링, 게시-구독의 3가지 전략을 적용할 수 있다(그림 5.20).

낙관적 갱신(Optimistic updates)

명령의 기대한 결과에 근거해 UI를 낙관적으로 갱신할 수 있다. 명령이 실패하면 UI의 상태를 되돌릴 수 있다. 예를 들어 인스타그램(Instagram)에서 게시글의 '좋아요' 버튼을 클릭하면 앱은 인스타그램 백엔드에 이 변경이 저장되기 전에 빨간 하트를 보여준다. 저장이 실패하면 인스타그램은 낙관적 UI 변경을 취소하고 사용자는 다시 '좋아요' 버튼을 눌러야 한다.

이 방식은 명령 입력에서 정보를 얻거나 추론해 UI를 갱신하므로 간단한 엔티티로 작업할 때 잘 동작한다.

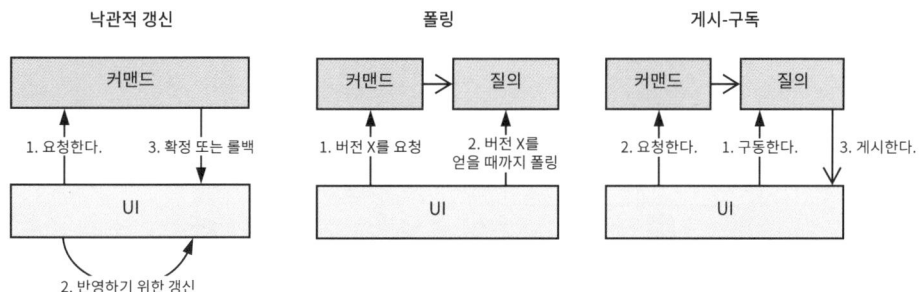

그림 5.20 CQRS에서 질의 측 복제 로그 지연에 대비하는 세 가지 전략

폴링(polling)

UI는 기대한 변경이 발생될 때까지 질의 API를 폴링할 수 있다. 명령을 시작할 때 클라이언트는 타임스탬프 같은 버전을 설정한다. 이후 질의에서 클라이언트는 질의 모델이 새로운 모델로 갱신됐음을 나타내는 것으로 지정된 버전 번호와 같거나 그 이상의 버전이 나올 때까지 폴링을 계속할 것이다.

---

[12] 활동 스트림의 내부 아키텍처에 관심이 있다면 https://github.com/tschellenbach/Stream-Framework가 좋은 시작이 될 것이다.

게시-구독(Publish-subscribe)

폴링을 하는 대신 UI는 웹소켓 채널 등으로 질의 모델의 이벤트를 구독한다. 이 경우 UI는 실제 모델이 'updated' 이벤트를 게시할 때만 갱신된다.

보다시피 CQRS를 통해 추론하기 어렵고 일반적인 CRUD API를 다룰 때 했던 방식과 다른 것을 요구한다. 그러나 마이크로서비스 애플리케이션에서는 유용할 수 있다. 올바르게 했다면 CQRS는 데이터와 책임이 여러 구분된 서비스와 데이터 저장소에 분산돼 있더라도 질의의 성능과 가용성을 보장하도록 도움을 준다.

5.4.4 분석과 리포팅

CQRS 기법은 분석과 리포팅과 같은 다른 유스케이스에도 일반화할 수 있다. 마이크로서비스의 이벤트 스트림을 변환해서 아마존 레드시프트(Redshift) 또는 구글 BigQuery와 같은 데이터 웨어하우스에 저장할 수 있다(그림 5.21). 변환 단계에서는 이 이벤트에 데이터 웨어하우스의 데이터 모델이나 비즈니스 의미를 반영하거나 다른 마이크로서비스의 데이터와 조합할 수 있다. 아직 이벤트를 어떻게 다루거나 질의해야 할지 모르겠다면 추후의 질의 또는 아파치 스파크(Apache spark) 또는 프레스토(Presto)와 같은 빅데이터 도구로 재처리를 할 수 있게 아마존 S3와 같은 일반적인 저장소에 저장한다.

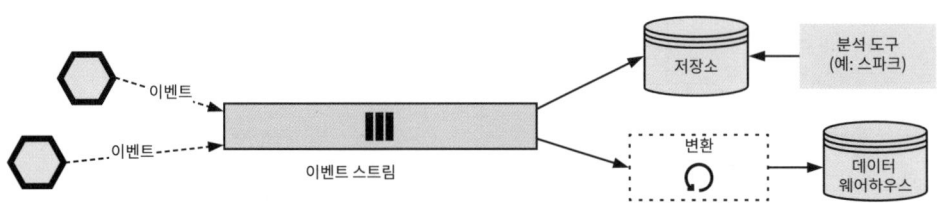

그림 5.21 마이크로서비스 이벤트는 데이터 웨어하우스나 다른 분석 저장소에 저장할 수 있다.

5.5 참고 자료

이 장에서 많은 부분을 다뤘지만, 사가, 이벤트 소싱, CQRS와 같은 주제는 각각을 별도의 책으로 다룰 수 있을 만큼 방대한 주제다. 이 주제에 대해 더 알고 싶다면 다음 책을 추천한다.

- "던컨 디보어(Duncan K. DeVore), 션 왈시(Sean Walsh), 브라이언 하나피(Brian Hanafee)" ≪**리액티브 애플리케이션 개발**(Reactive Application Development)≫(manning 2018) [13]

- "크리스 리차드슨(Chris Richardson)" ≪**마이크로서비스 패턴**(Microservices Patterns)≫)≫(manning 2018) [14]

- "알렉산더 딘(Alexander Dean)" ≪**이벤트 스트림 인 액션**(Event Streams in Action)≫)≫(manning 2019) [15]

요약

- ACID 속성은 여러 서비스의 상호작용에서 달성하기 어렵다. 마이크로서비스는 일관성을 달성하기 위해 다양한 접근 방식을 요구한다.
- 2-단계 커밋과 같은 조율 방식은 잠금 기법을 도입했고 확장성이 좋지 않다.
- 이벤트 기반 아키텍처는 독립적 구성요소 간의 결합을 낮추고 마이크로서비스 애플리케이션에서 확장성 있는 비즈니스 로직과 질의를 위한 기반을 제공한다.
- 일관성보다는 가용성에 중점을 두면 더 확장성 있는 아키텍처를 달성할 수 있다.
- 사가는 메시지 기반의 독립적인 로컬 트랜잭션으로 구성된 글로벌 동작으로 구현된다. 사가는 정확하지 않는 상태를 되돌리기 위해 보상 동작을 사용해 일관성을 달성한다.
- 격리된 상태에서 동작하는 것이 아닌 실제 환경을 반영한 서비스를 구축할 때 실패 시나리오를 예측하는 것은 중요한 요소다.
- 여러 마이크로서비스 간의 질의는 일반적으로 여러 API의 결과를 구성해 구현한다.

---

[13] https://www.manning.com/books/reactive-application-development (ISBN 9781617292460)
[14] https://www.manning.com/books/microservices-patterns (ISBN 9781617294549)
[15] https://www.manning.com/books/event-streams-in-action (ISBN 9781617292347)

6장 | 신뢰할 수 있는 서비스 설계하기

> **이 장에서는 다음 내용을 다룬다.**
> - 서비스 가용성이 애플리케이션의 신뢰성에 주는 영향
> - 의존하는 서비스의 오류로부터 마이크로서비스를 보호하는 설계하기
> - 서비스 간 커뮤니케이션 이슈를 해결하기 위해 재시도, 비율 제한, 회로 차단기, 상태 점검, 캐시 적용하기
> - 수많은 서비스 간의 안전한 커뮤니케이션 표준 적용하기

어떤 마이크로서비스도 섬처럼 혼자 존재하지 않는다. 각자 훨씬 큰 시스템에서 작은 역할을 한다. 대부분 시스템은 유용한 기능을 수행하기 위해 자신에게 의존하는 다른 서비스들이 있을 것이고(upstream collaborators), 반대로 자신은 다른 서비스에 의지할 것이다(downstream collaborators).

이것은 말보다 행동이 더 어렵다. 모든 복잡한 시스템에서 실패는 피할 수 없다. 개별 마이크로서비스는 다양한 이유로 실패할 수 있다. 코드에 버그가 있을 수도 있고 배포가 불안할 수도 있다. 또한 하위 인프라스트럭처가 실망스러울 수도 있다. 예를 들어 부하 때문에 리소스가 포화되거나 하위 노드가 비정상 상태가 되거나 전체 데이터 센터에 장애가 발생할 수 있다. 5장에서 논의했듯이, 심지어 서비스들이 의지하는 네트워크조차도 신뢰할 수 없다. 반대로 네트워크를 신뢰하는 것은 분산 컴퓨팅에서 잘 알려진 오류다.[1] 마지막으로 사람에 의해 중대 장애가 발생할 수 있다. 예를 들어 이 장을 작성하기 일주일 전에 아마존에서는 유지 보수 스크립트를 운영하는 엔지니어의 실수로 아마존 S3 장애를 유발해서 수천 개의 웹사이트가 영향을 받았다.

마이크로서비스 애플리케이션에서 장애를 제거하는 것은 불가능하다. 이를 위한 비용은 끝이 없을 것이다! 대신, 의존 서비스의 장애로부터 내성을 갖도록 마이크로서비스를 설계하는 데 집중해야 하고 의존 서비스의 장애로부터 우아하게 복구하거나 장애의 영향을 완화해야 한다.

---

1 피터 더치(Peter Deutsch)는 1994년에 분산 컴퓨팅에서의 8가지 오류에 대해 시인했다. 이에 대한 훌륭한 개요는 http://mng.bz/9T5F에서 확인하자.

이 장에서는 서비스 가용성의 개념을 소개하고 마이크로서비스 애플리케이션에서 장애의 영향에 대해 논의하며 서비스 간의 신뢰할 수 있는 커뮤니케이션을 설계하는 방법을 살펴본다. 또한 애플리케이션의 모든 마이크로서비스가 안전하게 상호작용할 수 있게 하는 2가지 전술인 프레임워크와 프락시에 대해 논의한다. 이런 기술은 마이크로서비스 애플리케이션의 신뢰성을 극대화하고 사용자를 행복하게 하는 데 도움을 준다.

6.1 신뢰성 정의하기

마이크로서비스의 신뢰성을 측정하는 방법에 대해 알아보는 것부터 시작하자. 여기 간단한 마이크로서비스 시스템이 있다. **보유(holdings)** 서비스는 **트랜잭션(transactions)**과 **시장-데이터(market-data)** 서비스에 의존한다. 그리고 의존 서비스는 다른 서비스를 호출한다. 그림 6.1은 이런 관계를 설명한다.

모든 서비스는 성공적으로 동작하는 데 보낸 시간이 있다. 이를 **가동 시간(uptime)**이라고 부른다. 마찬가지로 장애는 피할 수 없기 때문에 작업을 완수하지 못하는 데 보내는 시간도 있다. 이것은 **중단 시간(downtime)**이라고 부른다. 가동 시간과 중단 시간을 이용해 **가용성**을 계산할 수 있다. 즉, 서비스가 올바르게 동작한 가동 시간의 백분율을 구하는 것이다. 서비스의 가용성은 기대하는 서비스 신뢰성의 척도가 된다.

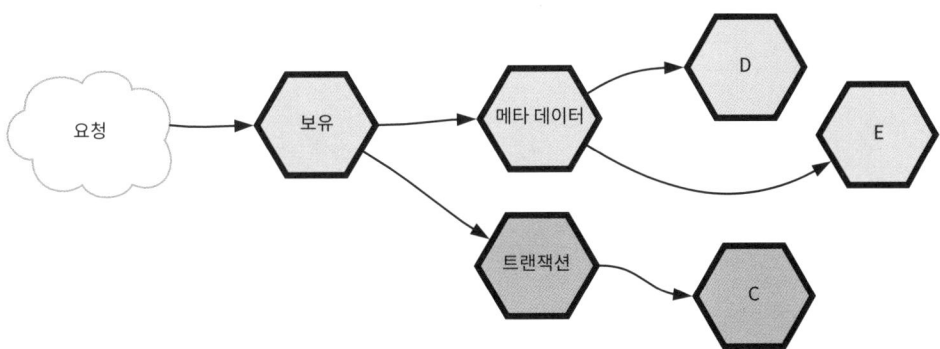

그림 6.1 협업하는 서비스 간의 의존성을 표현하는 간단한 마이크로서비스 시스템

이런 가용성의 일반적인 약칭은 '아홉(nines)'이다. 예를 들어, 두 개의 아홉은 99%이고 다섯 개의 아홉은 99.999%다. 중요한 운영용 서비스에서 이보다 적은 신뢰도를 갖는 것은 매우 드문 일이다.

가용성이 어떻게 동작하는지 설명하기 위해 보유 서비스의 시장-데이터 요청이 99.99%의 성공 신뢰도가 있다고 가정해 보자. 이는 상당히 신뢰성 있게 들리지만, 0.1%의 중단 시간이 의미하는 크기는 급속히 증가한다. 예를 들어, 1,000개의 요청에서는 단지 1개의 실패를 나타내지만, 백만 개의 요청에서는 1,000개의 실패다. 의존하는 서비스의 실패로부터 영향을 최소화하도록 서비스를 설계하지 않으면 이런 실패는 요청 서비스에 직접 영향을 줄 것이다.

마이크로서비스의 의존성 체인은 급속하게 복잡해질 수 있다. 이런 의존성이 실패한다면 시스템 전체의 실패 가능성은 얼마나 될까? 가용성 수치를 요청이 성공할 확률로 볼 수 있다. 즉, 체인에 참여하는 모든 가용성 수치를 곱하면 전체 시스템의 실패율을 예측할 수 있다.

앞의 예제를 확장해 각 호출에 대해 동일한 성공률을 가지는 여섯 개의 서비스가 있다고 하면 시스템의 모든 요청은 다음 네 가지 경우의 결과를 얻을 것이다. 즉, 모든 서비스가 정상 작동하거나 서비스 하나가 실패하거나 여러 서비스가 실패하거나 모든 서비스가 실패하는 경우다.

각 마이크로서비스로의 요청 성공률은 99.9%이므로 시스템 전체의 신뢰성은 $0.999^6 = 0.994 = 99.4\%$가 된다. 간단한 모델이지만, 전체 애플리케이션은 항상 독립적인 구성요소보다 신뢰성이 떨어진다는 것을 알 수 있다. 최대 가용성은 서비스의 의존성의 가용성의 곱이다.

서비스 D의 가용성이 95%로 떨어졌다고 가정해 보자. 서비스 D가 호출 경로의 일부가 아니므로 트랜잭션에 영향을 주지는 않지만, 시장 데이터와 보유 서비스 모두의 신뢰성을 감소시킬 것이다. 그림 6.2에 영향도를 나타냈다.

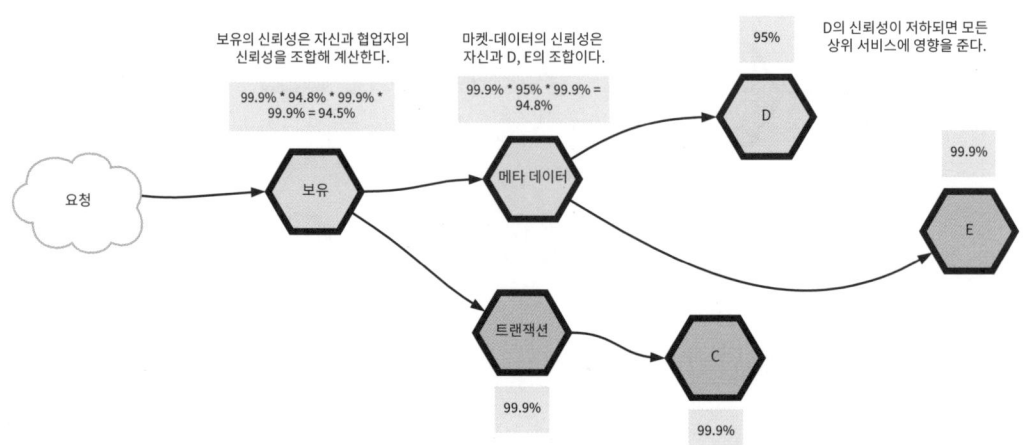

그림 6.2 마이크로서비스 애플리케이션의 신뢰성에 영향을 주는 서비스 의존성의 가용성

서비스 가용성을 극대화하거나 낮은 신뢰성의 영향을 고립시켜서 전체 애플리케이션의 가용성을 보장하는 것은 매우 중요하다. 가용성을 측정하는 것이 신뢰할 수 있는 서비스를 만드는 방법을 알려주지는 않지만, 목표는 제시해 준다. 구체적으로 말하면 서비스 개발과 그 서비스를 사용하는 서비스와 엔지니어의 기대치 모두에 목표를 제시한다.

> **노트** 가용성을 어떻게 모니터링할 것인가? 이 책의 4부에서 마이크로서비스 애플리케이션의 서비스 가용성을 모니터링하는 방법을 살펴본다.

네트워크, 하드웨어, 다른 서비스, 심지어 자신의 서비스가 100% 신뢰도를 제공한다는 것을 믿을 수 없다면 어떻게 가용성을 극대화할 수 있을까? 다음 3가지 목표를 방어적으로 설계할 필요가 있다.

- 피할 수 있는 장애의 발생률 줄이기
- 예측할 수 없는 장애가 전파되거나 시스템 전체에 영향을 주는 것을 제한하기
- 장애가 발생하면 즉시 복구하고, 이상적으로는 자동으로 복구하도록 하기

이런 목표를 달성하면 궁극적으로 서비스의 가동 시간과 가용성을 극대화할 것이다.

6.2 잠재 위험 찾아내기

앞서 이야기했듯이, 복잡한 시스템에서 장애는 불가피하다. 애플리케이션의 생애에서 재앙이 일어날 가능성은 놀랄 만큼 높으며, 결국 일어날 것이다. 결과적으로 애플리케이션이 감당할 수 있는 다양한 장애의 유형을 이해할 필요가 있다. 이런 위험과 가능성의 속성을 이해하는 것은 적절한 완화 전략을 설계하고 장애가 발생했을 때 즉각 대응하기 위한 기본이 된다.

> **위험과 비용의 균형**
>
> 실용적인 것이 중요하다. 모든 가능한 장애의 원인을 예측하거나 제거할 수는 없다. 회복성을 설계할 때 주어진 시간과 제약 내에서 장애의 위험과 합리적으로 방어 대상의 균형을 맞출 필요가 있다.
>
> - 보호 솔루션의 설계, 개발, 배포, 운영을 위한 비용
> - 비즈니스와 고객 기대치의 속성
>
> 이런 관점에서 앞서 이야기한 S3 장애에 대해 생각해 보자. 데이터를 AWS의 여러 리전(region)에 복제하거나 다른 클라우드에 복제해 장애로부터 보호할 수 있다. 그러나 이 규모의 S3 장애는 극도로 드물기 때문에 이 솔루션은 수많은 조직에서 경제적으로 의미가 없다. 이것은 상당한 운영 비용과 복잡도를 증가시키기 때문이다.

책임 있는 서비스 설계자라면 마이크로서비스 애플리케이션 내의 가능한 장애 유형을 식별하고 기대하는 주기와 영향도에 따라 순위를 매긴 후 어떻게 그 영향에 대처할지 결정해야 한다. 이 섹션에서는 마이크로서비스 애플리케이션의 일반적인 장애 시나리오와 어떻게 장애가 발생하는지를 살펴본다. 또한 분산 시스템에서 일반적인 재앙의 시나리오인 장애 전파도 살펴본다.

6.2.1 장애의 원인

심플뱅크의 서비스 하나를 예로 들어 장애가 어디에서 발생하는지 이해해 보자. 시장-데이터 서비스에 대해 다음 몇 가지 상황을 가정하자.

- 서비스는 하드웨어 상에서 실행된다. 결국 물리적 데이터 센터에 있는 가상 호스트일 것이다.
- 이 서비스를 사용하는 업스트림 서비스는 이 서비스의 역량에 의존한다.
- 서비스는 데이터를 SQL 데이터베이스와 같은 저장소에 저장한다.
- 이 서비스는 제삼자 데이터 소스로부터 API와 파일 업로드를 통해 데이터를 추출한다.
- 이것은 심플뱅크의 다른 다운스트림 마이크로서비스를 호출할 수 있다.

그림 6.3은 서비스와 다른 구성요소와의 관계를 표현한다.

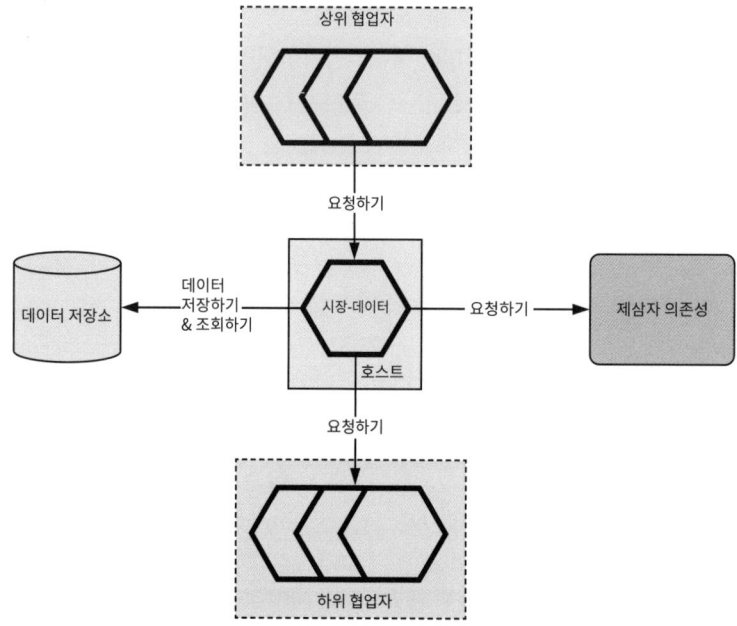

그림 6.3 애플리케이션에서 시장-데이터 마이크로서비스와 다른 구성요소의 관계

서비스와 다른 구성요소 간에 상호작용하는 모든 지점이 장애가 발생할 수 있는 영역이다. 장애는 네 가지 주요 영역에서 발생할 수 있다.

- **하드웨어**: 서비스가 동작하는 하부의 물리적 또는 가상의 인프라스트럭처
- **커뮤니케이션**: 서비스 간 또는 제삼자 간의 협업
- **의존성**: 의존하는 서비스 내에서의 장애
- **내부**: 엔지니어에 의해 발생하는 결함과 같이 서비스 자체의 코드에서 발생하는 에러

각 범주에 대해 차례로 알아보자.

하드웨어

서비스가 공개 클라우드, 사설 클라우드, PaaS 상에서 실행되는지 아닌지에 상관없이 서비스의 신뢰성은 이들을 지탱하는 물리적 및 가상의 인프라스트럭처에 의존할 것이다. 여기에는 서버 랙, 가상머신, 운영시스템, 물리 네트워크 등이 있다. 표 6.1은 마이크로서비스 애플리케이션의 하드웨어 계층에서의 장애 원인을 설명한다.

표 6.1 마이크로서비스 애플리케이션의 하드웨어 계층에서의 장애 원인

장애의 원인	빈도	설명
호스트	종종	물리적 또는 가상의 개별 호스트는 실패할 수 있다.
데이터 센터	드묾	데이터 센터 또는 내부의 구성요소가 실패할 수 있다.
호스트 설정	경우에 따라	호스트가 잘못 설정될 수 있다. 예를 들어, 프로비저닝 도구의 에러를 통해 장애가 발생할 수 있다.
물리 네트워크	드묾	데이터 센터 간 또는 내부의 물리 네트워크가 실패할 수 있다.
운영 시스템과 리소스 격리	경우에 따라	OS 또는 격리 시스템, 예를 들어 도커(Docker)가 정상적으로 동작하지 않을 수 있다.

애플리케이션에서 이 계층에서 발생 가능한 장애의 범위는 다양하고, 불행하게도 대부분 재앙이다. 하드웨어 구성요소의 장애는 조직 내에서 여러 서비스의 운영에 영향을 주기 때문이다. 일반적으로 시스템에 적절한 수준의 다중화를 설계해 대부분 하드웨어 장애 영향에 대처할 수 있다. 예를 들어 AWS와 같은 공개 클라우드에 애플리케이션을 배포하는 경우, 일반적으로 단일 데이터 센터 내 장애의 영향을 줄이기 위해 여러 가용존(지리적으로 구분된 광범위한 리전 내에 여러 데이터 센터를 둠)에 서비스를 복제해 분산시킬 수 있다.

하드웨어의 중복은 추가적인 운영 비용을 발생시킨다는 것도 주의해야 한다. 일부 솔루션은 설계와 운영이 복잡하거나 그냥 비쌀 수 있다. 애플리케이션을 위한 중복의 올바른 수준을 선택하려면 장애의 빈도 및 영향도 대비 잠재적으로 드문 이벤트에 대처하는 비용을 비교해 신중하게 판단해야 한다.

커뮤니케이션

서비스 간의 커뮤니케이션은 실패할 수 있다. 네트워크, DNS, 메시징, 방화벽 모두 장애를 유발할 수 있다. 표 6.2에서 발생 가능한 커뮤니케이션 장애를 설명한다.

표 6.2 마이크로서비스 애플리케이션 내의 커뮤니케이션 장애 원인

장애의 원인	설명
네트워크	네트워크 연결이 실패할 수 있다.
방화벽	구성 관리에서 부적절한 보안 설정을 할 수 있다.
DNS 에러	호스트 이름이 정확하게 전파되지 않거나 애플리케이션에서 찾지 못할 수 있다.
메시징	RPC 같은 메시지 시스템이 실패할 수 있다.
불충분한 상태 점검	상태 점검이 인스턴스의 상태를 충분히 나타내지 못해 요청이 장애 인스턴스로 전달될 수 있다.

커뮤니케이션 장애는 내/외부의 네트워크 호출에 영향을 줄 수 있다. 예를 들어, 시장-데이터 서비스와 외부 API가 의존하는 연결이 저하되거나 실패할 수 있다.

네트워크와 DNS 장애는 상당히 일반적인데, 방화벽 규칙의 변경, IP 주소 할당, DNS 호스트 이름의 전파 등에 의해 발생할 수 있다. 네트워크 이슈는 대처하기 어려울 수 있지만, 서비스 출시 또는 구성 변경 등 사람의 개입에 의해 자주 발생하므로 이를 회피하기 위한 가장 좋은 방법은 구성 변경을 철저히 테스트하고 에러가 발생하면 쉽게 롤백하도록 하는 것이다.

의존성

장애는 마이크로서비스가 의존하는 다른 서비스에서 발생하거나 데이터베이스 같은 마이크로서비스의 내부 의존성에서 발생할 수 있다. 예를 들어, 시장-데이터 서비스가 데이터를 저장하고 조회하는 데이터베이스에서 실패가 발생할 수 있다. 하위의 하드웨어 장애일 수도 있고 확장성 제한에 걸렸을 수도 있다. 데이터베이스의 디스크가 꽉 찼다는 이야기를 들어봤을 것이다!

앞서 설명했듯이, 이런 장애는 시스템의 가용성에 상당한 영향을 미친다. 표 6.3에 가능한 장애의 원인을 정리했다.

표 6.3 의존성과 관련된 장애의 원인

장애의 원인	설명
타임아웃	서비스 요청의 처리 시간이 만료되어 에러를 반환한다.
삭제 또는 하위 호환이 안 되는 기능	의존하는 서비스의 기능이 예기치 않게 변경되거나 제거되는 것을 고려하지 못한 설계.
내부 구성요소의 장애	데이터베이스 또는 캐시의 문제가 서비스의 정상 동작을 방해한다.
외부 의존성	서비스가 의존하는 외부의 애플리케이션(예: 제삼자 API)이 기대한 대로 동작하지 않는다.

타임아웃과 서비스 장애와 같은 운영에 관련된 장애의 원인 외에도 설계와 빌드의 실패로 인해 의존성 에러가 발생하기 쉽다. 예를 들어, 서비스가 의지하는 다른 서비스의 종단점이 하위로 호환되지 않는 방식으로 변경되거나 더 나쁜 경우, 적절한 서비스 제거 절차 없이 기능이 제거될 수도 있다.

서비스 실무

마지막으로 서비스의 개발과 배포 과정에서 부적절하거나 제한된 엔지니어링 실무로 인해 운영 환경에서 장애가 발생할 수 있다. 서비스의 설계가 좋지 못하거나 충분하지 않게 테스트되거나 잘못 배포될 수 있다. 테스트할 과정에서 에러를 발견하지 못하거나 운영 환경에서 서비스의 상태를 충분히 모니터링하지 못할 수 있다. 서비스가 효과적이지 못하게 확장해서 배포된 하드웨어의 메모리와 디스크 또는 CPU 제한에 걸려 성능이 저하되거나 완전히 응답이 없어질 수 있다.

각 서비스는 전체 시스템의 효율성에 기여하기 때문에 좋지 못한 서비스 하나의 품질은 기능을 둘러싼 서비스의 가용성에 극적으로 영향을 줄 수 있다. 이 책에 제시된 실무가 일반적인 장애의 원인을 피하는 데 도움이 되길 바란다!

6.2.2 장애의 전파

이제 다양한 영역에서의 장애가 어떻게 단일 마이크로서비스에 영향을 주는지 이해했을 것이다. 그러나 장애의 영향은 여기서 멈추지 않는다. 애플리케이션은 서로 끊임없이 상호작용하는 여러 서비스로 이루어지기 때문에 서비스 하나의 장애는 전체 시스템으로 퍼질 수 있다.

장애 전파(cascading failures)는 분산 애플리케이션에서 일반적인 장애의 형태다. 장애 전파는 **양성 피드백**(positive feedback)의 한 예시다. 이벤트가 시스템을 교란시키면 어떤 효과가 나타나고 이는 다시 초기의 교란을 증폭시킨다. 이 경우 양성은 결과가 혜택을 준다는 뜻이 아니라 효과가 증가됨을 의미한다.

이런 현상은 금융 시장, 생물학적 과정, 또는 원자력 발전소 등 실 세계 영역에서도 목격된다. 동물의 무리가 돌진하는 것을 생각해 보자. 동물들이 패닉에 빠져 뛰면 이는 또 다른 동물을 패닉에 빠뜨리고 계속 그런 식으로 이어진다. 마이크로서비스 애플리케이션에서 과부하는 도미노 현상을 발생시킬 수 있다. 예를 들어, 한 서비스의 장애가 이를 사용하는 상위 서비스의 장애를 증가시키고 이어서 더 상위 서비스로 장애가 퍼진다. 최악의 경우 전체 시스템을 사용할 수 없게 된다.

어떻게 과부하가 장애 전파를 일으키는지 설명하기 위해 예제를 살펴보자. 심플뱅크에서 사용자에게 계정의 현재 보유(holdings) 또는 수량(positions)을 보여주는 UI를 개발했다고 가정해 보자. 이것은 그림 6.4처럼 생겼을 것이다.

각 주식의 수량은 트랜잭션의 합이다. 즉, 현재까지 구매하고 매도한 주식에 현재 가격을 곱한다. 이런 값을 추출하기 위해 다음 세 개의 서비스와 협업한다.

- **시장-데이터**: 주식과 같은 금융 상품의 시장 정보를 추출하고 가격을 처리하는 것을 담당하는 서비스
- **트랜잭션**: 계정에서 발생하는 트랜잭션을 나타내는 것을 담당하는 서비스
- **보유**: 재무 상태 보고를 만들기 위해 트랜잭션과 시장-데이터를 집계하는 서비스

Holdings as at 2017-07-23

	Quantity	Value
BHP Billiton Ltd BHP	1000	$91,720
Google GOOGL	103	$14,023
ABC Company ABC	24	$1.20

그림 6.4 계정의 보유를 보여주는 사용자 인터페이스

그림 6.5는 3개 서비스의 운영 환경 구성을 간략하게 보여준다. 각 서비스에 부하는 여러 복제본으로 고르게 분산된다.

보유자산이 초당 1,000번 조회(QPS)된다고 가정해 보자. 보수(holdings) 서비스가 2개의 복제본을 가지면 각 서비스는 500QPS를 받을 것이다(그림 6.6).

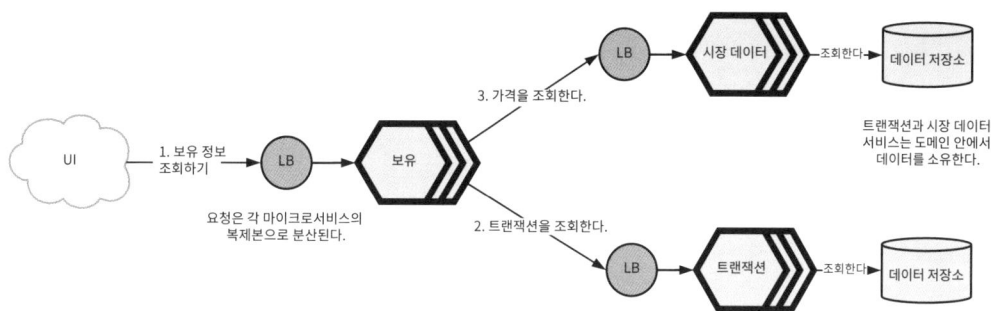

그림 6.5 운영 구성과 '현재 금융 보유' 사용자 인터페이스를 보여주기 위한 서비스 간 협업

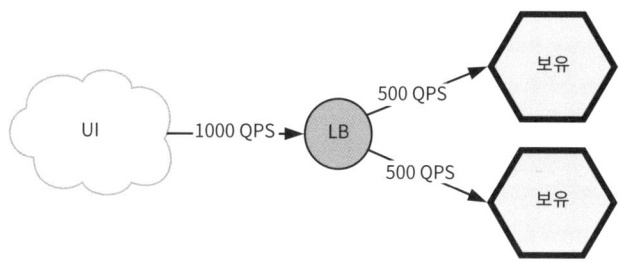

그림 6.6 서비스로의 질의는 여러 복제본으로 분산된다.

보유 서비스는 응답을 구성하기 위해 트랜잭션과 시장-데이터 서비스에 질의한다. 보유 서비스로의 요청은 트랜잭션과 시장-데이터로의 두 개의 트랜잭션을 생성한다.

이제 트랜잭션 서비스의 복제본 중 하나가 실패하는 오류가 발생했다고 해보자. 나머지 복제본은 이제 1000QPS를 처리해야 하는데, 부하 분산기는 나머지 복제본에 요청을 재전달한다(그림 6.7).

그러나 줄어든 용량은 서비스의 요구 수준에 대응하기 어렵다. 서비스를 어떻게 배포했는지에 따라(웹 서버의 특성 등) 다르지만, 변경된 부하는 요청을 웹 서버에 누적시키고 대기 시간을 지연시킬 수 있다. 그 결과 증가된 대기시간은 보유 서비스가 기대하는 최대 대기시간을 초과하기 시작한다. 또는 트랜잭션 서비스가 요청을 삭제하기 시작할 수 있다.

일반적으로 요청이 실패하면 서비스는 재시도를 한다. 이제 보유 서비스는 시간이 만료되거나 실패한 모든 요청을 트랜잭션 서비스로 재시도할 것이다. 이는 남아 있는 트랜잭션 서비스에 부하를 증가시켜서 본래의 요청 분량과 재시도 분량 모두를 처리해야 하게 만든다(그림 6.8). 그에 따라 협업 서비스의 응답을 기다리는 동안 보유 서비스의 응답이 오래 걸리게 된다.

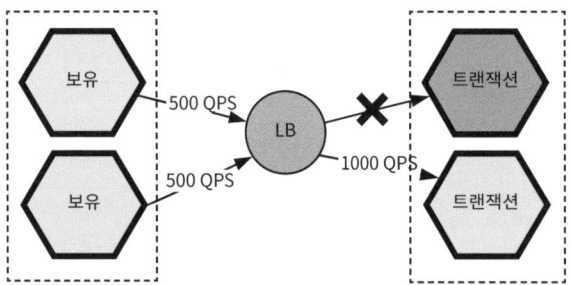

그림 6.7 협업 서비스의 복제본 중 하나에 장애가 발생하면 남아 있는 인스턴스에 모든 부하를 보낸다.

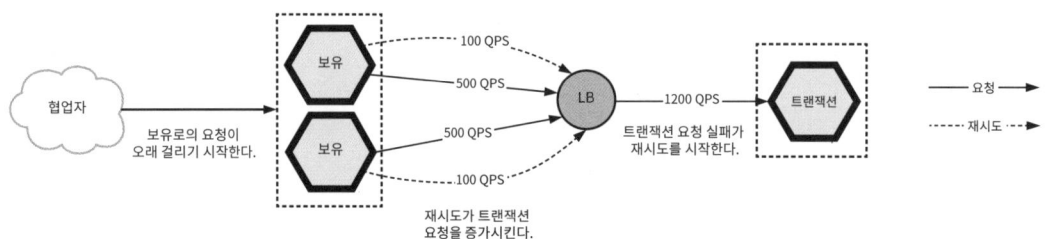

그림 6.8 트랜잭션 서비스의 부하로 요청이 실패하면 이로 인해 보유 서비스가 재시도를 하고 이는 보유 서비스의 응답시간을 저해하기 시작한다.

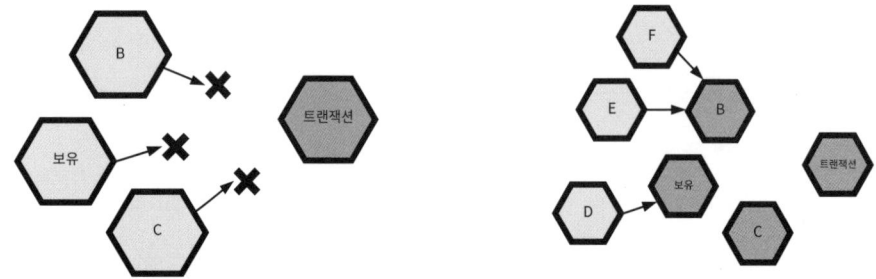

그림 6.9 서비스로의 과부하가 전체 장애를 유발한다. 건강하지 못한 재시도가 의존성 체인에 반복되면서 서비스의 성능이 급진적으로 저하되고 더 큰 부하를 유발한다.

이 피드백 루프, 즉 실패한 요청이 더 큰 분량의 요청을 발생시키고 더 큰 실패를 야기하며 계속해서 확대된다. 결국 의존하는 다른 서비스가 실패하기 시작하고 전체 시스템이 작업을 완료할 수 없게 된다. 단일 서비스의 초기 실패가 도미노 현상을 일으키고 여러 서비스의 응답시간과 가용성을 악화시킨다. 최악의 경우, 트랜잭션 서비스로의 누적된 영향이 서비스를 완전히 실패하게 만든다. 그림 6.9는 장애 전파의 마지막 단계를 보여준다.

장애 전파는 부하가 가장 일반적인 원인의 하나지만 부하에 의해서만 유발되지는 않는다. 일반적으로 증가된 오류율 또는 느린 응답 시간이 서비스를 건강하지 못하게 만들 수 있고 서로 의존하는 여러 서비스에 장애를 증가시킬 수 있다.

마이크로서비스 애플리케이션에 장애 전파를 제한하는 몇 가지 방법을 사용할 수 있다. 예를 들어, 회로 차단기, 폴백, 부하 검사와 용량 계획, 백오프와 재시도, 적절한 타임아웃 등이 있다.

다음 섹션에서 이런 접근 방식에 대해 살펴볼 것이다.

6.3 신뢰할 수 있는 커뮤니케이션 설계하기

앞에서 마이크로서비스 애플리케이션에서 협업의 중요성을 강조했다. 여러 마이크로서비스의 의존성 체인을 통해 애플리케이션의 가장 유용한 역량을 달성한다. 마이크로서비스 하나가 실패하면 협업 서비스와 궁극적인 애플리케이션의 고객에게 어떤 영향을 미칠까?

실패를 피할 수 없다면 실패가 발생했을 때 가용성을 극대화하고 정확하게 동작하며 신속히 복구하는 서비스를 설계하고 구축해야 한다. 이것이 회복성을 달성하는 기본이다. 이 섹션에서는 협업 서비스를 사용할 수 없을 때 서비스가 최대한 정확히 운영되도록 적절히 작동하는 서비스를 만들기 위한 몇 가지 기법을 알아본다.

- 재시도
- 폴백, 캐싱, 우아한 저하(graceful degradation)
- 타임아웃과 데드라인
- 회로 차단기
- 커뮤니케이션 브로커

시작하기 전에 이 섹션에 소개된 개념을 설명하는 데 사용할 수 있는 실제로 동작하는 간단한 서비스를 준비하자. 예제는 이 책의 깃허브 저장소(http://mng.bz/7eN9)에서 받을 수 있다. 깃허브 저장소를 컴퓨터에 복제한 후 chapter-6 디렉터리를 연다. 이 디렉터리는 도커 컨테이너에서 실행되는 보유(holdings)와 시장-데이터(market-data) 서비스를 담고 있다(그림 6.10). 보유 서비스는 시장-데이터 서비스로부터 가격 정보를 얻어오는 JSON API를 생성하는 GET /holdings 종단점을 노출한다.

실행하려면 도커 컴포즈(docker-compose)를 설치해야 한다(온라인 가이드: https://docs.docker.com/compose/install/). 준비가 되면 다음 명령을 커맨드 라인에서 실행한다.

```
$ docker-compose up
```

이 명령은 각 서비스를 위한 도커 이미지를 빌드하고 머신에 격리된 컨테이너를 생성하고 서비스를 시작한다. 이제 시작해 보자!

6.3.1 재시도

이 섹션에서는 요청이 실패할 때 어떻게 재시도를 사용하는지 알아본다. 이 기술을 이해하기 위해 상위 서비스인 보유(holdings) 서비스의 관점에서 커뮤니케이션에 대한 조사를 시작하자.

보유 서비스에서 가격을 조회하는 요청이 실패해서 에러를 반환한다고 가정하자. 호출하는 서비스의 관점에서 보면 실패가 격리돼 있는지 명확하지 않다. 다시 말해, 호출을 계속하면 성공할 확률이 높다거나 실패할 가능성이 높다는 것이 그렇다. 데이터를 추출하는 호출이 **멱등성(idempotent)**을 갖기를 기대할 것이다. 이는 대상 시스템의 상태에 영향을 주지 않아 반복할 수 있다는 뜻이다.[2]

결국 직관적으로 요청을 재시도할 것이다. 파이썬으로 작성된 API 클라이언트(holdings/clients.py에 있는 MarketDataClient 클래스)의 메소드에 오픈 소스 라이브러리인 테너시티(tenacity)를 사용해 설정을 추가하면 메소드가 예외를 던질 때 재시도를 수행한다. 다음에 나오는 코드는 재시도 코드가 추가된 소스 코드다.

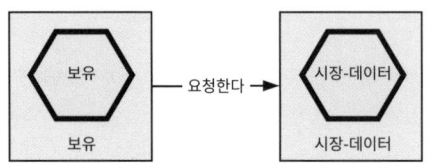

그림 6.10 마이크로서비스의 요청을 처리하기 위한 도커 컨테이너

예제 코드 6.1 서비스 호출에 재시도 추가하기

```
import requests
import logging
```

---

[2] 일반적으로 시스템에 어떤 변경을 끼치는 요청은 멱등이 아니다. "정확히 한 번(exactly once)"의 의미를 보장하는 전략이 멱등성(idempotency)을 구현하는 핵심이다. 브랜더 리치(Brandur Leach) "Designing robust and predictable APIs with idempotency"(2017년 2월 22일), https://stripe.com/blog/idempotency.

```python
from tenacity import retry, stop, before.          ← 관련 라이브러리를 임포트한다.
class MarketDataClient(object):
    logger = logging.getLogger(__name__)
    base_url = 'http://market-data:8000'

    def _make_request(self, url):
        response = requests.get(f"{self.base_url}/{url}", headers={'content-type': 'application/json'})
        return response.json()

    @retry(stop=stop_after_attempt(3),             ← 질의를 최대 3회까지 재시도한다.
           before=before_log(logger, logging.DEBUG))  ← 실행 전에 각 재시도를 로그로 남긴다.
    def all_prices(self):
        return self._make_request("prices")
```

보유 서비스를 호출해서 어떻게 반응하는지 확인해 보자. 다른 터미널 윈도우에서 다음 요청을 실행한다.

```
curl -I http://{DOCKER_HOST}/holdings
```

그러면 500 에러를 반환할 것이다. 그러나 시장-데이터 서비스의 로그를 따라가 보면 보유 서비스가 포기하기 전에 GET /prices 요청을 3번 호출한다.

앞 섹션을 읽었다면 이 부분을 조심해야 한다. 장애는 격리되거나 지속될 수 있지만, 보유 서비스는 이 하나의 요청이 어떤 경우인지 알 수 없다.

장애가 격리되고 과도기적 현상이라면 재시도가 합리적인 선택이다. 그러면 최종 사용자에게 직접적 영향을 최소화하도록 도움을 준다. 그리고 비정상 동작이 발생하면 운영자가 명시적으로 개입할 수 있다. 분명한 것은 재시도 예산을 고려하는 것이 중요하다는 것이다. 예를 들어, 각 재시도에 수 밀리초가 걸린다면 호출하는 서비스는 합리적인 응답 시간을 초과하기 전에 수많은 재시도를 감당할 수 있을 것이다.

그러나 장애가 지속되어 시장 데이터 서비스의 용량이 감소된다면 이후의 호출은 문제를 악화시키고 시스템을 더욱 불안하게 할 것이다. 실패한 시장 데이터 서비스로의 요청을 5번씩 수행한다면 실패한 모든 요청은 잠재적으로 또 다른 5개의 요청을 만들어낸다. 재시도의 규모는 계속해서 증가한다. 전체 서비스는 재시도를 처리하기 때문에 덜 유용한 작업을 하게 된다. 최악의 경우, 재시도가 시장-데이터 서비스를 숨 막히게 해서 원래의 장애를 확대할 수도 있다. 그림 6.11에 요청의 증가를 표현했다.

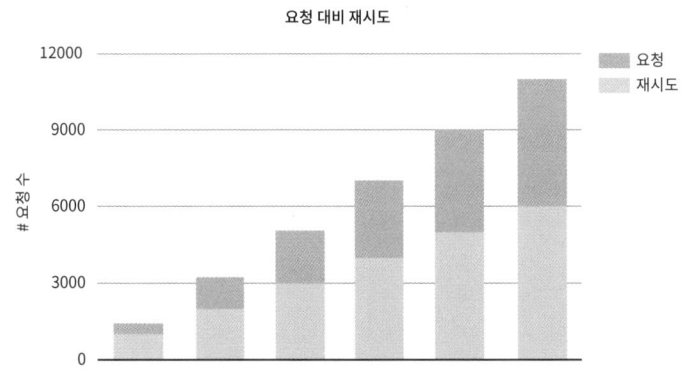

그림 6.11 불안정한 시장-데이터 서비스에서 요청 재시도로 인해 발생한 부하의 증가

영속성 장애가 발생한 경우 어떻게 하면 시스템으로 확대되지 않으면서 간헐적인 장애에도 재시도를 사용해 회복성을 개선할 수 있을까? 우선, 가변적인 시간 간격을 두고 성공적인 재시도를 하여 재시도가 고르게 퍼지도록 하고 재시도 부하의 빈도를 줄인다. 이것은 **기하급수적 백-오프(exponential back-off)** 전략이라는 것으로, 시스템이 회복할 시간을 준다. 다음 예제 코드에서 보듯이 재시도 전략은 변경할 수 있다. 이후 /holdings 종단점을 curl로 호출해 서비스의 반응을 관찰할 수 있다.

예제 코드 6.2 재시도 전략을 기하급수적 백오프로 변경하기

```
@retry(wait=wait_exponential(multiplier=1, max=5),      ◀─── 재시도 간격을 2^x*1초 둔다.
       stop=stop_after_delay(5))                         ◀─── 5초 후 중단한다.
def all_prices(self):
    return self._make_request("prices")
```

불행하게도 기하급수적 백-오프는 또 다른 특이하고 갑작스러운 행동을 유발한다. 임시 장애가 시장-데이터의 몇 가지 호출을 방해해 재시도가 발생했다고 가정해 보자. 기하급수적 백오프로 인해 여러 재시도가 함께 편성되고 마치 연못에 돌을 던져 생긴 물결처럼 더 크게 증폭된다.

대신, 백-오프에 무작위의 요소인 지터(jitter)를 포함해서 재시도가 좀 더 일정한 비율로 퍼지게 해서 동기화된 재시도가 벼락치듯 동시에 실행되는 것을 피하게 한다.[3] 다음 예제 코드에서는 전략을 다시 조정하는 것을 보여준다.

---

3 기하급수적 백-오프에 대해서는 마크 브루커(Marc Brooker)의 AWS 아키텍처 블로그에 실린 지터(jitter)의 중요성에 대한 글을 참고하라(2015년 3월 4일 자, http://mng.bz/TRk5).

예제 코드 6.3 기하급수적 백-오프에 지터 추가하기

```
@retry(wait=wait_exponential(multiplier=1, max=5) + wait_random(0, 1),    ◄── 기하급수적 백오프에 0에서 1초
       stop=stop_after_delay(5))         ◄── 5초 후 중단한다.                        사이의 무작위 대기를 둔다.
def all_prices(self):
    return self._make_request("prices")
```

이 전략은 재시도가 여러 대기 중인 클라이언트 사이에 동기화될 가능성이 낮아지게 한다.

재시도는 간헐적인 의존성 오류를 견디는 데 효과적이지만, 하위 이슈를 악화시키거나 불필요하게 자원을 소모하지 않도록 조심해서 사용해야 한다.

- 항상 최대 재시도 횟수를 제한한다.
- 기하급수적 백-오프와 지터를 사용해 재시도 요청을 부드럽게 분산시키고 부하가 몰리는 것을 회피한다.
- 어떤 에러 조건에서 재시도를 해야 할지, 그래서 어떤 재시도가 실패할 것 같은지를 고려한다.

서비스가 재시도 제한에 걸리거나 재시도를 할 수 없으면 실패를 받아들이거나 요청을 처리할 다른 방법을 찾아야 한다. 다음 섹션에서 폴백에 대해 살펴본다.

6.3.2 폴백

의존하는 서비스가 실패할 경우, 4가지 폴백 옵션이 있다.

- 우아한 서비스의 저하(graceful degradation)
- 캐싱(Caching)
- 기능 중복(Functional redundancy)
- 대체 데이터(Stubbed data)

우아한 서비스의 저하(graceful degradation)

보유 서비스 문제로 돌아가 보자. 시장-데이터 서비스가 실패하면 애플리케이션은 최종 사용자에게 평가 정보를 제공할 수 없을 것이다. 이 문제를 해결하기 위해 수용할 만한 서비스의 저하를 설계할 수 있다. 예를 들어, 평가 정보가 없이 보유량만 보여줄 수 있다. 이는 UI의 풍성함을 제한하지만, 빈 화면이나 에러를 보여주는 것보다는 낫다. 다른 도메인에서도 이와 비슷한 기술을 볼 수 있다. 예를 들어, 전자상거래 사이트에서 주문 조회 기능이 비정상이어도 여전히 주문할 수 있다.

캐싱(caching)

대안으로 가격에 대한 과거의 질의 결과를 저장해 시장-데이터를 질의할 필요성을 줄일 수 있다. 예를 들어, 가격이 5분 동안 유효하다고 하자. 보유 서비스는 5분 동안 가격 데이터를 로컬 또는 멤캐시드(Memcached), 또는 레디스(Redis)와 같은 전담 캐시에 저장할 수 있다. 이 솔루션은 성능도 향상시키고 임시적 장애에 대한 대응책도 제공한다.

그럼 이 기술을 시험해 보자. 캐시에 cachetools라는 라이브러리를 사용해 유효시간(TTL, time-to-live)의 구현을 제공할 것이다. 앞서 재시도에서 했듯이, 다음 예제 코드에서 보는 것처럼 클라이언트의 메소드에 설정할 것이다.

예제 코드 6.4 클라이언트 호출에 로컬(in-process) 캐싱 추가하기

```python
import requests
import logging
from cachetools import cached, TTLCache

class MarketDataClient(object):

    logger = logging.getLogger(__name__)
    cache = TTLCache(maxsize=10, ttl=5*60)      ◁──── 캐시 인스턴스 생성하기
    base_url = 'http://market-data:8000'

    def _make_request(self, url):
        response = requests.get(f"{self.base_url}/{url}",
                                headers={'content-type': 'application/json'})
        return response.json()

    @cached(cache)      ◁──── 결과를 캐시에 저장하도록 메소드를 설정한다.
    def all_prices(self):
        logger.debug("Making request to get all_prices")
        return self._make_request("prices")
```

이제 GET /holdings 호출은 시장-데이터 서비스를 호출하는 대신 캐시에서 가격 정보를 추출한다. 외부 캐시를 사용하면 추가적인 인프라스트럭처 구성요소의 유지 보수 비용을 사용하더라도 여러 인스턴스가 캐시를 사용할 수 있어서 시장-데이터의 부하를 더욱 경감하고 모든 보유 복제본에 큰 회복성을 제공한다.

기능 중복(functional redundancy)

유사한 방식으로, 다른 서비스로 폴백하여 동일한 기능을 달성할 수 있다. 예를 들어, 여러 소스로부터 시장 데이터를 구매한다고 해보자. 각 소스는 다른 가격의 다양한 도구를 사용한다. 소스 A에 장애가 발생하면 대신 소스 B에 요청을 보낼 수 있다(그림 6.12).

시스템에서 기능을 중복시키는 여러 가지 이유가 있다. 예를 들면, 외부 통합, 다양한 성능 특성으로 동일한 결과를 생성하는 알고리즘, 그리고 운영이 가능하기는 하지만 이미 대체된 오래된 기능 등이 있다. 지리적으로 분산해 배포한 경우, 다른 리전에 배포된 서비스로 폴백할 수도 있다.[4]

몇 가지 장애 시나리오에만 대체 서비스를 사용할 수 있다. 장애의 원인이 원래 서비스의 코드 결함 또는 자원 과부하일 경우 다른 서비스로 요청을 전환하는 것은 합리적이다. 그러나 일반적인 네트워크 장애의 경우에는 대체 요청할 서비스를 포함해 여러 서비스에 영향을 줄 수 있다.

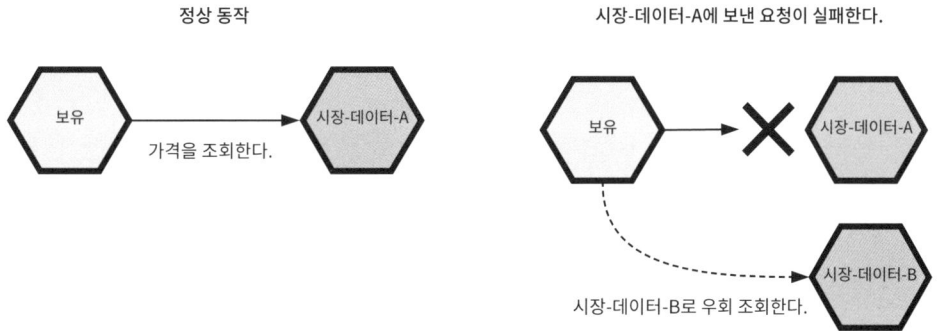

그림 6.12 서비스 장애가 발생하면 다른 서비스에서 동일한 역량을 제공할 수 있다.

대체 데이터(Stubbed data)

마지막으로, 이 시나리오에는 적절하지 않지만, 대체 데이터를 폴백에 사용할 수 있다. 아마존의 '개인 추천' 항목의 경우 어떤 이유에서든 개인화된 추천 정보를 얻을 수 없으면 빈 공간을 보여주는 대신 개인화되지 않은 데이터라도 보여주는 것이 더 낫다.

6.3.3 타임아웃

보유 서비스가 시장-데이터 서비스에 요청을 보낼 때 서비스는 응답을 기다리며 자원을 소모한다. 이 상호작용에 적절한 데드라인을 설정하면 자원 소모 시간을 제한한다.

---

[4] 확장성의 궁극적인 목표 달성 측면에서 보면 넷플릭스는 지구상의 모든 데이터 센터에서 고객에게 인상적인 수준의 회복성을 제공할 수 있다.

HTTP 요청 기능에 타임아웃을 걸 수 있다. HTTP 요청에서 응답의 다운로드가 느린 경우가 아니라 응답 수신이 느린 경우만 타임아웃을 걸고 싶다면 다음 예제 코드에서처럼 설정해 보자.

예제 코드 6.5 HTTP 호출에 타임아웃 설정하기

```
def _make_request(self, url):
    response = requests.get(f"{self.base_url}/{url}",
                            headers={'content-type': 'application/json'},
                            timeout=5).
    return response.json()
```

◀ 시장-데이터로부터 데이터 수신 전에 5초의 타임아웃을 설정한다.

계산해 보면 네트워크 커뮤니케이션이 느리므로 빠르게 실패를 인지하는 것이 중요하다. 분산 시스템에서는 어떤 에러는 거의 즉시 발생한다. 예를 들어, 의존 서비스의 내부 버그가 발생하면 즉시 실패할 것이다. 그러나 대부분의 실패는 느리다. 예를 들어, 요청을 너무 많이 받은 서비스는 응답이 느리고 결국 호출하는 서비스는 절대 오지 않을 응답을 기다리면서 자원을 소비한다.

느린 실패를 보면 적절한 데드라인 설정, 즉 마이크로서비스 간의 커뮤니케이션을 위한 합리적인 시간 내의 타임아웃이 중요하다는 것을 알 수 있다. 타임아웃의 상위 경계를 설정하지 않으면 무반응 증상이 의존성 체인에 있는 모든 마이크로서비스로 퍼지기 쉽다. 사실, 데드라인이 부족하면 문제가 해결될 때까지 무한정 기다리는 동안 서버가 자원을 소비하기 때문에 문제를 확대할 수 있다.

데드라인을 선택하는 것은 어렵다. 너무 길면 서비스가 응답이 없을 때 호출하는 서비스가 불필요한 자원을 소모하고, 너무 짧으면 비싼 요청에서 높은 수준으로 실패한다. 그림 6.13에서 이런 제약을 설명한다.

대부분 마이크로서비스 애플리케이션에서는 개별 상호작용 수준으로 데드라인을 설정한다. 예를 들어, 보유 서비스에서 시장-데이터 서비스로의 호출은 항상 10초의 데드라인을 가질 수 있다. 그러나 더욱 우아한 방식은 전체 동작에 데드라인을 적용하고 남아 있는 시간을 협업 서비스에 전파하는 것이다.

데드라인 전파가 없으면 요청의 일관성을 유지하기 어렵다. 예를 들어, 보유 서비스는 API 게이트웨이 같은 상위 수준의 스택에서 설정한 전체 데드라인을 초과해 시장-데이터를 기다리며 자원을 소모할 수 있다.

여러 서비스 간의 의존성 체인에서 각 서비스는 작업에 일정 시간을 소모하고 협업자도 일정 시간을 소모하기를 기대한다. 소모 시간이 유동적인데 일정한 소모 시간을 기대하는 것은 옳지 않다(그림 6.14).

HTTP 상에서의 서비스 상호작용일 경우, HTTP 클라이언트가 호출할 때 읽기 타임아웃 값을 전달하기 위해 X-Deadline: 1000과 같이 사용자 지정 HTTP 헤더를 사용해 데드라인을 전파할 수 있다. 또한 gRPC와 같은 수많은 RPC 프레임워크가 요청 컨텍스트에 데드라인 전파를 위한 메커니즘을 명시적으로 구현한다.

6.3.4 회로 차단기

지금까지 논의한 몇 가지 기법을 엮을 수 있다. 예를 들어, 보유 서비스와 시장-데이터 서비스 간의 상호작용을 전기 회로에 비유할 수 있다. 전기 배선에서 회로 차단기는 과전류가 더 광범위하게 시스템을 손상시키지 않도록 보호하는 역할을 한다. 비슷하게, 회로 차단기는 장애 서비스로의 요청을 멈춰 장애가 확산되는 것을 방지한다.

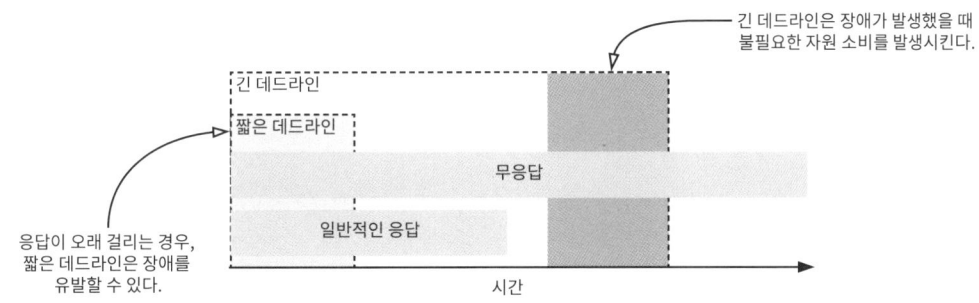

그림 6.13 올바른 데드라인을 선택하는 것은 시간 제한의 균형을 요구해 요청이 성공할 범위를 극대화한다.

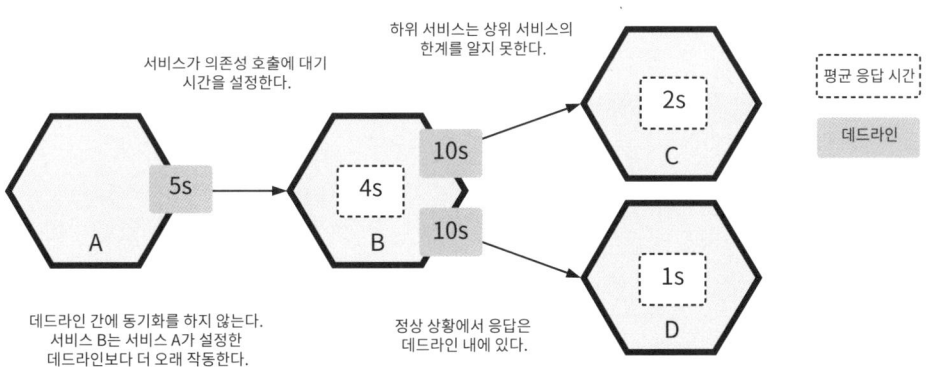

그림 6.14 서비스는 협업 서비스로의 요청이 얼마나 걸릴 지에 대한 기댓값을 설정할 수 있다. 장애나 대기 시간으로 인해 소요 시간이 폭넓게 변하면 장애의 영향을 악화시킬 수 있다.

그 원리는 무엇일까? 앞의 섹션에서 언급한 2가지 원리가 회로 차단기의 설계에 영향을 미쳤다.

- 원격 커뮤니케이션은 오지 않을 응답을 기다리는 데 자원을 소모하지 말고 문제가 발생하면 빠르게 실패해야 한다.
- 의존 서비스가 계속해서 실패하면 복구될 때까지 더이상 요청하지 않는 것이 낫다.

서비스로 요청을 할 때, 요청의 성공과 실패 횟수를 추적할 수 있다. 이 횟수는 호출하는 서비스 인스턴스 내에서 추적하거나 여러 서비스에서 외부 캐시에 상태를 공유해 추적한다. 정상 운영 중에 회로는 차단된다.

일정 시간 동안 실패의 수 또는 실패 비율이 임계치를 넘어서면 회로가 열린다. 협업하는 서비스에 요청을 보내는 대신, 요청을 차단하고 가능하면 적절한 폴백을 수행한다. 폴백에는 대체 메시지 반환하기, 다른 서비스로 우회하기, 캐시된 응답 반환하기 등이 있다. 그림 6.15에서 회로 차단기를 사용하는 요청의 생애주기를 표현한다.

목표 서비스의 예상 신뢰도와 서비스 간의 상호작용 규모를 조심스럽게 고려해서 시간 간격과 임계치를 설정해야 한다. 요청이 산발적이면 회로 차단기는 효과적이지 않을 수 있다. 회로 차단기가 요청의 샘플을 얻으려면 많은 시간이 필요할 것이기 때문이다. 바쁠 때와 한가할 때가 대조되는 서비스 상호작용에서는 최소한의 처리량을 도입해 부하가 통계적으로 아주 클 때만 회로가 반응하게 할 수 있다.

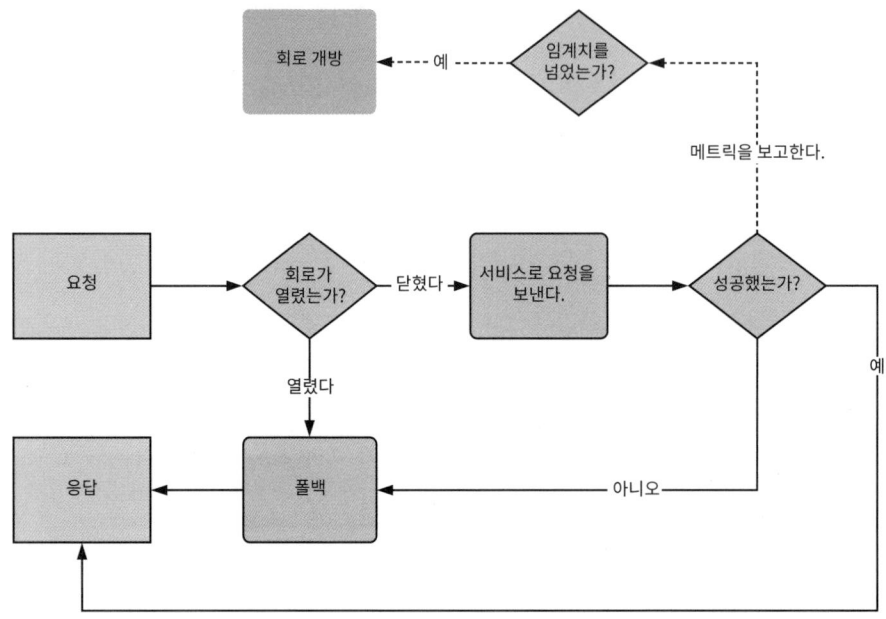

그림 6.15 회로 차단기는 두 서비스 간 요청의 흐름을 제어하고 실패한 요청의 수가 임계치를 넘으면 열린다.

> **노트** 회로가 열리고 닫힐 때를 모니터링해야 할 뿐만 아니라 특히 회로가 자주 열릴 경우 담당팀에 알림을 보내야 한다. 이에 대해서는 4부에서 다룬다.

일단 회로가 열리면 그대로 놔두고 싶지 않을 것이다. 그리고 가용성이 정상으로 돌아오면 회로는 닫힌다. 연결이 정상 상태인지 결정하기 위해 회로 차단기는 시험 요청을 보내야 한다. 시험 상태에서 회로는 **반만 열린다**(half open). 시험이 성공하면 회로는 닫힌다. 그렇지 않으면 열린 상태로 남는다. 다른 재시도처럼 이런 시도도 지터를 적용한 기하급수적인 백-오프 전략을 사용해야 한다. 그림 6.16에서는 회로 차단기의 세 가지 구분된 상태를 보여준다.

다양한 언어로 회로 차단기 패턴의 구현체를 제공하는 몇 가지 라이브러리가 있다. 여기에는 히스트릭스(자바), CB2(루비), 폴리(닷넷) 등이 있다.

> **Tip** 회로 차단기에서 닫힌 상태가 정상이라는 것을 잊지 말자. 회로가 열린 것은 부정적 상태, 닫힌 것은 긍정적 상태를 나타내는 것이 직관적이지는 않겠지만, 전기 회로의 실제 동작을 반영한 것이다.

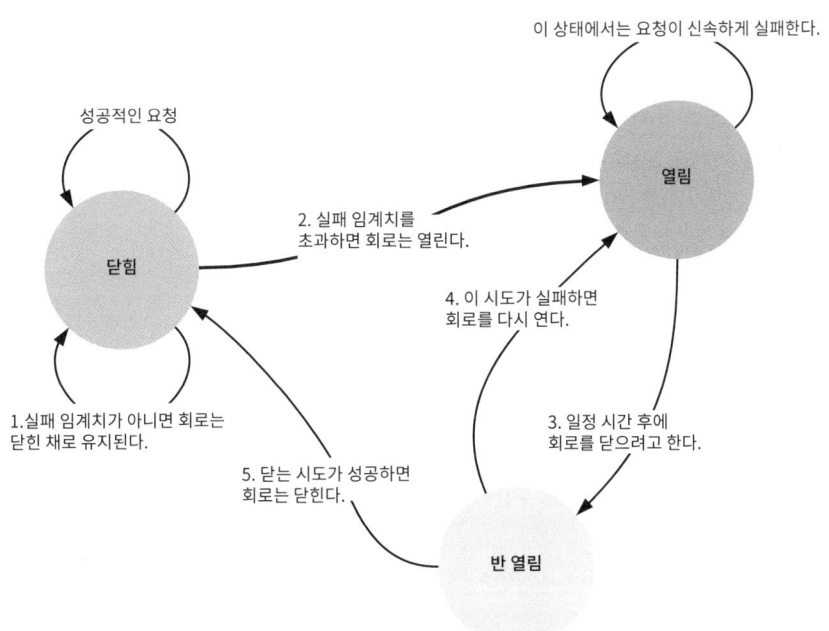

그림 6.16 열림, 닫힘, 그리고 반 열림의 3가지 상태를 전이하는 회로 차단기

6.3.5 비동기 커뮤니케이션

지금까지 서비스 간의 동기식, 점대점 커뮤니케이션에서의 장애에 집중했다. 첫 섹션에서 윤곽을 잡았듯이 체인에 서비스가 많을수록 그 경로의 전체 가용성은 낮아진다.

메시지 브로커와 같은 커뮤니케이션 브로커를 사용한 비동기식 서비스 커뮤니케이션을 설계하는 것은 가용성을 극대화하는 다른 기술이다. 그림 6.17에 이 방식을 설명했다.

즉각적이고 일정한 응답이 필요하지 않은 경우라면 더욱 복잡해지는 비즈니스 로직의 비용을 감수하고서라도 이 기법을 사용해 서비스 간 직접 커뮤니케이션을 줄여서 전체적인 가용성을 증가시킬 수 있다. 이 책의 다른 부분에서 말했듯이, 커뮤니케이션 브로커 자체가 단일 장애 지점이므로 확장과 모니터링, 효율적인 운영을 위한 조심스러운 관심이 필요할 것이다.

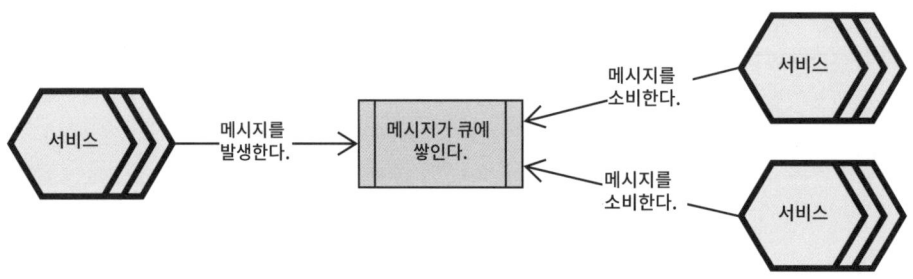

그림 6.17 직접적인 상호작용에서 서비스 간 결합력을 낮추기 위한 메시지 큐의 사용

6.4 서비스 신뢰성 극대화하기

앞 섹션에서 서비스가 협업 서비스와 상호작용하는 과정에서 장애로부터 내성을 갖도록 하는 기법에 대해 살펴봤다. 이제 개별 서비스 내에서 어떻게 가용성을 극대화하고 장애 내성을 가질 수 있는지 생각해 보자. 이 섹션에서 상태 점검과 비율 제한의 두 기법과 서비스의 회복성을 검증하는 방법을 살펴볼 것이다.

6.4.1 부하 분산과 서비스 상태

운영 환경에서 여러 시장-데이터 서비스 인스턴스를 배포해 중복성과 수평적 확장을 보장한다. 부하 분산기는 다른 서비스로부터의 요청을 이 인스턴스로 분산할 것이다. 이 시나리오에서 부하 분산기는 2가지 역할을 한다.

- 하위의 어느 인스턴스가 정상 상태이고 요청을 처리할 수 있을지 식별하기
- 요청을 서비스의 다양한 인스턴스로 전달하기

부하 분산기는 **상태 점검(health check)**을 실행하고 결과를 사용하는 것을 담당한다. 앞 절에서 요청이 만들어져 상호작용하는 순간에 의존하는 서비스의 상태를 확인할 수 있었다. 그러나 그것만으로는 충분하지 않다. 실제 질의하는 순간이 아니라 항상 하위 애플리케이션의 상태를 이해할 수 있는 방법이 있어야 한다.

여러분이 설계하고 배포하는 모든 서비스에 적절한 상태 점검 방법을 구현해야 한다. 서비스 인스턴스가 비정상이 되면 인스턴스는 다른 서비스로부터 더이상 요청을 받지 않는다. RPC를 통한 동기식 커뮤니케이션에서 부하 분산기는 각 인스턴스의 상태 점검 종단점을 주기적으로 점검한다. 비슷하게, 비동기식 서비스에서는 큐와 컨슈머 간의 연결을 테스트하기 위해 하트비트 메커니즘을 사용할 수 있다.

> **Tip** 상태 점검에 의해 반복적이거나 조직적인 인스턴스 장애가 감지됐을 때 운영팀에게 알림이 가는 것은 바람직한 것이다. 이 경우 사람이 약간 개입하면 도움이 될 수 있다. 이에 대해서는 4부에서 살펴본다.

상태 점검은 2가지 기준으로 분류해야 한다. 생존 여부와 서비스 가능 여부가 그것이다. 생존 여부는 일반적으로 애플리케이션이 시작되어 정상적으로 운영 중인지 간단히 점검하는 것이다. 예를 들어, HTTP 서비스는 /health, /ping, 또는 /heartbeat와 같은 종단점을 노출하고 일단 서비스가 운영 중이면 200 OK 응답을 반환한다(그림 6.18). 인스턴스가 반응이 없거나 에러 메시지를 반환하면 부하 분산기는 더이상 이 인스턴스에 요청을 전달하지 않을 것이다.

반대로, 서비스 가능 여부 점검은 서비스가 요청을 처리할 준비가 됐는지 아닌지를 가리킨다. 생존 여부는 서비스가 성공하리라는 것을 나타내지 않는다. 서비스는 데이터베이스, 제삼자 서비스, 설정, 캐시 등의 수많은 의존성을 가질 수 있기 때문에 구성요소들이 요청을 처리할 수 있는 정상 상태인지를 확인하기 위해 서비스 가능 여부를 사용하는 것이다. 예제 서비스 모두 다음 예제 코드에서처럼 간단한 HTTP 생존 여부 점검을 구현한다.

예제 코드 6.6 HTTP 생존 여부 검사를 위한 플라스크(Flask) 핸들러

```
@app.route('/ping', methods=["GET"])
def ping():
    return 'OK'
```

상태 점검은 인스턴스가 가용하거나 그렇지 않거나 하는 2가지 상태를 갖는다. 이것은 요청이 각 복제본으로 분산되는 일반적인 라운드로빈(round-robin) 부하 분산기에서는 잘 작동한다. 그러나 어떤 상황에서는 서비스의 기능이 저하되고 상태 점검에 나타나지 않은 대기 시간 증가나 에러 발생 빈도를 보여주기도 한다.

이런 경우에는 부하 분산기가 대기 시간을 인지해 더 잘 동작하는 인스턴스 또는 부하가 덜한 인스턴스로 요청을 보내서 좀 더 일관된 서비스 동작을 달성할 수 있다. 이것이 이 장의 마지막에 소개할 마이크로서비스 프락시의 일반적인 기능이다.

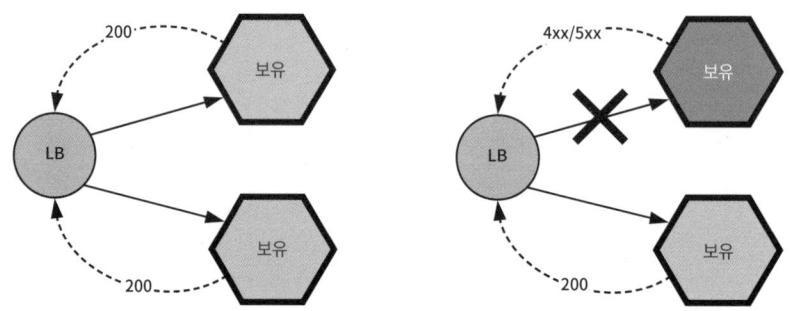

그림 6.18 부하 분산기는 지속적으로 서비스 인스턴스의 상태를 점검한다. 인스턴스가 비정상이면 부하 분산기는 서비스가 회복될 때까지 더이상 요청을 보내지 않는다.

6.4.2 비율 제한

비정상적인 서비스 사용 패턴은 때때로 대규모 마이크로서비스 애플리케이션에서 발생한다.

상위 서비스가 단일 일괄 처리 호출이 더 적절한 곳에 여러 호출을 하거나 가용 리소스가 호출자에게 고르게 분산되지 않았을 수 있다. 비슷하게, 제삼자 의존 서비스가 의존하는 다른 서비스가 부여한 제한에 걸릴 수 있다.

이런 경우 적절한 해결 방법은 협업 서비스가 일정 시간 범위 내에서 사용할 수 있는 요청의 비율 또는 전체 요청 수를 명시적으로 제한하는 것이다. 이렇게 하면 특히 수많은 협업 서비스를 가지고 있는 서비스가 부하를 받지 않도록 도움을 준다. 제한은 무차별적이거나(일정 규모 이상의 모든 요청을 삭제) 좀 더 정교할 수 있다(간헐적인 서비스 클라이언트의 요청을 삭제하거나 중요한 종단점의 요청에 우선하고 낮은 우선순위의 요청을 삭제하는 등). 표 6.4에서 다양한 비율 제한 전략을 소개한다.

표 6.4 일반적인 비율 제한 전략

전략	설명
규모 이상의 요청을 삭제	지정된 규모 이상의 컨슈머 요청을 삭제
중요한 요청에 우선순위 부여	낮은 우선순위 종단점으로의 요청을 삭제해 중요한 요청에 자원을 제공
일반적이지 않은 클라이언트 삭제	간헐적인 사용자보다 서비스를 자주 사용하는 컨슈머에 우선순위 부여
동시 요청 제한	일정 시간 동안 서비스 사용자가 요청할 수 있는 전체 수를 제한

비율 제한은 서비스의 클라이언트에 설계할 때 공유하거나 운영 중에 공유하면 더 좋다. 서비스가 요청을 반환할 때 남아 있는 사용 가능한 요청의 수를 헤더에 담아 컨슈머에게 제공할 수 있다. 호출자는 이 정보를 이용해 요청의 비율을 조정한다. 이 기술을 백 프레셔(back pressure)라고 한다.

6.4.3 신뢰성 검증과 장애 내성

앞에서 다룬 전술과 패턴을 적용하면 올바른 방향으로 가용성을 극대화할 수 있다. 그러나 이것만으로 회복성 있는 계획과 설계를 하기에는 충분하지 않다. 다시 말해, 서비스가 장애를 견딜 수 있고 우아하게 회복할 수 있는지 검증해야 한다.

철저한 테스트는 예측할 수 있거나 예측할 수 없는 장애가 발생했을 때 선택한 설계가 효과적인지를 확신하도록 도와준다. 테스트에는 애플리케이션의 **부하 테스팅**(load testing)과 **카오스 테스팅**(chaos testing)이 있다. 아마도 코드 테스팅(일반적으로 제한된 환경에서 구현의 유효성을 검증하는 단위 테스트, 인수 테스트 등)은 익숙하겠지만, 부하 테스팅과 카오스 테스팅이 운영 환경에서의 장애를 실제와 가깝게 복제해 서비스의 제한을 검증하려 한다는 것은 모를 수 있다. 이 책이 테스팅에 관한 책은 아니지만, 다양한 테스팅 기술이 튼튼한 마이크로서비스 애플리케이션을 구축하는 데 어떻게 도움이 되는지 이해하는 것도 좋을 것이다.

부하 테스팅(load testing)

서비스 개발자라면 일반적으로 서비스로의 요청량이 시간이 지남에 따라 증가할 것이라고 확신할 것이다. 서비스를 개발할 때는 다음 사항을 고려해야 한다.

1. 예상 증가량과 트래픽의 형태를 모델링해서 서비스의 예상 사용량을 이해한다.
2. 그 트래픽을 위한 용량을 산정한다.
3. 이런 제한에 따라 부하 테스팅을 수행해 배포된 서비스의 용량을 검증한다.
4. 용량을 다시 산정할 때 적절한 비즈니스와 서비스 메트릭을 사용한다.

시장-데이터 서비스가 얼마만큼의 용량이 필요할지 산정해 보자. 우선 이미 알고 있는 서비스 사용 패턴은 무엇인가? 보유 서비스가 이 서비스를 사용하지만, 가격 정보는 심플뱅크 전체에서 사용되므로 다른 곳에서도 호출될 수 있다.

그렇다면 대략적으로 플랫폼의 동시 사용자(active users)의 증가 추세에 따라 시장-데이터 서비스의 사용량도 증가한다고 가정해 보자. 그러나 사용량이 치솟는 것을 경험할 수 있다(예를 들어, 아침에 개장할 때). 비즈니스 성장 예측을 기반으로 용량 계획을 세울 수도 있다. 표 6.5는 서비스 개시 후 3개월 간의 QPS에 대한 간단한 예측을 보여준다.

표 6.5 향후 3개월간 평균 동시 사용자 성장에 근거한 서비스의 초당 호출 수 예측

			6월	7월	8월
전체 사용자			4000	5600	7840
성장 예측			40%	40%	40%
동시 사용자	최고치 평균	20%	800	1120	1568
		70%	2800	3920	5488
서비스 호출	평균				
	사용자 수/분	30	24000	33600	47040
	사용자 수/초	0.5	400	560	784
	최고치				
	사용자 수/분	30	84000	117600	164640
	사용자 수/초	0.5	1400	1960	2744

서비스 사용률의 성장을 추진하는 정량적 요소를 식별하는 것은 좋은 용량 설계와 최적화에 중요하다. 이것을 완료하면 배포할 용량을 결정할 수 있다. 예를 들어, 전월 대비 40% 성장을 가정할 때 정상 운영 중에는 초당 400 요청을 처리하고 최고 시에는 초당 1,400 요청을 처리할 것으로 예측한다

> **Tip** 용량과 확장 계획 기법에 대한 깊이 있는 검토는 이 책의 범위를 벗어나지만, 다음의 훌륭한 자료가 도움이 될 것이다: 애보트(Abbott)와 피셔(Fisher) ≪The Art of Scalability≫(Addison-Wesley Professional, 2015).

일단 서비스의 기본 용량을 산정하면 예상 트래픽 패턴을 반영한 용량을 반복적으로 테스트할 수 있다. 마이크로서비스 구성에서 트래픽 제한에 대한 검증과 함께 부하 테스팅은 작은 수준의 부하에서 충분하지 않은 잠재적 병목 지점과 설계를 식별할 수 있다. 부하 테스팅은 서비스의 제한에 대한 고도의 효과적인 통찰을 제공할 수 있다.

개별 서비스 수준에서는 전달 파이프라인의 일부로 각 서비스의 부하 테스트를 자동화할 수 있다. 이것은 이 책의 3부에서 살펴본다. 이런 조직적인 부하 테스트와 함께 탐색적 부하 테스팅을 수행해 서비스가 감당할 수 있는 부하를 예측하고 테스트할 수 있다.

또한 서비스도 포함해 부하 테스트를 한다. 이것은 서비스와의 상호작용에서 오는 특이한 부하 패턴과 병목 지점을 식별하는 데 도움을 준다. 예를 들어, GET /holdings 예제에서 모든 서비스가 참여하는 부하 테스트를 작성할 수 있다.

카오스 테스팅(chaos testing)

마이크로서비스 애플리케이션에서 많은 장애는 마이크로서비스 내부에서 발생하지 않는다. 네트워크 장애, 가상 머신 장애, 응답 없는 데이터베이스처럼 장애는 도처에 있다. 이런 장애 시나리오 유형을 테스트하기 위해서는 카오스 테스팅을 적용해야 한다.

카오스 테스팅은 마이크로서비스 애플리케이션이 운영 환경에서 장애가 발생하도록 한다. 불안정과 장애를 유발해 실제 시스템 장애를 정확하게 흉내 낼 뿐만 아니라 엔지니어링팀이 이런 장애에 대응할 수 있도록 훈련시킨다. 이는 궁극적으로 시스템이 실제 혼란을 견딜 수 있다는 확신을 갖게 하는데, 카오스 테스팅을 통해 시스템의 회복성을 꾸준히 개선하고 운영에 영향을 줄 수 있는 요인을 지속적으로 줄여나가기 때문이다.

"카오스 엔지니어링의 원리(Principles of Chaos Engineering)" 웹사이트(https://principlesofchaos.org/)에서 설명하듯이, 카오스 테스팅을 '조직적 약점을 발견하기 위한 실험 장치'로 볼 수 있다. 이 웹사이트는 이 방식에 대해 다음과 같이 설명한다.

1. 정상적인 시스템 운영 시에 측정 가능한 일정한 상태를 정의한다.
2. 실험군과 대조군에서 행동이 그대로 유지될 것이라고 가정한다. 시스템은 유발된 장애로부터 회복될 것이다.
3. 실제 장애를 유발한다. 예를 들어, 서버 또는 서버의 네트워크 연결을 제거하거나 높은 대기 시간을 유발한다.
4. 2에서 세운 가설이 틀렸다는 것을 증명하려고 시도한다.

149쪽 그림 6.5를 통해 보유, 트랜잭션, 시장-데이터 서비스가 어떻게 배포됐는지 돌아보자.

보유 데이터를 합리적인 시간에 반환하는 일정한 운영을 기대할 것이다. 카오스 테스트는 다음과 같이 몇 가지 변수를 유발할 수 있다.

1. 시장-데이터 또는 트랜잭션 서비스가 실행되는 노드를 예고 없이 내린다.
2. 무작위로 보유 인스턴스를 내려 용량을 줄인다.
3. 네트워크 연결을 끊는다. 예를 들어, 자산 보유와 하위 의존 서비스 또는 서비스와 서비스의 데이터 저장소 간의 연결을 끊는다.

그림 6.19는 이 옵션을 보여준다.

카오스 테스팅 실무가 성숙한 회사는 실제 운영 환경을 대상으로 조직적인 테스트와 임의의 테스트를 모두 수행할 것이다. 어쩌면 이 말이 끔찍하게 들릴 것이다. 테스트에서 장애를 만들려고 노력하는 것은 둘째 치고라도 실제 장애는 정말로 스트레스를 주기에 충분하기 때문이다. 그러나 이 방식을 사용하지 않으면 시스템이 정말로 기대하는 만큼 회복성이 있는지 알아내기가 정말 어렵다. 모든 조직에서는 무작위로 테스트하기보다는 제한된 종류의 가능한 기능을 도입하거나 계획에 따라 실행하는 등 소규모로 테스트를 시작해야 한다. 또한 비록 스테이징 환경에서 카오스 테스트를 수행했더라도 이 환경이 운영 환경의 구성을 대표하는지 또는 동일한지를 신중하게 고려할 필요가 있다.

> **Tip** 카오스 엔지니어링 기술을 연습하고 싶다면 카오스 툴킷(http://chaostoolkit.org/)이 이를 시작하는 데 훌륭한 도구를 제공할 것이다.

결국, 정기적이고 조직적으로 카오스 이벤트에 대해 시스템을 검증하고 발견된 이슈를 해결하면 애플리케이션의 장애 회복성에 대한 상당한 수준의 확신을 얻게 될 것이다.

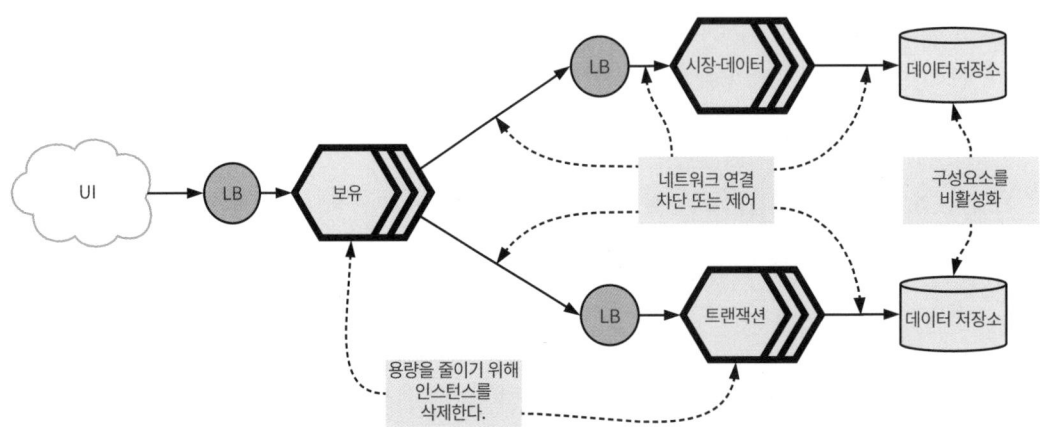

그림 6.19 실제 장애 이벤트를 반영하기 위해 카오스 테스트에서 도입할 잠재적 변수들

6.5 기본적으로 안전하게

마이크로서비스 애플리케이션에서 중요한 경로는 그 가장 약한 링크만큼의 회복력과 가용성을 제공할 것이다. 개별 서비스가 전체 가용성에 미치는 영향을 고려할 때 새로운 서비스를 도입하거나 서비스의 의존성 체인의 변경이 심각하게 가용성을 저하시키는 비상 상황은 피하는 것이 좋다. 마찬가지로, **장애가 발생한 후에야** 중요한 기능이 그 장애를 견디지 못한다는 사실을 발견하는 것을 원치 않을 것이다.

애플리케이션이 다양한 기술을 가지거나 다른 팀들이 하위 서비스를 전달할 때 신뢰할 수 있는 상호작용을 위한 일관된 방식을 유지하는 것은 급격히 어려워진다. 2장에서 격리와 기술적 다변화를 논의할 때 이것에 대해 언급했다. 팀들은 다양한 전달 압력을 받고 다른 서비스는 다양한 요구사항을 갖는다. 최악의 경우, 개발자가 좋은 회복성 실무를 따르는 것을 망각할 수 있다.

서비스 토폴러지에서 모든 변화는 부정적 영향을 가질 수 있다. 그림 6.20은 2가지 예제를 보여준다. 새로운 협력자를 시장-데이터 하위에 추가하는 것은 시장-데이터 서비스의 가용성을 저하시킬 수 있다. 반면에 새로운 컨슈머는 기존 컨슈머로의 가용량을 줄여 전체적인 시장-데이터 서비스의 용량 저하를 불러올 수 있다.

프레임워크와 프락시는 여러 서비스 간의 커뮤니케이션 표준에 적용하는 2가지 기술적 접근 방법으로, 서비스 커뮤니케이션의 회복성과 기본적으로 안전한 것을 보장해 엔지니어가 올바른 것을 하기 쉽게 한다.

6.5.1 프레임워크

서비스가 항상 적절하게 소통하도록 하는 보편적인 방식은 일반적인 상호작용 패턴을 구현한 특정 라이브러리를 사용하도록 강제하는 것이다. 이런 패턴에는 회로 차단기, 재시도, 폴백이 있다. 라이브러리를 사용해 모든 서비스 간의 상호작용을 표준화하는 것은 다음의 장점이 있다.

1. 서비스 상호작용에 개별적인 방식을 피함으로써 애플리케이션의 전반적인 신뢰성을 개선한다.
2. 수많은 서비스 커뮤니케이션의 개선과 최적화의 과정을 간단하게 한다.
3. 코드 내에서 내부 호출과 네트워크 호출을 명확하고 일관되게 구분한다.
4. 서비스 상호작용에서 메트릭을 수집하는 것과 같이 기능 확장을 지원한다.

이런 방식은 회사에서 코드를 작성할 때 하나 또는 몇 가지 언어를 사용하는 경우에 더욱더 효과적이다. 예를 들어, 앞서 언급한 히스트릭스는 넷플릭스에서 분산 서비스 간의 상호작용을 제어하기 위해 모든 자바 기반 서비스에 표준화된 방식을 제공하려는 의도였다.

> **노트** 커뮤니케이션 표준화는 마이크로서비스의 섀시(chassis)를 구축하는 핵심 요소로 다음 장에서 살펴본다.

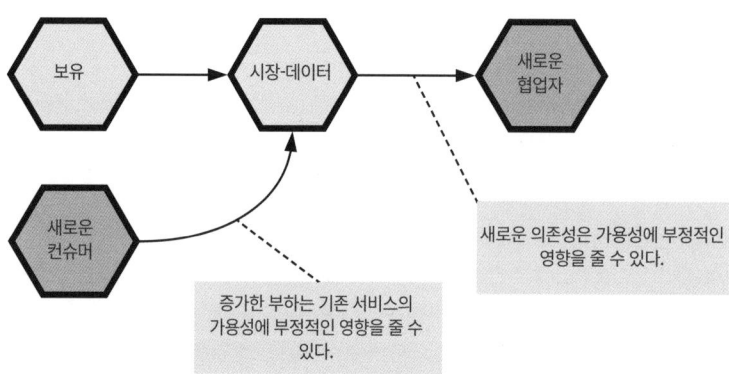

그림 6.20 의존성 체인에서 새로운 서비스가 가용성에 미치는 영향

6.5.2 서비스 메시

대안으로 서비스 메시(service mesh)를 도입할 수 있다. 링커드(Linkerd, https://linkerd.io) 또는 엔보이(Envoy, www.envoyproxy.io) 등은 서비스 간의 재시도, 폴백, 회로 차단 같은 제어를 개별 서비스의 일부로 하는 대신 별도로 제공한다. 서비스 메시는 프락시처럼 동작한다. 그림 6.21은 어떻게 서비스 메시가 서비스 간의 커뮤니케이션을 다루는지 표현한다.

서비스 커뮤니케이션은 서비스가 다른 서비스와 직접 커뮤니케이션하는 대신 일반적으로 서비스와 같은 호스트에 별도의 프로세스로 배포된 서비스 메시 애플리케이션을 통한다. 그래서 프락시가 요청 재시도나 타임아웃 관리, 또는 다른 서비스 간 부하 분산 등의 적절한 트래픽 관리를 하도록 설정할 수 있다. 호출하는 서비스의 관점에서 보면 이 서비스 메시는 존재하지 않는다. 단지 평소처럼 HTTP 또는 RPC 호출을 한다.

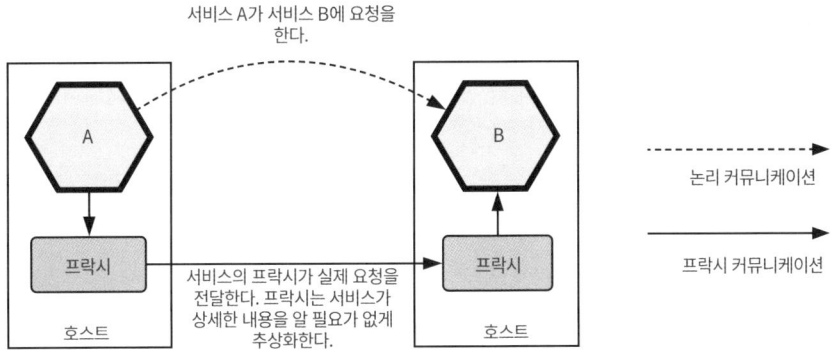

그림 6.21 서비스 메시를 사용한 서비스 간 커뮤니케이션

이 방식은 서비스를 담당하는 엔지니어가 서비스 상호작용을 처리하기에는 덜 명확하겠지만, 다양한 기술이 혼합된 애플리케이션에서 방어적 커뮤니케이션을 간단하게 해준다. 그렇지 않다면 다양한 언어 간의 일관된 커뮤니케이션을 위해 상당한 시간을 투자해야 한다. 왜냐하면 다양한 에코 시스템과 라이브러리에서 회복력과 관련된 기능을 다르게 지원할 수 있기 때문이다.

요약

- 복잡한 분산 시스템에서 실패는 불가피하다. 시스템을 설계할 때 장애 내성을 고려해야 한다.
- 개별 서비스의 가용성은 전체 애플리케이션의 가용성에 영향을 준다.
- 애플리케이션에서 올바른 수준으로 위험에 대처하려면 장애의 빈도 및 영향도 대비 잠재적으로 드문 이벤트에 대처하는 비용을 비교해 조심스럽게 판단해야 한다.
- 대부분 장애는 하드웨어, 커뮤니케이션, 의존성, 내부 중 한 곳에서 일어난다.
- 장애 전파는 양성 피드백에서 발생하며, 마이크로서비스 애플리케이션에서는 일반적으로 일어나는 장애 형태다. 이는 대부분 서버의 과부하에서 유발된다.
- 서비스 상호작용에서 장애에 대처하기 위해 재시도와 데드라인을 사용할 수 있다. 재시도를 적용할 때는 다른 서비스로 장애를 악화시키지 않도록 조심해야 한다.
- 의존하는 서비스의 장애에도 성공적으로 결과를 반환하기 위해 캐싱, 대체 서비스, 대체 결과와 같은 폴백을 사용할 수 있다.
- 데드라인이 시스템에 일관되고 불필요한 작업을 최소화하기 위해 서비스 간에 데드라인을 전파해야 한다.
- 높은 임계치의 에러가 발견되면 서비스 간의 회로 차단기가 신속히 실패해 장애 전파를 막는다.

- 서비스는 비율 제한을 사용해 자신의 용량을 넘는 치솟는 부하로부터 자신을 보호할 수 있다.
- 개별 서비스는 부하 분산기가 모니터링하고 사용할 수 있는 상태 점검 기능을 노출해야 한다.
- 부하 테스팅과 카오스 테스팅을 통해 효과적으로 회복력 검증할 수 있다.
- 프락시와 프레임워크 같은 표준을 적용해 엔지니어가 쉽게 성공적인 방식을 적용하고 기본적으로 장애 내성을 가진 서비스를 구축하게 할 수 있다.
- 복잡한 질의를 효과적으로 하려면 읽기 모델을 표현하기 위해 CQRS 패턴을 사용해야 한다. 특히 여러 다른 데이터 저장소를 사용할 경우에는 더욱더 그렇다.

재사용할 수 있는 마이크로서비스 프레임워크 구축하기 | 7장

이 장에서는 다음 내용을 다룬다.
- 마이크로서비스 섀시(chassis) 구축하기
- 여러 팀 간에 균일한 실무를 강제하는 것의 장점
- 재사용할 수 있는 프레임워크에서 공통 관심사를 추상화하기

일단 조직에서 마이크로서비스를 완전하게 포용하고 팀의 수가 증가하면 팀마다 특별한 프로그래밍 언어와 도구를 사용하기 시작할 것이다. 때때로 같은 프로그래밍 언어를 사용하더라도 같은 목적에 다른 조합의 도구를 사용한다. 이것이 문제될 것은 없지만, 다양한 팀의 엔지니어가 작업하는 데 어려움이 가중될 수 있다. 코드 구조뿐만 아니라 새로운 서비스를 구축하는 절차도 상당히 다를 수 있다. 궁극적으로 여러 팀이 같은 도전 과제를 다른 방식으로 해결하더라도 동기화 계층을 추가하는 것보다 이와 같이 잠재적인 중복을 갖는 것이 낫다고 믿는다.

팀이 사용하는 도구와 언어에 엄격한 규정을 두고 여러 팀 간에 새로운 서비스를 구축하는 것에 표준 방식을 강요하면 속도와 혁신을 저해하고 궁극적으로 모든 문제에 동일한 도구를 사용하게 된다. 다행스럽게도 팀이 특정 서비스를 위한 프로그래밍 언어를 다소 자유롭게 선택하게 하면서도 몇몇 공통 실무를 강제할 수 있다. 또한 엔지니어가 모든 팀 간의 실무를 따르기 쉽게 하는 자원에 접근하게 하면서도 각자 선택한 언어를 위한 도구 세트를 지원할 수 있다. 팀 A가 알림 관리를 위한 서비스 개발에 엘릭서(Elixir)를 사용하기로 결정하고 팀 B는 이미지 분석 서비스에 파이썬을 사용하기로 했다면 두 서비스는 공통 메트릭 수집 인프라스트럭처로 메트릭을 전송할 수 있는 도구를 가지고 있어야 한다.

동일한 포맷으로 동일 장소에 로그를 수집해야 하고 회로 차단기와 기능 플래그(feature flags) 같은 것들, 또는 같은 이벤트 버스(event bus)를 공유할 수 있어야 한다. 이 방식은 팀에게 선택권을 줄 뿐만 아니라 팀이 사용하는 도구들이 서비스를 운영하기 위한 인프라스트럭처와 일관성을 갖게 할 수 있

다. 이 도구들이 **섀시(chassis)**, 즉 큰 사전 조사와 절차 없이 새로운 서비스를 구축하게 해주는 기반(foundation)을 구성한다. 섀시는 공통 관심사와 아키텍처 선택지를 추상화하면서 동시에 팀이 새로운 서비스를 위한 기반을 빠르게 구축하도록 해준다. 그럼 이제 어떻게 서비스를 위한 섀시를 구축하는지 알아보자.

7.1 마이크로서비스 섀시

8개의 다양한 엔지니어링팀과 팀별로 4명의 엔지니어가 있는 조직이 있다고 가정해 보자. 이제 각 팀의 엔지니어 한 명이 파이썬이나 자바, C#을 사용하는 새로운 서비스를 만드는 것을 담당한다. 이와 같은 주류의 언어에는 사용할 수 있는 라이브러리가 많다. HTTP 클라이언트에서 로깅 라이브러리까지 풍부하게 선택할 수 있다. 두 팀이 같은 언어에 같은 라이브러리 조합을 선택할 확률은 얼마나 될까? 매우 낮다! 이것은 마이크로서비스 애플리케이션에서만의 문제가 아니다. 개인적으로 모놀리식 애플리케이션에서 다른 개발자가 3개의 다른 HTTP 클라이언트 라이브러리를 사용하는 것도 봤다!

그림 7.1에서 그림 7.3은 새로운 프로젝트에서 사용할 수 있는 컴포넌트를 선택할 때 팀이 마주치게 될 선택지를 보여준다.

그림에서 보듯이 선택은 쉽지 않다! 어떤 프로그래밍 언어를 선택하든 옵션은 풍부하기 때문에 덜 이상적인 라이브러리를 선택하는 위험 등을 포함해 컴포넌트를 선택하는 데 걸리는 시간은 증가한다. 조직은 풀어야 하는 문제에 따라 광범위하게 채택된 두세 가지의 언어를 채택하게 된다. 결과적으로 같은 언어를 사용하는 팀이 공존하게 된다. 한 팀이 라이브러리에 관한 경험을 얻게 되면 다른 팀의 이익을 위해 그 경험을 사용하는 것은 어떤가? 운영 환경에서 사용한 라이브러리와 도구를 공유하면 새로운 프로젝트를 시작하는 사람이 각 라이브러리의 장단점을 깊게 들여다봐야 하는 부담이 없다.

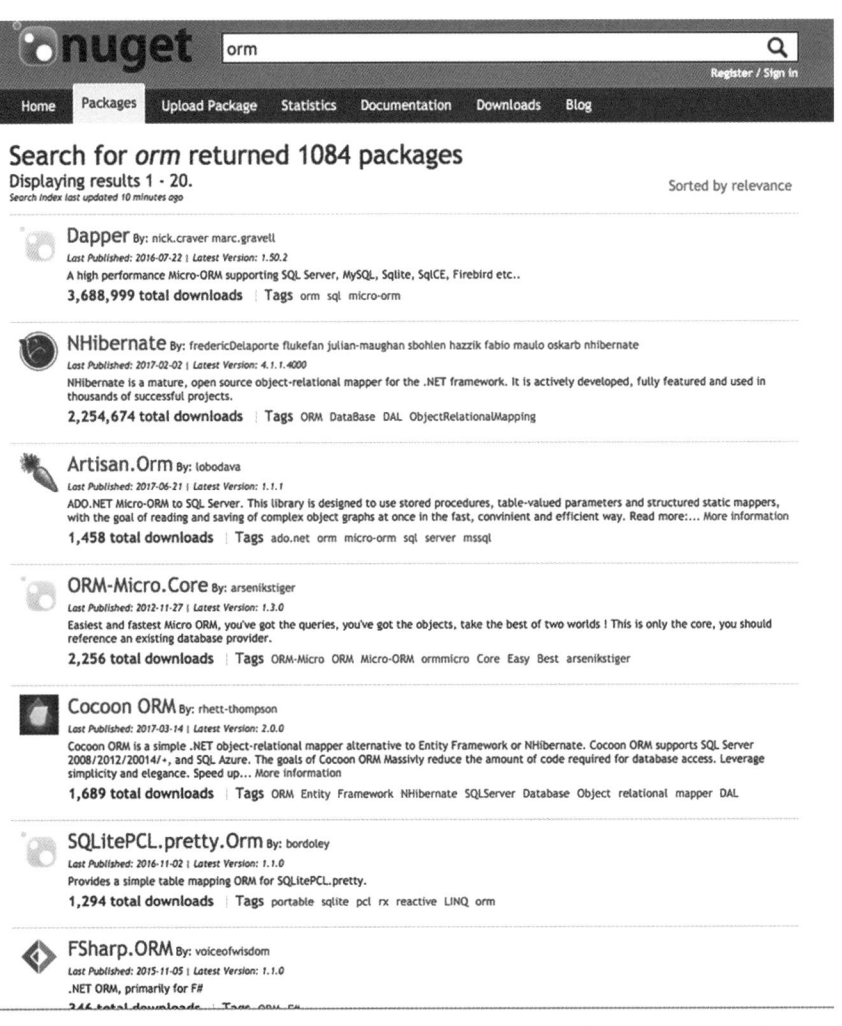

그림 7.1 닷넷 에코시스템에서 객체-관계 매핑(ORM, object-relational mapping) 라이브러리의 검색 결과

팀이 새로운 서비스를 쉽게 생성하도록 서비스를 구축하고 운영하는 데 필요한 언어별로 검증된 도구와 기본 구조를 조직에서 제공하는 것이 좋다. 또한 도구의 구조가 관측 가능성과 인프라스트럭처 관련 코드의 추상화에 대한 표준을 따르고 서비스 간 커뮤니케이션에 관한 아키텍처 선택을 반영하는지 확인해야 한다. 예를 들어, 어떤 조직이 서비스 간에 비동기식 커뮤니케이션을 선호한다면 이미 구현된 이벤트 버스 인프라스트럭처를 사용하기 위해 필요한 라이브러리를 제공할 것이다. 이것은 실무를 부드럽게 시행할 수 있을 뿐만 아니라 새로운 서비스를 빠르고 쉽게 생성하고 프로토타이핑을 빠르게 한다. 결국, 서비스를 제공하는 비즈니스 로직을 작성하는 것보다 서비스를 위한 기반을 작성하는 것이 더 오래 걸린다면 아무런 의미가 없다.

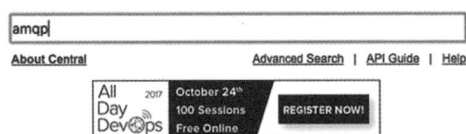

그림 7.2 자바 에코시스템에서 AMQP(Advanced Message Queuing Protocol) 라이브러리 검색

Package	Weight*	Description
circuitbreaker 1.0.1	14	Python Circuit Breaker pattern implementation
breakers 0.1.0	10	Usable Circuit Breaker pattern implementation
gevent-breaker 1.0.0	10	Circuitbreaker pattern for gevent apps
protector 0.6.0	10	A circuit breaker for Time series databases like InfluxDB that prevents expensive queries
pybreaker 0.4.0	10	Python implementation of the Circuit Breaker pattern
python-circuit 0.1.9	10	Simple implementation of the Circuit Breaker pattern
circuit-breaker 0.1	8	Timeout decorator for functions with backup
requests-circuit 0.1.0	8	A circuit breaker for Python requests
datawire-mdk 2.0.37	2	The Microservices Development Kit (MDK)
dynamic-dynamodb 2.4.0	2	Automatic provisioning for AWS DynamoDB tables
dyno 0.2	2	Dependency injection framework based on Netflix's Hystrix
lxc_ssh_controller 0.1.3	2	Simple wrapper over LXC via SSH (paramiko).
oe_daemonutils 0.9.0	2	Daemon Utility Library
qcache-client 0.5.0	2	Python client library for QCache
waiter 0.4	2	Delayed iteration for polling and retries.

*: occurrence of search term weighted by field (name, summary, keywords, description, author, maintainer)

그림 7.3 파이썬에서 회로 차단기 라이브러리 검색

섀시의 구조는 팀에서 기술 스택(언어+라이브러리)을 선택하고 서비스를 신속하게 구축하도록 돕는다. 그렇다면 다음과 같은 의문이 들 수 있다. 소위 섀시라는 것이 없으면 서비스를 스스로 구성하는 것이 얼마나 힘들까? 다음과 같은 관심사가 없다면 쉽다.

- 구축할 때부터 컨테이너 스케줄러에서 배포하기(CI/CD)
- 로그 집계 구축
- 메트릭 수집
- 동기와 비동기식 커뮤니케이션 메커니즘 제공
- 에러 리포팅

심플뱅크에서는 팀이 어떤 프로그래밍 언어 또는 기술 스택을 선택하더라도 서비스가 앞서 나열한 모든 기능을 제공받아야 한다. 이런 구축의 유형은 달성하기가 쉽지 않고 선택한 기술 스택에 따라서 하루 이상이 걸릴 수 있다. 또한 동일한 목적을 위해 두 팀이 선택한 라이브러리의 조합이 상당히 다를 수 있다. 마이크로서비스 섀시를 제공하면 이런 차이점과 관련된 모든 이슈에 대처하므로 각 팀은 심플뱅크의 고객이 사용할 기능을 전달하는 데 집중할 수 있다.

7.2 마이크로서비스 섀시의 목적은 무엇인가?

마이크로서비스 섀시의 목적은 어떤 팀이 서비스를 소유하더라도 모든 서비스가 따라야 할 표준을 제공하면서 서비스를 쉽게 생성할 수 있게 도와주는 것이다. 마이크로서비스 섀시를 구축하는 것의 장점은 다음과 같다.

- 팀 멤버가 환경을 쉽게 익혀서 작업할 수 있게 한다.
- 엔지니어링팀이 사용하는 기술 스택과 관련해 코드 구조와 관심사를 잘 이해하도록 한다.
- 항상 같은 기술 스택이 아니더라도 팀에서 공통 지식을 구축할 때 운영 시스템을 위한 실험의 범위를 줄여준다.
- 모범 사례를 따르도록 돕는다.

코드 구조와 공통으로 사용되는 라이브러리를 예측할 수 있으면 팀 멤버들이 서비스의 구조를 빠르고 쉽게 이해할 것이다. 그들은 비즈니스 로직의 구현만 신경 쓰면 된다. 왜냐하면 다른 코드는 모든 서비스에서 대부분 공통일 것이기 때문이다. 예를 들어, 공통 코드는 다음 내용을 다룰 것이다.

- 로깅
- 설정 가져오기
- 메트릭 수집
- 데이터 저장소 구성
- 상태 점검
- 서비스 등록과 발견
- 선택된 전송 기술과 관련해 반복적으로 사용되는 상용구 코드들(AMQP, HTTP)

누군가 새로운 서비스를 생성할 때 이런 관심사들을 담당하는 공통 코드가 있다면 반복적으로 사용되는 상용구 코드를 작성할 필요가 줄거나 없을 것이고 개발자들은 새삼 처음부터 다시 할 필요가 거의 없을 것이다. 또한 조직에서 좋은 점은 시행하기 쉽다는 것이다.

그리고 지식 공유 관점에서 보면 마이크로서비스 섀시는 다른 팀의 멤버들이 코드 리뷰를 쉽게 할 수 있게 해준다. 그들이 같은 섀시를 사용한다면 코드 구조와 동작 방식에 익숙할 것이다. 이것이 가시성을 높여 다른 팀의 엔지니어로부터 의견을 쉽게 모을 수 있다. 특정 팀이 풀고 있는 문제를 다른 시각에서 바라보는 것은 항상 바람직하다.

7.2.1 위험 제거

마이크로서비스 섀시를 제공하면 당면할 위험이 줄어든다. 왜냐하면 특정 요구사항에 작동하지 않을 언어와 라이브러리의 조합을 선택할 가능성이 줄어들기 때문이다. 생성하는 서비스가 이미 존재하는 이벤트 버스를 사용해 다른 서비스와 비동기식 커뮤니케이션만 해야 한다고 생각해 보자. 섀시가 이미 이 유스케이스를 지원하면 설정을 조정하거나 해서 결국에 잘 동작하지 않는 일은 거의 없을 것이다. 동기식뿐만 아니라 비동기식 커뮤니케이션 유스케이스도 지원하므로 작동하는 솔루션을 찾기 위해 더 이상 노력을 낭비하지 않아도 된다.

섀시는 지속적으로 다양한 팀의 경험과 협업하고 진화해 여러 유스케이스를 다루는 경험과 조직의 실무에 있어 항상 최신 상태로 유지하도록 해준다. 그에 따라 전반적으로 다른 팀이 전에 해결하지 못한 도전 과제에 직면할 가능성이 낮다. 어느 누구도 이 유형의 도전 과제를 해결하지 못했다면 한 팀만 해결하면 된다. 그리고 솔루션을 섀시에 포함시켜서 향후 다른 팀의 위험을 줄여준다.

사용할 라이브러리들을 선택해서 마이크로서비스 섀시에 제공하면 엔지니어링팀이 다룰 의존성 관리를 줄여준다. 그림 7.1~그림 7.3에서 사용 가능한 한 개의 ORM 라이브러리, 한 개의 AMQP, 한 개의 회로 차단기 라이브러리를 선택했다면 이것들이 궁극적으로 여러 팀에 알려지고 누군가 이런 라이브러리에서 취약점을 발견하면 쉽게 업데이트할 수 있게 된다.

7.2.2 신속한 기반 구축(bootstrapping)

비즈니스 로직을 구현하는 데 훨씬 더 적은 시간이 걸리는데, 서비스 기반을 구축하는 데 하루나 이틀을 보낸다는 것은 말이 되지 않는다. 또한 서비스를 구성하는 데 필요한 컴포넌트를 작성하는 것은 반복적이고 에러가 발생하기 쉬운 작업이다. 다시 말해, 새로운 서비스를 구성할 때마다 반복적으로 컴포넌트를 구축할 이유가 없다. 마이크로서비스 섀시를 유지하고 갱신하면 테스트된 재사용할 수 있는 설정을 할 수 있어서 빠른 서비스 기반 구축이 가능하다. 그래서 반복 사용되는 상용구 코드를 작성하는 대신, 거기서 남은 시간을 기능을 개발하고 테스트하고 배포하는 데 사용할 수 있다.

많은 팀이 사용하고 잘 아는 믿을 만한 기반이 있으면 초기의 노력에 대해 걱정하지 않고 더 많은 실험을 할 수 있다. 그래서 개념을 빠르게 배포 가능한 서비스로 전환하면 그만큼 쉽게 검증하고 진행 또는 폐기 여부를 판단할 수 있다. 여기서 핵심 개념은 신속하고 가능한 한 쉽게 새로운 기능을 생성하는 것이다. 또한 구축된 섀시는 새로운 팀 멤버의 진입 장벽을 상당히 낮추는데, 각 언어의 모든 서비스에 공통적인 구조를 알고 나면 어떤 프로젝트에도 빠르게 참여할 수 있기 때문이다.

7.3 섀시 설계

심플뱅크에서 주식의 매입과 매도를 구현하는 팀은 몇 가지 어려움에 직면했고 경험을 공유하고 더 많은 엔지니어링팀이 사용할 수 있는 섀시를 만들기로 했다. 2장의 그림 2.7에서 주식 매도 기능을 설명했다. 이해를 위해 그림 7.4에 있는 흐름 다이어그램을 살펴보자.

주식을 팔려면 사용자는 웹 또는 모바일 애플리케이션에서 요청을 생성해야 한다. API 게이트웨이는 요청을 받아서 기능을 제공하는 내부 서비스로 전달하는 인터페이스 역할을 한다.

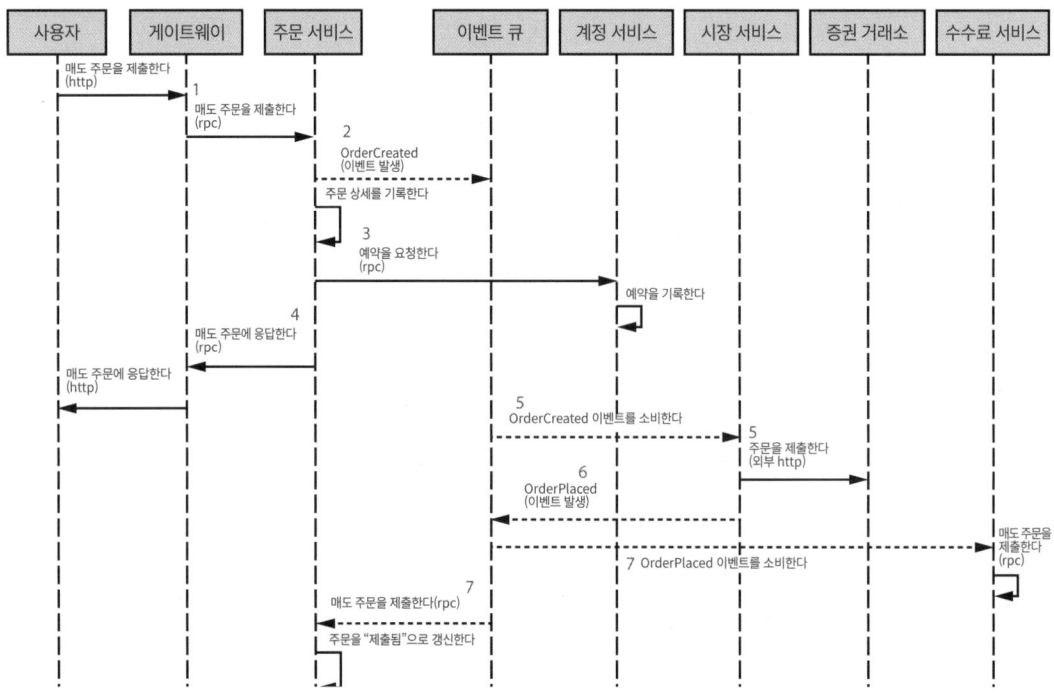

그림 7.4 주식 매도의 흐름은 서비스 간 동기식과 비동기식 커뮤니케이션 모두를 포함한다.

증권 거래소에 주문을 제출하는 데 오래 걸린다고 가정하면 대부분 동작은 비동기식이 될 것이고 요청을 가능한 한 빠르게 처리하겠다고 고객에게 메시지를 전달할 것이다. 이제 서비스 간의 상호작용과 커뮤니케이션의 유형을 살펴보자.

1. 게이트웨이는 사용자 요청을 주문 서비스에 전달한다.
2. 주문 서비스는 `OrderCreated` 이벤트를 큐에 보낸다.
3. 주문 서비스는 계정 트랜잭션 서비스에 주식 예약을 요청한다.
4. 주문 서비스는 게이트웨이에 응답하고 게이트웨이는 사용자에게 주문이 처리 중이라고 알린다.
5. 시장 서비스는 `OrderCreated` 이벤트를 수신하고 증권 거래소에 주문을 제출한다.
6. 시장 서비스는 `OrderPlaced` 이벤트를 큐에 보낸다.
7. 수수료 서비스와 주문 서비스는 둘 다 `OrderPlaced` 이벤트를 수신한다. 두 서비스는 각자 처리에 대한 수수료를 부과하고 주문 상태를 "제출됨(placed)"으로 변경한다.

이 기능에는 4개의 내부 서비스가 있는데, 외부 엔티티(증권 거래소)와 상호작용하고 동기식과 비동기식을 섞어 커뮤니케이션한다. 이벤트 큐를 사용해 다른 시스템이 변화에 반응하도록 한다. 예를 들어, 클라이언트에 이메일을 보내거나 실시간으로 알림을 보내는 서비스는 `OrderPlaced` 이벤트를 수신해 제출된 주문에 대한 알림을 보낼 수 있다.

이 기능을 소유한 팀이 파이썬을 선호해서 nameko 프레임워크를 사용해 초기 프로토타입을 만들었다고 가정해 보자(https://github.com/nameko/nameko). 이 프레임워크는 즉시 사용할 수 있는 몇 가지를 제공한다.

- AMQP RPC와 이벤트(게시-구독)
- HTTP GET, POST, 웹소켓
- 쉽고 빠른 개발을 위한 CLI
- 단위 테스팅과 통합 테스팅을 위한 도구들

그러나 회로 차단기, 에러 리포팅, 기능 플래그, 메트릭 송신기 등이 없어서 팀은 이것을 담당하는 라이브러리를 위한 코드 저장소를 생성하기로 결정했다. 그리고 도커 파일(Dockerfile)과 도커 컴포즈(docker compose) 파일을 만들어 최소의 노력으로 기능을 구축하고 운영할 수 있게 하고 파이썬으로 개발하는 다른 팀이 사용할 수 있는 기초를 제공했다. 이 책의 코드 저장소에는 초기 파이썬 섀시(http://mng.bz/s4B2)와 기능 설명(http://mng.bz/D19l)이 있다.

이제 구축된 섀시가 어떻게 서비스 디스커버리, 관측성, 전송(transport), 분산과 제한을 다루는지 좀 더 자세히 알아보자.

7.3.1 서비스 디스커버리

앞서 설명한 기능을 구현하는 파이썬 섀시에서 서비스 디스커버리는 아주 간단하다. 서비스 간의 커뮤니케이션은 RPC를 통한 동기식과 이벤트 게시를 통한 비동기식을 사용한다. 심플뱅크는 메시지 브로커로 래빗엠큐(https://www.rabbitmq.com)를 사용하므로 비동기식과 동기식 유스케이스 모두를 위한 간접적인 서비스 등록 방법을 제공한다. 래빗엠큐에서는 큐 기반으로 RPC를 구현하는 동기식 요청/응답 커뮤니케이션을 사용할 수 있다. 또한 라운드-로빈 알고리즘(https://en.wikipedia.org/wiki/Round-robin_scheduling)을 사용해 컨슈머에 대한 부하 분산을 기본으로 제공한다. 결국, 메시징 인프라스트럭처를 사용해 서비스 등록뿐만 아니라 같은 서비스의 여러 인스턴스 간에 부하를 자동으로 분산할 수 있다. 그림 7.5는 RPC 익스체인지(exchange)를 사용한 다른 서비스의 연결을 보여 준다.

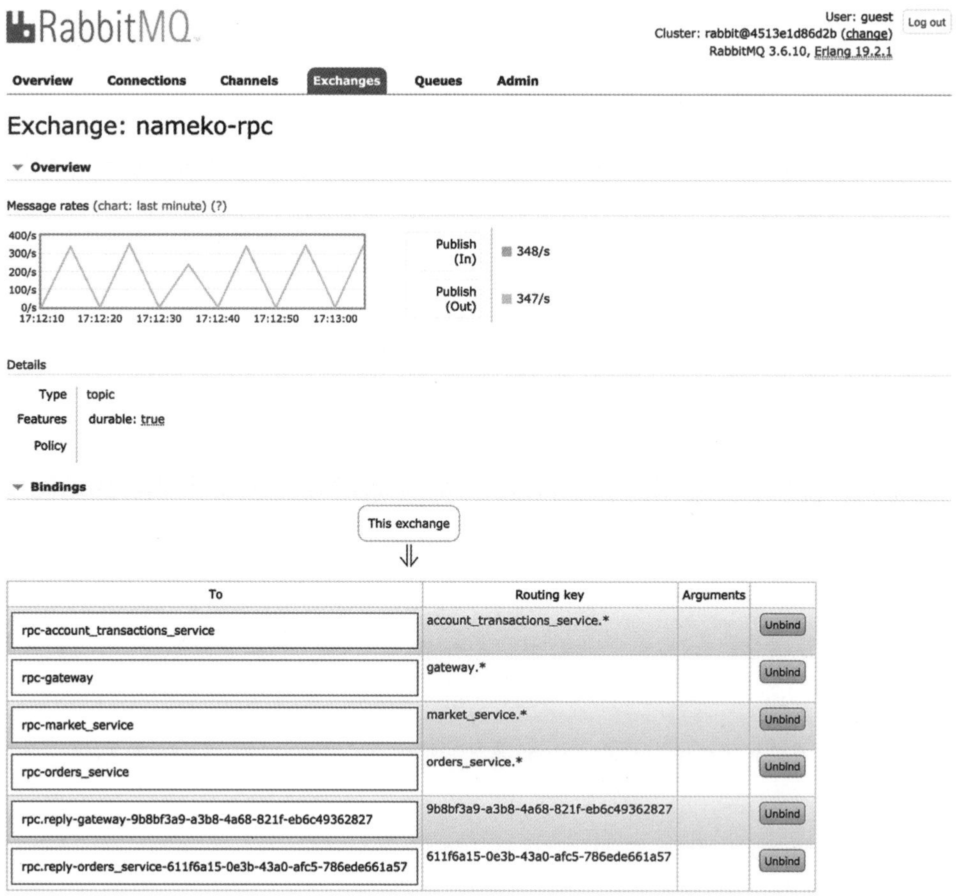

[RabbitMQ 관리 화면 - Exchange: nameko-rpc]

To	Routing key	Arguments	
rpc-account_transactions_service	account_transactions_service.*		Unbind
rpc-gateway	gateway.*		Unbind
rpc-market_service	market_service.*		Unbind
rpc-orders_service	orders_service.*		Unbind
rpc.reply-gateway-9b8bf3a9-a3b8-4a68-821f-eb6c49362827	9b8bf3a9-a3b8-4a68-821f-eb6c49362827		Unbind
rpc.reply-orders_service-611f6a15-0e3b-43a0-afc5-786ede661a57	611f6a15-0e3b-43a0-afc5-786ede661a57		Unbind

그림 7.5 익스체인지에 등록된 서비스 간 RPC를 통한 커뮤니케이션. 서비스의 여러 인스턴스는 같은 라우팅 키를 사용하고 래빗엠큐는 들어오는 요청을 이 인스턴스에 분배한다.

실행되는 모든 서비스는 자신을 익스체인지에 등록한다. 이렇게 하면 서비스는 서로의 위치를 명확하게 알지 못해도 매끄럽게 커뮤니케이션할 수 있다. 또한 AMQP 프로토콜 상의 RPC 커뮤니케이션은 HTTP를 사용할 때의 요청/응답과 동일한 동작을 제공한다.

섀시가 제공하는 역량을 활용하면 얼마나 쉽게 기능을 제공받는지 다음 예제 코드에서 nameko 프레임워크를 사용해 알아보자.

예제 코드 7.1 microservices-in-action/chapter-7/chassis/rpc_demo.py

```python
from nameko.rpc import rpc, RpcProxy
class RpcResponderDemoService:
    name = "rpc_responder_demo_service"
    @rpc
    def hello(self, name):
        return "Hello, {}!".format(name)
class RpcCallerDemoService:
    name = "rpc_caller_demo_service"
    remote = RpcProxy("rpc_responder_demo_service")

    @rpc
    def remote_hello(self, value="John Doe"):
        res = u"{}".format(value)
        return self.remote.hello(res)
```

- `name = "rpc_responder_demo_service"` ← 등록할 서비스 이름을 변수에 할당한다. 다른 서비스가 호출할 때 이 이름으로 호출한다.
- `@rpc` ← nameko 라이브러리가 래빗엠큐에 요청/응답 형태의 요청을 수행하는 데 필요한 설정을 하게 한다. RPC 호출은 동기식으로 동작한다.
- `remote = RpcProxy("rpc_responder_demo_service")` ← RPC를 통해 호출될 서비스의 PPC proxy를 생성한다. 원격 서비스의 이름을 전달한다.
- `return self.remote.hello(res)` ← RPC proxy를 통해 원격 서비스를 호출한다. 이것은 RpCResponderDemoSerfice 클래스의 hello 함수를 실행할 것이다.

이 예제에서 응답(responder) 클래스와 호출(caller) 클래스를 정의했다. 또한 각 클래스에 서비스의 식별자를 담은 변수를 정의했다. @rpc 애노테이션을 사용해 함수를 설정한다. 이렇게 하면 일반적인 함수를 하부의 AMQP 인프라스트럭처의 기능(여기서는 래빗엠큐가 제공)을 사용할 수 있도록 변환해 어딘가에서 실행되는 서비스의 메소드를 호출할 수 있다. RpcCallerDemoService 클래스의 remote_hello 메소드를 호출하면 프레임워크가 제공하는 RpcProxy를 통해 원격으로 등록된 RpcResponderDemoService의 hello 함수를 호출할 것이다.

일단 이 예제 코드를 실행하면 래빗엠큐는 그림 7.6에서 보는 것과 비슷하게 보일 것이다. rpc_demo.py에 정의된 서비스를 시작하면 서비스 이름으로 된 큐(rpc-rpc_caller_demo_service와 rpc-rpc_responder_demo_service)를 등록한다. 또한 다른 2개의 큐(rpc.reply-rpc_caller_demo_service*와 rpc.reply-standalone_rpc_proxy*)는 응답을 호출한 서비스로 중계한다. 이것이 래빗엠큐에서 블로킹(blocking) 동기식 커뮤니케이션을 구현하는 방식이다(http://mng.bz/4blSh).

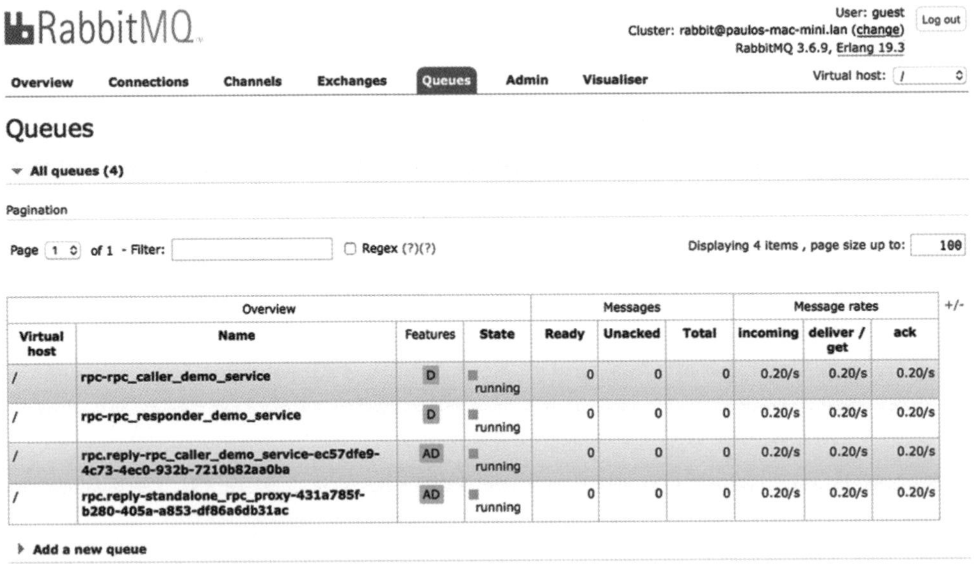

Queues

Overview			Features	State	Messages			Message rates			+/-
Virtual host	Name				Ready	Unacked	Total	incoming	deliver / get	ack	
/	rpc-rpc_caller_demo_service		D	■ running	0	0	0	0.20/s	0.20/s	0.20/s	
/	rpc-rpc_responder_demo_service		D	■ running	0	0	0	0.20/s	0.20/s	0.20/s	
/	rpc.reply-rpc_caller_demo_service-ec57dfe9-4c73-4ec0-932b-7210b82aa0ba		AD	■ running	0	0	0	0.20/s	0.20/s	0.20/s	
/	rpc.reply-standalone_rpc_proxy-431a785f-b280-405a-a853-df86a6db31ac		AD	■ running	0	0	0	0.20/s	0.20/s	0.20/s	

그림 7.6 래빗엠큐에 등록된 호출 및 응답 데모 서비스의 큐

섀시는 이런 기능을 매우 쉽게 사용할 수 있게 하고 같은 인프라스트럭처를 사용해 서비스 간에 동기식과 비동기식 커뮤니케이션을 모두 할 수 있게 한다. 이런 구성은 팀이 모든 기능을 처음부터 구축하도록 하는 대신 새로운 기능을 개발하는 데 시간을 쏟도록 하므로 프로토타이핑할 때 상당한 속도를 낼 수 있다. 서비스 간의 커뮤니케이션에 블로킹 호출을 사용하는 조율 방식의 구성이든, 비동기식 커뮤니케이션을 사용하는 자율적 구성이든, 또는 두 가지의 혼합된 구성을 사용하든 상관없이 같은 인프라스트럭처와 라이브러리를 사용할 수 있다.

다음 예제 코드는 섀시의 기능을 사용해 서비스 간의 완전한 비동기 커뮤니케이션을 어떻게 사용하는지 보여주는 예제다.

예제 코드 7.2 microservices-in-action/chapter-7/chassis/events_demo.py

```python
from nameko.events import EventDispatcher, event_handler
from nameko.rpc import rpc
from nameko.timer import timer

class EventPublisherService:
    name = "publisher_service"          ◀──── 다른 서비스가 참조할 서비스 이름을 등록한다.
    dispatch = EventDispatcher()        ◀──── 이 서비스에서 래빗엠큐의 큐에 전달할 이벤트를 생성하도록 한다.
```

```python
    @rpc
    def publish(self, event_type, payload):
        self.dispatch(event_type, payload)

class AnEventListenerService:
    name = "an_event_listener_service"      ◀──────        다른 서비스가 참조할 서비스
                                                            이름을 등록한다.

    @event_handler("publisher_service", "an_event")    ◀──────
    def consume_an_event(self, payload):
        print("service {} received:".format(self.name), payload)

class AnotherEventListenerService:
    name = "another_event_listener_service"

    @event_handler("publisher_service", "another_event")
    def consume_another_event(self, payload):
        print("service {} received:".format(self.name), payload)

class ListenBothEventsService:
    name = "listen_both_events_service"      ◀──────

    @event_handler("publisher_service", "an_event")    ◀──────     큐에 이벤트를 생성하면 이
    def consume_an_event(self, payload):                            함수가 실행되도록 하는 애
        print("service {} received:".format(self.name), payload)    노테이션이다. 첫 번째 인자
                                                                    는 구독할 서비스의 이름이
                                                                    고 두 번째 인자는 이벤트의
    @event_handler("publisher_service", "another_event")    ◀──────  이름이다.
    def consume_another_event(self, payload):
        print("service {} received:".format(self.name), payload)
```

앞의 예제와 같이 파이썬의 각 서비스 클래스는 프레임워크가 커뮤니케이션을 위한 하위의 큐를 구성하는 데 사용할 이름을 선언한다. 이 파일에 정의된 각 클래스의 서비스가 실행되면 래빗엠큐는 서비스마다 큐 하나씩 총 4개의 큐를 생성한다. 그림 7.7에서 보듯이 publisher 서비스는 RPC 큐를 등록한다. 그러나 그림 7.6의 예제와 달리 중계 큐는 생성되지 않는다. 다른 리스너(listener) 서비스는 구독하는 이벤트별로 하나의 큐를 등록한다.

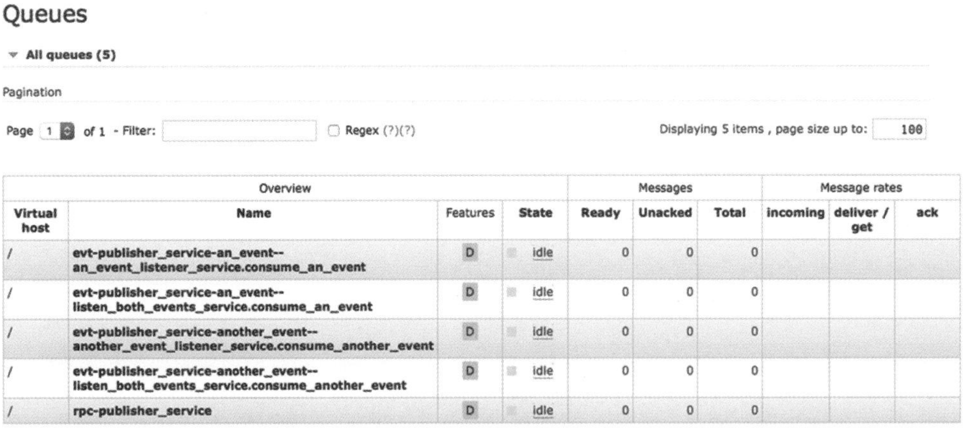

Queues

▼ All queues (5)

Pagination

Page 1 of 1 - Filter: ☐ Regex (?)(?) Displaying 5 items , page size up to: 100

Overview				Messages			Message rates		
Virtual host	Name	Features	State	Ready	Unacked	Total	incoming	deliver / get	ack
/	evt-publisher_service-an_event--an_event_listener_service.consume_an_event	D	idle	0	0	0			
/	evt-publisher_service-an_event--listen_both_events_service.consume_an_event	D	idle	0	0	0			
/	evt-publisher_service-another_event--another_event_listener_service.consume_another_event	D	idle	0	0	0			
/	evt-publisher_service-another_event--listen_both_events_service.consume_another_event	D	idle	0	0	0			
/	rpc-publisher_service	D	idle	0	0	0			

그림 7.7 events_demo.py에 정의된 서비스가 실행될 때 래빗엠큐에 등록된 큐

팀은 nameko를 마이크로서비스 섀시의 일부로 선택한다. 왜냐하면 상세한 구현을 추상화하는 것을 쉽게 해주고, 기존 메시지 브로커 상에서 2가지 커뮤니케이션 방식을 쉽게 구성하게 하기 때문이다. 또한 7.3.3절에서는 메시지 브로커에서 즉시 사용할 수 있는 장점인 부하 분산에 대해 알아본다.

7.3.2 관측 가능성

서비스를 운영하고 유지 보수할 때는 항상 운영 환경에서 일어나는 일에 대해 알고 있어야 한다. 결과적으로 원하는 것은 서비스에서 메트릭을 수집해 운영 상태와 에러 보고, 가용한 형태의 로그 수집을 수행하는 것이다. 4부에서 이에 대해 자세히 다룰 것이다. 지금은 서비스를 구축할 때부터 이런 관심사를 다뤄야 한다는 것을 알아 두자. 서비스를 운영하고 유지하는 것은 개발하는 것만큼 중요하다. 대부분의 경우 개발보다는 운영 시간이 더 많을 것이다.

다음은 마이크로서비스 섀시가 갖는 의존성을 보여준다.

예제 코드 7.3 microservices-in-action/chapter-7/chassis/setup.py

```
(...)
    keywords='microservices chassis development',
    packages=find_packages(exclude=['contrib', 'docs', 'tests']),
    install_requires=[
        'nameko>=2.6.0',
        'statsd>=3.2.1',                  ← 메트릭을 StatsD 형식으로 내보내는 라이브러리
        'nameko-sentry>=0.0.5',           ← 센트리(Sentry) 에러 리포팅와 통합하는 라이브러리
        'logstash_formatter>=0.5.16',     ← 로그를 로그스태시 형태로 변환하는 라이브러리
```

```
            'circuitbreaker>=1.0.1',
            'gutter>=0.5.0',
            'request-id>=0.2.1',
        ],

(...)
```

선언된 7개의 의존성 중에서 3개는 관측 가능성을 목적으로 사용된다. 이 라이브러리는 심플뱅크에 배포된 모든 서비스에서 메트릭을 수집하고 에러를 보고하며 상황 정보를 수집하고 필요한 형태로 로그를 변환한다.

메트릭

이제 메트릭 수집과 StatsD의 사용에 대해 알아보자.[1] 엣시(Etsy)는 원래 애플리케이션의 메트릭을 집계하는 방법으로 StatsD를 개발했다. 이것은 현재 다양한 프로그래밍 언어에서 클라이언트를 제공하며 애플리케이션의 메트릭을 수집하는 **업계 표준(de facto)**으로 많이 쓰인다. StatsD를 사용하려면 관련된 모든 메트릭을 수집하도록 코드를 조작해야 한다. 그리고 클라이언트 라이브러리(이 경우는 파이썬의 statsd)는 메트릭을 수집해 대기 중인 에이전트로 UDP 프로토콜을 사용해 보낸다. 에이전트는 데이터를 집계해서 주기적으로 모니터링 시스템으로 보낸다. 모니터링 시스템은 상용과 오픈 소스 솔루션 모두 제공된다.

코드 저장소에 메트릭 수집을 흉내 내는 도커 컨테이너로 실행할 수 있는 간단한 에이전트가 있다. 다음과 같이 이것은 간단한 루비 스크립트로 UDP 상의 8125 포트에서 대기하고 결과를 콘솔에 출력한다.

예제 코드 7.4 microservices-in-action/chapter-7/feature/statsd-agent/statsd-agent.rb

```
#!/usr/bin/env ruby
#
# This script was originally found in a post by Lee Hambley
# (http://lee.hambley.name)
#
require 'socket'
require 'term/ansicolor'
```

---

[1] 이안 맬퍼스(Ian Malpass), "Measure Anything, Measure Everything" Code as Craft, Etsy, http://mng.bz/9Tqo.

```
include Term::ANSIColor

$stdout.sync = true

c = Term::ANSIColor
s = UDPSocket.new
s.bind("0.0.0.0", 8125)
while blob = s.recvfrom(1024)
  metric, value = blob.first.split(':')
  puts "StatsD Metric: #{c.blue(metric)} #{c.green(value)}"
end
```

이 간단한 스크립트로 서비스를 개발할 때 메트릭 수집을 흉내 낼 수 있다. 그림 7.8은 이 장에서 사용할 예제의 기능으로, 매도 주문을 제출할 때 실행되는 서비스에서 수집한 메트릭을 보여준다.

각 서비스의 코드에 애노테이션을 사용해 몇몇 동작에 대한 메트릭을 보낼 수 있다. 시간 메트릭을 보내는 간단한 예제이지만, 코드에서 관련된 데이터 수집하는 방법을 보여주는 목적으로는 충분하다. 어떻게 동작하는지 예제 코드 7.5에 나온 서비스 하나를 살펴보자.

그림 7.8 매도 주문을 제출할 때 서비스에서 메트릭을 수집하는 StatsD 에이전트

예제 코드 7.5 microservices-in-action/chapter-7/feature/fees/app.py

```python
import json
import datetime
from nameko.events import EventDispatcher, event_handler
from statsd import StatsClient.    ◀──────  모듈에서 사용할 StatsD 클라이언트를 임포트한다.


class FeesService:
    name = "fees_service"
    statsd = StatsClient('statsd-agent', 8125,
                    prefix='simplebank-demo.fees')   ◀──  수집된 메트릭에 적용할 host, port, prefix를
                                                          전달해 StatsD 클라이언트를 설정한다.

    @event_handler("market_service", "order_placed")
    @statsd.timer('charge_fee')    ◀──  'charge_fee' 함수가 실행된 시간을 수집하는 애노테이션이다. StatsD 라이브러리는
                                        전달된 인자를 메트릭 이름으로 사용한다. 이 경우 simplebank-demo.fees.charge_
                                        fee가 된다. 앞서 설정한 prefix가 메트릭 이름 앞에 붙는다.
    def charge_fee(self, payload):
        print("[{}] {} received order_placed event ... charging fee".format(
            payload, self.name))
```

StatsD 클라이언트 라이브러리를 사용해 메트릭을 수집하려면 클라이언트에 호스트명(이 경우는 statsd-agent), 포트, 그리고 선택적으로 이 서비스에서 수집된 메트릭의 접두어를 인자로 하여 초기화한다. charge_fee 메소드에 @statsd.timer('charge_fee') 애노테이션을 적용하면 라이브러리는 이 메소드의 실행을 타이머로 감싸서 타이머의 값을 에이전트로 보낸다. 이 메트릭을 수집해 모니터링 시스템으로 보내 시스템을 감시하고 알림이나 서비스의 자동 확장을 할 수도 있다.

예를 들어, 수수료 서비스의 부하가 심하고 StatsD가 보고하는 수행 시간이 설정한 임계치를 넘는다고 해보자. 그렇다면 자동으로 알림을 받고 즉시 서비스가 에러를 발생시키는지 또는 인스턴스를 증설해야 할지를 조사할 것이다. 그림 7.9는 StatsD가 수집한 메트릭을 보여주는 대시보드의 예시다.

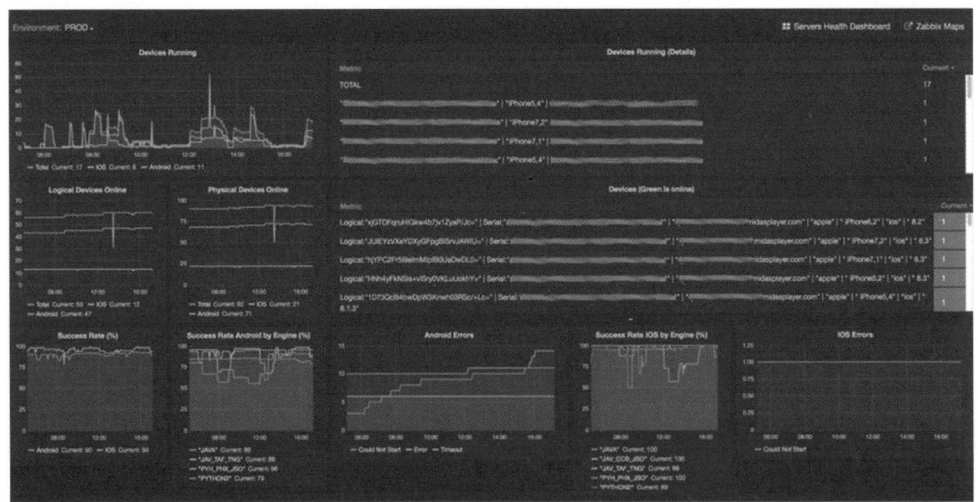

그림 7.9 StatsD가 애플리케이션에서 수집한 메트릭을 보여주는 대시보드의 예시

에러 리포팅

메트릭을 통해 시스템이 지속적으로 어떻게 작동하는지 관찰할 수 있지만, 불행하게도 이게 다가 아니다. 때때로 에러가 발생하면 알림을 받아야 하고 가능하면 에러가 발생한 정황에 대한 정보를 수집해야 한다. 예를 들어, 스택 트레이스(stack trace)를 얻어 진단하고 이를 재현해 에러를 해결한다. 다음 예제 코드에서처럼 알림과 에러 집계 기능을 제공하는 몇몇 서비스를 사용하면 서비스에서 에러 리포팅을 쉽게 만들 수 있다.

예제 코드 7.6 microservices-in-action/chapter-7/chassis/http_demo.py

```python
import json
from nameko.web.handlers import http
from werkzeug.wrappers import Response
from nameko_sentry import SentryReporter       ◀── 에러 리포팅 모듈을 임포트한다.


class HttpDemoService:
    name = "http_demo_service"
    sentry = SentryReporter()       ◀── 에러 리포팅 서비스를 초기화한다.

    @http("GET", "/broken")
    def broken(self, request):
        raise ConnectionRefusedError()       ◀── 예외를 발생시켜 에러 리포팅 서비스를 테스트한다.
```

```
    @http('GET', '/books/<string:uuid>')
    def demo_get(self, request, uuid):
        data = {'id': uuid, 'title': 'The unbearable lightness of being',
                'author': 'Milan Kundera'}
        return Response(json.dumps({'book': data}),
                        mimetype='application/json')


@http('POST', '/books')
def demo_post(self, request):
    return Response(json.dumps({'book': request.data.decode()}),
                    mimetype='application/json')
```

섀시를 통해 에러 리포팅을 구성하는 것은 간단하다. 에러 리포터를 초기화면 리포터는 모든 예외를 수집해 백엔드의 에러 리포팅 서비스로 보낸다. 이때 일반적으로 스택 트레이스와 같은 에러의 정황 정보를 같이 보낸다. 그림 7.10은 데모 서비스에서 /broken 종단점을 호출할 때 발생되는 에러를 보여주는 대시보드다.

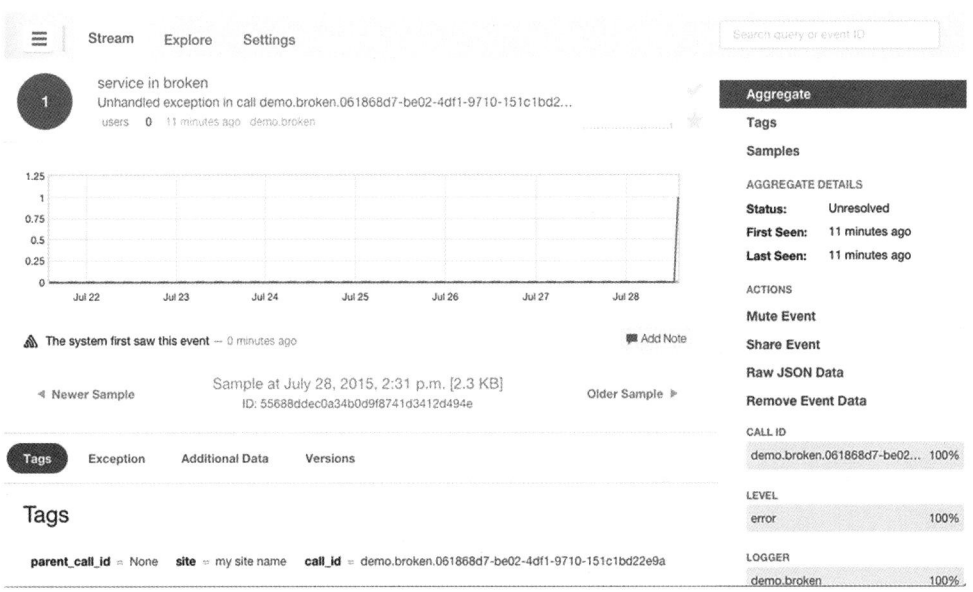

그림 7.10 **/broken** 종단점을 호출한 후 발생한 에러를 보여주는 대시보드(센트리[Sentry])

로깅

서비스는 정보를 파일 또는 표준 출력에 내보낸다. 이런 파일은 http 호출의 결과와 시간 또는 개발자가 유용하게 생각하는 정보 등을 기록한다. 여러 조직에서 관리하는 다양한 서비스가 상호작용하여 다양한 로깅 정보를 기록하므로 마이크로서비스 아키텍처에서 서비스 간의 상호작용을 추적하고 일관된 방식으로 로그에 접근해야 한다.

로깅은 모든 팀의 관심사이고 모든 조직에서 중요한 역할을 한다. 이것은 특정 동작을 추적할 필요가 있는 규정 문제이거나 다양한 시스템 간의 실행의 흐름을 이해하고자 하는 경우다. 팀이 서비스를 개발하기 위해 무슨 언어를 사용하든 로그를 일관된 방식으로 유지하고 공통의 장소에 로그를 모으는 것은 중요하다.

심플뱅크에서 통합 로그 시스템은 로그의 복잡한 검색이 가능하기 때문에 같은 형식으로 로그를 한 곳에 모으는 것에 동의한다. 이 로그는 로그스태시 형식을 사용하므로 파이썬 섀시에 이 형식으로 로그를 내보내는 라이브러리가 있다.

로그스태시(Logstash)는 여러 소스로부터 데이터를 통합할 수 있는 오픈 소스 데이터 처리 파이프라인이다. 로그스태시는 다음 예제 코드에서 보이는 json 형식의 기본 필드를 제공하므로 상당히 인기가 있고 폭넓게 사용된다.

예제 코드 7.7 json 형식의 로그스태시 메시지

```
{
  "message"    => "hello world",
  "@version"   => "1",
  "@timestamp" => "2017-08-01T23:03:14.111Z",
  "type"       => "stdin",
  "host"       => "hello.local"
}
```

그림 7.11은 고객의 매도 주문 제출을 받을 때 게이트웨이 서비스가 생성하는 출력 로그다. 이 경우, 2가지 메시지가 생성된다. 동작이 완료되는 데 소요된 시간과 함께 파일명, 모듈, 실행된 코드의 라인 등 풍부한 정보가 포함된다. 로거에 명시적으로 전달한 유일한 정보가 메시지 필드에 보인다. 즉, 사용한 라이브러리가 모든 추가 정보를 제공한다.

로그 수집 도구에 이 정보를 보내 다양하고 흥미로운 방법으로 데이터를 연관 지을 수 있다. 여기에 몇 가지 예제 질의가 있다.

- 모듈과 함수 이름으로 그룹 짓기

- x 밀리초 이상 소요된 모든 동작 조회하기

- 호스트로 그룹 짓기

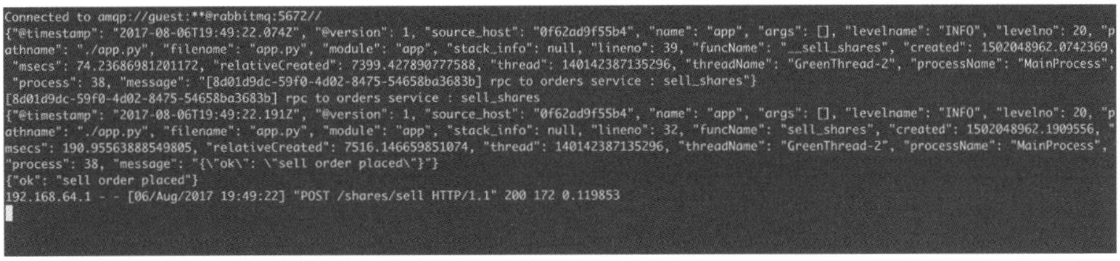

그림 7.11 게이트웨이 서비스가 생성한 로그스태시 형식의 로그 메시지

가장 흥미로운 것은 섀시를 사용하는 모든 서비스가 생성하는 모든 메시지는 호스트, 유형, 버전, 타임스탬프 필드를 포함하므로 다른 서비스와 연관 지을 수 있다는 것이다.

다음 예제 코드는 파이썬 섀시에서 그림 7.11에서 보는 로그를 생성하는 코드다.

예제 코드 7.8 파이썬 섀시에서 로그스태시의 로그 설정

```
import logging
from logstash_formatter import LogstashFormatterV1
logger = logging.getLogger(__name__)
handler = logging.StreamHandler()
formatter = LogstashFormatterV1()
handler.setFormatter(formatter)
logger.addHandler(handler)
(...)
# to log a message ...
logger.info("this is a sample message")
```

이 코드는 로거를 초기화하고 로그스태시의 json 형식으로 로그를 내보내는 핸들러를 추가한다.

마이크로서비스 섀시를 사용하는 것은 관측성 있는 서비스를 운영하는 목표를 달성하기 위해 표준화된 도구를 적용한다는 뜻이다. 이때 특정 라이브러리를 섀시에 적용하면 모든 팀에 특정 개발 언어를 사용하도록 강요하지 않으면서 모든 팀이 같은 하위 인프라스트럭처를 사용하도록 강제할 수 있다.

균형과 제한

7.3.1절에서 서비스 디스커버리를 이야기할 때 메시지 브로커는 암시적인 서비스 디스커버리뿐만 아니라 부하 분산 역량도 제공한다고 했다.

매도 주문 제출 기능을 벤치마킹하는 동안 처리에 병목이 있다는 것을 알았다고 가정해 보자. 시장 서비스는 외부 시스템, 즉 증권 거래소와 상호작용한다. 그리고 수수료 서비스와 주문 서비스가 구독 중인 OrderPlaced 이벤트를 생성한 후에야 작업이 성공한다. 시스템에서 외부 서비스로의 HTTP 호출이 나머지 작업의 처리 속도보다 느리기 때문에 요청이 쌓인다. 그래서 시장 서비스의 인스턴스를 늘리기로 한다. 3개의 인스턴스를 추가해 증권 거래소에 주문을 제출하는 데 추가로 소요되는 시간을 보상한다. 이 변경은 매끄럽게 진행되는데, 새로운 인스턴스가 추가하기만 하면 래빗엠큐의 rpc-market_service 큐에 등록되기 때문이다. 그림 7.12는 서비스에 연결된 3개의 인스턴스를 보여준다.

보다시피 3개의 인스턴스가 큐에 연결되어 있고, 각자 도착해 쌓인 10개의 메시지를 큐에서 가져간다. 같은 큐에서 여러 인스턴스가 가져가므로 메시지가 하나의 인스턴스에서만 처리되도록 해야 한다. 즉, 래빗엠큐는 부하 분산을 하기 때문에 기본으로 라운드-로빈 알고리즘을 이용해 인스턴스에 메시지를 전달한다. 예를 들어, 처음 10개 메시지는 인스턴스 1에, 다음 10개는 인스턴스 2에, 그리고 마지막 10은 인스턴스 3에 전달되는 식이다. 인스턴스의 처리 시간이 다른 인스턴스보다 더 오래 걸릴 수도 있기 때문에 이는 초보적인 방식이지만, 대체로 잘 동작하고 이해하기도 쉽다.

그림 7.12 RPC큐에 등록된 시장 서비스의 여러 인스턴스

이제 할 일은 인스턴스가 정상이고 메시지가 누적되지 않는지 점검하는 것이다. 이것은 StatsD의 메트릭을 사용해 각 인스턴스가 처리하는 메시지의 수와 누적된 메시지를 모니터링해서 할 수 있다. 코드에서 상태 점검을 하고 응답이 없는 인스턴스에 플래그를 달아 재시작할 수 있다. 또한 래빗엠큐는 서비스 인스턴스가 처리할 때까지 메시지를 보관하는 버퍼 역할을 한다. 그림 7.12의 설정에서는 각 인스턴스가 한 번에 10개의 메시지를 수신하고 전부 처리한 후 새로운 메시지를 할당받는다.

또한 시장 서비스가 제삼자 시스템과 상호작용하는 특별한 경우에 회로 차단 메커니즘을 구현할 수 있다. 다음에서 서비스가 증권 거래소와 연동하는 구현을 살펴보자.

예제 코드 7.9 microservices-in-action/chapter-7/feature/market/app.py

```python
import json
import requests
(...)
from statsd import StatsClient
from circuitbreaker import circuit    ◀── 모듈에서 회로 차단기 기능을 사용하기 위해 임포트한다.


class MarketService:
    name = "market_service"
    statsd = StatsClient('statsd-agent', 8125,
                        prefix='simplebank-demo.market')
    (...)

    @statsd.timer('place_order_stock_exchange')
    @circuit(failure_threshold=5, expected_exception= ConnectionError)   ◀── 몇 개의 예외 후에 회로를 열지와 예외의 타입을 지정한다.
    def __place_order_exchange(self, request):
        print("[{}] {} placing order to stock exchange".format(
            request, self.name))
        response = requests.get('https://jsonplaceholder.typicode.com/posts/1')
        return json.dumps({'code': response.status_code, 'body': response.text})
```

연결 실패를 연속적인 몇 개까지 견딜지를 설정하기 위해 회로 차단기 라이브러리를 사용한다. 예제에서는 ConnectionError 예외가 5회 연속으로 발생하면 회로를 열고 30초 동안 호출하지 않는다. 30초 후에 회복 단계로 넘어가서 한 번의 호출을 한다. 이것이 성공하면 회로를 다시 닫고 정상 동작을 시작해서 외부 서비스를 호출할 수 있게 된다. 그렇지 않으면 추가 30초 동안 호출을 못 하게 한다.

> **노트** 회로 차단기 라이브러리에서 recovery_timeout 파라미터의 기본값이 30초이므로 예제 코드 7.9에 설정하지 않았다. 이 값을 바꾸고 싶다면 애노테이션에 명시적으로 설정할 수 있다.

이 기술은 외부 호출뿐만 아니라 내부 컴포넌트 간의 호출에도 사용해 서비스의 성능을 하향 조정할 수 있다. 시장 서비스 경우 외부 서비스 장애 시에는 메시지를 처리하지 않고 브로커에 누적되다가 외부 서비스가 연결되면 큐에서 메시지를 처리할 수 있다. 증권 거래소 호출을 마치면 OrderPlaced 이벤트를 생성해서 수수료 서비스와 주문 서비스가 매도 주문 요청을 수행할 수 있게 한다.

7.4 섀시를 사용해 구현된 기능 살펴보기

앞에서 매도 주문을 제출하는 기능을 구현하는 코드 예제를 살펴봤다. 그러면 섀시를 사용한 기능 프로토타입을 간단하게 살펴보자. 이 책의 코드 저장소의 chapter7/chassis 아래에 있는 섀시 코드를 중심으로 5개의 서비스를 생성한다고 생각해 보자.

- 게이트웨이
- 주문 서비스
- 시장 서비스
- 계정 트랜잭션 서비스
- 수수료 서비스

그림 7.13은 프로젝트 구조와 로컬에서 실행할 5개의 컴포넌트와 StatsD의 도커 컴포즈 파일을 보여준다. 도커 컴포즈 파일은 서비스뿐만 아니라 메트릭 수집을 흉내 낼 컴포넌트(래빗엠큐, 레디스, 로컬 StatsD 에이전트)를 실행하게 해준다.

앞으로 자세히 다루겠지만, 도커와 도커 컴포즈 파일이 있다면 docker-compose -build 명령만으로 서비스를 부팅할 수 있다. 이 명령은 각 서비스의 도커 컨테이너를 빌드하고 모든 것을 부팅한다.

그림 7.14는 실행 중인 모든 서비스와 게이트웨이의 POST shares/sell 종단점의 호출을 처리하는 것을 보여준다.

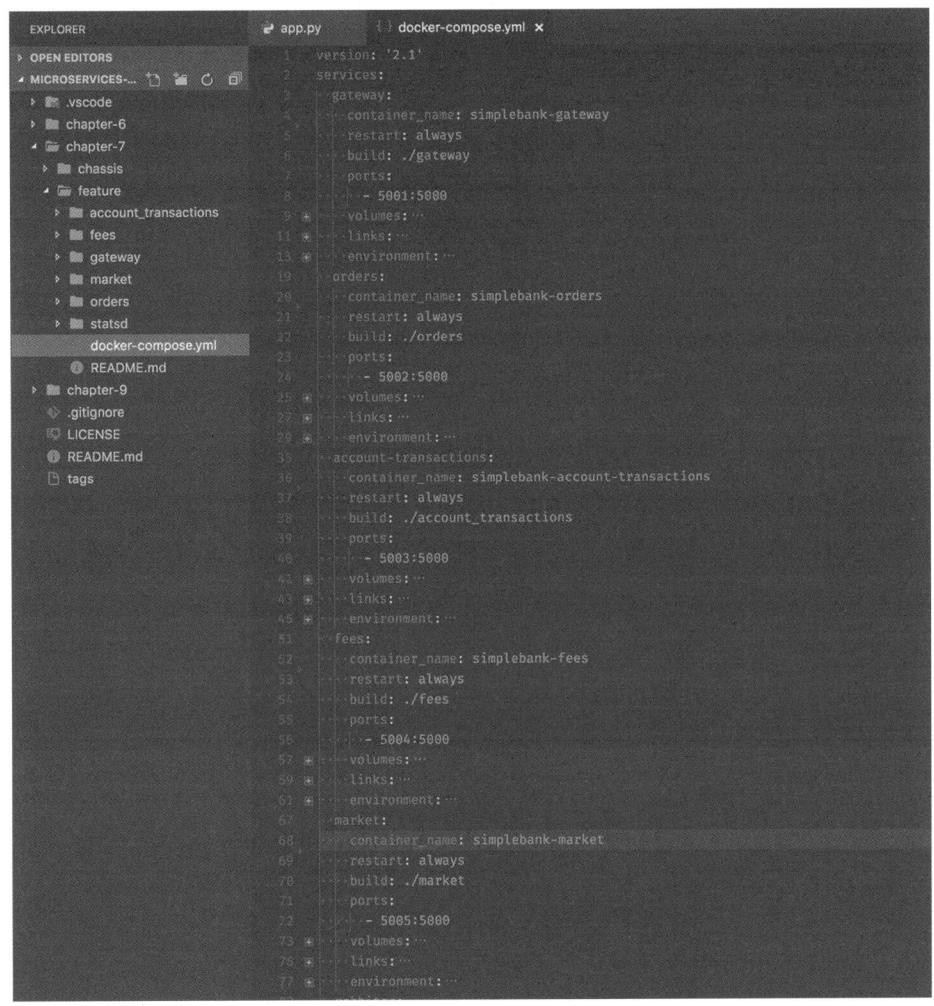

그림 7.13 매도 주문 제출 기능을 위한 프로젝트 구조와 필요한 인프라스트럭처 컴포넌트와 서비스를 시작할 수 있게 도와주는 도커 컴포즈 파일

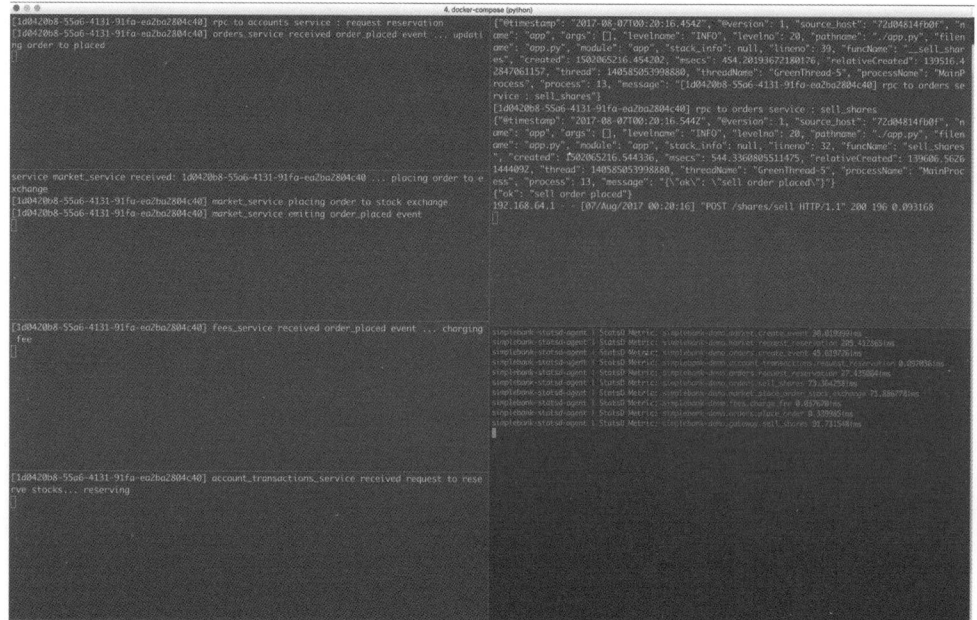

그림 7.14 로컬에서 실행 중인 매도 주문 제출에 사용되는 서비스

이 기능이 다양한 컴포넌트 간의 동기식과 비동기식 커뮤니케이션을 모두 사용하기는 하지만, 섀시를 사용하면 빠르게 프로토타입을 만들고 동시 요청을 흉내 내며 다음과 같은 결과를 보여주는 벤치마크 도구를 실행할 수 있다(이 벤치마크는 로컬 개발 머신에서 실행됐고 단순히 예시로 표현한 것일 뿐이다).

```
$ siege -c20 -t300S -H 'Content-Type: application/json'
    'http://192.168.64.3:5001/shares/sell POST'

(benchmark running for 5 minutes ...)

Lifting the server siege...
Transactions:            12663 hits
Availability:            100.00 %
Elapsed time:            299.78 secs
Data transferred:        0.77 MB
Response time:           0.21 secs
Transaction rate:             42.24 trans/sec
```

```
Throughput:              0.00 MB/sec
Concurrency:             9.04
Successful transactions:       12663
Failed transactions:     0
Longest transaction:     0.52
Shortest transaction:    0.08
```

결과는 좋아 보이지만, 벤치마크를 멈췄을 때 시장 서비스에는 아직도 3000개의 처리해야 할 메시지가 있었다. 이는 게이트웨이가 처리한 전체 요청의 거의 1/4에 해당한다. 벤치마크는 7.3.3절에서 언급했던 시장 서비스에서의 병목 현상을 확인할 수 있게 도와준다. 180쪽 그림 7.4에서 보듯이 게이트웨이는 주문 서비스로부터 요청을 받지만, 비동기 처리는 이후에도 발생한다.

심플뱅크의 엔지니어링팀은 파이썬 섀시를 계속해서 개선해 팀이 배운 것을 지속적으로 반영할 것이다. 지금도 이미 중요한 기능을 구현하는 데 사용할 수 있다.

7.5 혼재성이 마이크로서비스의 약속 중 하나가 아니었나?

앞에서 심플뱅크에서 파이썬 애플리케이션을 위한 섀시를 구축하고 사용하는 것을 다뤘다. 이 원리는 조직에서 사용하는 모든 언어에 적용할 수 있다. 또한 심플뱅크에서는 서비스 구축에 자바, 루비, 엘릭서를 사용한다. 그렇다면 이런 언어와 스택별로 섀시를 구축하겠는가? 조직의 다양한 팀에서 광범위하게 사용하는 언어라면 그렇게 할 것이다. 그러나 꼭 섀시를 생성할 필요는 없다. 중요한 것은 섀시가 있든 없든 관측 가능성과 같은 원칙을 유지하는 것이다.

마이크로서비스 아키텍처의 장점 중 하나는 언어와 패러다임, 그리고 도구의 혼재가 가능하다는 것이다. 결국에는 팀이 일을 위한 올바른 도구를 선택할 수 있게 된다. 이론적으로는 제한 없이 선택할 수 있지만, 실상 팀은 일상적인 개발에 몇 가지 기술 스택을 전문적으로 사용한다. 그에 따라 자연스럽게 한두 가지 언어와 지원하는 에코시스템에 대해 좀 더 깊이 있는 지식이 쌓일 것이다. 지원하는 에코시스템 또한 중요하다. 마이크로서비스 아키텍처를 성공적으로 실행하기 위해 필요한 독립적인 팀은 운영에 집중하고 애플리케이션을 실행하는 플랫폼에 대한 지식을 갖게 될 것이다. 예를 들면, 자바 가상 머신(JVM) 또는 얼랭 가상 머신(BEAM)이 있다. 인프라스트럭처에 대한 지식은 애플리케이션을 좀 더 효과적으로 전달할 수 있게 도와준다.

넷플릭스가 그 좋은 예인데 JVM에 대한 깊은 지식을 가지고 있기 때문이다. 이는 넷플릭스가 오픈 소스 도구의 능력 있는 공헌자(contributor)가 될 수 있게 해서 커뮤니티에서 같은 도구를 사용할 수 있는 혜택을 줬다. 넷플릭스가 JVM 상의 수많은 도구를 가지고 있다는 사실은 그들의 엔지니어링팀이 이 에코시스템을 우선적으로 선택하게 만들었다. 어떤 의미에서는 다음과 같이 느낄 수도 있다. "우리가 설정한 인터페이스 규칙과 구현을 준수하면 원하는 것을 자유롭게 선택할 수 있다. 또는 모든 것을 제공하는 섀시를 사용할 수 있다!"

조직에서 채용한 어떤 언어와 스택을 제공하는 섀시가 존재하면 이는 조직 내 팀이 그 언어와 스택을 선택하도록 도와줄 것이다. 서비스 개발을 쉽고 빠르게 시작할 수 있을 뿐만 아니라, 위험 관점에서 좀 더 유지 보수성이 좋아진다. 섀시는 엔지니어링팀의 중요한 관심사와 실무를 간접적으로 강제하는 좋은 방법이다.

> **Tip** DRY(반복하지 말자)는 꼭 따라야 하는 규범이 아니다. 섀시는 중앙 집중식으로 서비스에 포함돼 업데이트되는 공통 라이브러리나 의존성 같은 것일 필요는 없다. 새로운 서비스 개발을 시작할 때 섀시를 사용할 수 있지만, 모든 운영 중인 서비스가 어떤 기능을 사용할 필요는 없다. 결합성을 높이는 공통 라이브러리를 도입하는 것보다 차라리 약간 반복하는 것이 낫다. 반복이 시스템의 결합력을 낮추고 독립적으로 유지 관리되도록 한다면 반복하라.

요약

- 마이크로서비스 섀시는 새로운 서비스를 개발하는 기반을 신속하게 만들고 실험을 도와주며 위험을 줄여준다.
- 섀시를 사용하면 일정 부분 인프라스트럭처와 관련된 코드의 구현을 추상화할 수 있다.
- 서비스 디스커버리, 관측 가능성, 다양한 커뮤니케이션 프로토콜은 마이크로서비스 섀시가 제공해야 하는 관심사다.
- 적절한 도구가 있다면 매도 주문 제출 예제처럼 복잡한 기능을 신속하게 프로토타이핑할 수 있다.
- 마이크로서비스 아키텍처는 종종 어떤 언어로든 개발될 수 있지만, 운영을 위한 시스템은 관리를 위한 메커니즘을 보장하고 제공해야 한다.
- 마이크로서비스 섀시는 신속하게 서비스 개발 기반을 만들고 아이디어를 테스트하며 검증 후 운영 환경으로 배포할 수 있게 하는 동시에 운영을 위한 관리 메커니즘을 제공하는 방법이다.

03부

배포

애플리케이션은 배포해서 사용자에게 전달될 때만 유용하다. 3부에서는 마이크로서비스를 배포하는 실무를 소개한다. 지속 전달과 패키징, 구글 클라우드 플랫폼(Google Cloud Platform)과 쿠버네티스(kubernetes) 같은 플랫폼에 배포하는 것을 알아본다. 이후의 몇 장에 걸쳐 배포 파이프라인을 구축해서 마이크로서비스의 코드 변경을 안전하고 신속하게 운영 환경으로 배포하는 방법을 배운다.

마이크로서비스 배포하기 | 8장

이 장에서는 다음 내용을 다룬다.

- 왜 마이크로서비스 애플리케이션을 올바르게 배포하는 것이 중요한가
- 마이크로서비스 운영 환경의 기초 요소
- 서비스를 개방 환경에 배포하기
- 불변의 산출물로 서비스를 패키징하기

성숙한 배포 실무는 신뢰할 수 있고 안정적인 마이크로서비스를 구축하는 데 매우 중요하다. 모놀리식 단일 유스케이스를 최적화해 배포하는 애플리케이션과 달리, 마이크로서비스 배포 실무는 서비스마다 의존성을 가진 다양한 언어로 작성된 여러 서비스를 확장성 있게 다뤄야 한다. 전체적인 가용성에 해를 끼치거나 중대한 결함을 발생시키지 않고도 새로운 기능과 서비스를 배포할 수 있음을 보장해야 한다.

마이크로서비스 애플리케이션이 배포 가능한 단위 수준으로 진화했기 때문에 새로운 서비스를 배포하는 비용은 엔지니어가 빠르게 혁신해 사용자에게 가치를 전달하는 것보다 무시할 수 있을 정도로 작아야 한다. 그렇지 않고 운영 환경에 빠르고 안정적으로 전달하지 못하면 마이크로서비스로부터 얻은 개발 속도 향상이 아무런 의미가 없어진다. 자동화된 배포는 대규모로 마이크로서비스를 개발하는 데 필수다.

이 장에서는 운영 환경의 마이크로서비스 구성 요소를 살펴본다. 이어서 산출물과 롤링 업데이트 같은 몇 가지 배포 빌딩 블록과 이를 마이크로서비스에 어떻게 적용할지 알아본다. 이 장의 전반에 걸쳐서 클라우드 서비스인 구글 클라우드 플랫폼에 간단한 시장-데이터 서비스를 패키징하고 배포하는 다양한 방식을 시도해 볼 것이다. 이 서비스의 예제는 이 책의 깃허브 저장소에 있다(https://github.com/morganjbruce/microservices-in-action).

8.1 왜 배포가 중요한가?

배포는 소프트웨어 시스템의 라이프사이클에서 가장 위험한 순간이다. 실 세계에서 가장 비슷한 경우는 자동차의 타이어를 교체하는 경우일 것이다. 시속 100마일로 달리는 자동차의 타이어를 교체하는 것을 말하는 것은 아니지만, 타이어 교체는 위험하다. 이와 같은 위험에 예외인 회사는 없다. 예를 들어, 구글의 사이트 신뢰성 팀(site reliability team)에 따르면 장애의 70%는 운영 시스템에서의 변경에 기인한다(https://landing.google.com/sre/book/chapters/introduction.html).

마이크로서비스를 적용한 시스템에서는 움직이는 파트의 수가 많아지고 배포의 복잡도가 증가한다. 따라서 마이크로서비스를 배포할 때 다음 4가지 문제를 고려해야 한다(그림 8.1).

- 대규모의 릴리즈와 컴포넌트 변경 시 안정성 유지하기
- 빌드 또는 출시할 때 의존성을 유발하는 컴포넌트 간의 결합력 회피하기
- 서비스의 클라이언트에 부정적 영향을 줄 수 있는 서비스의 API에 대한 대대적 변경 출시하기
- 서비스 제거하기

이것들을 잘 하면 배포가 간단해지고 예측할 수 있는 기반을 갖게 된다. 일관된 빌드 파이프라인은 운영에 하나의 단위로 적용할 수 있는 예측할 수 있는 산출물을 만들어낸다.

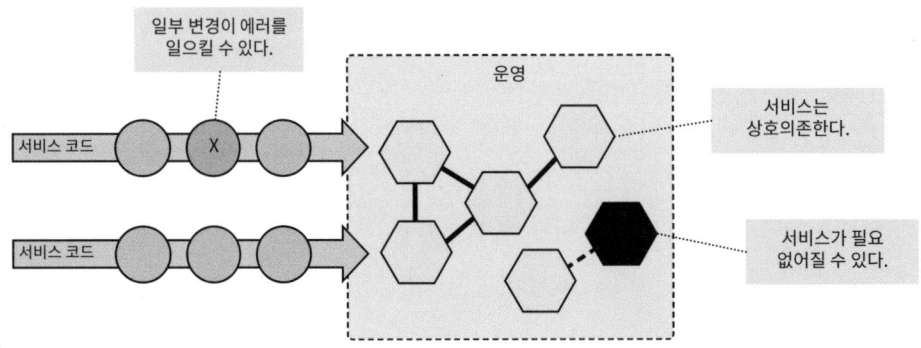

그림 8.1 고수준에서 바라본 운영 배포

8.1.1 안정성과 가용성

이상적인 세계에서 배포는 지루하다. 다시 말해 재미도 없고 사고도 없다. 모놀리식과 마이크로서비스 애플리케이션 모두 소프트웨어 배포에서 놀라울 정도의 스트레스를 받는다는 팀을 수없이 봤다. 마이

크로서비스를 다루는 것이 더 많은 컴포넌트를 더 자주 출시하는 것이라면 시스템에 더 많은 위험과 불안정을 초래한다는 뜻이 아닐까?

수동 변경 관리는 비용이 든다.

전통적인 변경 관리 방법에서는 통제와 격식을 통해서 배포의 위험을 줄이려고 했다. 변경은 주로 사람이 주도하는 수많은 품질 관문과 형식적인 승인을 통해야 했다. 작동하는 코드만 운영으로 배포되도록 하려는 의도였지만, 이 방식은 적용하는 데 비용이 많이 들고 규모 있는 서비스에서는 적용하기가 어렵다.

작은 출시는 위험을 줄이고 예측 가능성을 높인다.

릴리즈가 클수록 결함이 생길 위험이 높다. 마이크로서비스는 코드베이스가 작아서 자연스럽게 릴리즈가 작아진다. 이것이 트릭이다. 작은 변경을 자주 출시해 단일 변경으로 인한 충격량을 줄이는 것이다. 배포를 위해 전체를 중단하는 대신, 지속적으로 다가올 것으로 예상되는 변경에 대비해 서비스 배포 방법을 설계하는 것이다. 변경이 가능한 영역을 줄여서 모니터링이 빠르고 쉬우며 애플리케이션의 기능을 부드럽게 덜 파괴적으로 출시할 수 있다.

자동화로 배포 속도를 빠르게 하고 일관성 있게 한다.

릴리즈가 작아도 여전히 변경에 가능한 한 결함이 없도록 해야 한다. 이는 단위 테스트, 통합 테스트, 품질 검사 등과 같은 완료 검증 프로세스와 운영 환경에 변경을 적용하는 배포(rollout) 절차 등을 자동화해 달성할 수 있다. 이것은 코드 변경에 대한 체계화된 확신을 갖게 하고 여러 서비스에 걸친 일관된 실무를 적용할 수 있게 도와준다.

> **Tip** 취약성 방지를 위한 구축 또는 장애 회복력 또한 전반적인 애플리케이션 안정성의 중요한 요소다. 6장을 읽어보자!

8.2 마이크로서비스 운영 환경

배포는 절차와 아키텍처의 조합이다.

- 코드를 가져와 작동하게 하고 계속해서 운영하는 절차
- 소프트웨어가 운영되는 환경의 아키텍처

모놀리식 운영 환경에서처럼 마이크로서비스를 실행하기 위한 운영 환경은 폭넓고 다양하다. 애플리케이션에 적합한 것은 규제 요건뿐만 아니라 조직의 기존 인프라스트럭처, 기술적 역량, 위험을 향한 태도에 따라 달라진다.

8.2.1 마이크로서비스 운영 환경의 기능

마이크로서비스 애플리케이션의 운영 환경은 여러 서비스를 매끄럽게 운영하기 위해 몇 가지 역량이 필요하다. 그림 8.2는 운영 환경을 위한 고수준의 역량을 보여준다.

마이크로서비스 운영 환경에는 6가지의 기본 역량이 있다.

1. **배포 타깃 또는 실행될 플랫폼**: 가상 머신과 같이 서비스가 실행되는 플랫폼(이상적으로, 엔지니어는 API를 통해 서비스의 구성을 설정, 배포, 업데이트할 수 있다. 또한 그림처럼 컨트롤 플레인(control plane)의 API를 호출할 수 있다).
2. **실행 환경 관리**: 사람의 개입 없이 탑재된 서비스의 장애와 변경에 대해 동적으로 반응하는 자동 치유와 자동 확장과 같은 서비스 환경(예를 들어, 서비스 인스턴스가 실패하면 자동으로 새로운 서비스 인스턴스로 대체된다).
3. **로깅과 모니터링**: 서비스의 동작을 관찰하고 엔지니어에게 서비스의 행동 방식에 대한 통찰을 제공.
4. **안전한 운영 지원**: 네트워크 제어, 비밀정보 관리, 애플리케이션 보안 강화.
5. **라우팅 컴포넌트**: 부하 분산기, DNS와 같이 사용자의 요청을 여러 마이크로서비스로 전달.
6. **배포 파이프라인**: 코드를 안전하게 운영 환경에서 동작하도록 전달하는 서비스 제공.

이런 컴포넌트는 마이크로서비스 아키텍처 스택의 **플랫폼** 계층의 일부다.

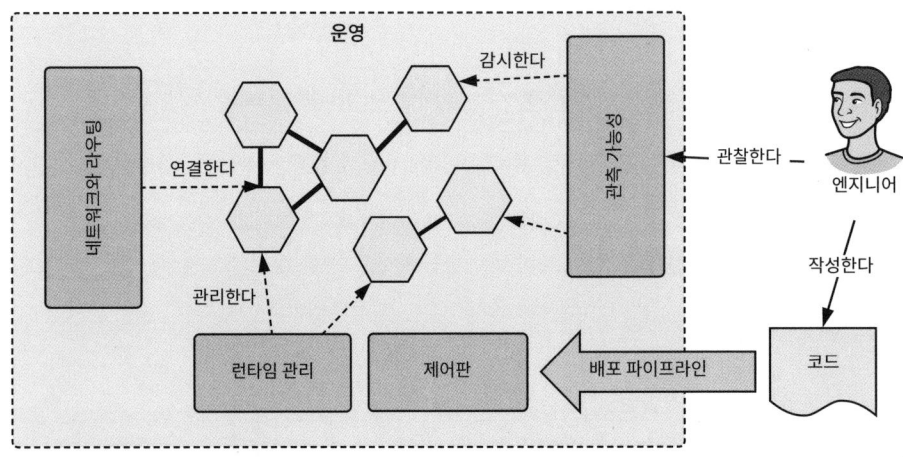

그림 8.2 마이크로서비스 운영 환경

8.2.2 자동화와 속도

6가지 기본 기능과 함께 마이크로서비스 애플리케이션을 위한 배포 플랫폼의 적합성을 평가하는 2가지 핵심 요소가 있다.

- **자동화**: 대규모의 인프라스트럭처 관리와 구성(예: 새로운 호스트를 생성하는 것)은 자동화가 가능해야 한다. 서비스 개발팀이 이것을 스스로 하는 게 이상적이다.
- **속도**: 인프라스트럭처 자원을 획득하든 새로운 배포를 구축하든 각각의 새로운 배포와 관련돼 상당한 비용이 발생하면 마이크로서비스 접근 방식이 상당히 저해된다.

배포 플랫폼을 선택할 수 있는 호사스러운 기회가 항상 있지는 않겠지만, 다양한 플랫폼이 이러한 요소와 마이크로서비스 애플리케이션의 개발에 영향을 주는지 알아보는 것은 중요하다. 개인적으로 새로운 서비스마다 배포하는 데 6주가 소요되는 회사에서 일한 적이 있다. 이런 경우라면 새로운 서비스를 운영 환경으로 배포하는 데 모든 노력을 다 소모했다고 할 수 있다!

마이크로서비스 아키텍처의 인기가 **코드로 인프라스트럭처를 관리**(Infrastructure as code)하는 것과 같은 데브옵스(DevOps) 실무와 애플리케이션을 클라우드 제공자 위에서 운영하는 사례가 증가하는 동시에 일어나는 것은 우연이 아니다. 이런 실무는 신속한 주기적 반복과 서비스 배포를 가능하게 한다. 이것은 곧 확장성 있고 실현 가능한 방식으로 마이크로서비스 아키텍처를 만들 수 있게 해준다.

가능하면 중요한 마이크로서비스를 배포하는 데 구글 클라우드 플랫폼(GCP), 아마존 AWS, 또는 마이크로소프트 애저(Azure)와 같은 공개 IaaS를 사용한다. 이런 클라우드 서비스는 견고한 마이크로서비스의 개발을 쉽게 해주는 광범위한 기능과 도구를 히로쿠(Heroku)와 같은 고수준의 개발 솔루션 대신 저수준의 추상화된 플랫폼으로 제공한다. 그래서 공개 IaaS는 좀 더 유연하다. 다음 섹션에서 GCP에 마이크로서비스를 배포하고 접근하고 확장하는 것을 보여준다.

8.3 서비스를 배포하는 빠른 방법

이제 서비스를 배포할 시간이다. 그림 8.3에 설명한 것처럼 코드를 가져와 가상 머신에서 실행하고 외부에 노출시킨다.

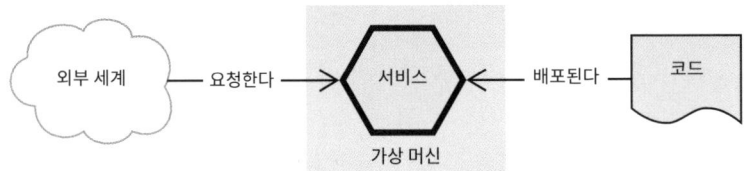

그림 8.3 간단한 마이크로서비스 배포

여기서는 운영 환경으로 구글 클라우드 플랫폼(GCP)을 사용할 것이다. 이것은 GCP 상에 가상머신을 실행할 수 있는 서비스다. 무료 체험을 위해 GCP 구독을 등록하면 이 장의 예제를 실행하는 데 충분한 크레딧이 나온다. 수행하는 동작은 이 플랫폼에 특정되지만, AWS와 애저 같은 주요 클라우드 제공자도 비슷한 추상화를 제공한다.

경고 이 예제는 견고한 운영 수준의 배포 솔루션이 아니다!

gcloud 커맨드라인 도구를 사용해 GCE와 상호작용한다. 이 도구는 GCE API를 통해 클라우드 계정에 작업을 수행한다. GCP 문서(https://cloud.google.com/sdk/docs/quickstarts)에 설치 가이드가 있다. 이 방법 외에도 제삼자 도구인 앤서블(Ansible)이나 테라폼(Terraform)을 사용할 수도 있다. 설치 가이드에 따라 gcloud init으로 로그인하면 새로운 프로젝트를 생성할 수 있다.

```
gcloud projects create <project-id> --set-as -default --enable-cloud-apis
```
← <project-id>에 선택한 이름을 넣는다.

이 프로젝트에 서비스를 실행할 리소스를 담을 것이다.

Tip 테스트가 끝나면 프로젝트를 삭제하는 것을 잊지 말자. gcloud project delete <project-id>로 삭제할 수 있다.

8.3.1 서비스 시작하기

서비스를 실행하기 위해 구글 클라우드 가상 머신을 시작하는 시작 스크립트를 사용할 것이다. 이 스크립트는 chapter-8/market-data/startup-script.sh에 있다.

스크립트를 살펴보면 4가지 작업을 하는 것을 알 수 있다.

- 파이썬 애플리케이션의 실행에 필요한 의존성 바이너리를 설치한다.
- 깃허브에서 서비스의 코드를 다운로드한다.
- 플라스크(flask) 라이브러리 같은 코드의 의존성 라이브러리를 설치한다.
- 지유니콘(Gunicorn) 웹서버를 사용해 파이썬 서비스를 실행하기 위한 관리자를 설정한다.

이제 시도해 보자.

8.3.2 가상 머신 배포하기

커맨드 라인에서 가상 머신을 배포할 수 있다. chapter-8/market-data 디렉터리로 이동해 다음 명령을 실행한다.

```
gcloud compute instances create market-data-service \      ← 가상 머신의 이름
    --image-family=debian-9 \
    --image-project=debian-cloud \       ← 가상 머신이 사용할 베이스 이미지
    --machine-type=g1-small \      ← 가상 머신의 사이즈
    --scopes userinfo-email,cloud-platform \
    --metadata-from-file startup-script=startup-script.sh \    ← 지정된 스크립트를 사용해 시작
    --tags api-service \       ← 이 머신의 역할을 식별
    --zone=europe-west1-b      ← 서비스가 시작될 컴퓨트 존(compute zone) 또는 데이터 센터
```

이렇게 하면 그림 8.4에서처럼 가상 머신을 생성하고 머신의 외부 IP 주소를 반환한다.

이 방식은 시작하는 데 시간이 걸린다. 시작 진행 상황을 보려면 다음 명령으로 가상 머신의 직렬 포트의 출력을 표시한다.

```
gcloud compute instances tail-serial-port-output market-data-service
```

시작 절차가 끝나면 아래와 비슷한 로그를 볼 수 있다.

```
Mar 16 12:17:14 market-data-service-1 systemd[1]: Startup finished in 1.880s (kernel) + 1min 52.486s (userspace) = 1min 54.367s.
```

아직은 호출할 수 없지만, 서비스가 실행됐다. 외부에서 서비스를 호출할 수 있도록 방화벽을 열어야 한다. 다음 명령을 실행해 api-service 태그를 가진 서비스의 8080 포트를 열어 외부에서 접근하도록 한다.

```
gcloud compute firewall-rules create default-allow-http-8080 \
    --allow tcp:8080 \      ← TCP 8080 포트 접근을 허용
    --source-ranges 0.0.0.0/0 \      ← 모든 IP 주소에서 접근 허용
    --target-tags api-service \      ← api-service 태그를 가진 모든 머신
    --description "Allow port 8080 access to api-service"
```

가상 머신의 외부 IP를 호출해 서비스를 테스트할 수 있다. 외부 IP는 인스턴스를 생성했을 때 반환됐다(그림 8.4). 모든 인스턴스의 정보를 다시 추출하려면 gcloud compute instances list 명령을 실행한다. 다음은 curl 명령이다.

```
curl -R http://<EXTERNAL-IP>:8080/ping
```
◀────── EXTERNAL-IP를 서비스의 IP 주소로 바꾼다.

순조롭게 진행되면 가상 머신의 이름이(market-data-service) 응답으로 온다.

```
Created [https://www.googleapis.com/compute/v1/projects/market-data-1/zones/europe-west1-b/instances/market-data-service].
NAME                ZONE           MACHINE_TYPE  PREEMPTIBLE  INTERNAL_IP  EXTERNAL_IP     STATUS
market-data-service europe-west1-b g1-small                   10.132.0.2   35.187.126.221  RUNNING
```

그림 8.4 새롭게 생성된 가상 머신의 정보

8.3.3 서비스의 여러 인스턴스 실행하기

마이크로서비스의 인스턴스를 계속해서 하나만 실행하지는 않을 것이다.

- 같은 서비스의 여러 인스턴스를 배포해서 각 서비스가 요청의 일정 부분을 담당하는 수평 확장(X축 확장)을 원할 것이다. 대용량의 머신으로 더 많은 요청을 **처리할 수 있겠지만**, 결국에는 더 많은 머신으로 확장하게 된다.
- 여분의 인스턴스를 배포해 장애를 고립시키는 것이 중요하다. 단일 서비스로는 장애가 발생했을 때 회복성을 극대화할 수 없다.

그림 8.5는 서비스 그룹을 표현한다. 시장–데이터 서비스로의 요청은 하위의 여러 시장–데이터 인스턴스로 분산된다. 이것은 상태를 보존하지 않는 마이크로서비스의 전형적인 운영을 위한 구성이다.

> **노트** 이벤트 큐 또는 메시지 버스를 구독하는 서비스도 수평 확장이 된다. 여러 메시지 컨슈머를 실행해 메시지를 분산한다.

이것을 시도해 보자. GCE에서 가상 머신의 그룹은 **인스턴스 그룹(instance group)**이라고 부른다(AWS에서는 자동–확장 그룹이다). 그룹을 생성하려면 우선 인스턴스 템플릿(instance template)을 생성해야 한다.

```
gcloud compute instance-templates create market-data-service-template \
  --machine-type g1-small \
  --image-family debian-9 \
  --image-project debian-cloud \
  --metadata-from-file startup-script=startup-script.sh \
```

```
--tags api-service \
--scopes userinfo-email,cloud-platform
```

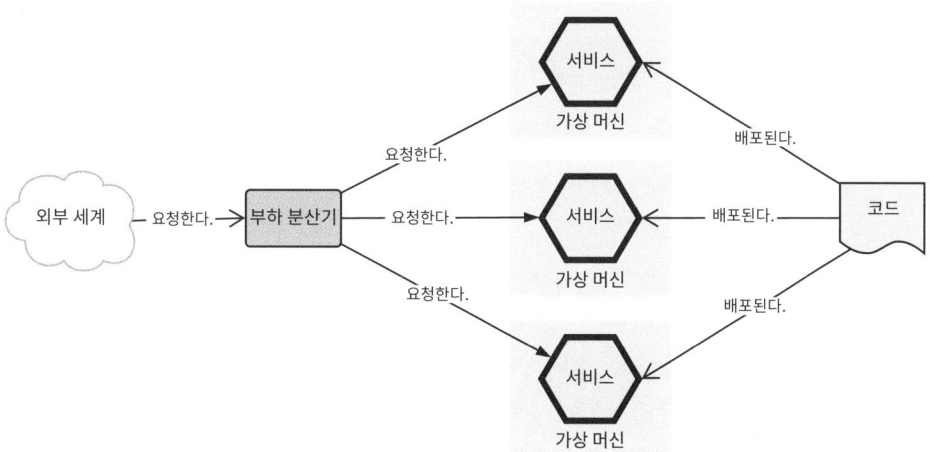

그림 8.5 서비스 그룹과 부하 분산

이 코드를 실행하면 앞서 구축했던 것과 비슷한 여러 시장-데이터 서비스 인스턴스를 만드는 템플릿을 생성한다. 일단 템플릿이 구축되면 그룹을 만든다.

이것은 시장-데이터 서비스의 3개의 인스턴스를 생성한다. 구글 클라우드 콘솔을 열고 Compute Engine > Instance Groups > 로 이동하면 그림 8.5에 보이는 것과 비슷한 목록을 볼 수 있다.

인스턴스 템플릿을 사용해 그룹을 생성하면 장애 존과 자가 치유와 같은 즉시 사용할 수 있는 흥미로운 역량을 제공한다. 이 2가지 기능은 회복력 있는 마이크로서비스를 운영하는 데 매우 중요하다.

장애 존

우선 그림 8.6에 존(zone) 칼럼이 있다. 여기에는 3개의 구분된 값이 나열돼 있다(europe-west1-d, europe-west1-c, europe-west1-b). 각 존은 구분된 데이터 센터를 나타낸다. 이 중에 한 데이터 센터에 장애가 발생하면 장애가 고립되어 서비스 용량의 33%만 영향을 받는다.

자가 치유

이 중에 한 인스턴스를 선택하면 삭제 옵션이 보인다(그림 8.7). 삭제해 보자.

	Name	Creation time	Template	Zone	Internal IP	External IP	Connect
☐ ✓	market-data-service-86w0	16 Mar 2018, 13:25:09	market-data-service-template	europe-west1-d	10.132.0.2	35.205.158.180	SSH ▼
☐ ✓	market-data-service-l1js	16 Mar 2018, 13:25:10	market-data-service-template	europe-west1-c	10.132.0.5	130.211.86.76	SSH ▼
☐ ✓	market-data-service-nrrh	16 Mar 2018, 13:25:10	market-data-service-template	europe-west1-b	10.132.0.4	35.195.39.131	SSH ▼

그림 8.6 인스턴스 그룹 내의 인스턴스 목록

← VM instance details   ✎ EDIT   ⟳ RESET   ☐ CLONE   ■ STOP   🗑 DELETE

✓ market-data-service-86w0

그림 8.7 VM 인스턴스 삭제하기

인스턴스를 삭제하면 인스턴스 그룹에 대체 인스턴스가 생성되어 용량을 유지한다. 프로젝트의 운영 이력을 보면(Compute Engine > Operations), 삭제 동작으로 인해 GCE가 자동으로 인스턴스를 다시 생성한 것을 볼 수 있다(그림 8.8).

인스턴스 그룹은 하위의 머신 장애와 같은 서비스 인스턴스 장애를 발생하는 모든 이벤트에 반응해 자가 치유를 시도한다. 애플리케이션에 상태 점검을 추가해 자가 치유를 개선할 수 있다.

```
gcloud compute health-checks create http api-health-check \
    --port=8080 \                          8080/ping에 HTTP 호출을 해 상태 점검을 한다.
    --request-path="/ping"
```

```
gcloud beta compute instance-groups managed set-autohealing \
    market-data-service-group \
    --region=europe-west1 \                기존의 인스턴스 그룹에 상태 점검을 연결한다.
    --http-health-check=api-health-check
```

이제 애플리케이션이 추가적인 상태 점검에 응답하지 못하면 가상 머신이 다시 생성된다.

용량 증설

이제 서비스가 템플릿으로 배포되므로 용량을 증설하는 것은 쉬운 일이다. 다음 명령으로 그룹의 크기를 조정한다.

```
gcloud compute instance-groups managed resize market-data-service-group \
--size=6 \          ◄──── 새로운 그룹 사이즈
--region=europe-west1
```

또한 평균 CPU 사용률과 같은 그룹의 메트릭이 설정된 임계치를 넘어서면 자동으로 용량을 증설하도록 규칙을 추가할 수 있다.

8.3.4 부하 분산기 추가하기

이제 서비스 그룹을 외부 세계에 노출해야 한다. GCE는 그림 8.9의 개요처럼 서로 연결된 몇 개의 컴포넌트로 구성된 부하 분산기를 제공한다. 부하 분산기는 라우팅 규칙, 프락시를 사용해 외부의 요청을 정상 서비스 인스턴스 그룹으로 전달한다.

✅ Create an instance	market-data-service-86w0		Start: 16 Mar 2018, 13:55:03 End: 16 Mar 2018, 13:55:08
✅ Recreate an instance	market-data-service-86w0		Start: 16 Mar 2018, 13:54:20 End: 16 Mar 2018, 13:54:20
✅ Delete an instance	market-data-service-86w0	morganjbruce@gmail.com	Start: 16 Mar 2018, 13:54:20 End: 16 Mar 2018, 13:54:58

그림 8.8 그룹에서 인스턴스를 삭제하면 목표 용량을 유지하기 위해 인스턴스가 다시 생성된다(상향식).

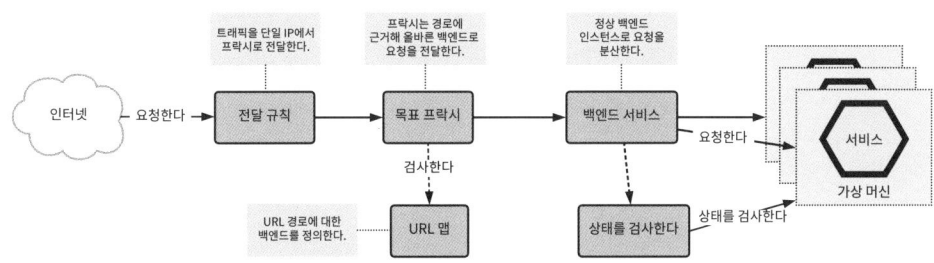

그림 8.9 GCE 부하 분산기의 요청 처리 과정

> **노트** 관리형 부하 분산기는 모든 주요 클라우드 제공자의 핵심 기능이다. 이런 환경이 아니라면 HAProxy와 같은 소프트웨어 방식의 부하 분산기를 사용할 수 있다.

우선, 백엔드 서비스를 추가한다. 이것은 트래픽을 하위의 인스턴스로 최적화해 전달하므로 부하 분산기에서 가장 중요한 컴포넌트다.

```
gcloud compute instance-groups managed set-named-ports \
  market-data-service-group \
  --named-ports http:8080 \
--region europe-west1

gcloud compute backend-services create market-data-service \     ◀────── 백엔드 서비스 이름
  --protocol HTTP \
  --health-checks api-health-check \     ◀────── 앞서 생성한 상태 점검 규칙
  --global
```

이 코드는 2개의 엔티티를 생성한다.

- 지정된 포트: 서비스가 노출하는 포트를 식별한다.
- 백엔드 서비스: 서비스의 상태를 테스트하기 위해 앞서 생성한 http 상태 점검 규칙을 사용한다.

그다음, URL 맵과 프락시가 필요하다.

```
gcloud compute url-maps create api-map \
    --default-service market-data-service     ◀────── 백엔드 서비스를 위한 URL 맵을 생성한다.

gcloud compute target-http-proxies create api-proxy \
    --url-map api-map     ◀────── 새로운 URL 맵을 사용하는 프락시를 생성한다.
```

하나 이상의 서비스가 있다면 다른 하위 도메인을 다른 백엔드로 전달하기 위해 맵을 사용할 수 있다. 예제의 경우, URL 맵은 URL에 상관없이 모든 요청을 앞서 생성한 market-data-service에 전달한다.

마지막으로, 서비스를 위한 고정 IP 주소를 생성하고 그 IP를 앞서 생성한 HTTP 프락시에 연결하는 전달 규칙을 생성해야 한다.

```
gcloud compute addresses create market-data-service-ip \
    --ip-version=IPV4 \
    --global

export IP=`gcloud compute addresses describe market-data-service-ip --global --format json | jq -raw -output '.address'`     ◀────── IP 주소를 추출한다.

gcloud compute forwarding-rules create api-forwarding-rule \
```

```
--address $IP \
--global \
--target-http-proxy api-proxy \
--ports 80
```
IP 주소에서 HTTP 프락시로 전달하는 규칙을 추가한다.

```
printenv IP
```
생성한 IP 주소를 출력한다.

이 코드는 공인 IP를 생성하고 이 IP로의 요청이 HTTP 프락시를 거쳐 백엔드 서비스로 전달되도록 설정한다. 실행한 후 이 규칙이 전파되는 데 수 분이 걸린다. 이후 서비스로 요청을 보내 보자(curl "http://$IP/ping?[1-100]"). 이것은 100개의 요청을 보낸다. 터미널에 다양한 시장-데이터 노드 이름이 보이면 부하가 분산된 마이크로서비스를 배포한 것이다.

> **노트** 실전에서 마이크로서비스를 직접 외부에 노출할 가능성은 적다. 여기에서는 이것이 테스트를 훨씬 쉽게 해주기 때문에 이렇게 한 것이다. 또한 GCE는 내부 부하 분산기(https://cloud.google.com/load-balancing/docs/internal/)와 관리형 API 게이트웨이인 클라우드 엔드포인트(Cloud Endpoints, https://cloud.google.com/endpoints/)를 제공한다.

8.3.5 무엇을 배웠나?

이 예제에서는 마이크로서비스의 배포 절차에서 몇 가지 핵심 요소를 구축했다.

- 기본 배포 동작을 가지는 인스턴스 템플릿을 사용하면 주어진 서비스의 용량을 간단하게 추가하고 삭제할 수 있다.
- 인스턴스 그룹, 부하 분산기, 상태 점검을 엮어서 배포된 마이크로서비스를 자동 확장, 자동 치유할 수 있다.
- 독립적인 존에 배포하면 장애의 영향을 제한하는 방호벽을 구축하도록 돕는다.

그러나 몇 가지 놓친 부분이 있다. 여기서는 최신의 코드를 가져와 컴파일했다. 새로운 코드 커밋은 다양한 서비스 인스턴스가 일관되지 않은 버전의 코드를 실행하게 만들 수 있다(그림 8.10).

명시적으로 버전 또는 패키지를 지정하지 않고서는 코드를 배포하거나 되돌리는 쉬운 방법은 없다.

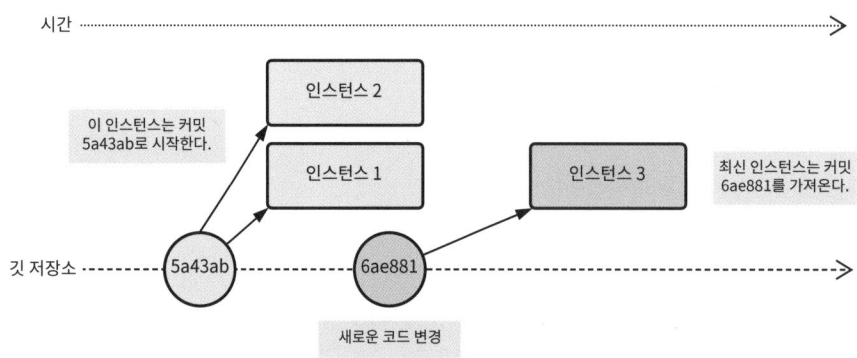

그림 8.10 패키지 버전 없이 출시하면 코드 배포가 일관성이 없어진다.

앞서 머신을 시작하는 과정이 느렸는데, 서비스의 의존성까지 인스턴스 템플릿에 포함해 이미지를 생성하지 않고 시작할 때 의존성을 당겨오도록 했기 때문이다. 또 이렇게 하면 다른 인스턴스와 의존성이 일관되지 않을 수 있다.

마지막으로, 아무것도 자동화하지 않았다. 수작업으로 배포하는 과정은 여러 인스턴스를 다루기에는 확장성이 없을 뿐만 아니라 에러도 발생하기 쉽다. 다음의 몇 개 섹션과 장에서 이것을 개선할 수 있다.

8.4 서비스 산출물 만들기

앞의 배포 예제에서 배포를 위해 코드를 패키지로 만들지 않았다. 각 노드에서 실행되는 스크립트는 깃 저장소에서 코드를 당겨와 몇몇 의존성을 설치하고 애플리케이션을 시작한다. 이렇게 해도 동작하지만 단점이 있었다.

- 애플리케이션 시작이 느렸다. 각 노드에서 동시에 코드를 내려받아 빌드했다.
- 각 노드에서 같은 버전의 서비스를 실행했다는 보장이 없다.

이렇게 하면 배포를 예측할 수 없고 깨지기 쉽다. 원하는 혜택을 얻으려면 **서비스 산출물(service artifact)**을 만들어야 한다. 서비스 산출물은 변하지 않는 결정된 서비스의 패키다. 다시 말해, 같은 커밋으로 빌드 과정을 다시 수행할 때 동일한 결과를 만들어 낸다.

대부분 기술 스택은 일종의 배포 산출물을 제공한다. 예를 들어, 자바의 JAR 파일, 닷넷의 DLL, 루비의 젬(gems), 파이썬의 패키지(packages)가 그 예다. 닷넷에서는 IIS 서버를 사용해 닷넷 웹서비스를 실행하지만, JAR는 톰캣과 같은 서버 프로세스를 내장하고 있어 스스로 실행할 수 있다.

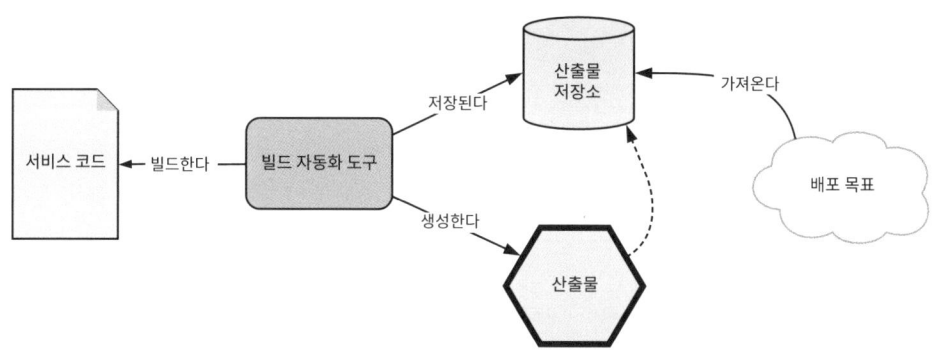

그림 8.11 빌드 자동화 도구가 생성한 산출물은 산출물 저장소에 저장되고 나중에 배포를 위해 내려받을 수 있다.

그림 8.11은 산출물을 만들고, 저장하고 배포하는 과정을 표현한다. 일반적으로 빌드 자동화 도구(젠킨스 또는 써클씨아이[CircleCI])는 서비스 산출물을 만들어 산출물 저장소에 올린다. 산출물 저장소는 전용 도구이거나(예를 들어, 도커는 이미지 저장을 위해 레지스트리를 제공한다) 아마존 S3와 같은 일반적인 파일 저장소가 될 수 있다.

8.4.1 산출물이란 무엇인가?

마이크로서비스에는 코드뿐만 아니라 수많은 구성 요소가 있다.

- 애플리케이션 코드(컴파일 여부는 프로그램 언어에 따라 다르다)
- 애플리케이션 라이브러리
- 운영 체제에 설치된 바이너리 의존성(예: 이미지 매직(ImageMagick) 또는 libssl)
- 로그 또는 크론(cron)과 같은 지원 프로세스
- 데이터 저장소, 부하 분산기, 다른 서비스와 같은 외부 의존성

애플리케이션 라이브러리와 같은 의존성은 명시적으로 정의된다. 반면에 다른 것들은 명시적이지 않다. 예를 들어, 특정 언어와 관련된 패키지 매니저는 종종 바이너리 의존성에 대해 알지 못한다. 이런 다양한 구성 요소를 그림 8.12에 표현했다.

마이크로서비스를 위한 이상적인 배포 산출물은 특정 버전의 컴파일된 코드와 모든 바이너리 의존성을 지정해 패키지를 만들게 해주고 서비스의 시작 및 중지를 위한 표준화된 운영 추상화를 제공한다. 또한 이것은 환경에 중립적이어야 한다. 즉, 같은 산출물을 로컬, 테스트, 운영 환경에서 실행할 수 있어

야 한다. 실행할 때는 언어별 차이점을 추상화해 인식시키는 데 드는 부하를 줄이고 서비스 관리를 위한 공통 추상화를 제공한다.

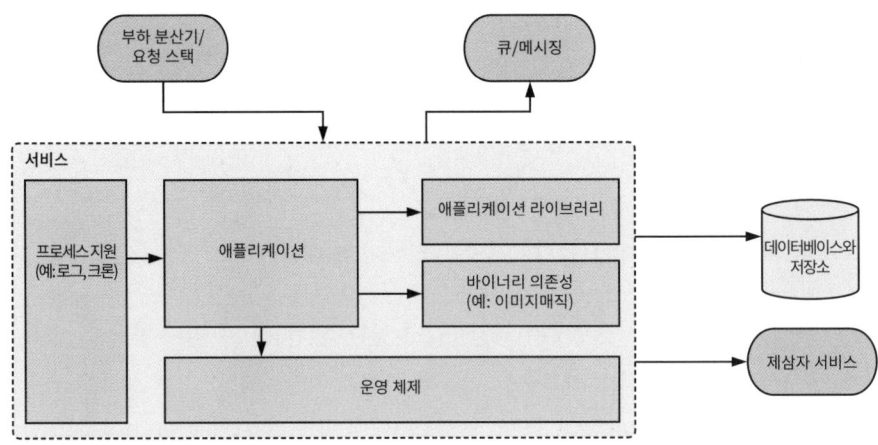

그림 8.12 서비스의 내부와 외부의 의존성

8.4.2 불변성

앞에서 불변성에 대해 몇 번 언급했다. 이것이 왜 중요한지 잠시 살펴보자. 산출물은 서비스가 사용하는 의존성을 가능한 한 많이 포함하는 패키지다. 불변의 산출물은 파이프라인을 통해 테스트된 패키지가 운영 환경에 배포된 것과 같을 것이라는 강한 확신을 준다. 또한 불변성은 서비스 인스턴스를 교체할 수 있게 해준다. 즉, 서비스에 문제가 발견되면 마지막 정상 상태의 새로운 인스턴스로 쉽게 교체할 수 있다. GCE에서 이러한 자동 치유 과정은 앞서 생성한 인스턴스 그룹에 의해 자동화됐다.

같은 코드로 만든 빌드가 다른 산출물을 생성한다면(예: 다른 버전의 의존성을 내려 받는 경우) 의도하지 않은 변경이 출시에 포함될 수 있기 때문에 배포의 위험과 코드가 깨질 가능성이 높아진다. 불변성은 시스템의 예측성을 높이는데, 이는 시스템의 상태를 판단하고 애플리케이션의 예전 상태를 재현하기 쉽게 한다. 이것은 롤백에 중요하다.

> **불변성과 서비스 관리**
>
> 불변성은 서비스 산출물만을 위한 것이 아니다. 이것은 가상 서버를 효과적으로 관리하는 데도 중요한 원리다.
>
> 호스트의 상태를 관리하는 한 가지 방법은 패치 설치, 소프트웨어 업그레이드, 설정 변경 등의 누적 변경을 시간의 흐름에 따라 적용하는 것이다. 그러나 이상적인 서버의 상태는 어디에도 정의돼 있지 않다. 새로운 서버를 구축할 때

> 사용할 수 있는 좋은 상태는 없다. 이런 방식은 운영 중인 서버를 패치하도록 권장하는데, 이는 직관적이지 않고 실패의 위험을 높이는 방법이다. 이런 서버는 구성의 편차 때문에 고생한다.
>
> 이 방식은 개별 서버가 자원이 부족할 때 의미가 있을 것이다. 개별 호스트를 실행하고 교체하는 데 저렴한 클라우드 환경에서는 불변성이 더 나은 선택이다. 호스트를 관리하는 대신 버전 관리되는 베이스 템플릿을 사용해서 구축한다. 오래된 호스트를 업데이트하는 대신 새로운 버전의 베이스 템플릿으로 구축한 호스트로 교체한다.

8.4.3 서비스 산출물의 유형

수많은 언어는 자신만의 패키지 메커니즘을 가지며, 이런 혼재성은 다른 언어로 작성된 서비스와 작동할 때 배포를 복잡하게 만든다. 배포 도구는 각 배포 패키지가 서버에서 실행 또는 중지하기 위해 제공하는 인터페이스를 다르게 취급할 필요가 있다.

더 좋은 도구는 이런 차이점을 줄여주겠지만, 기술 특화된 산출물은 너무 낮은 수준의 추상화에서 동작하는 경향이 있다. 그래서 산출물은 애플리케이션의 광범위한 요구사항의 본질 보다는 코드 패키징에 집중한다.

- 산출물은 실행 환경에 취약하다. 앞서 봤듯이, 서비스를 실행하기 위한 의존성을 별도로 설치해야 한다.
- 자원 관리나 격리를 제공하지 않아서 단일 호스트에 여러 서비스를 적절히 실행하는 데 어려움이 있다.

다행히 몇 가지 옵션이 있다. 운영 체제 패키징, 서버 이미지, 컨테이너가 그 옵션이다(그림 8.13).

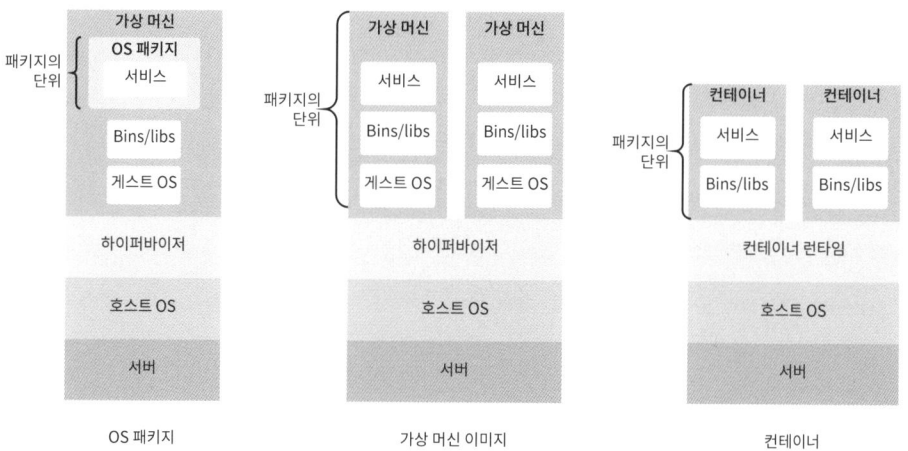

그림 8.13 다양한 서비스 산출물 유형의 구조

운영 체제 패키지

리눅스의 apt 또는 yum과 같은 목표 운영 체제의 패키징 형식을 사용할 수 있다. 이런 방식은 내용과 관계없이 산출물의 설치를 표준화하므로 설치 과정을 자동화하는 운영 체제 도구를 사용할 수 있다. 새로운 호스트를 시작할 때 서비스 패키지의 적절한 버전을 내려받을 수 있다. 게다가 패키지는 의존하는 다른 패키지를 지정할 수 있다. 예를 들어, 레일즈(Rails) 애플리케이션은 libxml, libmagic, libssl과 같은 공통 리눅스 패키지 의존성을 지정할 수 있다.

> **노트** 이 방식에 대해 흥미가 있다면 py2deb(github.com/paylogic/py2deb)를 사용해 deb 패키지와 예제 서비스를 빌드해 보자.

OS 패키지 방식에는 3가지 약점이 있다.

- 다양한 인프라스트럭처 요구사항이 발생한다. 패키지 저장소를 만들어 관리해야 한다.
- 이런 패키지는 종종 특정 운영 체제에 단단하게 결합돼 있어서 다양한 배포 목표를 사용하는 데 유연성을 떨어뜨린다.
- 패키지는 여전히 호스트 환경에서 실행돼야 해서 적절한 수준의 추상화가 돼 있지 않다.

서버 이미지

일반적인 가상화 환경에서 실행하는 각 서버는 이미지나 템플릿으로 빌드한다. 8.3절에서 빌드했던 인스턴스 템플릿은 서버 이미지의 예다.

배포 산출물로 이 이미지 자체를 사용할 수 있다. 일반 머신에 패키지를 내려받는 대신 배포하고자 하는 서비스의 버전별로 새로운 이미지를 구울 수 있다. 일반적인 이미지 굽기 과정은 4가지 절차로 구성된다.

1. 새로운 이미지의 기반이 될 템플릿 이미지를 선택한다.
2. 템플릿 이미지 기반으로 VM을 시작한다.
3. 패키지를 VM에 배포해 기대하는 상태로 만든다.
4. 새로운 VM의 스냅샷을 찍어 새로운 이미지 템플릿으로 저장한다.

패커(Packer)를 사용해 이것을 시험할 수 있다.

> **Tip** 이미지를 빌드하려면 GCE에 인증을 받기 위해 패커(Packer)를 구성해야 한다. 패커 문서에 이에 대한 가이드가 있다 (https://www.packer.io/docs/builders/googlecompute.html).

우선, 다음 구성을 instance-template.json 파일로 저장한다.

예제 코드 8.1 instance-template.json 파일

```json
{
  "variables": {              ◀──────── 사용자 제공 변수
    "commit": "{{env `COMMIT`}}"
  },
  "builders":                 ◀──────── 이미지 빌드 방법을 정의한다.
  [
    {
      "type": "googlecompute",
      "project_id": "market-data-1",
      "source_image_family": "debian-9",
      "zone": "europe-west1-b",
      "image_name": "market-data-service-{{user `commit`}}",
      "image_description": "image built for market-data-service {{user `commit`}}",
      "instance_name": "market-data-service-{{uuid}}", "machine_type": "n1-standard-1",
      "disk_type": "pd-ssd",
      "ssh_username": "debian",
      "startup_script_file": "startup-script.sh"
    }
  ]
}
```

이제 chapter-8/market-data 디렉터리에서 packer build를 실행한다.

```
packer build \
 -var "commit=`git rev-parse head`" \    ◀──────── 최신의 커밋 해시를 가져온다.
 instance-template.json                  ◀──────── 예제 코드 8.1에서 정의한 인스턴스 템플릿을 사용한다.
```

콘솔 출력을 보면 앞서 설명한 4단계를 반영할 것이다. GCE API를 사용해 패커가 인스턴스를 시작하고 스크립트를 실행하며 인스턴스를 소스 깃 커밋으로 태그된 새로운 이미지 템플릿으로 저장한다. 깃 커밋은 코드의 다른 버전과 명시적으로 구분할 때 사용한다.

> **노트** 이 경우에도 여전히 깃에서 가상 머신 이미지로 코드를 직접 내려받는다. 자바와 같은 컴파일 언어에서 컴파일 과정은 빌드 자동화 도구가 실행하는 별도의 단계로 분리해야 한다.

이런 방식은 불변성과 예측성이 있으며 자체에 의존성을 포함하는 산출물을 만든다. 이처럼 패커와 같은 구성 도구를 사용한 불변 서버 패턴은 재현 가능한 상태를 코드로 저장할 수 있게 한다.

다만 여기에는 몇 가지 제약이 있다.

- 이미지는 하나의 클라우드 제공자에서만 사용할 수 있어 다른 제공자뿐만 아니라 산출물이 배포된 머신을 다시 생성하고자 하는 개발자에게 이관할 수 없다.
- 머신을 시작하고 스냅샷을 찍는 데 시간이 걸리므로 이미지 빌드가 종종 느려진다.
- 하나의 호스트에 여러 서비스를 올리는 모델에 사용하기가 쉽지 않다.

컨테이너

애플리케이션과 종속성을 캡슐화하기 위해 가상 머신 전체 단위로 배포하는 대신 도커와 로켓(rkt) 같은 컨테이너화 도구는 좀 더 가벼운 방식을 제공한다. 이 방식은 하나의 머신에 격리된 여러 컨테이너를 실행하지만, 운영 체제의 커널을 공유하므로 가상 머신보다 자원 부하가 적다. 이 방식은 각 가상 머신의 디스크 가상화와 게스트 운영 체제의 부담을 회피한다.

도커를 사용해 예제를 바로 실행해 보자(도커 설치 가이드는 도커 웹사이트에 있다. https://docs.docker.com/install/). 도커 파일로부터 도커 이미지를 빌드한다. chapter-8/market-data 폴더에 다음 파일을 추가하자.

예제 코드 8.2 시장-데이터 서비스를 위한 도커 파일

```
FROM python:3.6        ◀─────── 파이썬 앱을 위한 공개 베이스 이미지를 시작한다.
ADD . /app
WORKDIR /app
RUN pip install -r requirements.txt     ◀─────── 서비스의 요구사항을 설치한다.
CMD ["gunicorn", "-c", "config.py", "app:app", "--bind" , "0.0.0.0:8080"]   ◀─── 서비스의 시작 명령을 설정한다.
EXPOSE 8000      ◀─────── 서비스의 포트를 컨테이너에 노출한다.
```

그리고 나서 docker 커맨드라인 도구로 컨테이너를 빌드한다.

```
$ docker build -t market-data:`git rev-parse head` .
Sending build context to Docker daemon 71.17 kB
Step 1/3 : FROM python:3.6
 ---> 74145628c331
```

```
Step 2/3 : ADD . /app
 ---> bb3608d5143f
Removing intermediate container 74c250f83f8c
Step 3/3 : WORKDIR /app
 ---> 7a595179cc39
Removing intermediate container 19d3bffa4d2a
Successfully built 7a595179cc39
```

이것은 컨테이너 이미지를 빌드하고 market-data:<commit ID>의 이름으로 태그를 붙인다. 이제 애플리케이션의 이미지를 빌드했기 때문에 로컬에서 실행할 수 있다. 다음 명령을 실행해 보자.

```
$ docker run -d -p 8080:8080 market-data:`git rev-parse head`
```

터미널에 지유니콘(gunicorn)의 시작 로그가 보일 것이다. 서비스의 8000 포트로 curl을 해보자. 그러면 컨테이너의 시작 및 빌드 시간이 GCE 상의 가상 머신보다 훨씬 빠르다는 것을 알게 될 것이다. 이것이 바로 컨테이너를 사용하는 중요 혜택 중 하나다

몇 가지 간단한 단계를 통해 GCE 상에 컨테이너 이미지를 실행할 수 있다. 우선, 이미지를 컨테이너 레지스트리)에 저장해야 한다. 다행히도, GCE가 이것을 제공한다.

```
TAG="market-data:$(git rev-parse head)"
PROJECT_ID=<your-project-id>        ← 여러분의 GCE 프로젝트 ID로 교체
docker tag $TAG eu.gcr.io/$PROJECT_ID/$TAG    ← 여러분이 생성한 도커 이미지 이름으로 교체
gcloud docker -- push eu.gcr.io/$PROJECT_ID/$TAG  ← GCE로 도커 이미지를 저장
```

이 레지스트리는 산출물 저장소의 역할을 해서 도커 이미지를 저장하고 나중에 사용할 수 있게 한다. 저장이 끝나면 이 컨테이너를 실행하는 인스턴스를 시작한다.

```
gcloud beta compute instances create-with-container \
  market-data-service-c \
  --container-image eu.gcr.io/$PROJECT_ID/$TAG    ← 앞 예제의 프로젝트 ID와 변수를 설정한다.
  --tags api-service
```

성공이다! 컨테이너를 배포했고 VM 이미지보다 더 유연하고 사용하기 쉬운 추상화를 제공하는 것을 확인했다.

컨테이너는 패키징 메커니즘뿐만 아니라 격리된 실행 환경을 제공해 단일 머신에서 다양한 컨테이너의 운영을 효과적이고 쉽게 해준다. 이것은 개별 호스트 상에서 온전한 추상화를 제공하므로 경쟁력이 있다.

가상 머신의 이미지와 다르게, 컨테이너 이미지는 호환이 된다. 같은 컨테이너를 컨테이너 런타임이 제공되는 모든 인프라스트럭처에서 실행할 수 있다. 이것은 업무를 공개 클라우드와 사설 클라우드 환경 모두에서 운영해야 하는 회사의 경우처럼 여러 배포 환경을 요구하는 배포 시나리오를 수월하게 해준다. 또한 이것은 로컬 개발을 간단하게 해주는데, 일반적인 개발자의 머신에서 여러 컨테이너를 실행하는 것이 여러 가상 머신을 구축하고 관리하는 것보다 훨씬 쉽기 때문이다.

8.4.4 설정

서비스의 설정은 배포 환경(스테이징, 개발, 운영 등)에 따라 달라진다. 이러한 이유 또는 다음과 같은 다양한 이유로 산출물 내부에 서비스의 모든 요소를 담을 수 없다.

- 일반 텍스트 또는 소스 코드 저장소에 데이터베이스 비밀번호와 같은 비밀정보와 민감한 설정 데이터를 배포할 수 없다. 그것들을 서비스 배포와 독립적으로 변경할 수 있기를 원할 것이다(예: 자동화된 인증 정보 교체의 일환으로, 더 심한 경우 보안 침해가 발생할 수도 있다).

- 데이터베이스 URL, 로그 레벨, 제삼자 서비스 종단점 등의 환경 특화된 설정 데이터가 다양할 것이다.

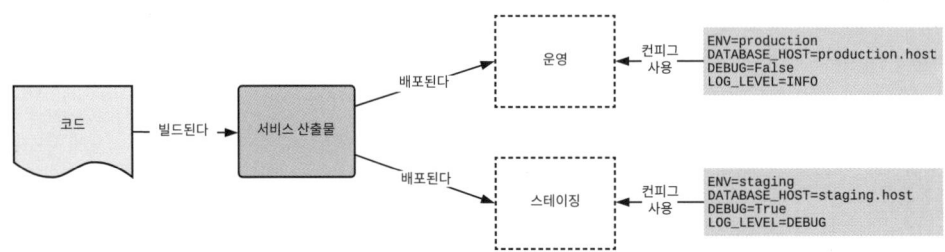

그림 8.14 환경마다 다양한 서비스 설정

12-팩터 앱 매니페스토(12factor.net)의 세 번째 원리에서는 배포 설정을 코드에서 철저하게 분리해 환경 변수로 제공하라고 명시하고 있다(그림 8.14). 실제로, 선택한 배포 메커니즘은 환경에 특화된 설정을 어떻게 저장하고 제공할지를 정의한다. 다음의 2가지 장소에 설정을 저장할 것을 권고한다.

- 민감하지 않은 설정은 서비스와 함께 버전이 관리되는 소스 제어 시스템에 저장한다(이런 것은 일반적으로 .env 파일에 저장한다).

- 비밀 정보를 저장하기 위해 분리되고 접근이 제한된 볼트(Vault)와 같은 시스템에 저장(해시코프[HashiCorp], www.vaultproject.io)한다.

서비스 산출물을 시작하는 프로세스가 이런 설정을 내려받아 애플리케이션의 환경에 주입해야 한다.

불행하게도 설정을 별도로 관리하면 위험이 증가하는데, 사람들이 변하지 않는 산출물과 별도로 운영 시스템에 변경을 만들어서 배포를 예측하기 어렵게 만들기 때문이다. 그러므로 산출물에 가능한 한 많은 설정을 포함하고 배포 파이프라인을 사용해 신속하고 안전하게 설정을 적용한다.

8.5 서비스와 호스트의 모델

이 섹션에서는 서비스를 하위 호스트에 배포하는 일반적인 모델(호스트별 단일 서비스, 호스트별 여러 서비스, 컨테이너 스케줄링)을 검토할 것이다.

8.5.1 호스트별 단일 서비스

앞의 예제에서는 서비스와 호스트를 1대 1로 매핑했다. 이 방식은 이해하기 쉽고 필요한 서비스 및 여러 서비스 간의 실행 환경을 명확하게 분리한다. 그림 8.15는 이런 방식을 설명한다. 다소 비유가 잔인하게 들리겠지만, 이 모델에서는 서버를 방목하는 소처럼 취급한다. 이는 커맨드 라인에서 시작, 중지, 파괴할 수 있는 구분할 수 없는 단위다.

이 모델은 완벽하지 않다. 각 서비스가 필요한 적절한 가상 인스턴스의 크기를 산정하려면 지속적인 노력과 평가가 필요하다. 클라우드 환경이 아니면 데이터 센터 또는 가상화 솔루션의 자원 제한에 걸릴 수 있다. 그리고 앞서 논의했듯이, 종종 가상 머신의 시작 시간이 상대적으로 느려진다.

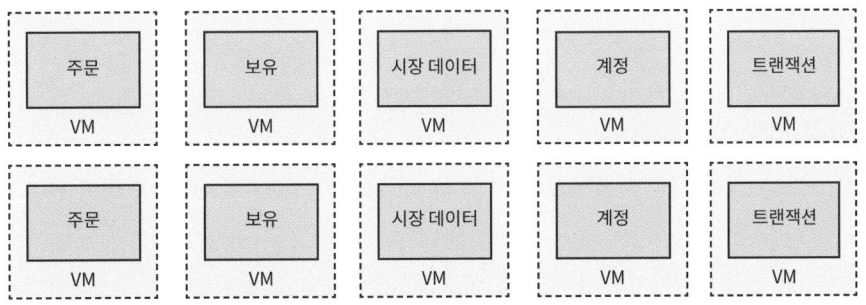

그림 8.15 호스트별 단일 서비스 모델

8.5.2 호스트별 여러 정적 서비스

호스트에 여러 서비스를 실행할 수 있다(그림 8.16). 이 모델의 정적인 변형은 수동 또는 정적인 방법으로 서비스를 호스트에 할당한다. 서비스의 소유자는 각 서비스가 어디에서 실행돼야 할지 의식적으로 선택하고 사전 배치를 수행한다.

언뜻 보기에는 이 방식이 바람직해 보인다. 새로운 호스트가 비용이 들고 겁이 날 경우 운영 환경을 구성하는 가장 쉬운 방법은 기존 자원을 최대한 사용하고 호스트의 수를 제한하는 것이다.

그러나 이런 방식은 몇 가지 약점이 있다. 이것은 서비스 간의 결합력을 높인다. 호스트 하나에 여러 서비스를 배포하면 서비스 간의 결합을 유발하고 서비스를 독립적으로 출시하고 싶은 마음을 사라지게 한다. 또한 이것은 의존성 관리를 복잡하게 만든다. 하나의 서비스가 패키지 v1.1을 필요로 하고 다른 서비스는 v2.0을 필요로 하면 이 차이를 중재하기가 어렵다. 결국 어떤 서비스가 배포 환경을 소유하고 어느 팀이 그 설정 환경을 담당할지 불명확해진다.

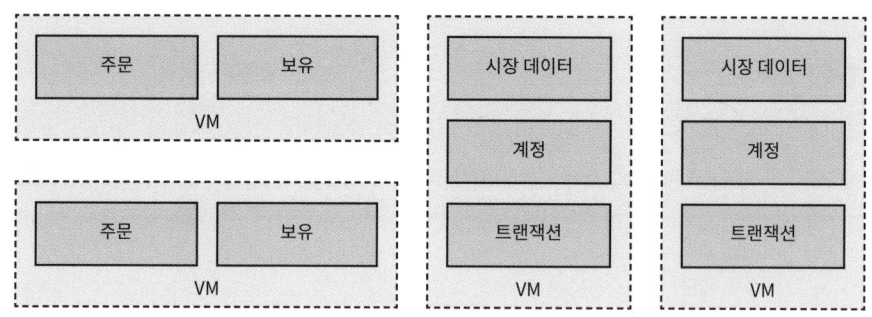

그림 8.16 단일 가상 머신이 잠재적으로 여러 서비스를 실행할 수 있다.

또한 이 방식은 서비스를 모니터링하고 독립적으로 확장하는 것을 어렵게 한다. 호스트에 있는 시끄러운 서비스 하나가 다른 서비스에 악영향을 줄 수 있고 서비스별로 CPU, 메모리와 같은 자원의 사용을 모니터링하기 어렵게 만든다.

8.5.3 호스트별 여러 서비스 스케줄링

서비스를 실행하는 하위 호스트를 신경 쓰지 않고 오로지 각 애플리케이션의 독특한 실행 환경에만 집중할 수 있다면 더욱 간단할 것이다. 이것은 히로쿠와 같은 Platform as a service(PaaS) 솔루션의 초기 약속이었다. PaaS는 운영 컨피큐레이션 또는 하위 인프라스트럭처 리소스의 노출을 최소화하면서 서비스를 배포하고 운영하는 도구를 제공한다. 이 플랫폼은 사용하기 쉽지만, 종종 자동화와 제어의 균형을 제공하는 데 어려움이 있다. 즉, 배포가 간단한 대신 개발자가 할 수 있는 사용자 정의를 제한할 뿐만 아니라 벤더에 특화돼 있다.

컨테이너는 좀 더 우아한 추상화를 제공한다.

- 엔지니어는 전체적인 애플리케이션 산출물을 정의하고 배포할 수 있다.
- 가상 머신은 서로 격리된 여러 개별 컨테이너를 실행할 수 있다.
- 컨테이너는 고수준의 도구를 사용해 자동화할 수 있는 운영 API를 제공한다.

이 3가지 측면이 컨테이너의 스케줄링 또는 조율을 가능하게 한다. 컨테이너 스케줄러는 공유된 자원 풀에서 원자적이고 컨테이너화된 애플리케이션의 실행을 관리해 하위 호스트를 추상화하는 소프트웨어 도구다. 일반적으로 스케줄러는 애플리케이션 워크로드를 작업 노드 클러스터에 분배하는 마스터 노드로 구성된다. 개발자 또는 배포 자동화 도구는 마스터 노드에 컨테이너 배포를 수행하도록 지시한다. 그림 8.17은 이 구성을 표현한다.

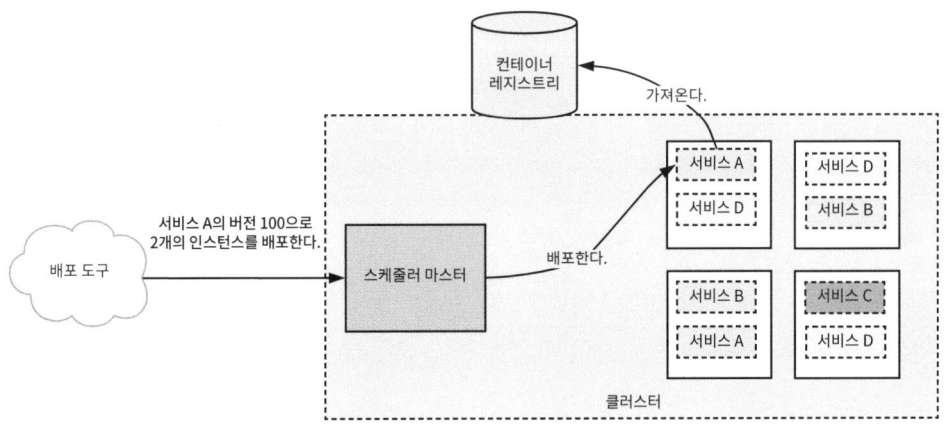

그림 8.17 컨테이너 스케줄러는 노드 클러스터의 필요 자원의 균형을 관리하면서 노드 클러스터에서 컨테이너를 실행한다.

스케줄링 모델의 장점

호스트별 여러 정적 서비스 모델과 다르게, 스케줄링 모델로 서비스를 할당하는 것은 동적이고 각 애플리케이션에 정의된 CPU, 디스크, 메모리와 같은 필요 자원에 따라 달라진다. 이렇게 하면 컨테이너 모델이 서비스를 독립적으로 유지하면서 스케줄러가 지속적으로 클러스터 노드의 자원 사용을 최적화하므로 정적 모델의 오류를 피할 수 있다.

스케줄러를 배포 플랫폼으로 사용하면 서비스 개발자는 하위 머신의 설정 요구에서 독립해 서비스의 환경에 집중할 수 있게 된다. 운영 엔지니어는 서비스 운영에 필요한 공통 운영 표준을 정의하고 하위의 스케줄러 플랫폼 운영에 집중할 수 있다.

컨테이너 스케줄러는 복잡하다

쿠버네티스와 같은 컨테이너 스케줄러는 복잡한 소프트웨어 조각으로 구성되는데, 상대적으로 새로운 도구이기 때문에 운영에 상당한 전문성이 필요하다. 조직에서 구글 쿠버네티스 엔진과 같은 관리형 스케줄러를 사용할 수 있거나 내부 운영 자원이 있을 경우에만 이상적인 마이크로서비스 배포 플랫폼으로 추천한다. 그렇지 않다면 호스트별 단일 서비스 모델을 컨테이너 산출물과 함께 사용하는 것이 유연하고 좋은 조합이다.

8.6 무중단 서비스 배포

지금까지 시장-데이터 마이크로서비스를 한 번 배포했다. 그러나 실제 애플리케이션에서는 서비스를 자주 배포할 것이다. 전반적인 애플리케이션 안정성을 유지하기 위해 다운타임 없이 새로운 버전을 배포할 수 있어야 한다. 각 서비스는 다른 서비스가 실행될 것이라고 생각하기 때문에 각 서비스의 가용성을 극대화할 필요가 있다.

무중단 배포에는 세 가지 일반적인 배포 패턴이 있다.

- **롤링 배포(rolling deploy)**: 배포하는 동안 최소한의 용량 비율을 유지하기 위해 새로운 인스턴스(버전 N+1)를 띄우는 동안 예전 인스턴스(버전 N)를 점진적으로 내린다.
- **카나리(Canaries)**: 새로운 버전(N+1)의 신뢰성을 검증하기 위해 새로운 인스턴스 하나를 추가한다.[1] 검증이 완료되면 계속해서 나머지 인스턴스를 모두 교체한다. 이 패턴은 일반적인 롤링 배포에 안전을 위한 장치를 추가로 제공한다.
- **블루-그린 배포(Blue-green deploys)**: 새로운 버전의 코드를 실행하는 또 다른 서비스 그룹(그린 세트)을 생성한다. 예전 버전(블루 세트)으로의 요청을 점진적으로 제거한다. 이것은 서비스 사용자가 에러 비율에 매우 민감하고 비정상 카나리로의 서비스 위험을 수용할 수 없는 시나리오에서 잘 작동한다.

이 모든 패턴은 한 가지 기본 동작을 바탕으로 구현된다. 환경에 인스턴스를 만들고 운영 상태로 만들어서 트래픽을 연결한다.

---

1 대규모 서비스 그룹(예를 들어)50 인스턴스)의 경우 의미 있는 피드백을 받기 위해 하나 이상의 카나리가 필요할 수 있다.

8.6.1 GCE에 카나리와 롤링 배포

실제로 동작하는 것을 보는 것은 항상 좋다. GCE에 새로운 버전의 시장-데이터 서비스를 배포할 수 있다. 우선 새로운 인스턴스 템플릿을 만들고 싶을 것이다. 8.4.3절에서 만들어 업로드한 컨테이너를 사용하면 된다.

```
gcloud beta compute instance-templates create-with-container \
    market-data-service-template-2 \
    --container-image eu.gcr.io/$PROJECT_ID/$TAG
    --tags=api-service
```

그러고 나서 카나리 업데이트를 시작한다.

```
gcloud beta compute instance-groups managed rolling-action start-update \
    market-data-service-group \
    --version template=market-data-service-template \
    --canary-version template=market-data-service-template-2,target-size=1 \
    --region europe-west1
```

◀ 새로운 템플릿 인스턴스를 생성한다.

GCE는 카나리 인스턴스를 백엔드 서비스 그룹에 추가해 요청을 받기 시작한다(그림 8.18). 서비스가 올라오는 데 수 분이 걸릴 것이다. GCE 콘솔에서도 이것을 확인할 수 있다(그림 8.19: Compute Engine〉Instance Groups).

여기까지 잘 동작한다면 롤링 업데이트를 진행한다.

```
gcloud beta compute instance-groups managed rolling-action start-update \
  market-data-service-group \
  --version template=market-data-service-template-2 \
  --region europe-west1
```

이 업데이트의 속도는 교체하는 동안에 얼마만큼의 용량을 유지할 것인가에 달려 있다. 또한 교체하는 동안 목표 인스턴스의 수를 항상 유지하기 위해 현재 용량 이상으로 인스턴스를 생성할 수도 있다. 그림 8.20은 인스턴스 3개를 교체하는 전략을 표현한다.

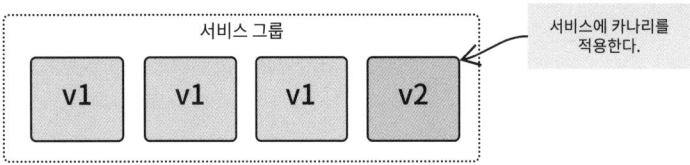

그림 8.18 그룹에 새로운 카나리를 추가한다.

Name	Creation time	Template	Zone	Internal IP	External IP	Connect
market-data-service-fwqr	17 Mar 2018, 15:18:06	market-data-service-template	europe-west1-d	10.132.0.4	35.205.51.221	SSH
market-data-service-gfp9	18 Mar 2018, 09:45:57	market-data-service-template-2	europe-west1-b	10.132.0.3	35.205.138.120	SSH
market-data-service-rp98	16 Mar 2018, 14:19:24	market-data-service-template	europe-west1-c	10.132.0.8	104.199.107.141	SSH
market-data-service-t8pv	16 Mar 2018, 14:19:24	market-data-service-template	europe-west1-b	10.132.0.7	35.195.188.36	SSH

그림 8.19 인스턴스 그룹에는 원래 인스턴스와 새로운 버전의 카나리 인스턴스가 있다.

문제가 발생하면 카나리를 롤백할 수 있다.

```
gcloud beta compute instance-groups managed rolling-action start-update \
    market-data-service-group \
    --version template=market-data-service-template \   ← 원래 버전
    --region europe-west1
```

롤백 명령은 교체 명령과 동일하지만, 이전 버전을 지정하는 것이 다르다. 실전에서는 롤백이 원자적이지 않을 수 있다. 예를 들어, 새로운 버전이 잘못 작동하면 일관적이지 않은 상태의 데이터를 남겨서 수동으로 개입해 조정해야 할 수 있다. 작은 변경을 출시하고 적극적으로 모니터링하면 이런 시나리오의 발생과 확산을 제한할 수 있다.

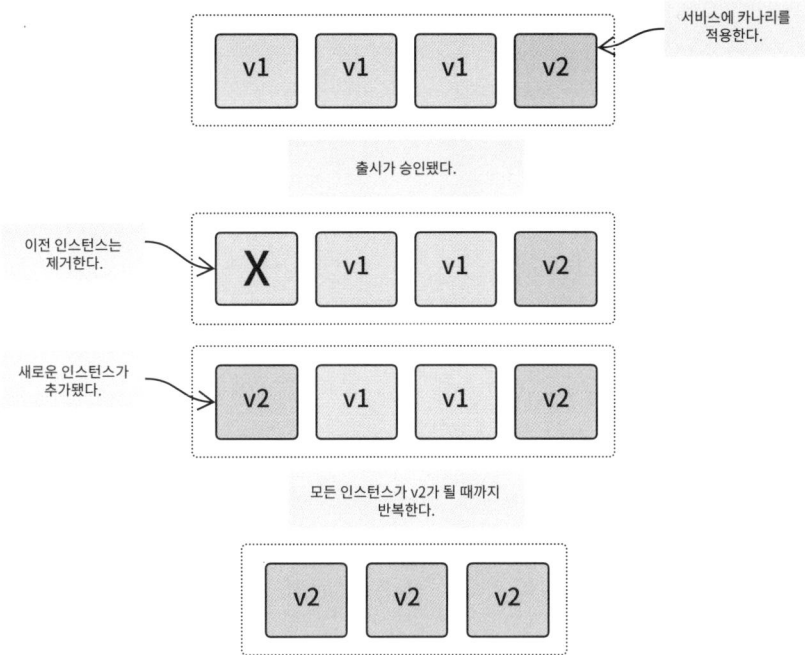

그림 8.20 카나리 인스턴스로 시작하는 롤링 배포의 단계

이 장에서 많은 부분을 다뤘다. 서비스를 컨테이너와 가상 머신으로 만들어서 클라우드 제공자에 수동으로 배포했고 안전하게 교체하는 패턴을 연습했다. 변하지 않는 서비스 산출물을 만들고 안전하고 중단 없는 배포를 수행하면 여러 서비스에서 안정적으로 동작하는 배포 프로세스를 잘 구축할 수 있다. 결국, 배포 프로세스가 더욱 안정적이고 신뢰성이 있고 매끄러울수록 더욱 쉽게 서비스를 표준화하고 새로운 서비스를 더욱 신속하게 출시하고 마찰 또는 위험 없이 가치 있는 새로운 서비스를 전달할 수 있다.

요약

- 새로운 애플리케이션과 변경의 배포를 표준화하고 간단화해 마이크로서비스 개발에서 마찰을 피할 수 있다.
- 마이크로서비스는 어디에서든 실행할 수 있지만, 이상적인 배포 플랫폼은 보안, 설정 관리, 서비스 디스커버리, 그리고 여분의 중복을 통한 가용성 등의 기능을 지원해야 한다.
- 서비스는 일반적으로 동일한 여러 인스턴스를 부하 분산기에 연결해 배포한다.

- 인스턴스 그룹, 부하 분산기, 상태 점검은 배포된 서비스의 자동 복구와 자동 확장을 가능하게 한다.
- 서비스 산출물은 불변성과 예측성을 제공해 위험을 최소화하고 인식시키는 데 드는 부하를 줄이고 배포 추상화를 간단하게 해야 한다.
- 서비스는 특정 언어 패키지, 운영 체제 패키지, 가상 머신 템플릿, 또는 컨테이너 이미지로 묶을 수 있다.
- 단일 인스턴스의 마이크로서비스를 추가/삭제하는 것은 고수준의 배포를 구성하는 데 사용할 수 있는 기본 동작이다.
- 카나리 또는 블루-그린 배포를 사용하면 예상하지 못한 결함으로 인한 가용성의 영향을 최소화할 수 있다.

컨테이너와 스케줄러를 이용해 배포하기 | 9장

이 장에서는 다음 내용을 다룬다.

- 컨테이너를 사용해 마이크로서비스를 배포 가능한 산출물로 패키지하기
- 컨테이너 스케줄러인 쿠버네티스에서 마이크로서비스를 실행하는 방법
- 파드(pod), 서비스, 리플리카 세트(replica sets)와 같은 핵심 쿠버네티스 컨셉 살펴보기
- 쿠버네티스 상에서 카나리 배포 수행하기

컨테이너는 다양한 언어에 일관된 패키징, 애플리케이션 수준의 격리, 그리고 빠른 실행 시간 등 마이크로서비스를 배포하고 운영하는 우아한 추상화 솔루션이다.

그리고 컨테이너 스케줄러는 하위 인프라스트럭처의 자원 풀(pool)에 다양한 작업 할당을 조율하고 관리할 수 있는 고수준의 컨테이너 배포 플랫폼을 제공한다. 또한 스케줄러는 다른 도구(예를 들어 네트워킹, 서비스 디스커버리, 부하 분산기, 설정 관리)와 긴밀한 연동을 지원해 서비스 기반 애플리케이션을 운영하는 전반적인 환경을 제공한다.

컨테이너는 마이크로서비스에 필수 요소가 아니다. 앞 장에서 소개한 VM(가상 머신)별 단일 서비스 모델과 같은 다양한 방법을 사용해 서비스를 배포할 수 있다. 그러나 컨테이너를 스케줄러와 함께 사용하면 2가지 배포의 목적인 속도와 자동화를 만족하는 우아하고 유연한 방식을 제공한다.

코어오에스(CoreOS)의 로켓(rkt)과 같은 다른 컨테이너 실행 환경이 있지만, 도커가 가장 많이 사용되는 컨테이너 도구다. 또한 오픈 컨테이너 이니셔티브(Open Container Initiative)는 컨테이너 명세를 표준화하는 일을 한다.

유명한 컨테이너 스케줄러 도구에는 도커 스웜(Docker Swarm), 쿠버네티스(Kubernetes), 아파치 미소스(Mesos)가 있다. 이런 플랫폼 상에 다양한 도구와 배포판이 만들어졌다. 그중에서 구글이 만든 오픈 소스 컨테이너 스케줄러인 쿠버네티스는 가장 넓게 받아들여지고 있고 마이크로소프트와 오픈 소

스 커뮤니티로부터 상당한 지원을 받고 있다. 이런 인기와 로컬 환경의 쉬운 구성 때문에 이 책에서는 쿠버네티스를 사용할 것이다.

개인적으로 우리 회사에서 쿠버네티스를 사용해 개발 속도를 상당히 올린 경험이 있다. 그 전의 방식은 새로운 서비스를 배포해 잘 작동하게 하는 데 수 일이 걸렸지만, 이제는 쿠버네티스를 사용해 어떤 엔지니어라도 몇 시간이면 새로운 서비스를 배포할 수 있다.

이 장에서는 도커와 쿠버네티스를 실습해 본다. 심플뱅크에서 새로운 서비스를 위해 도커를 이용해 컨테이너를 빌드하고 저장하고 실행할 것이다. 그리고 쿠버네티스를 사용해 서비스를 운영 환경에 올릴 것이다. 예제를 통해 스케줄러가 어떻게 다양한 형태의 워크로드를 실행하고 관리하는지, 그리고 익숙한 운영 개념이 스케줄러 플랫폼에 어떻게 매핑되는지를 설명한다. 또한 고수준의 쿠버네티스 아키텍처를 설명할 것이다.

9.1 서비스를 컨테이너화하기

그러면 바로 시작하자! 이 장의 전반에 걸쳐 심플뱅크의 파이썬 서비스인 시장-데이터 서비스를 가져와 운영 환경에 올릴 것이다. 이 서비스의 코드는 이 책의 깃허브 저장소에 있다(http://mng.bz/7eN9). 그림 9.1은 이 과정을 보여준다. 도커는 서비스 코드를 컨테이너 이미지로 패키징해서 이미지 저장소에 저장한다. 배포 명령을 사용해 스케줄러를 통해 패키징된 서비스를 하위의 호스트 클러스터에 배포하도록 요청한다.

알다시피 성공적인 배포는 하나 이상의 인스턴스를 실행한다. 새로운 버전마다 가용성, 신뢰성, 그리고 수평적 확장을 위해 여러 번 배포할 수 있는 산출물을 만들기를 원할 것이다. 이 섹션에서는 다음 항목에 대해 배운다.

- 서비스 이미지 만들기
- 이미지를 이용해 여러 인스턴스 또는 컨테이너 실행하기
- 공유된 저장소 또는 레지스트리에 이미지 올리기

우선, 물건을 배송하려면 물건을 박스에 담는 방법을 알아야한다. 이 섹션에서는 도커를 사용하므로 도커를 설치해야 한다. 최신 설치 문서는 온라인에 있다(https://docs.docker.com/install).

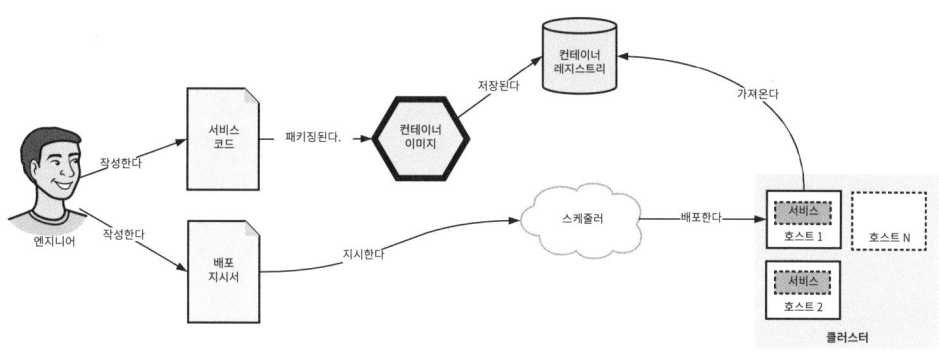

그림 9.1 클러스터 스케줄러에 서비스 코드를 배포하는 과정

9.1.1 이미지 작업하기

애플리케이션을 컨테이너로 만들려면 이미지를 만들어야 한다. 이미지에는 애플리케이션을 실행하는 데 필요한 코드와 의존성과 같은 파일 시스템과 애플리케이션을 시작하는 명령과 같은 메타데이터를 담을 것이다. 애플리케이션을 실행하면 이 이미지의 여러 인스턴스가 시작될 것이다. 가장 강력한 것은 이미지가 다른 이미지를 상속할 수 있다는 것이다. 다시 말하면, 애플리케이션 이미지는 다양한 기술 스택을 가진 공개된 정식 이미지를 상속받거나 여러 서비스에서 사용하는 표준 및 도구를 담기 위한 베이스 이미지를 상속받을 수 있다는 뜻이다.

이미지를 다루는 방법을 연습하기 위해 다음 명령을 실행해 사용 가능한 공개 도커 이미지를 내려받아 보자.

```
$ docker pull python:3.6
3.6: Pulling from library/python
ef0380f84d05: Pull complete
24c170465c65: Pull complete
4f38f9d5c3c0: Pull complete
4125326b53d8: Pull complete
35de80d77198: Pull complete
ea2eeab506f8: Pull complete
1c7da8f3172e: Pull complete
e30a226be67a: Pull complete
Digest:
     sha256:210d29a06581e5cd9da346e99ee53419910ec8071d166ad499a909c49705ba9b
Status: Downloaded newer image for python:3.6
```

이미지를 로컬 머신에 내려받으면 실행할 수 있는 상태가 된다. 위 예제의 경우, 기본 공개 레지스트리(또는 리포지토리)인 도커 허브(Docker Hub)에서 파이썬 이미지를 끌어왔다. 다음 명령을 실행하면 이미지의 인스턴스를 실행해 새로운 컨테이너 안에 파이썬 셸을 설치한다.

```
$ docker run --interactive --tty python:3.6
Python 3.6.1 (default, Jun 17 2017, 06:29:46)
[GCC 4.9.2] on linux
Type "help", "copyright", "credits" or "license" for more information.
>>>
```

여기서 몇 가지 알아야 할 것이 있다. --interactive(또는 -i) 옵션은 컨테이너가 표준 입력(STDIN)을 통해 상호작용할 것을 지시하고 --tty(또는 -t) 옵션은 터미널을 연결해 사용자의 입력을 도커 컨테이너에 전달할 것을 지시한다. 컨테이너를 시작했을 때 컨테이너는 이미지 내의 기본 명령 세트를 실행했다. 이미지 메타데이터를 추출해 이것을 확인할 수 있다.

```
$ docker image inspect python:3.6 --format="{{.Config.Cmd}}"
[python3]
```
◀ 도커 이미지 설정은 JSON 형태로 출력되는데, 이것은 고(Go) 텍스트 템플릿을 사용해 파싱할 수 있다.

도커 컨테이너 내부에서 다른 명령을 실행할 수 있다. 예를 들어, 파이썬 셸 대신 컨테이너의 OS 셸로 들어가려면 컨테이너 이미지 인스턴스를 시작하는 데 사용한 명령에 bash 명령을 추가한다.

앞에서 이미지를 당기는 명령의 출력을 보면 도커가 여러 항목을 내려받는 것을 확인할 수 있다. 각 항목은 hash로 식별되는데, 이것이 레이어(layers)다. 이미지는 여러 레이어의 집합이다. 이미지를 만들 때 실행하는 각 명령(apt-get update, pip install, apt-get install -y 등)은 새로운 레이어를 만든다. 다음은 python:3.6 이미지를 만들 때 사용한 명령의 목록을 보여준다.

```
$ docker image history python:3.6
```

이 레이어 중 일부는 다른 베이스 이미지를 상속받는다. Dockerfile에 정의된 명령은 간단한 도메인 지정 언어(Domain Specific Language, DSL)를 사용해 이미지 내부의 레이어를 지정한다. 이 이미지의 도커 파일을 들여다보면(깃허브의 http://mng.bz/JxDj에 있다) 첫 라인이 아래와 같을 것이다.

```
FROM buildpack-deps:jessie
```

이것은 이 이미지가 buildpack-deps:jessie 이미지를 상속받도록 지정한다. 도커 허브의 파이썬 컨테이너를 따라가 보면 깊은 상속 계층 구조를 가진 것을 확인할 수 있다. 이 계층은 공통 바이너리 의존성과 하위의 데비안(Debian) 운영 체제를 설치한다. 그림 9.2에서 이에 대해 상세히 설명한다.

그림 9.2 도커 허브에서 python:3.6 이미지의 구축에 사용된 상속 계층 구조

다른 컨테이너 에코시스템은 다른 메커니즘을 사용한다. 예를 들어, 로켓(rkt)은 acbuild 커맨드 라인 도구를 사용한다. 그러나 최종 결과는 비슷하다.

이미지 레이어는 재사용성을 활성화할 뿐만 아니라 컨테이너의 실행 시간을 최적화한다. 예를 들어, 하나의 머신에서 부모 레이어를 2개의 다른 하위 이미지에서 상속하면 레지스트리에서 이 레이어를 두 번이 아닌 한 번만 내려받는다.

9.1.2 이미지 빌드하기

애플리케이션 이미지를 빌드하기에 파이썬 이미지가 좋은 출발점이 될 것이다.

시장-데이터 서비스의 의존성을 간단하게 살펴보자.

1. 서비스가 실행될 운영 체제가 필요하다. 리눅스 배포판이면 충분하다.
2. 파이썬 3.6.x에 의존한다.
3. 파이썬의 패키지 매니저인 pip를 사용해 PyPI[1]로부터 몇 가지 오픈 소스 의존성 라이브러리를 설치한다.

사실 이 목록은 빌드하려는 이미지의 구조와 밀접하게 매핑된다. 그림 9.3은 예제 이미지와 지금까지 사용한 파이썬의 베이스 이미지의 관계를 보여준다.

이 이미지를 빌드하려면 시장 데이터 서비스 디렉터리에 Dockerfile을 생성해야 한다.

---

1 (옮긴이) 파이썬의 공개 라이브러리 저장소 Python Package Index의 약자. https://pypi.org.

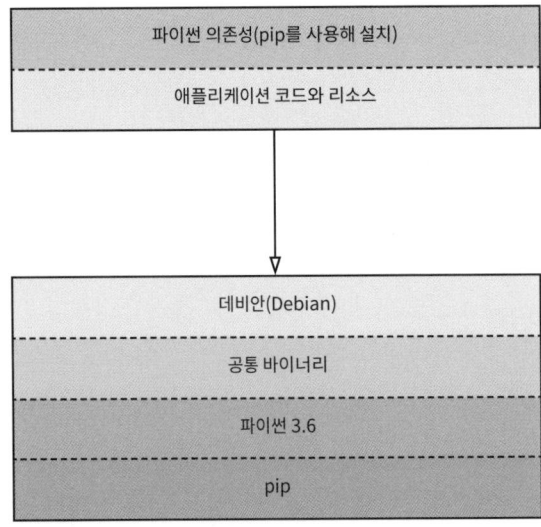

그림 9.3 시장 데이터 컨테이너 이미지의 구조와 python:3.6 베이스 이미지의 관계

예제 코드 9.1 애플리케이션 컨테이너를 위한 Dockerfile

```
FROM python:3.6      ◀──── 도커가 사용할 베이스 이미지를 지정한다.
ADD . /app           ◀──── 현재 코드 디렉터리를 컨테이너 이미지의 /app 디렉터리로 복사한다.
WORKDIR /app         ◀──── 컨테이너의 작업 디렉터리를 /app으로 설정한다.
```

전체를 보여주지는 않지만, 이미지 빌드를 시도해 보고 어떻게 동작하는지 알아보자. docker build 명령을 사용해 Dockerfile로부터 이미지를 생성해 보자.

```
$ docker build -t market-data:first-build .
Sending build context to Docker daemon 71.17 kB
Step 1/3 : FROM python:3.6
 ---> 74145628c331
Step 2/3 : ADD . /app
 ---> bb3608d5143f
Removing intermediate container 74c250f83f8c
Step 3/3 : WORKDIR /app
 ---> 7a595179cc39
```

```
Removing intermediate container 19d3bffa4d2a
Successfully built 7a595179cc39
```

이 명령은 market-data라는 이름의 이미지를 만들고 first-build 태그를 붙인다. 이 장의 뒤에서 태그를 더 많이 사용할 것이다. 그러면 컨테이너를 실행하고 기대한 파일을 담고 있는지 확인해 보자.

```
$ docker run market-data:first-build bash -c 'ls'
Dockerfile
app.py
config.py
requirements.txt
```

이 명령의 결과는 market-data 디렉터리의 내용과 같아야 한다. 지금까지 새로운 컨테이너를 빌드했고 몇 개의 파일을 추가했다. 애플리케이션을 실행하기까지 몇 단계만 더 진행하면 된다.

애플리케이션 코드를 추가했지만, 여전히 애플리케이션의 의존성을 내려받고 애플리케이션을 실행해야 한다. 우선, Dockerfile에서 RUN 명령을 사용해 임의의 셸 스크립트를 실행하자.

```
RUN pip install -r requirements.txt
```

pip 도구는 파이썬 베이스 이미지의 일부로 이미 설치됐다. 루비(Ruby) 또는 노드(Node)를 사용해봤다면 bundle install 또는 npm install을 기억할 것이다. 컴파일 언어를 다뤄봤다면 산출물 컴파일에 사용되는 make 도구를 떠올릴 수 있다.

> **노트** 좀 더 복잡한 애플리케이션, 특히 컴파일 언어의 경우에는 빌더 패턴(builder pattern) 또는 다단계 빌드를 사용해 개발과 도커 이미지 실행을 분리할 수 있다(http://mng.bz/LMFr).

그다음, 애플리케이션을 실행하기 위한 명령을 설정해야 한다. Dockerfile에 다음 라인을 추가한다.

```
CMD ["gunicorn", "-c ", "config.py", "app:app"]
```

그리고 마지막으로 도커가 애플리케이션의 포트를 노출하도록 한다. 이 예제의 경우 플라스크(Flask) 앱이 8000 포트에서 트래픽을 대기한다. 다음은 최종 Dockerfile이다. 이제 이미지를 새로 빌드하면 이번에는 latest로 태그가 붙는다.

예제 코드 9.2 시장-데이터 서비스를 위한 최종 Dockerfile

```
FROM python:3.6
ADD . /app
WORKDIR /app
RUN pip install -r requirements.txt
CMD ["gunicorn", "-c ", "config.py", "app:app"]
EXPOSE 8000
```

> **공개 이미지와 보안**
>
> 앞서 사용한 python:3.6은 잘 관리되고 노출된 취약점을 빠르게 패치하기로 유명한 debian:jessie를 상속한다.
>
> 그러나 어떤 소프트웨어를 다루든 공개 도커 이미지를 사용하는 것은 잠재적으로 보안 위험을 증가시킨다는 것을 인지하는 것이 중요하다. 수많은 이미지, 특히 공식적으로 유지되지 않는 것들은 정기적으로 패치되거나 업데이트되지 않아서 시스템에 보안 위험을 증가시킨다.
>
> 궁금하다면 보안 스캐닝 도구인 클레어(Clair, https://github.com/coreos/clair)를 사용해 도커 컨테이너의 보안을 분석할 수 있다. 이것을 필요할 때 사용하거나 지속적인 통합 파이프라인에 통합할 수도 있다.
>
> 또한 자기만의 베이스 이미지를 관리할 수도 있는데, 그럴 경우 추가로 시간을 투자해야 한다. 팀의 역량과 보안에 대한 전문성을 고려해 이에 대한 방향성을 신중히 결정해야 한다.

9.1.3 컨테이너 실행하기

이제 애플리케이션의 이미지를 빌드했으니 다음 명령으로 실행해 보자.

```
$ docker run -d -p 8000:8000 --name market-data market-data:latest
```

이 명령은 긴 해시를 터미널에 출력하는데, 이것은 포어그라운드(foreground)로 실행하는 대신 분리 모드로 실행한 컨테이너의 ID다. 또한 -p 옵션으로 컨테이너의 포트를 매핑했기 때문에 도커 호스트에서 컨테이너에 접근할 수 있다. 서비스의 /ping 상태 점검 종단점을 호출하면 성공 응답을 받을 것이다.

```
$ curl -I http://{DOCKER_HOST}:8000/ping    ◀── DOCKER_HOST는 환경에 도커를 설치하는 방법에 따라 달라진다.
HTTP/1.0 200 OK
Content-Type: text/plain
Server: Werkzeug/0.12.2 Python/3.6.1
```

손쉽게 여러 인스턴스를 실행하고 부하를 분산할 수 있다. 엔진엑스(NGINX)를 부하 분산기로 사용하는 기본 예제를 실행해 보자. 다행히도 공개 레지스트리에서 엔진엑스 컨테이너를 내려받을 수 있어 실행하는 데는 어려움이 없다. 그림 9.4는 예제로 실행할 컨테이너를 보여준다.

우선 시장-데이터 서비스의 인스턴스 3개를 실행한다. 터미널에서 다음 코드를 실행하자.

```
$ docker network create market-data          ◀──  market-data로 명명된 컨테이너 네트워크를 생성한다.

$ for i in {1..3}    ◀──  앞서 생성한 market-data:latest 이미지를 기반으로 3개의 컨테이너를 실행한다.
  do
    docker run -d \
      --name market-data-$i \
      --network market-data \
      market-data:latest
  done
```

`docker ps -a` 명령을 실행하면 3개의 시장-데이터 서비스가 실행 중인 것을 볼 수 있다.

> **Tip** 커맨드라인으로 작업하는 대신, 도커 컴포즈를 사용해 YAML 파일로 컨테이너 세트를 선언적으로 정의하고 컨테이너를 실행할 수 있다. 그러나 예제의 경우 어떻게 동작하는지 보려면 저수준의 명령을 사용하는 것이 낫다.

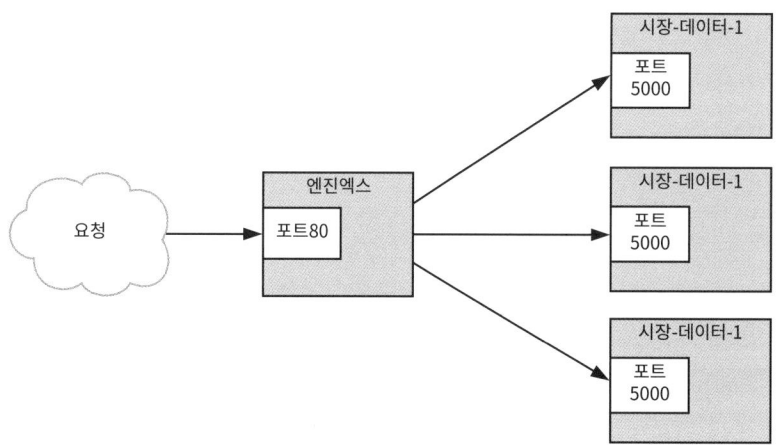

그림 9.4 엔진엑스 부하 분산기는 시장 데이터 컨테이너 사이의 요청을 분산한다.

앞에서와 달리 각 컨테이너의 포트를 호스트 머신에 매핑하지 않았다. 이는 엔진엑스를 통해서만 컨테이너에 접근하기 때문이다. 대신 네트워크를 생성했다. 같은 네트워크에서 실행하면 엔진엑스 컨테이너가 컨테이너 이름을 호스트 이름으로 사용하므로 시장 데이터 인스턴스를 쉽게 찾을 수 있다.

이제 엔진엑스를 구성해 보자. 이번에는 이미지를 빌드하지 않고 공식 도커 레지스트리에서 공식 엔진엑스 이미지를 내려받을 것이다. 우선 엔진엑스를 3개의 인스턴스의 부하 분산기로 구성해야 한다. nginx.conf 파일을 만들자.

예제 코드 9.3 nginx.conf

```
upstream app {
    server market-data-1:8000;     ◀── 컨테이너 이름과 포트를 사용해 업스트림 애플리케이션을 구성한다.
    server market-data-2:8000;
    server market-data-3:8000;
}
server {
    listen 80;
    location / {
        proxy_pass http://app;     ◀── 엔진엑스는 80포트로 수신한 요청을 업스트림 애플리케이션에 전달한다.
    }
}
```

이제 엔진엑스 컨테이너를 시작할 수 있다. Volume 옵션(또는 -v)을 사용해 로컬 파일 시스템에 있는 nginx.conf 파일을 컨테이너에 마운트해서 공유할 것이다. 이 방법은 컨테이너 이미지에 빌드하기 곤란하거나 컨테이너 이미지에 포함돼서는 안 되는 비밀 정보와 구성(예를 들어, 암호 키, SSL 인증서, 특정 환경 설정 파일)을 공유할 때 유용하다. 이 경우 새로운 설정 파일 하나를 포함하려고 별도의 컨테이너를 빌드하지 않아도 된다. 다음 명령으로 컨테이너를 시작하자.

```
$ docker run -d --name=nginx \
--network market-data \.      ◀── market-data 컨테이너와 같은 네트워크에서 실행한다.
--volume `pwd`/nginx.conf:/etc/nginx/conf.d/default.conf \   ◀── 설정 파일을 컨테이너 내부의 적절한 경로에 마운트한다.
-p 80:80 \     ◀── 컨테이너의 포트를 호스트 머신의 80 포트에 매핑한다.
nginx
```

이제 http://localhost/ping을 호출하면 기본으로 호스트 이름과 컨테이너 인스턴스의 컨테이너 ID를 반환한다. 엔진엑스는 기본적으로 라운드-로빈 방식으로 요청을 인스턴스에 분산한다.

9.1.4 이미지 저장하기

지금까지 이미지를 빌드하고 애플리케이션의 여러 독립적인 인스턴스를 실행하는 것이 쉽다는 것을 확인했다. 그러나 로컬 머신에 저장된 이미지는 별로 쓸모가 없다. 이미지를 배포할 때는 도커 레지스트리에서 그것을 가져다 쓴다. 도커 레지스트리는 앞서 경험한 도커 허브일 수도 있고, AWS ECR 또는 구글 컨테이너 레지스트리와 같은 관리형 레지스트리 아니면 도커 오픈 소스 프로젝트 배포판 (https://github.com/docker/distribution)을 사용해 설치형으로 제공할 수도 있다. 지속적인 배포 파이프라인을 구축하면 그 파이프라인은 유효한 커밋마다 레지스트리에 이미지를 업로드할 것이다.

> 노트 일반적으로 이미지 배포에 잘 사용되지는 않지만, docker save 명령을 사용해 도커 이미지를 타볼(tarball)로 저장할 수도 있다. 반대로 라켓(rkt)은 기본적으로 타볼을 컨테이너 배포에 사용한다. 이 말은 이미지 저장소로 사용자 정의 레지스트리를 사용하는 대신 S3와 같은 표준 파일 저장소를 사용할 수 있다는 뜻이다.

이제 이미지를 https://hub.docker.com에 올려보자. 우선 계정을 생성하고 도커 ID를 선택한다. 이것이 컨테이너를 저장할 네임스페이스가 될 것이다. 로그인 후 웹 UI를 통해 같은 이미지의 여러 버전을 저장하는 새로운 리포지토리를 생성해야 한다(그림 9.5).

이 리포지토리에 저장하기 위해 시장-데이터 이미지에 적절한 이름의 태그를 붙여야 한다. 도커 이미지 이름은 <registry>/<repository>:<tag> 형태를 따른다. 태그를 붙인 후 간단하게 도커 푸시 명령으로 이미지를 레지스트리에 업로드한다. 다음 명령을 실행해 보자.

```
$ docker tag market-data:latest <docker id>/market-data:latest
$ docker login
$ docker push <docker id>/market-data:latest
```

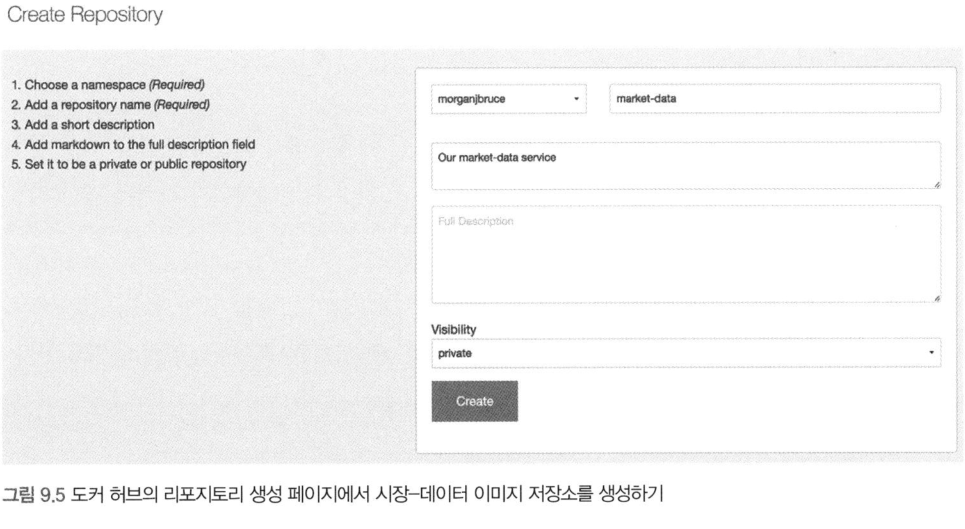

그림 9.5 도커 허브의 리포지토리 생성 페이지에서 시장-데이터 이미지 저장소를 생성하기

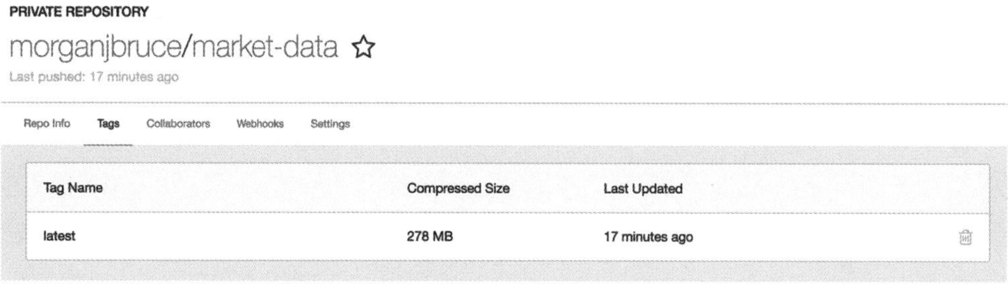

그림 9.6 태그된 업로드 이미지의 기록을 보여주는 도커 허브의 개인 리포지토리 페이지

이것이 전부다. 이렇게 해서 성공적으로 공개 리포지토리에 이미지를 올렸다. 이미지는 https://hub.docker.com의 웹 UI를 통해 확인할 수 있다(그림 9.6). 다른 엔지니어는 `docker pull [image name]` 명령을 사용해서 이미지를 내려받을 수 있다. 이미지를 비공개로 했다면 접근을 허용해야 한다.

지금까지 다룬 내용을 정리해 보자.

- 간단한 애플리케이션을 여러 플랫폼에 호환되는 경량의 산출물인 컨테이너 이미지로 만드는 방법을 배웠다.
- 공통 베이스 컨테이너를 상속해서 여러 레이어를 사용해 도커 이미지를 만드는 방법과 실행 속도를 올리는 방법을 살펴봤다.
- 애플리케이션 컨테이너의 격리된 여러 인스턴스를 실행했다.
- 생성한 도커 이미지를 도커 리포지토리에 올려봤다.

빌드 파이프라인에 이런 기술을 사용하면 로컬 개발을 간단하게 할 수 있을 뿐만 아니라 프로그래밍 언어에 상관없이 대규모 서비스의 일관성과 예측성을 크게 향상시킬 수 있다. 이제부터는 컨테이너화된 애플리케이션을 가져와서 쿠버네티스에 배포해 컨테이너 스케줄러가 동작하는 방식을 살펴볼 것이다.

9.2 클러스터에 배포하기

컨테이너 스케줄러는 단일 라이프사이클을 가지는 컨테이너화된 애플리케이션을 자원 공유 풀에 실행하는 것을 관리해 하위 호스트를 추상화하는 소프트웨어 도구다. 이것은 컨테이너가 자원에 대한 강력한 격리와 일관된 API를 제공하기 때문에 가능하다.

스케줄러는 이론상 무제한으로 독립적인 서비스의 확장, 상태 점검, 출시 관리를 쉽게 해주는 마이크로서비스를 위한 강력한 배포 플랫폼이다. 이와 함께 하위 인프라스트럭처의 효과적인 사용도 보장한다. 컨테이너 스케줄러를 사용하는 간략한 시나리오는 다음과 같다.

- 개발자는 실행하고 싶은 애플리케이션에 대한 선언적인 지시자를 작성한다. 실행할 대상은 다양할 것이다. 상태를 보존하지 않고 장기간 실행되는 애플리케이션일 수도 있고, 데이터베이스와 같은 상태를 보존하는 애플리케이션일 수도 있다.
- 이 지시자는 마스터 노드에 전달된다.
- 마스터 노드는 이 명령을 실행해 하위의 워커 노드 클러스터에 워크로드를 분산한다.
- 워커 노드는 적절한 레지스트리에서 컨테이너를 내려받아 지정된 애플리케이션을 실행한다.

그림 9.7은 이 스케줄러 아키텍처를 표현한 것이다. 엔지니어 입장에서 애플리케이션이 궁극적으로 어디에서 어떻게 실행되는지는 중요하지 않다. 스케줄러가 이것을 담당한다. 컨테이너를 운영하는 것 이외에 쿠버네티스는 서비스 디스커버리와 비밀정보 관리와 같은 실행 중인 애플리케이션을 지원하는 다른 기능을 제공한다.

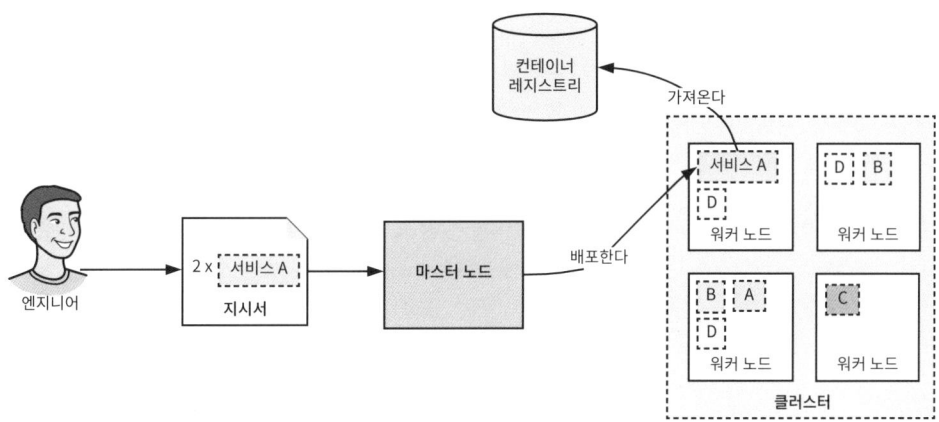

그림 9.7 고수준의 스케줄러 아키텍처와 배포 프로세스

유명한 클러스터 관리 도구는 많지만, 여기서는 구글의 내부 프로젝트인 보그(Borg)와 오메가(Omega, https://research.google.com/pubs/pub41684.html)에서 진화한 오픈 소스 프로젝트인 쿠버네티스를 사용할 것이다. 쿠버네티스는 공개 클라우드, 사설 데이터 센터, 구글 쿠버네티스 엔진(GKE)과 같은 관리형 서비스 등 거의 모든 곳에서 실행할 수 있다.

다음의 몇 섹션에 걸쳐 많은 내용을 다룰 것이다.

- 쿠버네티스에 사용되는 배포 단위인 파드(pods)
- 시장-데이터 마이크로서비스를 정의하고 파드의 여러 복제본으로 배포하기
- 서비스를 사용해 요청을 파드로 전달하기
- 시장-데이터 애플리케이션의 새로운 버전 배포하기

여기서는 로컬 호스트에서 가상 머신으로 시작할 수 있는 미니큐브(minikube)를 사용할 것이다. 실제 배포 환경에서는 마스터와 워커 노드가 분리된 가상 머신이겠지만, 로컬 환경에서는 같은 머신이 2가지 역할을 한다.

미니큐브의 설치 가이드는 미니큐브 프로젝트의 깃허브 페이지에 있다(https://github.com/kubernetes/minikube).

> **Tip** 9.1.4절의 사설 리포지토리를 사용한다면 미니큐브가 리포지토리에 접근할 수 있도록 설정하기 위해 `minikube addons configure registry-creds` 지시자를 실행해서 스크린의 명령에 따라 설정한다.

9.2.1 파드 설계하고 실행하기

쿠버네티스의 기본 구성 요소는 파드(pod)다. 파드는 같은 머신에 함께 스케줄링되는 단일 컨테이너 또는 강하게 결합된 컨테이너의 그룹이다. 파드 하나가 배포의 단위이고 서비스의 단일 인스턴스를 나타낸다. 파드는 배포의 단위이기 때문에 수평 확장 또는 복제의 단위가 되기도 한다. 용량을 올리거나 내리는 것은 파드를 추가하거나 삭제하는 것이다.

> **Tip** 종종 서비스는 하나 이상의 컨테이너로 배포한다. 이것을 복합 컨테이너라고 한다. 예를 들어 지유니콘(Gunicorn) 웹 서버에서 실행하는 플라스크 서비스는 일반적으로 엔진엑스 뒤에서 서비스한다. 쿠버네티스를 사용하면 단일 파드로 서비스와 엔진엑스 컨테이너를 모두 담을 수 있다. 복합 컨테이너 패턴에 대한 다른 예제는 쿠버네티스 블로그(http://mng.bz/tOyC)에서 확인하라.

시장-데이터 서비스에 대한 파드 세트를 정의할 수 있다. 애플리케이션 디렉터리에 `market-data-replica-set.yml` 파일을 생성한다. 잘 이해되지 않더라도 걱정할 필요는 없다. 파일에 다음 내용을 넣자.

예제 코드 9.4 market-data-replica-set.yml

```
---
kind: ReplicaSet        ◀── 파드 세트를 정의한다.
apiVersion: extensions/v1beta1
metadata:
   name: market-data
spec:
   replicas: 3          ◀── 시장-데이터 파드의 복제본 3개를 생성한다.
   template:            ◀── 이 템플릿을 사용해 각 파드를 생성한다.
```

```
    metadata:
      labels:
        app: market-data          레이블별로 쿠버네티스 내부의 파드를 식별
        tier: backend             한다.
        track: stable
    spec:
      containers:
      - name: market-data
        image: <docker id>/market-data:latest    ◀──── 도커 저장소로부터 내려받은 단일 컨테이너를 포함한다.
        ports:
        - containerPort: 8000
```

쿠버네티스에서는 일반적으로 스케줄러에 전달할 지시자를 YAML 파일(JSON도 가능하지만, YAML이 더 읽기 쉽다)에 선언한다. 이런 지시자는 쿠버네티스 객체를 정의하는데, 파드도 객체의 한 종류다. 이런 설정 파일은 클러스터의 기대하는 상태를 표현한다. 이 설정을 쿠버네티스에 적용하면 스케줄러는 이상적인 상태를 유지하기 위해 지속적으로 작업할 것이다. 이 파일에는 파드의 그룹을 관리하는 쿠버네티스 객체인 리플리카세트(ReplicaSet)를 정의했다.

> **노트** 때때로 *.yml 파일의 경로를 나타내기 위해 점-표기법(dot-notation)을 사용한다. 예를 들어, 예제 코드 9.4의 시장-데이터 컨테이너 정의의 경로는 spec.template.spec.containers[0]이 된다.

이 설정은 kubectl 커맨드 라인 도구를 사용해 로컬 클러스터에 적용할 수 있다. 미니큐브를 시작하면 자동으로 kubectl이 동작하도록 설정된다. 이 도구는 클러스터의 마스터 노드가 노출하는 API와 상호작용한다. 다음 명령을 시험해 보자.

```
$ kubectl apply -f market-data-replica-set.yml
replicaset "market-data" configured
```

그러면 쿠버네티스는 정의된 객체를 비동기식으로 생성할 것이다. kubectl을 사용해 이 동작의 상태를 관찰할 수 있다. kubectl get pods(또는 kubectl get pods -l app=market-data)는 앞의 명령이 생성한 파드를 보여준다(그림 9.8). 최초로 실행할 때는 노드에 도커 이미지를 내려 받아야 하므로 수 분이 걸릴 것이다.

앞에서도 개별 파드를 생성하지 않았다. 파드는 직접 생성하거나 삭제하지 않고 컨트롤러에 의해 관리된다. 컨트롤러는 기대하는 상태를 유지할 책임을 진다. 예를 들어 시장-데이터 파드의 3개 인스턴스

를 실행하고 기대하는 상태를 유지하려는 활동을 수행한다. 컨트롤러는 이러한 관찰–차이점 발견–수행(observe-diff-act)의 동작을 지속적으로 반복한다.

앞에서 가장 일반적인 컨트롤러의 유형인 리플리카세트(ReplicaSet)를 소개했다. 이것은 AWS 또는 GCP의 인스턴스 그룹과 비슷하게 동작한다. 리플리카세트는 지정된 수의 파드를 유지해 실행하는 것을 목표로 한다. 예를 들어, 클러스터의 노드가 실패해 파드가 죽었다면 리플리카세트는 클러스터의 상태가 더이상 기대하는 상태와 일치하지 않는 것을 관찰하고 클러스터의 다른 곳에 대체 파드를 스케줄링할 것이다.

방금 생성한 파드 중에 하나를 삭제하면 이러한 동작을 볼 수 있다(파드는 이름으로 식별한다).

```
$ kubectl delete pod <pod name>
```

이 리플리카세트는 삭제된 파드를 대체하는 새로운 파드를 스케줄링할 것이다(그림 9.9).

```
NAME                  READY   STATUS     RESTARTS   AGE
market-data-dv023     1/1     Running    0          16m
market-data-fwnlt     1/1     Running    0          16m
market-data-gdkms     1/1     Running    0          16m
```

그림 9.8 새로운 리플리카세트를 만든 후 kubectl get pods 명령을 실행한 결과

```
NAME                  READY   STATUS        RESTARTS   AGE
market-data-1p0z3     1/1     Running       0          7s
market-data-dv023     0/1     Terminating   0          41m
market-data-fwnlt     1/1     Running       0          41m
market-data-gdkms     1/1     Running       0          41m
```

그림 9.9 리플리카세트에서 파드 하나를 삭제한 후 파드를 실행한 상태

이것은 8장에서 논의한 이상적인 마이크로서비스의 배포와 일치한다. 즉, 마이크로서비스 인스턴스를 배포하는 것은 단일 기본 동작으로 구성돼야 한다. 컨트롤러와 변하지 않는 컨테이너를 함께 사용하면 파드를 방목하는 소떼처럼 취급할 수 있고 하부의 인프라스트럭처가 신뢰할 수 없는 상태일지라도 자동으로 용량을 유지할 수 있다.

> **경고** 클러스터만으로는 완전한 고가용성 솔루션을 제공하지 못한다. 인프라스트럭처의 설계도 이를 결정한다. 예를 들어, 단일 데이터 센터나 AWS의 가용존 하나에서 클러스터를 실행하는 경우 전체 데이터 센터에 장애가 발생하면 더이상 고가용성을 제공할 수 없다. 그래서 가능하면 클러스터를 분리된 여러 가용존에서 실행하는 것이 중요하다.

9.2.2 부하 분산하기

이제 쿠버네티스에서 마이크로서비스를 실행할 수 있다. 정말 빠르게 구축했다. 다만 아직 파드에 접근할 수가 없다. 앞서 엔진엑스에서 했듯이, 요청을 전달하도록 부하 분산기에 연결하고 클러스터의 내부 또는 외부의 협업자들에게 이 기능을 노출해야 한다.

쿠버네티스에서는 서비스가 파드 세트를 정의하고 클러스터의 다른 애플리케이션 또는 클러스터 외부에서 접근할 수 있는 방법을 제공한다. 이 기능을 달성하는 네트워킹에 대한 것은 이 책의 범위를 벗어나지만, 그림 9.10은 어떻게 서비스가 기존 파드에 연결하는지 보여준다.

이제 3개의 market-data 파드를 담은 리플리카 세트가 실행 중이다. 예제 코드 9.4에서 market-data 파드에 app: market-data와 tier: backend 레이블을 붙였다. 서비스가 레이블 기반으로 파드의 그룹을 형성하기 때문에 레이블은 중요하다.

서비스를 생성하려면 다음 예제 코드처럼 또 다른 YAML 파일이 필요하다. 이 파일을 market-data-service.yml이라고 하자(멋진 명명 규칙이다).

예제 코드 9.5 market-data-service.yml

```yaml
---
apiVersion: v1
kind: Service
metadata:
  name: market-data
spec:
  type: NodePort
  selector:
    app: market-data          ◄─── 이 서비스가 어느 파드에 접근하는지 정의한다.
    tier: backend
  ports:
    - protocol: TCP
      port: 8000              ◄─── 서비스가 지정된 파드의 이 포트에 연결한다.
      nodePort: 30623         ◄─── 서비스가 클러스터의 지정된 포트로 노출된다. 이 라인을 제외하고 30000-32767
                                   범위의 임의의 포트를 할당한다.
```

앞서 리플리카세트를 생성할 때 사용했던 명령과 동일한 $ kubectl apply -f 명령에 새로운 YAML 파일을 지정해 이 구성을 적용한다. 그러면 클러스터의 32623 포트로 들어오는 요청이 시장-데이터 파드의 8000 포트로 전달된다.

이제 서비스에 curl을 사용해 파드에 요청을 전달할 수 있을 것이다. 그러면 요청을 처리하는 각 파드의 이름을 반환한다.

```
$ curl http://`minikube ip`:30623/ping
```
◀──── `minikube ip`는 로컬 클러스터의 IP 주소를 반환한다.

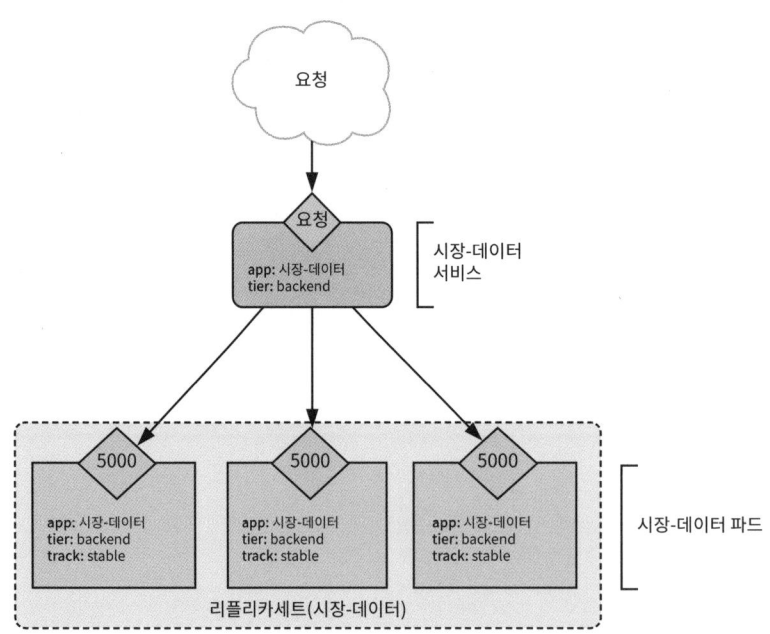

그림 9.10 서비스로의 요청은 서비스에 지정된 셀렉터 레이블과 일치하는 파드로 전달된다.

몇 가지 유형의 서비스를 사용할 수 있는데, 그것을 표 9.1에 정리했다. 예제의 경우 NodePort 서비스를 사용해 클러스터에서 외부에 사용할 수 있는 포트에 서비스를 매핑했다. 그러나 클러스터 내의 다른 서비스에서 마이크로서비스에 접근할 경우에는 ClusterIP를 사용해 클러스터에 로컬 접근만 유지하는 것이 상식적이다.

표 9.1 쿠버네티스의 서비스 유형

서비스 유형	특성
ClusterIP	클러스터의 로컬 IP 주소에 서비스를 노출한다.
NodePort	접근할 수 있는 클러스터의 IP 주소와 정적 포트에 서비스를 노출한다.[2]
LoadBalancer	LoadBalancer 서비스가 외부 클라우드 서비스에 부하 분산기를 자동으로 배포해 서비스를 노출한다(AWS의 경우ELB를 자동으로 만든다).[3]

서비스는 클러스터의 이벤트를 주시하고 있다가 파드의 그룹에 변경이 발생하면 동적으로 반영한다. 예를 들어, 파드가 죽으면 그룹에서 삭제되고 서비스는 리플리카세트가 생성한 새로운 파드로 요청을 보낼 것이다.

9.2.3 간략하게 내부 살펴보기

지금까지 매끄럽게 진행됐다. 지시자를 보내면 쿠버네티스가 이를 실행했다! 이제 쿠버네티스가 파드를 어떻게 운영하는지 알아보자.

쿠버네티스 내부로 들어가 보면 마스터와 워커 노드가 몇 가지 특별한 구성요소를 실행하는 것을 볼 수 있다. 그림 9.11은 이 구성요소를 보여준다.

마스터 노드의 구성요소

마스터 노드는 4개의 구성요소로 구성된다.

- **API 서버**: kubectl 명령을 실행하면 동작을 수행하기 위해 이것과 커뮤니케이션한다. API 서버는 외부 사용자와 클러스터 내의 다른 구성요소에 모두 API를 제공한다.
- **스케줄러**: 이것은 주어진 우선순위와 필요한 자원, 다른 제약 사항에 따라 파드를 실행할 적절한 노드를 선택한다.
- **컨트롤러 매니저**: 이것은 제어 루프를 실행하는 것을 담당한다. 제어 루프는 지속적인 관찰–차이점 발견–수행(observe–diff–act) 동작을 통해 쿠버네티스의 운영을 지탱한다.
- **분산 키–값 데이터 저장소, 이티씨디(etcd)**: 이것은 하위 클러스터의 상태를 저장해 노드가 실패하거나 재시작할 필요가 있을 때 상태를 저장하도록 보장한다.

---

[2] (옮긴이) 즉, 각 노드의 IP와 지정된 포트를 사용해 서비스를 노출하므로 외부에서 노드의 IP와 포트로 접근할 수 있다. 이때 NodePort 서비스가 트래픽을 전달할 ClusterIP 서비스는 자동으로 생성된다.
[3] (옮긴이) 이때 부하 분산기가 트래픽을 전달할 NodePort 서비스와 ClusterIP 서비스는 자동으로 생성된다.

이러한 구성요소가 모여 클러스터를 위한 컨트롤 플레인 역할을 한다. 비행기의 콕핏(cockpit)을 떠올려 보라. 이런 구성요소는 노드 클러스터에서 동작을 조율하는 데 필요한 API와 백엔드를 제공한다.

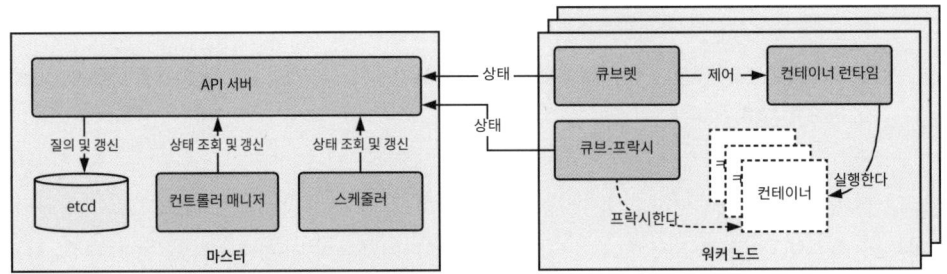

그림 9.11 쿠버네티스 클러스터의 마스터와 워커 노드의 구성요소

워커 노드의 구성요소

각 워커 노드는 애플리케이션을 운영하고 모니터링하기 위해 다음 구성요소를 사용한다.

- **컨테이너 런타임**(container runtime): 예제에서 이것은 도커다.
- **큐블릿**(kubelet): 쿠버네티스 마스터와 상호작용해 노드의 컨테이너를 시작, 중지, 모니터링한다.
- **큐브-프락시**(kube-proxy): 클러스터에 걸쳐 다양한 파드 간 요청을 전달하는 네트워크 프락시를 제공한다.

이 구성요소는 상대적으로 작고 느슨하게 결합한다. 쿠버네티스의 핵심 설계 원칙은 관심사를 분리하고 구성요소가 자율적으로 운영하는 것을 보장하는 것이다. 마이크로서비스와 약간 비슷하다!

상태 변화 감시하기

API 서버는 클러스터의 상태를 기록하고 클라이언트의 지시(instruction)를 수신한다. 그러나 다른 구성요소에게 무엇을 할지 명백하게 말하지는 않는다. 대신 각 구성요소는 이벤트 또는 변경이 발생했을 때 클러스터를 조율하기 위해 독립적으로 작동한다. 상태 변화를 감지하기 위해 각 구성요소는 API 서버를 감시한다. 즉, 흥미로운 일이 발생하면 API 서버가 구성요소에 요청을 알린다. 그래서 각 구성요소는 기대하는 상태를 만족하기 위해 적절한 동작을 수행할 수 있게 된다.

예를 들어, 스케줄러는 언제 새로운 파드를 노드에 할당할지 알 필요가 있다. 그러므로 API 서버에 연결해서 파드 자원과 관련된 이벤트를 지속해서 수신한다. 새롭게 생성될 파드에 관한 알림을 수신하면 그 파드를 위한 적절한 노드를 찾는다. 그림 9.12는 이 과정을 보여준다.

이어서 쿠버네티스는 API 서버를 감시하면서 파드가 언제 노드에 할당됐는지 알고 적절하게 파드를 시작한다. 각 구성요소는 관심 있는 리소스와 이벤트를 감시한다. 예를 들어, 컨트롤러 매니저는 리플리카세트과 서비스를 감시한다.

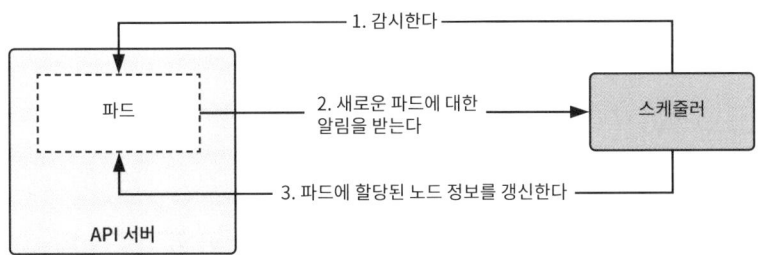

그림 9.12 스케줄러는 API 서버를 감시하면서 새롭게 생길 파드와 실행할 노드를 결정한다.

파드의 운영 방식 이해하기

리플리카세트을 생성하면 무슨 일이 일어날까? 앞에서 봤듯이 여러분의 관점에서 보면 기대하는 수의 파드가 실행된다. 간단해 보인다! 그러나 실제로 kubectl을 통해 리플리카세트를 생성하면 여러 구성요소 간의 복잡한 이벤트 체인을 일으킨다. 그림 9.13은 이 체인을 표현한 것이다.

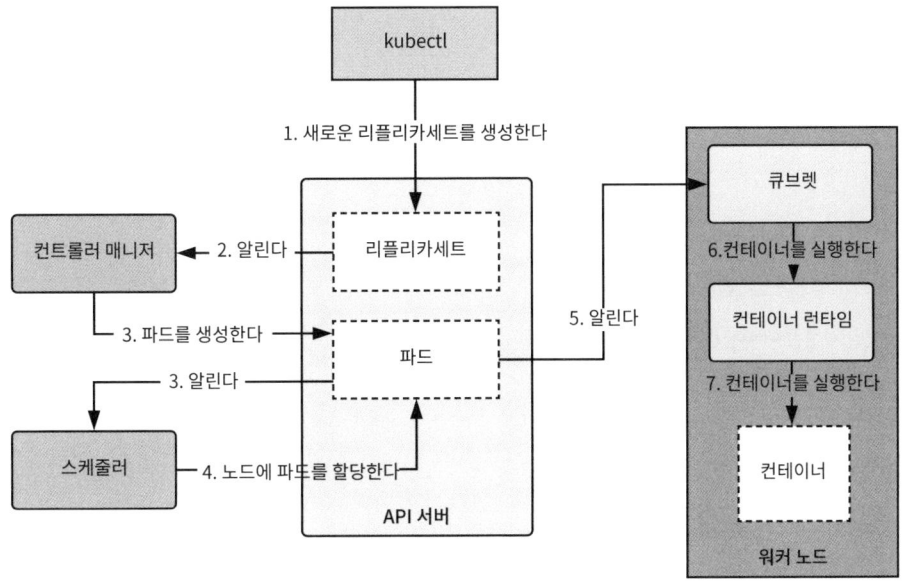

그림 9.13 쿠버네티스에서 리플리카세트의 생성부터 파드 실행까지의 이벤트 흐름

이 동작을 단계별로 살펴보자.

1. kubectl을 사용해 API 서버에 새로운 리플리카세트를 생성하도록 지시했다. API 서버는 새로운 자원을 etcd에 저장한다.
2. 컨트롤러 매니저는 리플리카세트의 생성과 수정을 감시한다. 컨트롤러 매니저는 새롭게 생성한 리플리카세트에 대한 알림을 수신한다.
3. 컨트롤러 매니저는 클러스터의 현재 상태와 새로운 상태를 비교해서 새로운 파드를 생성할지 결정한다. kubectl을 통해 제공한 템플릿을 기반으로 API 서버를 통해 파드 자원을 생성한다.
4. 스케줄러는 새로운 파드에 대한 알림을 수신하고 적절한 노드에 할당한다. API 서버를 통해 파드의 정의를 갱신한다. 지금까지 실제 애플리케이션을 실행하지는 않았다. 컨트롤러와 스케줄러는 API 서버를 통해 상태를 갱신하기만 했다.
5. 파드가 노드에 할당되면 API 서버는 적절한 kubelet에 알리고 kubelet은 도커에게 컨테이너를 실행하도록 지시한다. 이미지를 다운로드하고 컨테이너를 시작한다. kubelet은 동작을 모니터링하기 시작한다. 이제 파드가 실행됐다!

지금까지 봤듯이 각 구성요소는 독립적으로 동작하지만, 서로 복합적으로 배포 동작을 조율한다. 지금까지 내부에서 일어나는 일에 대해 유용한 개념을 얻었기를 바란다. 이제 마이크로서비스를 실행해 보자.

9.2.4 상태 점검

우리가 놓친 것이 있다. 일반적인 클라우드 부하 분산기와 달리, 쿠버네티스 서비스는 하위 애플리케이션에 대해 스스로 상태 점검을 하지 않는다는 점이 그것이다. 대신 서비스는 파드가 요청을 받을 준비가 됐는지 판단하기 위해 클러스터의 공유 상태를 점검한다. 그렇다면 파드가 준비됐는지 어떻게 알까?

6장에서 상태 점검의 2가지 유형을 소개했다.

- **생존 여부**: 애플리케이션이 정확하게 시작됐는지 여부
- **서비스 가능 여부**: 애플리케이션이 요청을 처리할 수 있는지 여부

상태 점검은 서비스의 회복성을 위해 매우 중요하다. 이것은 상태가 좋은 마이크로서비스 인스턴스로 트래픽이 전달되도록 보장하고 성능이 좋지 못하거나 불가능한 인스턴스를 제외한다.

기본적으로 쿠버네티스는 실행 중인 파드별로 가벼운 프로세스 기반의 생존 여부 점검을 수행한다. 시장-데이터 컨테이너 중 하나가 생존 여부 검사에 실패하면 쿠버네티스는 컨테이너를 재시작하려고 할 것이다(단, 컨테이너의 재시작 정책이 Never로 설정되지 않는 한 그렇다). 각 워커 노드의 kubelet 프로

세스가 상태 점검을 수행한다. 이 프로세스는 지속적으로 컨테이너 런타임(이 경우는 도커 데몬)에 컨테이너를 재시작해야 할지를 질의한다.

> **Tip** 쿠버네티스는 기하급수적 백-오프 스케줄을 사용해 재시작한다. 예를 들어, 5분 후에 파드가 살아있지 않다면 삭제 상태로 표시한다. 리플리카세트가 파드를 관리하면 컨트롤러는 기대하는 서비스의 용량을 유지하기 위해 새로운 파드를 스케줄링하려고 시도한다.

이것만으로는 충분하지 않다. 마이크로서비스의 장애 시나리오는 컨테이너 자체의 장애가 아니더라도 발생할 수 있다. 예를 들어, 요청 포화(saturation)로 인한 데드락(deadlock), 하위 리소스의 타임아웃, 또는 일반적인 코드 에러일 수 있다. 스케줄러가 이 시나리오를 식별하지 못하면 서비스가 응답 없는 파드에 전달되어 성능이 저하되고 잠재적으로 장애가 전파될 수 있다.

이 상황을 피하려면 스케줄러가 지속적으로 컨테이너 내부의 애플리케이션 상태를 점검해 생존 여부와 서비스 가능 여부를 보장해야 한다. 쿠버네티스에서는 파드 템플릿의 일부로 정의하는 프로브(probes)를 설정해 이것을 달성할 수 있다. 그림 9.14는 이 점검과 앞의 프로세스 점검이 실행되는 방법을 보여준다.

다음 예제 코드에서 보이는 일부 설정을 market-data-replica-set.yml 파일의 컨테이너 명세에 추가해야 하지만, 프로브를 추가하는 것이 직관적이다. 프로브는 HTTP GET 요청이거나 컨테이너 내부에서 실행되는 스크립트 또는 TCP 소켓 점검일 수 있다. 이 경우, 다음 예제 코드에서 보듯이 GET 요청을 사용한다.

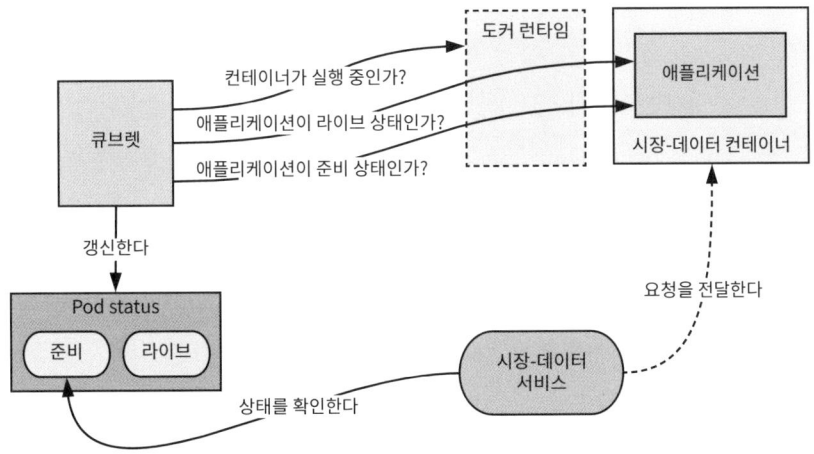

그림 9.14 쿠버네티스에서 각 워커 노드의 kubelet 프로세스는 상태 점검 또는 프로브를 실행한다. 프로브의 준비 여부는 서비스의 라우팅 제어에 영향을 준다.

예제 코드 9.6 market-data-replica-set.yml에서의 생존 여부 프로브

```
livenessProbe:
  httpGet:
    path: /ping          ── 8000 포트에서 질의 / ping을 통한 생존
    port: 8000              여부 설정
  initialDelaySeconds: 10
  timeoutSeconds: 15
readinessProbe:
  path: /ping            ── 8000 포트에서 질의 / ping을 통한 서비스
  port: 8000                가능 여부 설정
  initialDelaySeconds: 10
  timeoutSeconds: 15
```

kubectl을 사용해 이 설정을 다시 적용하면 리플리카세트의 상태가 갱신된다. 쿠버네티스는 최선을 다해 마이크로서비스 인스턴스가 살아서 서비스를 보장하도록 이 프로브를 사용할 것이다. 이 예제에서는 생존 여부와 서비스 가능 여부 모두 같은 종단점을 점검하지만, 마이크로서비스가 큐(queueing) 서비스와 같은 외부 의존성을 갖는다면 애플리케이션에서 이러한 의존성에 연결을 확인해 서비스 가능 여부를 검사하는 것이 타당하다.

9.2.5 새로운 버전 배포하기

이제 쿠버네티스상에서 상태를 보존하지 않는 마이크로서비스를 실행하기 위해 리플리카세트, 파드, 그리고 서비스를 어떻게 사용하는지 이해했을 것이다. 이 개념을 기반으로 각각의 마이크로서비스를 위한 안정적이고 매끄러운 배포 프로세스를 구축할 수 있다. 8장에서 카나리 배포를 배웠다. 이 섹션에서는 쿠버네티스에서 그 기술을 시험할 것이다.

디플로이먼트(deployment)[4]

먼저 간단하게 디플로이먼트에 대해 알아보자. 쿠버네티스는 새로운 리플리카세트의 배포를 조율하기 위해 Deployment 객체를 통해 고수준의 추상화를 제공한다. 디플로이먼트를 갱신할 때마다 스케줄러는 리플리카세트의 인스턴스를 순차적으로 업데이트하는 것을 조율해 리플리카세트가 매끄럽게 배포되도록 한다.

4　(옮긴이) 이 섹션에 등장하는 'Deployment'는 쿠버네티스에서 리소스 유형(Kind) 중 하나이므로 의도적으로 '디플로이먼트'로 번역한다.

원래의 접근 방식 대신 디플로이먼트를 사용하도록 변경할 수 있다. 우선 원래의 리플리카세트를 삭제한다.

```
$ kubectl delete replicaset market-data
```

그리고 market-data-deployment.yml 파일을 생성한다. 이것은 앞서 생성했던 리플리카세트와 비슷하지만, 다음의 예제 코드처럼 객체의 유형이 ReplicaSet가 아니라 Deployment다.

예제 코드 9.7 market-data-deployment.yml

```yaml
---
apiVersion: extensions/v1beta1
kind: Deployment          ◀──────── 쿠버네티스 디플로이먼트 객체를 정의한다.
metadata:
  name: market-data
spec:
  replicas: 3             │ 배포할 파드의 기대치
  template:               ◀──────── 각 파드를 생성하는 데 사용할 템플릿
    metadata:
      labels:
        app: market-data
        tier: backend
        track: stable
    spec:
      containers:
      - name: market-data
        image: <docker id>/market-data:latest
        resources:
          requests:
            cpu: 100m
            memory: 100Mi
        ports:
        - containerPort: 8000
        livenessProbe:
          httpGet:
            path: /ping
            port: 8000
          initialDelaySeconds: 10
```

```
        timeoutSeconds: 15
    readinessProbe:
      httpGet:
        path: /ping
        port: 8000
      initialDelaySeconds: 10
      timeoutSeconds: 15
```

kubectl을 사용해 이 파일을 클러스터에 적용하자. 그러면 하나의 리플리카세트와 3개의 시장-데이터 파드 인스턴스를 생성하는 디플로이먼트를 만들어질 것이다.

카나리(canaries)

카나리 배포에서는 새로운 빌드가 실제 운영 트래픽에도 안정적임을 보장하기 위해 마이크로서비스의 단일 인스턴스를 배포한다. 이 인스턴스는 기존의 운영용 인스턴스와 함께 실행된다. 카나리 출시에는 4개의 단계가 있다.

1. 이전 버전과 함께 새로운 버전의 단일 인스턴스를 출시한다.
2. 새로운 인스턴스에 트래픽의 일부를 전달한다.
3. 새로운 인스턴스의 에러 비율을 모니터링하거나 행동을 관찰하는 등의 방법으로 상태를 평가한다.
4. 새로운 버전이 정상 상태이면 다른 인스턴스를 대체하는 전체 배포를 실시한다. 그렇지 않다면 카나리 인스턴스를 삭제하고 출시를 중단한다.

쿠버네티스에서 카나리 파드를 식별하기 위해 레이블(labels)을 사용한다. 첫 번째 예제에서 리플리카세트의 각 파드에 track: stable 레이블을 지정했다. 카나리를 배포하려면 track: canary로 구별되는 새로운 파드가 필요하다. 앞서 생성한 서비스는 app과 tier의 두 레이블만 선택한다. 그래서 요청을 stable과 canary 파드 양쪽에 전달한다. 그림 9.15에서 이것을 보여준다.

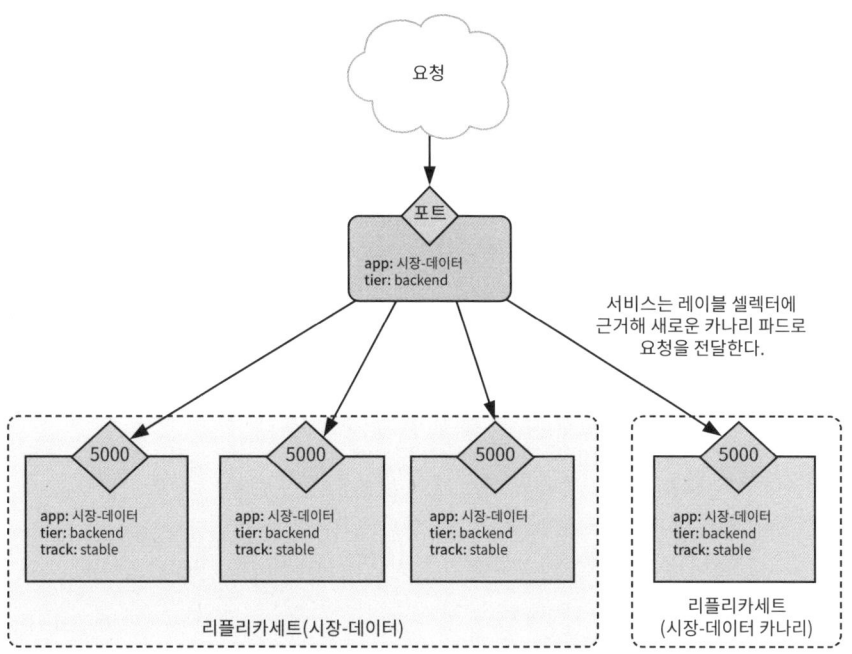

그림 9.15 이 서비스는 track 레이블에 제약받지 않고 서비스의 레이블 셀렉터에 기반해 새로운 카나리 파드에 요청을 전달한다.

우선 새로운 출시를 위한 새로운 컨테이너를 빌드해야 한다. 새로운 버전을 식별하기 위해 태그를 사용할 것이고 <docker id>에 Docker ID를 넣는 것을 잊지 말자.

```
$ docker build -t <docker id>/market-data:v2 .
$ docker push <docker id>/market-data:v2
```

여기서는 버전에 v2로 태그를 붙였지만, 실제에서는 서비스에 숫자로 된 버전을 붙이는 방식은 적절하지 않다. 대신 커밋 ID로 태그를 다는 것은 괜찮다(깃 리포지토리에서 git rev-parse --short HEAD를 사용한다).

새로운 이미지를 올리고 나면 카나리 디플로이먼트를 지정하는 yml 파일을 만든다.

- 이것은 리플리카를 3개가 아닌 1개를 만든다.
- 컨테이너의 태그를 latest가 아닌 v2 태그를 달아 출시한다.
- 다음 예제 코드와 같은 모습일 것이다.

예제 코드 9.8 market-data-deployment.yml

```yaml
---
apiVersion: extensions/v1beta1
kind: Deployment
metadata:
  name: market-data-canary
spec:
  replicas: 1          ◀────────── 카나리 하나를 만든다.
  template:
    metadata:
      labels:
        app: market-data  ┐
        tier: backend     │ 카나리 디플로이먼트는 구별되는 레이블의
        track: canary     ┘ 세트를 가진다.
    spec:
      containers:
      - name: market-data
        image: <docker id>/market-data:v2   ◀────── 이 디플로이먼트는 market-data:v2를 출시할 것이다.
        resources:
          requests:
            cpu: 100m
            memory: 100Mi
        ports:
        - containerPort: 8000
        livenessProbe:
          httpGet:
            path: /ping
            port: 8000
          initialDelaySeconds: 10
          timeoutSeconds: 15
        readinessProbe:
          httpGet:
            path: /ping
            port: 8000
          initialDelaySeconds: 10
          timeoutSeconds: 15
```

클러스터에 이것을 배포하려면 kubectl을 사용한다. 이 디플로이먼트는 v2 버전의 단일 카나리 파드를 담은 새로운 리플리카세트를 생성할 것이다.

클러스터의 상태를 자세히 살펴보자. 커맨드 라인에 minikube dashboard를 실행하면 웹 브라우저 창에 클러스터의 대시보드를 보여준다(그림 9.16). 대시보드의 Workloads 메뉴 아래에 다음 내용이 있다.

- 원래의 디플로이먼트와 새로 생성한 카나리 디플로이먼트
- 4개의 파드: 원래의 파드 3개와 카나리 파드 1개
- 2개의 리플리카세트: stable과 canary tracks용으로 각 한 개씩

이 단계에서는 실제 마이크로서비스를 위해 일부 자동화 테스트 또는 작업 진행을 확인하기 위한 서비스의 출력 모니터링을 실행할 수 있다. 지금은 카나리가 정상이고 기대한 대로 동작해 새로운 버전을 안전하게 출시하고 기존 인스턴스를 교체할 수 있다고 가정할 수 있다.

market-data-deployment.yml 파일에서 다음 두 가지를 변경하자.

- market-data:v2에서 사용하는 컨테이너 변경
- 파드의 갱신 방법을 지정하는 전략(strategy) 필드 추가

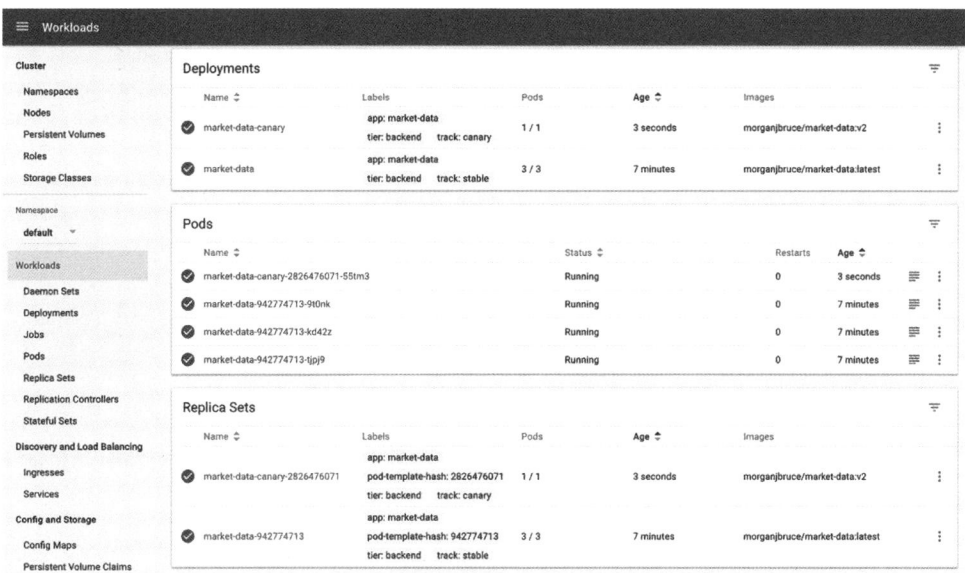

그림 9.16 시장-데이터 마이크로서비스의 stable과 canary 배포 후의 쿠버네티스 대시보드

갱신된 디플로이먼트 파일은 다음과 같다.

예제 코드 9.9 갱신된 market-data-deployment.yml

```yaml
---
apiVersion: extensions/v1beta1
kind: Deployment
metadata:
  name: market-data
spec:
  replicas: 3
  strategy:                        # 전략 필드는 쿠버네티스가 새로운 파드의
    type: RollingUpdate            # 디플로이먼트를 어떻게 실행할지를 설명한다.
    rollingUpdate:
      maxUnavailable: 50%
      maxSurge: 50%
  template:
    metadata:
      labels:
        app: market-data
        tier: backend
        track: stable
    spec:
      containers:
      - name: market-data
        image: morganjbruce/market-data:v2
        resources:
          requests:
            cpu: 100m
            memory: 100Mi
        ports:
        - containerPort: 8000
```

이 설정을 적용하면 새로운 리플리카세트를 생성하고 인스턴스를 하나씩 원래 세트에서 제거하면서 새로운 인스턴스를 시작한다. 그 과정이 그림 9.17에 있다.

또한 kubectl describe deployment/market-data를 실행해 컨트롤러 이벤트 이력을 관찰할 수 있다(그림 9.18).

이력을 보면 쿠버네티스에서 간단한 동작을 이용해 고수준의 배포 동작을 구축할 수 있다는 것을 알 수 있다. 이 경우에 스케줄러는 원하는 상태와 제약 조건의 세트를 사용해 적절한 배포 흐름을 결정한다. 그러나 리플리카세트와 파드를 사용해서 서비스에 적절한 배포 패턴을 구축할 수 있다.

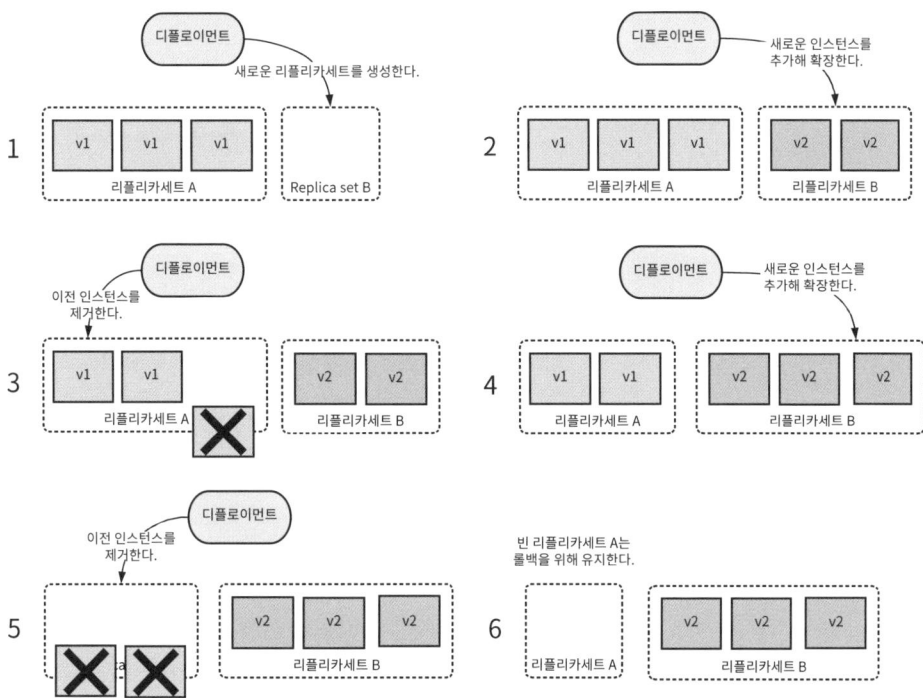

그림 9.17 새로운 디플로이먼트는 새로운 리플리카세트를 만들고 이전 세트와 새로운 세트에서 인스턴스를 점진적으로 교체한다.

```
17m   17m   1   deployment-controller   Normal   ScalingReplicaSet   Scaled up replica set market-data-2045614036 to 2
17m   17m   1   deployment-controller   Normal   ScalingReplicaSet   Scaled down replica set market-data-942774713 to 2
17m   17m   1   deployment-controller   Normal   ScalingReplicaSet   Scaled up replica set market-data-2045614036 to 3
16m   16m   1   deployment-controller   Normal   ScalingReplicaSet   Scaled down replica set market-data-942774713 to 1
16m   16m   1   deployment-controller   Normal   ScalingReplicaSet   Scaled down replica set market-data-942774713 to 0
```

그림 9.18 롤링 디플로이먼트 동안 쿠버네티스에서 생성한 이벤트

9.2.6 롤링 백

이렇게 해서 새로운 버전의 마이크로서비스를 문제없이 배포했다. 또한 뭔가 잘못되면 디플로이먼트 객체를 통해 작업을 되돌릴 수도 있다. 우선 배포 이력을 점검하자.

```
$ kubectl rollout history deployment/market-data
```

이 명령은 원래의 디플로이먼트와 v2 디플로이먼트라는 2개의 리비전을 반환한다. 롤백하려면 목표 리비전을 지정한다.

```
$ kubectl rollout undo deployment/market-data --to-revision=1
```

이 명령은 앞의 롤링 업데이트를 반대로 수행해서 하위의 리플리카세트를 원래의 상태로 되돌린다.

9.2.7 여러 서비스 연결하기

마지막으로, 마이크로서비스는 그 자체로는 그다지 유용하지 않으며, 심플뱅크의 몇 가지 서비스는 시장-데이터 서비스가 제공하는 역량에 의지한다. 각 서비스에서 하위 협력자의 종단점을 참조하기 위해 포트 번호나 IP를 하드코딩하는 것은 정신 나간 행동이다. 어떤 서비스도 다른 서비스의 내부 네트워크 위치에 단단하게 결합해서는 안 된다. 대신 알려진 이름으로 협력자에 접근하는 방법이 필요하다.

쿠버네티스는 로컬 DNS 서비스와 통합해 이를 해결하고 쿠버네티스 마스터에 파드를 실행한다. 새로운 서비스가 생성되면 DNS 서비스는 {my-svc}.{my-namespace}.svc.cluster.local 형식으로 이름을 할당한다. 예를 들어, 시장-데이터 서비스는 다른 파드에서 market-data.default.svc.cluster.local 이름으로 접근할 수 있다.

한번 해 보자. kubectl을 사용해서 클러스터에 임의의 컨테이너를 실행할 수 있다. busybox는 nslookup과 같은 리눅스의 공통 유틸리티를 담고 있는 작고 강력한 컨테이너 이미지다. 다음 명령을 실행해서 미니큐브에서 실행 중인 컨테이너에 접속해 보자.

```
$ kubectl run -i --tty lookup --image=busybox /bin/sh
```

그리고 나서 nslookup을 실행해 보자.

```
/ # nslookup market-data.default.svc.cluster.local
```

그러면 다음과 같은 결과가 보일 것이다.

```
Server:    10.0.0.10
Address 1: 10.0.0.10 kube-dns.kube-system.svc.cluster.local
Name:      market-data.default.svc.cluster.local
Address 1: 10.0.0.156 market-data.default.svc.cluster.local
```

마지막 엔트리의 IP 주소가 서비스에 할당된 클러스터 IP다(믿지 못하겠다면 kubectl get services를 실행해서 확인해 볼 수 있다). 제대로 보인다면 성공이다. 지금까지 기본적인 것을 상당량 배웠다. 마이크로서비스를 빌드하고 이미지를 저장한 후 쿠버네티스에서 실행했다. 여러 인스턴스에서 부하 분산을 하고 새로운 버전을 배포했으며 롤백을 하고 마이크로서비스를 서로 연결했다.

요약

- 마이크로서비스를 불변의 실행할 수 있는 산출물로 패키징하면 컨테이너를 추가하고 삭제하는 기본 동작을 통해 디플로이먼트를 조율할 수 있다.
- 스케줄러와 컨테이너는 서비스의 개발과 배포를 위한 하위의 머신 관리를 추상화한다.
- 스케줄러는 애플리케이션의 요구 자원과 머신 클러스터의 리소스 사용량을 일치하도록 하는 반면, 상태 검사 서비스는 애플리케이션이 올바르게 작동함을 보장한다.
- 쿠버네티스는 비밀정보 관리, 서비스 디스커버리, 수평적 확장을 포함한 마이크로서비스 배포 플랫폼의 이상적인 기능을 제공한다.
- 쿠버네티스 사용자는 클러스터 서비스의 원하는 상태 또는 명세를 정의하고 쿠버네티스는 지속적인 관찰–차이점 발견–조치를 수행해서 원하는 상태를 유지하는 방법을 찾는다.
- 쿠버네티스의 논리적인 애플리케이션 단위는 파드다. 즉, 함께 실행되는 하나 이상의 컨테이너 그룹이다.
- 리플리카세트는 파드 그룹의 라이프사이클을 관리한다. 기존 파드가 실패하면 새로운 파드를 시작한다.
- 쿠버네티스의 디플로이먼트는 리플리카세트에서 파드의 순차적 갱신을 수행해 서비스의 가용성을 유지할 목적으로 설계됐다.
- 서비스(service) 객체를 사용해 하위 파드를 그룹으로 만들고 클러스터 내부 또는 외부의 다른 애플리케이션에서 사용할 수 있게 만든다.

10장 마이크로서비스 전달 파이프라인 구축하기

> **이 장에서는 다음 내용을 다룬다.**
> - 마이크로서비스를 위한 지속 전달 파이프라인 설계하기
> - 젠킨스(Jenkins)와 쿠버네티스를 사용해 배포 자동화하기
> - 스테이징 환경과 운영 환경 관리하기
> - 배포와 출시를 구분하기 위해 기능 플래그와 다크 런치(dark launch) 사용하기

새로운 마이크로서비스와 새로운 기능을 신속하고 신뢰할 수 있게 운영 환경에 출시하는 것은 마이크로서비스 애플리케이션을 성공적으로 운영하는 데 중요하다. 단일 유스케이스에 배포를 최적화할 수 있는 모놀리식 애플리케이션과 달리, 마이크로서비스 배포 실무에서는 다양한 언어로 작성되어 각자 의존성을 가지는 여러 애플리케이션까지 확장할 필요가 있다. 일관적이고 튼튼한 배포 도구와 인프라스트럭처에 투자하는 것은 모든 마이크로서비스 프로젝트를 성공으로 이끄는 길이다.

지속적인 전달의 원리를 적용하면 신뢰할 수 있는 마이크로서비스를 출시할 수 있다. 지속적인 전달의 기본적인 요소는 배포 파이프라인이다. 공장의 제조 라인을 생각해 보자. 컨베이어 벨트는 지속적으로 각 단계 산출물의 품질을 평가하면서 소프트웨어를 코드 커밋에서 배포 가능한 산출물로, 그리고 실행되는 소프트웨어로 전달한다. 이 방식은 변경을 운영 환경으로 빅뱅(big-bang) 방식으로 전달하기보다는 자주 소규모 배포를 하도록 한다.

지금까지 도커와 쿠버네티스, 커맨드 라인 스크립트를 사용해 서비스를 구축하고 배포했다. 이 장에서는 많이 사용되는 오픈 소스 빌드 자동화 도구인 젠킨스를 사용해 이런 단계를 처음부터 끝까지 빌드 파이프라인으로 구성할 것이다. 이 과정에서 이런 접근 방식이 어떻게 애플리케이션의 전반적인 위험을 줄이고 안정성을 높이는지 살펴볼 것이다. 그 이후에는 새로운 코드를 배포하는 것과 새로운 기능을 출시하는 것의 차이점을 살펴볼 것이다.

10.1 배포를 지루하게 만들기

소프트웨어 배포는 지루해야 한다. 변경과 새로운 기능을 배포할 때 눈을 떼지 못하거나 에러 대시보드에 집착하지 않고도 출시할 수 있어야 한다.

안타깝게도 8장에서 이야기했듯이 운영 환경에서의 대부분 문제는 사람의 에러에서 비롯되고 마이크로서비스 배포에는 이런 여지가 많다! 어떤 팀이 다른 팀과 명확한 조율이나 협업 없이 각자의 일정으로 수십 개의 독립된 서비스를 개발하고 배포하는 큰 그림을 생각해 보자. 서비스의 잘못된 변경은 다른 서비스와 애플리케이션 전체의 성능에 광범위한 영향을 줄 수 있다.

이상적인 마이크로서비스 배포 과정은 2가지 목표를 만족해야 한다.

- **속도의 안정성**: 새로운 서비스와 변경을 빠르게 배포할수록 더욱 신속하게 반복하고 최종 사용자에게 가치를 전달할 수 있다. 배포는 최대한 안전해야 한다. 즉, 변경이 서비스의 안정성에 부정적인 영향을 주지 않도록 가능한 한 많이 점검해야 한다.
- **일관성**: 하위 기술 스택에 상관없이 다양한 서비스를 일관되게 배포하는 프로세스는 기술 격리를 완화하고 좀 더 예측 가능하고 확장성 있는 운영을 가능하게 한다.

안전과 속도의 균형을 제대로 유지하는 것은 쉽지 않다. 코드 변경을 운영 환경에 바로 배포하면 안전을 고려하지 않고 신속하게 움직일 수는 있지만, 그렇게 하면 안 된다. 비슷하게, 시간 소모적인 변경 관리와 승인 절차에 투자해서 안정성을 달성할 수는 있지만, 대규모의 복잡한 마이크로서비스 애플리케이션에서의 수많은 변경에 잘 확장해서 적용할 수는 없다.

10.1.1 배포 파이프라인

지속적인 전달은 속도를 높이는 것과 위험을 줄이는 것 사이에 이상적인 균형을 가져온다.

- 작은 커밋을 출시하는 것은 한 번에 적용하는 변경의 양을 줄여 안전을 증가시킨다. 또한 작은 변경 세트는 추론하기가 더 쉽다.
- 자동화된 커밋 유효성 검증 파이프라인은 그 변경 세트가 결함이 있을 가능성을 줄여준다.

작은 변경 세트를 출시하고 변경의 품질을 시스템으로 검증하면 팀이 신속한 기능 출시에 대해 확신을 가질 수 있다. 출시가 작고 원자적일수록 위험이 덜하다. 지속적인 전달 방식은 팀이 신속하고 독립적으로 서비스를 출시하도록 힘을 실어준다.

모놀리식 개발의 단점 중 하나는 종종 출시 시점에 출시의 규모가 커지고, 이질적인 기능이 서로 결합되는 것이다. 마찬가지로 대규모 애플리케이션에서 작은 변경은 특히 교차하는(cross-cutting) 관심사에 대해서 의도치 않게 광범위한 영향을 미친다. 심한 경우, 모놀리식 애플리케이션 개발에서는 커밋이 배포를 기다리는 중에 이미 요구사항과 맞지 않게 된다. 다시 말해, 커밋이 고객에게 전달될 시점에 커밋의 내용이 애플리케이션 또는 비즈니스의 필요성과 동떨어지게 되는 것이다.

> **노트** 지속적인 전달과 지속적인 배포는 약간 다르다. 지속적인 배포는 모든 검증된 변경이 자동으로 운영 환경에 배포되는 데 반해, 지속적인 전달은 모든 변경을 운영 환경에 반영할 수 있지만, 반영 여부를 엔지니어링팀과 비즈니스의 필요에 의해 결정한다.

그림 10.1의 예제를 살펴보자. 이 파이프라인의 대부분 스텝은 익숙할 것이다.

1. 우선 엔지니어가 마이크로서비스 저장소에 코드를 커밋한다.
2. 그러면 빌드 자동화 서버가 코드를 빌드한다.
3. 빌드가 성공하면 자동화 서버가 단위 테스트를 실행해 코드를 검증한다.
4. 테스트가 성공하면 자동화 서버가 배포를 위해 서비스를 패키지로 만들고 산출물 저장소에 패키지를 저장한다.
5. 자동화 서버는 코드를 스테이징 환경에 배포한다. 스테이징 환경에서 실제로 작동하는 협력자들과 함께 서비스를 테스트할 수 있다.
6. 이것이 성공하면 자동화 서버는 코드를 운영 환경에 배포할 것이다.

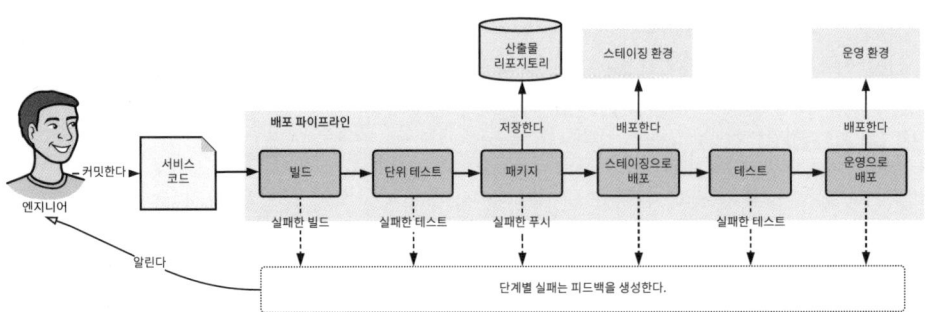

그림 10.1 커밋을 빌드하고 검증한 후 운영 환경으로 배포하며 엔지니어에게 피드백을 주는 예제 배포 파이프라인

이 파이프라인의 각 스텝은 엔지니어링팀에게 코드의 정확성에 대한 피드백을 준다. 예를 들어, 스텝 3이 실패하면 실패한 테스트의 목록, 즉 수정해야 할 목록을 받을 것이다.

이 파이프라인을 구현하면 배포 프로세스가 매우 가시적이고 투명해야 하는데, 이것은 감사 추적이나 문제가 발생했을 때 중요하다. 기반이 되는 언어 또는 기술과 관계없이 배포하는 모든 서비스는 비슷한 과정을 따를 수 있어야 한다.

10.2 젠킨스로 파이프라인 만들기

앞 장에서 컨테이너를 만들고 산출물을 게시하고 코드를 배포하는 배포 스텝을 수행하는 커맨드 라인 스크립트를 실행했다. 이제 이런 스텝을 연결해 일관적으로 재사용할 수 있고 확장 가능한 배포 파이프라인으로 만드는 데 빌드 자동화 도구인 젠킨스를 사용할 것이다. 젠킨스를 선택한 이유는 오픈 소스이고 실행하기 쉬우며 스크립트를 사용해 빌드할 수 있고 많이 사용되기 때문이다.

안타깝게도 배포에 즉시 사용할 수 있는 완벽한 솔루션은 없다. 모든 파이프라인은 서비스의 기술 스택과 목표하는 배포 플랫폼에 따라 다양한 도구를 조합해야 한다. 이 경우에는 젠킨스에서 대부분 이미 사용한 도구를 조립할 것이다. 그림 10.2는 예제 배포 파이프라인의 구성요소를 표현한다.

이후의 몇몇 섹션에서는 다음 내용을 다룰 것이다.

- 젠킨스를 사용해 복잡한 배포 파이프라인을 스크립트로 작성하기
- 서비스를 빌드하고 테스트한 후 다양한 환경에 배포하는 파이프라인 만들기
- 마이크로서비스를 위한 스테이징 환경 관리하기
- 여러 서비스에서 배포 파이프라인 재활용하기

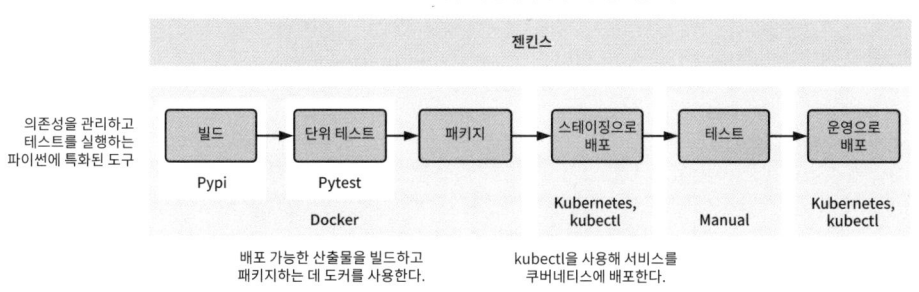

그림 10.2 기술 스택과 관련된 여러 도구와 목표 배포 플랫폼을 엮는 배포 파이프라인

이 장의 예제를 실행하려면 젠킨스 인스턴스에 접근해야 한다. 부록에 로컬 미니큐브 클러스터에 젠킨스를 구성하는 방법에 대한 가이드가 있다. 다음 섹션에서 이 방식을 사용할 것이다.

10.2.1 빌드 파이프라인 설정하기

젠킨스 애플리케이션은 마스터 노드와 선택에 따라 임의의 수의 에이전트로 구성된다. 젠킨스의 잡(job)을 실행하면 배포 활동을 수행하는 에이전트 노트에서 메이크(make) 또는 메이븐(maven)과 같은 일반적인 도구를 사용하는 스크립트를 실행한다. 잡(job)은 코드 저장소를 로컬에 복제하는 **워크스페이스(workspace)** 안에서 동작한다. 그림 10.3은 이 아키텍처를 보여준다.

빌드 파이프라인을 작성하는 데는 스크립티드 파이프라인(scripted Pipeline)[1]이라는 기능을 사용할 것이다. 스크립티드 파이프라인에서는 그루비(Groovy)로 작성된 범용 도메인 특화 언어(DSL, Domain-specific language)를 사용해 파이프라인 빌드를 표현한다. 이 DSL은 빌드 잡(job)을 작성하기 위한 공통 방법을 정의한다. 예를 들어, 셸 스크립트를 실행하기 위한 sh와 빌드 파이프라인에서 다양한 파트(parts)를 구분하기 위한 스테이지(stage)와 같은 빌드잡(build job)이 있다. 스크립티드 파이프라인 방식은 생각보다 강력하다. 이 장의 마지막에서 선언적인 고수준의 DSL을 빌드할 것이다.

> **노트** 이 책을 쓰는 시점에 젠킨스 파이프라인은 그루비 스크립트 언어만 지원한다. 그러나 자바나 파이썬, 루비에 익숙하다면 그루비를 이해하는 것은 어렵지 않으니 걱정하지 않아도 된다.

젠킨스는 젠킨스파일(Jenkinsfile)에 정의된 파이프라인 스크립트를 실행해 빌드 잡을 실행한다. 직접 시도해 보자. 우선 이 책의 예제에 있는 chapter-10/market-data의 콘텐츠를 새로운 디렉터리에 복사하고 깃 저장소에 올리자. 이것은 깃허브(GitHub)와 같은 공개 저장소에 올리는 것이 가장 쉽다. 다음은 이 장에서 배포할 서비스다.

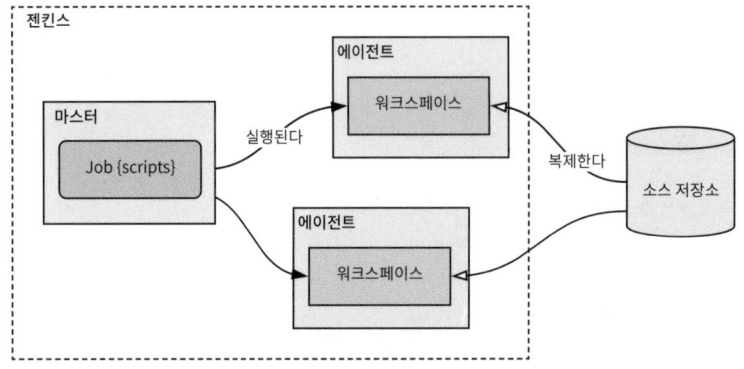

그림 10.3 젠킨스는 실행을 관리하는 마스터 노드와 워크스페이스 내에서 저장소를 복제해 빌드 태스크를 수행하는 에이전트로 구성된다.

---

1 (옮긴이) 스크립트로 작성된 파이프라인

그런 다음, 저장소의 루트에 다음과 같은 내용의 Jenkinsfile을 생성한다.

```
stage("Build Info") {        ◀──── 파이프라인에서 구분되는 단계를 식별한다.
    node {          ◀──── 클로저(closure) 또는 펑션(function)을 받아 젠킨스가 빌드 노드에서
                          이 코드를 실행하도록 지시한다.
        def commit = checkout scm     ◀──── 소스 컨트롤로부터 코드를 내려받는다.
        echo "Latest commit id: ${commit.GIT_COMMIT}"
    }
}
```

젠킨스가 이 스크립트를 실행하면 스크립트는 코드 저장소에서 워크스페이스로 코드를 내려받고 콘솔에 최신 커밋 ID를 출력한다.

서비스를 위한 파이프라인 잡을 구성해 보자. 방금 작성한 Jenkinsfile을 오리진(origin)에 올리고 젠킨스 UI에 접속한다(minikube service Jenkins 명령으로 이것을 할 수 있다). 미니큐브 파이프라인 잡을 만들기 위해 다음 스텝을 따르자.

1. 새로운 잡을 생성하는 페이지(Create New Jobs)로 이동한다
2. 아이템의 이름을 "market-data"로 입력하고 "Multibranch Pipeline" 잡 유형을 선택하고 OK를 클릭한다.
3. 이어지는 화면에서(그림 10.4 참고) 깃 브랜치 소스(Branch Source of Git)를 선택하고 "Project Repository" 필드에 저장소의 복제(clone) 경로를 입력한다. 이때 사설 깃 저장소를 사용한다면 자격 증명(credentials) 정보도 구성해야 한다.
4. 주기적으로 매분 파이프라인을 스캔하는 옵션을 체크한다. 그러면 파이프라인에 변경이 감지되면 빌드를 시작한다.
5. 변경을 저장한다.

변경을 저장하면 젠킨스는 Jenkinsfile을 가지고 있는 저장소 브랜치를 스캔할 것이다. 다중 브랜치(multibranch) 파이프라인 잡 유형은 저장소의 브랜치별로 유일한 빌드를 생성한다. 이것은 나중에 기능 브랜치를 마스터 브랜치와 다르게 취급할 수 있도록 해준다.

> **Tip** UI에서 클릭하는 대신에 젠킨스 잡 DSL을 사용해 파이프라인을 생성할 수 있다. 이것은 XML 형식으로 잡을 생성하는 또 다른 그루비 DSL이다. 프로젝트 문서에서 예제를 볼 수 있다(https://github.com/jenkinsci/job-dsl-plugin/wiki).

인덱싱이 완료되면 젠킨스는 마스터 브랜치에 대한 빌드를 실행한다. 브랜치의 이름을 클릭하면 빌드 이력을 볼 수 있다(그림 10.5).

그림 10.4 브랜치 소스 옵션을 보여주는 새로운 프로젝트의 설정 화면

빌드 번호를 선택하고 "Console Output"을 선택하면 빌드의 출력을 추적할 수 있다. 여기서 Jenkinsfile이 어떻게 실행됐는지 알 수 있다.

```
Agent default-q3ccc is provisioned from template Kubernetes Pod Template Agent specification
[Kubernetes Pod Template] (jenkins-jenkins-slave):
* [jnlp] jenkins/jnlp-slave:3.10-1(resourceRequestCpu: 200m, resourceRequest
  Memory: 256Mi, resourceLimitCpu: 200m, resourceLimitMemory: 256Mi)
Running on default-q3ccc in /home/jenkins/workspace/market-data_master
  -27MDVADAYDBX5WJSRWQIFEL3T7GD4LWPU5CXCZNTJ4CKBDLP3LVA
[Pipeline] {
[Pipeline] checkout
Cloning the remote Git repository
Cloning with configured refspecs honoured and without tags
Cloning repository https://github.com/morganjbruce/market-data.git
 > git init /home/jenkins/workspace/market-data_master [CA}-27MDVADAYDBX5WJSRWQIFEL3T7GD4LWPU5CXCZNT
J4CKBDLP3LVA # timeout=10 Fetching upstream changes from https://github.com/morganjbruce/
  market-data.git
 > git --version # timeout=10
 > git fetch --no-tags --progress https://github.com/morganjbruce/
  market-data.git +refs/heads/*:refs/remotes/origin/*
```

```
> git config remote.origin.url https://github.com/morganjbruce/
 market-data.git # timeout=10
> git config --add remote.origin.fetch +refs/heads/*:refs/remotes/origin/
 * # timeout=10
> git config remote.origin.url https://github.com/morganjbruce/
 market-data.git # timeout=10
Fetching without tags
Fetching upstream changes from https://github.com/morganjbruce/
 market-data.git
> git fetch --no-tags --progress https://github.com/morganjbruce/
 market-data.git +refs/heads/*:refs/remotes/origin/*
Checking out Revision 80bfb7bdc4fa0b92dcf360393e5d49e0f348b43b (master)
 > git config core.sparsecheckout # timeout=10
 > git checkout -f 80bfb7bdc4fa0b92dcf360393e5d49e0f348b43b
Commit message: "working through ch10"
First time build. Skipping changelog.
[Pipeline] echo
```
Latest commit id: 80bfb7bdc4fa0b92dcf360393e5d49e0f348b43b
```
[Pipeline] }
[Pipeline] // node
[Pipeline] }
[Pipeline] // stage
[Pipeline] End of Pipeline
Finished: SUCCESS
```

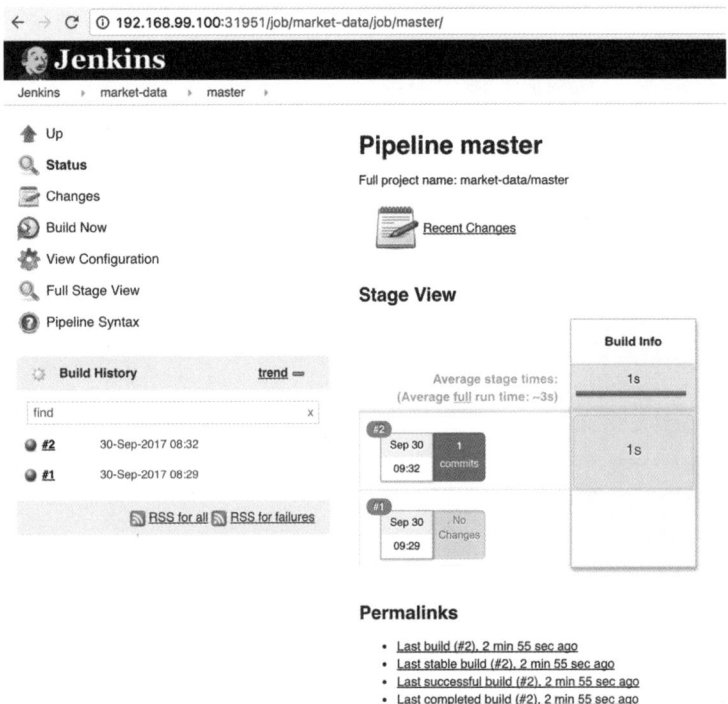

그림 10.5 저장소의 마스터 브랜치에 대한 빌드 이력

각 [Pipeline] 스텝에서 코드의 실행을 추적할 수 있다. 여기서는 빌드 자동화 도구에 서비스 저장소를 연결하고 처음으로 빌드 파이프라인을 실행했다. 그러면 이제 파이프라인의 첫 스테이지(stage)인 빌드(build)를 살펴보자.

10.2.2 이미지 빌드하기

도커를 사용해 이미지를 빌드하고 패키지할 것이다. 우선 Jenkinsfile을 다음의 내용으로 변경하자.

예제 코드 10.2 빌드 스텝을 위한 Jenkinsfile

```
def withPod(body) {       ◁──────── 잡(job)을 실행하기 위해 사용할 파드(pod) 템플릿을 정의한다.
    podTemplate(label: 'pod', serviceAccount: 'jenkins', containers: [
        containerTemplate(name: 'docker', image: 'docker', command: 'cat', ttyEnabled: true),
            containerTemplate(name: 'kubectl', image: 'morganjbruce/kubectl', command: 'cat',
ttyEnabled: true)
        ],
```

```
        volumes: [
            hostPathVolume(mountPath: '/var/run/docker.sock', hostPath: '/var/run/docker.sock'),
        ]
    ) { body() }
}
withPod {
    node('pod') {                 ◄────── 파드 템플릿의 인스턴스를 요청한다.
        def tag = "${env.BRANCH_NAME}.${env.BUILD_NUMBER}"
        def service = "market-data:${tag}"

        checkout scm    ◄────── 깃에서 최신의 코드를 내려받는다.

        container('docker') {        ◄────── 파드의 도커 컨테이너에 진입한다.
            stage('Build') {          ◄────── 새로운 파이프라인 단계(stage)를 시작한다.
                sh("docker build -t ${service} .")    ◄────── 서비스 이미지를 빌드하기 위한 도커 명령을 실행한다.
            }
        }
    }
}
```

이 스크립트는 서비스를 빌드하고 생성되는 도커 컨테이너에 현재 빌드 번호로 태그를 단다. 이 스크립트는 앞의 버전보다는 확실히 더 복잡하다. 이 스크립트가 무슨 일을 하는지 살펴보자.

1. 빌드에 사용할 파드 템플릿을 정의하면 젠킨스는 쿠버네티스에 빌드를 수행할 파드를 생성한다. 이 파드는 2개의 컨테이너(도커와 kubectl)를 담고 있다.

2. 파드 안에 깃으로부터 새로운 버전의 코드를 내려받는다.

3. "Build"로 이름 지어진 새로운 파이프라인 단계를 시작한다.

4. 이 단계에서 도커 컨테이너에 진입한 후 docker 명령을 실행해 서비스 이미지를 빌드한다.

> **Tip** 젠킨스에서 셸 명령 대신 도커를 위한 그루비 DSL을 사용할 수 있다. 예를 들어, 예제 코드 10.5에서 sh를 호출하는 대신 docker.build(imageName)을 사용할 수 있다.

이 새로운 Jenkinsfile을 깃 저장소에 커밋하고 젠킨스의 빌드 잡으로 이동한다. 재시작을 기다리거나 수동으로 잡을 실행하면 콘솔 출력에 컨테이너 이미지가 성공적으로 빌드되는 것을 볼 수 있다.

10.2.3 테스트 실행하기

다음 단계로 몇 가지 테스트를 실행한다. 이것은 다른 지속적인 통합 잡과 비슷하다. 테스트에 성공하면 배포를 진행할 수 있다. 그렇지 않다면 파이프라인은 멈춘다. 이 단계에서는 변경의 품질에 대한 신속하고 정확한 피드백을 제공하는 것을 목표로 한다.

코드를 빌드하고 단위 테스트를 수행하는 것은 빌드 파이프라인의 커밋 단계에서 수행할 수 있는 활동 중 2가지에 해당한다. 표 10.1에 다른 활동을 요약했다.

표 10.1 배포 파이프라인의 커밋 단계에서 가능한 활동들

활동	설명
단위 테스트	코드 수준의 테스트
컴파일	산출물을 컴파일해 실행 가능한 산출물로 컴파일하기
의존성 찾기(resolution)	오픈 소스 패키지와 같은 외부 의존성 식별하기
정적 분석	코드에 대한 메트릭 평가하기
품질 검사(Linting)	코드의 구문(syntax)과 스타일(stylistic) 원칙 검사하기

이제 단위 테스트를 실행할 것이다. Jenkinsfile에 Build 단계 바로 다음에 아래의 내용으로 Test 단계를 추가한다.

예제 코드 10.3 테스트 단계

```
stage('Test') {
  sh("docker run --rm ${service} python setup.py test")
}
```

Jenkinsfile을 커밋하고 빌드를 실행한다. 그러면 파이프라인에 새로운 단계가 추가되어 /tests에 정의된 테스트 케이스를 실행한다(그림 10.6).

Pipeline master

Full project name: market-data/master

 Recent Changes

Stage View

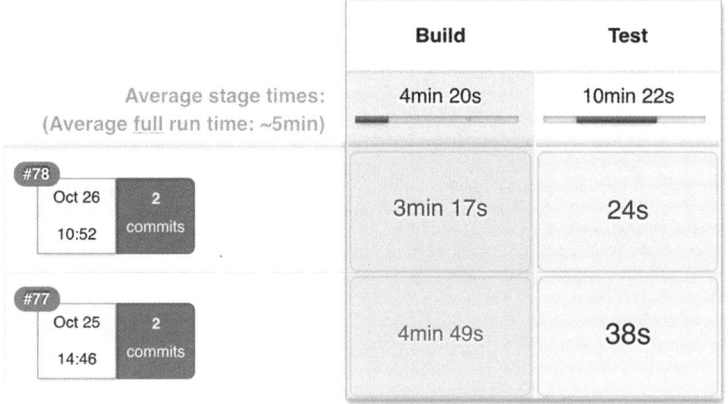

그림 10.6 **Build**와 **Test** 단계를 가진 빌드 파이프라인

안타깝게도 이 코드만으로는 빌드의 결과를 볼 수 없다. 단지 성공과 실패만 알 수 있다. 빌드 결과를 XML에 저장하기 위해 Jenkinsfile에 다음을 추가한다.

예제 코드 10.4 테스트 단계의 결과 저장하기

```
stage('Test') {
  try {
    sh("docker run -v `pwd`:/workspace --rm ${service} python setup.py test")   ← 현재 워크스페이스와 volume을 마운트한다.
  } finally {
    step([$class: 'JUnitResultArchiver', testResults: 'results.xml'])   ← 테스트 잡이 생성하는 결과를 저장한다.
  }
}
```

이 코드는 현재 워크스페이스를 도커 컨테이너 내의 볼륨으로 마운트한다. Python 테스트 프로세스는 결과를 볼륨의 /workspace/result.xml에 저장한다. 도커가 서비스 컨테이너를 중단시키고 삭제한 후에도 이 결과에 접근할 수 있다. 그리고 try-finally 구문은 테스트의 성공 또는 실패에 관계없이 결과를 저장하도록 한다.

> **Tip** 좋은 빌드 파이프라인은 담당 엔지니어링팀에 피드백을 전달한다. 예를 들어, 온피도(Onfido)에서는 배포 파이프라인에서 단계가 실패하면 커밋을 올린 사람에게 슬랙(Slack)과 이메일을 통해 알린다. 또한 파이프라인에서 이벤트를 발생시켜 페이저듀티(PagerDuty)와 같은 모니터링 도구를 통해 알린다. 알림에 관한 더 많은 정보는 젠킨스 문서를 참조하자(http://mng.bz/C5X3).

10.2.4 산출물 게시하기

이제 배포에 사용할 수 있도록 산출물(이 경우는 도커 컨테이너 이미지)을 게시해야 한다. 9장의 사설 도커 레지스트리를 사용했다면 젠킨스에 도커 인증 정보를 설정해야 할 것이다.

1. Credentials〉 System〉 Global Credentials〉 Add Credentials로 이동한다.
2. 도커 허브(https://hub.docker.com)에 사용자 이름과 비밀번호 인증정보를 추가한다.
3. 젠킨스에 도커 허브의 ID를 설정한 후 OK를 클릭해 인증정보를 저장한다.

공개 저장소를 사용한다면 이 단계를 건너뛸 수 있다. 준비가 됐으면 Jenkinsfile에 다음의 3번째 스텝을 추가한다.

예제 코드 10.5 산출물 게시하기

```
def tagToDeploy = "[your-account]/${service}"     ◀── 계정 이름을 변경해 공개 이미지 태그를 지정한다.

stage('Publish') {
  withDockerRegistry(registry: [credentialsId: 'dockerhub']) {   ◀── 저장된 인증정보를 사용해 도커 저장소에 로그인한다.

    sh("docker tag ${service} ${tagToDeploy}")    ◀── 도커 계정 이름으로 이미지에 태그를 단다.
    sh("docker push ${tagToDeploy}")
  }
}
```

Jenkinsfile을 커밋하고 빌드를 실행한다. 젠킨스는 컨테이너를 공개 도커 저장소에 게시한다.

10.2.5 스테이징 환경에 배포하기

지금까지 완전히 격리된 환경에서 내부적으로 서비스를 테스트했다. 그러나 서비스를 호출하거나 서비스가 사용하는 협력 서비스와 상호작용을 하지는 않았다. 운영 환경에 직접 배포해서 요행을 바랄 수도 있지만, 그래서는 안 될 것이다. 대신, 실제 협력자와 자동 또는 수동으로 테스트할 수 있는 스테이징 환경에 배포할 수 있다.

쿠버네티스의 네임스페이스를 사용해 스테이징과 운영 환경을 논리적으로 격리한다. 서비스를 배포하기 위해 9장에서처럼 kubectl을 사용할 것이다. 젠킨스에 이 도구를 설치하는 대신 이 커맨드 라인 도구를 포함하는 도커를 사용할 수 있다. 이 기술은 매우 유용하다.

> **경고** 논리적으로 격리하는 것은 실 세계 환경에서 항상 적절한 것은 아니다. PCI DSS[2]와 같은 규제와 보안 표준에서는 종종 운영과 개발의 업무를 네트워크 수준에서 분리하도록 강요한다. 현재 쿠버네티스의 네임스페이스는 이것을 만족할 수 없다. 게다가 스테이징과 운영 환경의 인프라스트럭처를 완전히 분리하면 스테이징 환경에서 자원을 소모하는 서비스와 같은 시끄러운 이웃(noisy neighbor)으로부터 운영 환경의 신뢰성이 영향받을 위험이 줄어든다.

우선 디플로이먼트(deployment)와 서비스(service) 정의를 살펴보자. 다음 내용을 market-data 저장소의 /staging/market-data.yml에 저장해야 한다.

예제 코드 10.6 market-data를 위한 디플로이먼트 명세

```
---
apiVersion: extensions/v1beta1
kind: Deployment
metadata:
  name: market-data
spec:
  replicas: 3
  strategy:
    type: RollingUpdate
    rollingUpdate:
      maxUnavailable: 50%
      maxSurge: 50%
  template:
    metadata:
      labels:
        app: market-data
        tier: backend
        track: stable
    spec:
```

---

2 (옮긴이) 신용카드 업계 데이터 보안 기준

```
    containers:
    - name: market-data
      image: BUILD_TAG         ◄─────── 배포하고자 하는 이미지로 교체해 지정한다.
      resources:
        requests:
          cpu: 100m
          memory: 100Mi
      ports:
      - containerPort: 8000
      livenessProbe:
        httpGet:
          path: /ping
          port: 8000
        initialDelaySeconds: 10
        timeoutSeconds: 15
      readinessProbe:
        httpGet:
          path: /ping
          port: 8000
        initialDelaySeconds: 10
        timeoutSeconds: 15
```

이 코드는 9장에서 본 것과 한 가지가 다르다. 배포할 이미지 태그를 지정하지 않고 BUILD_TAG만 지정한다는 점이 그것이다. 이것은 파이프라인 내에서 배포하고자 하는 버전으로 교체될 것이다. 이 방법은 약간 세련되지 못하다. 좀 더 복잡한 디플로이먼트를 위해서는 ksonnet(https://ksonnet.io)과 같은 고수준 템플릿 도구를 원할 수도 있다.

다음과 같은 내용을 담은 market-data-service.yml을 같은 경로에 저장한다.

예제 코드 10.7 market-data 서비스 정의

```
---
apiVersion: v1
kind: Service
metadata:
  name: market-data
spec:
  type: NodePort
```

```
    selector:
      app: market-data
      tier: backend
    ports:
      - protocol: TCP
        port: 8000
        nodePort: 30623
```

배포하기 전에 kubectl을 사용해 서비스를 격리할 네임스페이스를 생성한다.

```
kubectl create namespace staging
kubectl create namespace canary
kubectl create namespace production
```

이제 다음과 같이 파이프라인에 배포 단계를 추가한다.

예제 코드 10.8 스테이징 디플로이먼트(Jenkinsfile)

```
stage('Deploy') {
  sh("sed -i .bak 's#BUILD_TAG#${tagToDeploy}#' ./deploy/staging/*.yml")   ◀── BUILD_TAG를 새로운 도커 이미지 이름으로 교체하기 위해 sed를 사용한다.

  container('kubectl') {
    sh("kubectl --namespace=staging apply -f deploy/staging/") }   ◀── staging 네임스페이스를 사용해 로컬 클러스터에 deploy/staging에 있는 모든 설정 파일을 적용한다.
}
```

다시 커밋하고 빌드를 실행한다. 이번에는 쿠버네티스 배포가 시작돼야 한다! 이 배포의 상태는 kubectl rollout status로 확인할 수 있다.

```
$ kubectl rollout status -n staging deployment/market-data
Waiting for rollout to finish: 2 of 3 updated replicas are available...
deployment "market-data" successfully rolled out
```

보다시피 빌드는 완료로 표시되지만, 배포 자체는 전개하는 데 시간이 걸린다. 이것은 kubectl apply가 비동기식으로 동작하고 클러스터가 새로운 상태를 갱신하는 것을 완료할 때까지 기다리지 않기 때문이다. 원한다면 Jenkinsfile 안에 kubectl rollout status 메소드를 호출하는 것을 추가해 젠킨스가 쿠버네티스의 전개를 완료할 때까지 기다리게 할 수 있다.

어떤 방식이든 전개가 완료되면 서비스에 접근할 수 있다.

```
$ curl `minikube service --namespace staging --url market-data`/ping
HTTP/1.0 200 OK
Content-Type: text/plain
Server: Werkzeug/0.12.2 Python/3.6.1
```

이 예제 서비스는 많은 것을 하지는 않는다. 서비스에서는 배포된 코드 변경에 대해 조금 더 자동화 테스트나 탐색 테스트를 할 수 있다. 표 10.2에서는 이 단계의 배포 파이프라인에서 수행할 수 있는 활동을 요약했다. 지금까지 첫 마이크로서비스 배포를 자동화했다!

표 10.2 마이크로서비스의 스테이징 출시를 검증하기 위해 수행 가능한 활동들

구분	테스트	설명
인수 테스트	자동화 테스트	회귀 또는 인수 테스트를 자동화해 기대치의 수용 여부를 점검한다.
	수동 테스트	일부 서비스에는 수동 검증 또는 탐색 테스팅이 필요할 수 있다.
비 기능 테스트	보안 테스트	서비스의 보안 상태 테스트하기
	부하/용량 테스트	서비스에 대해 용량과 부하에 대한 기대 검증하기

10.2.6 스테이징 환경

잠시 스테이징 환경에 대해 논의해 보자. 서비스가 새로 출시되면 모두 스테이징 환경에 배포해야 한다. 마이크로서비스도 함께 테스트해야 하는데, 운영 환경은 이를 위한 첫 번째 장소는 아니다.

스테이징 환경의 인프라스트럭처 구성은 실제 트래픽보다 적더라도 운영 환경을 정확하게 복제해야 한다. 실제 규모와 같을 필요는 없다. 서비스에 가할 테스트의 규모와 유형을 통해 필요한 규모를 정할 수 있다. 스테이징 환경에서는 다양한 유형의 자동화 테스트를 수행하는 것뿐만 아니라 서비스를 수동으로 검증해 인수 기준을 만족시킬 수 있다.

또한 공유된 스테이징 환경과 함께 개별적인 또는 작은 규모의 관련된 서비스를 위한 격리된 스테이징 환경에서 실행할 수도 있다. 완전한 스테이징 환경과는 다르게 이러한 환경은 임시적이고 테스트 기간 동안 요청에 따라 구성될 수 있다. 이것은 환경의 상태가 긴밀하게 제어되는 상대적으로 격리된 환경에서 테스트가 필요한 경우에 유용하다. 그림 10.7은 스테이징 환경에 적용되는 다양한 접근 방식을 비교한 것이다.

스테이징 환경이 매우 중요하기는 하지만, 팀 간 경쟁의 불씨가 될 수도 있고 마이크로서비스 애플리케이션을 관리하는 것도 어려울 수 있다. 마이크로서비스는 수많은 의존성을 가질 수 있다. 완전한 스테이징 환경에서 모든 의존성이 준비되고 안정적이어야 한다. 스테이징 환경에서 서비스가 테스트와 코드 리뷰, 다른 품질 관문을 통과했다고 하더라도 운영 환경에서는 덜 안정적이라서 장애를 일으킬 수 있다. 공유 환경에 배포하는 모든 엔지니어는 담당하는 서비스의 문제가 다른 팀의 원만한 테스트와 기능 전달에 중대한 영향을 끼치지 않도록 좋은 이웃처럼 행동해야 한다.

> **Tip** 스테이징 환경에서 마찰을 더 줄이기 위해 모든 엔지니어가 서비스의 소유 여부와 상관없이 배포 파이프라인을 마지막 배포로 쉽게 되돌릴 수 있게 하는 것을 생각해 보자.

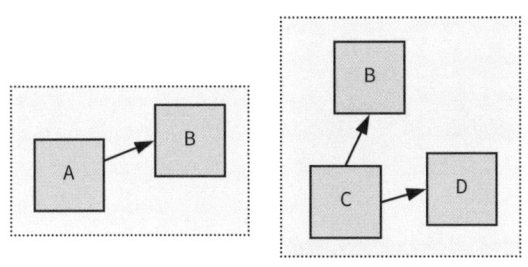
격리된 스테이징 환경은 서비스의
작은 하위 세트를 포함할 수 있다.

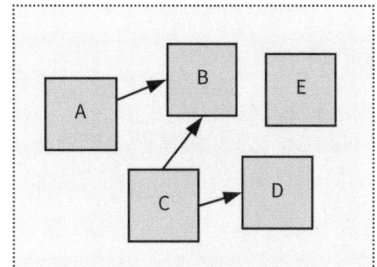
완전한 스테이징은 애플리케이션의
모든 서비스를 포함한다.

그림 10.7 격리된 스테이징 환경과 완전한 스테이징 환경의 비교

10.2.7 운영 환경에 배포하기

이제 지금까지 배운 것을 사용해서 서비스를 운영 환경에 올릴 수 있다. 표 10.3은 이 단계의 파이프라인에서 수행할 수 있는 몇 가지 활동을 요약한 것이다.

표 10.3 배포 파이프라인에서 수행 가능한 활동들

활동	설명
코드 배포	코드를 실행 환경에 배포하기
롤백	에러 또는 예상치 못한 행동이 발생하면 코드를 이전 버전으로 되돌린다.
스모크 테스트(smoke test)	간단한 테스트(light-touch)를 사용해 시스템의 행동을 검증한다.

예제에서 스테이징 환경으로의 배포에 성공하면 다음과 같은 일이 일어날 것이다.

1. 파이프라인은 운영 환경으로 배포하기 전에 사람의 승인을 기다려야 한다.
2. 승인 후에 우선 카나리 인스턴스를 배포한다. 이것은 새로운 빌드가 실제 운영 트래픽을 받았을 때 안정적인지 검증하도록 돕는다.
3. 카나리 인스턴스의 성능에 만족하면 파이프라인은 나머지 인스턴스를 운영 환경에 배포하는 것을 진행한다.
4. 뭔가 만족스럽지 못하면 배포된 카나리 인스턴스를 되돌릴 수 있다.

우선 승인 단계를 추가해야 한다. 지속적인 전달에서는 지속적인 배포와 다르게 모든 커밋을 즉시 운영 환경에 배포하는 것을 원치 않는다. 다음 내용을 Jenkinsfile에 추가하자.

예제 코드 10.9 운영으로 출시 승인하기

```
stage('Approve release?') {
        input message: "Release ${tagToDeploy} to production?"
}
```

젠킨스에서 이 코드를 실행하면 빌드 파이프라인 화면에 진행 또는 중단의 2가지 옵션을 제시하는 다이얼로그 박스를 보여줄 것이다. 예제에서는 중단을 클릭하면 빌드를 취소하고 진행을 클릭하면 빌드가 성공적으로 종료된다. 그래서 배포 단계를 추가해야 한다.

우선 카나리 인스턴스 없이 운영에 배포해 보자. 앞서 예제 코드 10.6과 10.7에서 생성한 YAML 파일을 deploy/production 디렉터리에 복사하자. 그리고 배포할 리플리카세트의 수를 늘리자.

그런 다음, 다음 코드를 Jenkinsfile의 승인 단계 후에 추가하자. 이것은 스테이징의 코드와 비슷하다. 코드 중복은 나중에 조절할 수 있으니 지금은 걱정하지 말자.

예제 코드 10.10 운영으로 출시하는 단계

```
stage('Deploy to production') {
  sh("sed -i.bak 's#BUILD_TAG#${tagToDeploy}#' ./deploy/production/*.yml")
  container('kubectl') {
    sh("kubectl --namespace=production apply -f deploy/production/")
  }
}
```

지금까지 했던 것처럼 커밋하고 젠킨스에서 빌드하자. 성공했다면 운영 환경에 배포한 것이다. 이제 카나리 인스턴스의 출시에 몇 가지 스텝과 코드를 추가해 보자. 그러나 새로운 단계를 추가하기 전에 코드를 조금 DRY[3]해 보자. 다음의 예제 코드에서처럼 출시에 관련된 코드를 별도의 deploy.groovy 파일로 옮긴다.

예제 코드 10.11 deploy.groovy

```groovy
def toKubernetes(tagToDeploy, namespace, deploymentName) {

  sh("sed -i.bak 's#BUILD_TAG#${tagToDeploy}#' ./deploy/${namespace}/*.yml")
  container('kubectl') {
    kubectl("apply -f deploy/${namespace}/")
  }
}
def kubectl(namespace, command) {
  sh("kubectl --namespace=${namespace} ${command}")
}
def rollback(deploymentName) {
  kubectl("rollout undo deployment/${deploymentName}")
}

return this;
```

← 모든 네임스페이스와 디플로이먼트에 작동한다.

← 쿠버네티스에 동작을 수행한다.

그런 다음, 다음 예제 코드에서처럼 Jenkinsfile에서 이것을 로딩한다.

예제 코드 10.12 Jenkinsfile에서 deploy.groovy 파일 사용하기

```groovy
def deploy = load('deploy.groovy')
stage('Deploy to staging') {
  deploy.toKubernetes(tagToDeploy, 'staging', 'market-data')
}
stage('Approve release?') {
  input "Release ${tagToDeploy} to production?"
}
stage('Deploy to production') {
  deploy.toKubernetes(tagToDeploy, 'production', 'market-data')
}
```

---

[3] (옮긴이) 중복을 제거하고 정리하는 것

이제 좀 깔끔해졌다. 이 외에도 파이프라인 코드를 재사용하는 다른 방법이 있는데, 이에 대해서는 10.3절에서 논의할 것이다.

이제 카나리 디플로이먼트 파일을 생성한다. 9장에서 인스턴스를 구분하기 위해 유일한 레이블을 가진 디플로이먼트를 사용했던 것을 기억할 것이다. deploy/canary에 앞서 운영에 사용했던 YAML 파일과 비슷하지만, 다음 3가지가 다른 파일을 생성한다.

1. 파드 명세에 track: canary 레이블을 추가한다.
2. 리플리카세트의 수를 1로 줄인다.
3. 디플로이먼트의 이름을 market-data-canary로 변경한다.

이 파일을 추가한 후, 출시를 운영에 반영하기 전에 다음 예제 코드처럼 디플로이먼트에 새로운 단계(stage)를 추가한다.

예제 코드 10.13 카나리 출시 단계(Jenkinsfile)

```
stage('Deploy canary') {
  deploy.toKubernetes(tagToDeploy, 'canary', 'market-data-canary')

  try {
    input message: "Continue releasing ${tagToDeploy} to production?"   ◀── 진행 여부를 사람에게 물어본다.
  } catch (Exception e) {
    deploy.rollback('market-data-canary')   ◀── 배포(rollout)가 취소되면 카나리를 되돌린다.
  }
}
```

이 예제에서는 카나리를 운영 환경에 옮기기 위한 사람의 승인을 가정했다. 실 세계에서는 의사결정을 자동화할 수 있다. 예를 들어, 카나리 배포 후에 에러 비율 등의 주요 메트릭을 모니터링하는 코드를 작성할 수 있다.

이제 파일을 커밋한 후 전체 파이프라인을 실행할 수 있다. 그림 10.8은 코드를 운영 환경으로 배포하는 전체 여정을 표현한다.

그동안 배운 것을 회고해 보자.

- 젠킨스에 구조화된 디플로이먼트 파이프라인을 구성해 커밋된 코드를 운영 환경까지 전달하는 것을 자동화했다.
- 코드의 품질을 검증하고 엔지니어링팀에게 적절한 피드백을 전달하는 다양한 단계를 빌드했다.
- 마이크로서비스를 개발할 때 스테이징 환경의 중요성과 운영의 어려움에 대해 배웠다.

이러한 기술은 코드를 안전하고 신속하게 운영 환경으로 전달하기 위한 일관적이고 신뢰할 수 있는 기반을 제공한다. 이것은 전반적인 마이크로서비스 애플리케이션의 안정성과 견고함을 보장하도록 돕는다. 그러나 모든 마이크로서비스가 같은 배포 코드를 복사해서 사용하거나 새로운 서비스를 위해 기본부터 다시 만든다면 이상과 거리가 멀어진다.

여러 서비스에 걸쳐 재사용이 가능한 배포 방식을 만드는 패턴에 대해서는 다음 섹션에서 논의할 것이다.

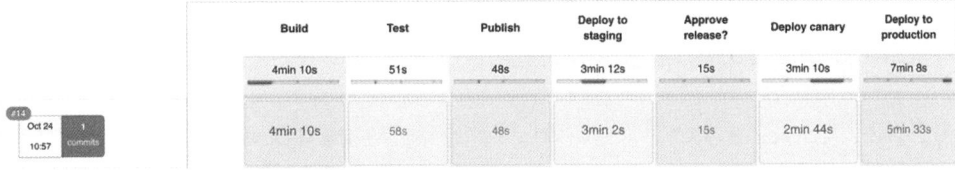

그림 10.8 커밋을 운영으로 성공적으로 출시하는 배포 파이프라인

10.3 재사용할 수 있는 파이프라인 단계 만들기

마이크로서비스는 독립성과 기술적인 균일성(homogeneity)을 가능하게 하지만, 이런 장점에는 대가가 따른다.

- 팀마다 기술 스택이 다를 수 있어서 개발자가 팀을 옮기는 것이 어려워진다.
- 엔지니어가 다른 서비스의 동작을 추론하기가 더 복잡해진다.
- 배포, 로깅, 모니터링과 같은 동일한 관심사를 다르게 구현하는 데 더 많은 시간을 투자해야 한다.
- 사람들이 기술을 결정할 때 전체적인 최적화 대신에 격리 환경, 위험을 국지화해 결정할 수 있다.

기술적 자유도와 유연성을 유지하면서 이런 위험의 균형을 맞추려면 서비스가 운영되는 플랫폼과 도구를 적극적으로 표준화해야 한다. 그러면 나중에 기술 스택이 바뀌어도 공통 추상화 영역은 다양한 서비스와 가깝게 유지된다. 그림 10.9는 이런 방식을 표현한다.

> **노트** 3장에서 마이크로서비스 아키텍처의 플랫폼 계층을 소개했다.

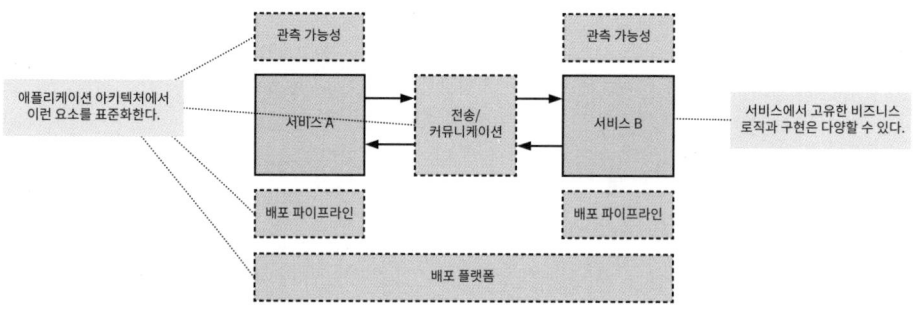

그림 10.9 마이크로서비스 애플리케이션의 수많은 요소를 표준화하면 복잡도를 줄이고 재사용성을 높이며 운영 비용을 줄일 수 있다.

앞의 여러 장에서 몇 가지 영역에 이런 생각을 적용했다.

- 마이크로서비스 섀시(chassis)를 사용해 모니터링과 서비스 디스커버리와 같은 공통적이고 비(非) 비즈니스적 로직의 기능 추상화하기
- 도커와 같은 컨테이너를 사용해 배포를 위한 서비스 산출물 표준화하기
- 공통 배포 플랫폼으로 쿠버네티스와 같은 컨테이너 스케줄러를 사용하기

또한 이런 방식은 배포 파이프라인에도 적용할 수 있다

10.3.1 절차적 빌드 파이프라인과 선언적 빌드 파이프라인 비교

여기서 작성한 파이프라인 스크립트는 3가지 약점이 있다.

1. **특정(specific)**: 단일 저장소를 사용하도록 돼 있어서 다른 저장소는 이 파이프라인을 공유할 수 없다.
2. **절차적(procedural)**: 어떻게 빌드할지를 명시적으로 설명한다.
3. **내부 종속(don't abstract internals)**: 젠킨스에 대해 상당한 지식이 있다고 가정한다. 예를 들어, 노드를 시작하고 명령을 실행하고 명령-줄 도구를 사용하는 것 등을 안다고 가정한다.

이상적인 서비스 배포 파이프라인은 선언적이어야 한다. 예를 들어, 엔지니어가 기대하는 것을 설명하면(서비스 테스트, 출시 등) 프레임워크가 이를 위해 실행하는 단계를 결정한다. 또한 이런 방식은 단계의 내부 동작 방식 변경을 외부에 숨긴다. 단계 내부의 작동 방식을 조정하고 싶다면 하위 프레임워크의 구현만 변경하면 된다. 이런 구현 결정을 개별 서비스와 분리해서 추상화하면 마이크로서비스 애플리케이션 전반에 걸쳐 일관성이 상당히 향상된다.

이 장 앞에서 작성했던 Jenkinsfile과 다음 스크립트를 비교해 보자.

예제 코드 10.14 선언적 빌드 파이프라인의 예시

```
service {
    name('market-data')

    stages {
        build()
        test(command: 'python setup.py test', results: 'results.xml')
        publish()
        deploy()
    }
}
```

이 스크립트는 공통 설정(서비스 이름)과 일련의 빌드, 테스트, 게시, 배포 단계를 정의한다. 그러나 서비스 개발자로부터 이런 단계를 실행하기 위한 복잡한 것을 숨기고 있다. 그래서 모든 개발자가 신속하고 신뢰할 수 있게 새로운 서비스를 운영 환경에 전달하는 모범사례를 빠르게 따르도록 한다.

젠킨스 파이프라인을 사용하면 공유 라이브러리를 사용해 선언적인 파이프라인을 구현할 수 있다. 이 장에서는 이것에 관해 자세히 다루지 않지만(페이지가 충분치 않다!), 이 책의 깃허브 저장소에서 예제 파이프라인을 찾을 수 있다(http://mng.bz/P7hD). 또한 젠킨스 문서는 공유 라이브러리를 사용한 파이프라인에 대해 상세한 참조 정보를 제공한다(http://mng.bz/p3wz).

> **노트** 트라비스 CI (Travis CI) 또는 드론 CI(Drone CI)와 같은 다른 빌드 도구는 YAML 파일을 사용해 빌드 설정을 선언한다. 이 방식은 상대적으로 간단한 방식을 원하는 경우에 좋다. 반대로, DSL과 같은 동적 언어는 좀 더 유연하고 확장성 있는 방식을 제공한다.

10.4 영향을 줄이는 배포와 출시 기법

지난 몇 장에 걸쳐 **배포**와 **출시**라는 용어를 혼용했다. 그러나 마이크로서비스 애플리케이션에서 실행 중인 운영 환경에 소프트웨어 버전을 갱신하는 배포의 기술적 활동과 새로운 기능을 고객 또는 이를 사용하는 서비스에 출시한다는 결정을 구분하는 것은 중요하다.

지속적인 전달 파이프라인을 구현하는 데는 다크 런치(dark launch)와 피처 플래그(feature flags)의 2가지 기법을 사용할 수 있다. 이런 기법은 고객의 영향 없이 새로운 기능을 배포할 수 있게 하고 롤백을 위한 유연한 메커니즘을 제공한다.

10.4.1 다크 런치(dark launches)

다크 런치(Dark launching)는 고객에게 공개하기 전에 운영 환경에 서비스를 배포하는 것을 말한다. 우리 회사에서는 이것을 규칙적으로 연습하고 새로운 서비스를 개발할 때 기능의 완료 여부에 상관없이 초반 며칠 내에 배포하려고 노력했다. 이렇게 함으로써 초반부터 탐색적 테스트를 할 수 있고, 탐색적 테스트를 통해 서비스가 어떻게 행동하는지 이해하고 내부 협업자에게 새로운 서비스를 공개하는 데 도움을 준다.

게다가 운영 환경에의 다크 런치는 서비스를 실제 운영 트래픽에서 테스트할 수 있게 해준다. 심플뱅크에서 새로운 재무 예측 알고리즘을 서비스로 제공하고자 한다고 가정해 보자. 운영 트래픽을 기존 서비스와 동시에 새로운 서비스에 전달하면 새로운 알고리즘을 쉽게 벤치마크할 수 있고 제한적이고 인위적인 테스트 시나리오 대신 실제 세계에서 어떻게 수행하는지 이해할 수 있다(그림 10.10).

이런 결과를 수동으로 검증할지 또는 자동으로 검증할지는 기능과 규모, 적절하고 완전한 시나리오에 필요한 요청의 분포도에 달렸다. 또한 다크 런치 방식은 리팩토링이 민감한 기능에 대해 회귀하지 못하는 테스트에 유용하다.[4]

---

[4] 비슷하게 루비 사이언티스트 젬(Ruby Scientist gem, https://github.com/github/scientist)은 원래 깃허브에서 사용자 권한에 대한 리팩토링이 사용자 권한 부여(authorization) 문제(사용자가 저장소에 잘못된 접근하는 것)를 일으킬지 검증하는 것을 돕기 위해 설계됐다.

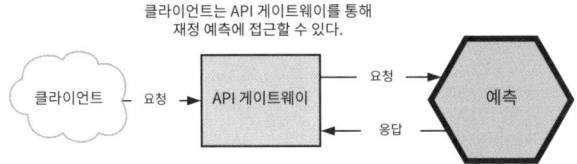

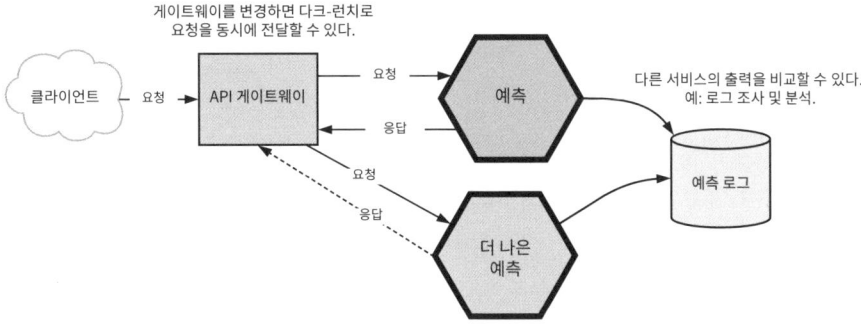

그림 10.10 다크 런치는 새로운 서비스의 기능을 고객에게 노출하지 않으면서 실제 운영 트래픽을 통해 새로운 서비스의 동작을 검증할 수 있다.

10.4.2 기능 플래그

기능 플래그(Feature flags)는 기능을 고객에게 노출하는 것을 제어한다. 다크 런치와는 달리, 기능의 출시와 같은 서비스의 라이프사이클에서 아무 때나 이것을 사용할 수 있다. 기능 플래그(또는 토글[toggle])는 조건 로직에서 기능을 감싸서 기능이 특정 사용자 그룹에게만 활성화된다. 많은 회사가 출시를 제어하기 위해 이것을 사용한다. 예를 들어, 처음에는 내부 스태프에게만 기능을 출시하거나 시간이 지나면서 점진적으로 기능에 접근할 수 있는 사용자의 수를 늘려간다.

기능 플래그를 구현한 몇몇 라이브러리가 있는데, 플리퍼(Flipper, http://github.com/jnunemaker/flipper) 또는 토글즈(Togglz, http://github.com/togglz/togglz)가 그 예다. 이런 라이브러리는 애플리케이션에서 기능 플래그의 상태를 관리하기 위해 일반적으로 레디스(Redis)와 같은 영구 저장소를 사용한다. 대규모 마이크로서비스 애플리케이션에서는 서비스마다 기능을 독립적으로 관리하기보다는 여러 서비스와 상호작용하여 기능 출시를 동기화하는 단일 기능 저장소를 갖기를 원할 것이다. 그림 10.11은 이런 다양한 접근 방식을 보여준다.

서비스별로 기능을 관리하는 것은 대규모보다는 작은 마이크로서비스 시스템에서 쉽다. 시스템이 점점 커짐에 따라 기능을 출시할 때 여러 서비스를 변경해야 한다면 단일 서비스를 통해 기능 설정을 중앙화하는 것이 조율의 부담을 줄여줄 것이다.

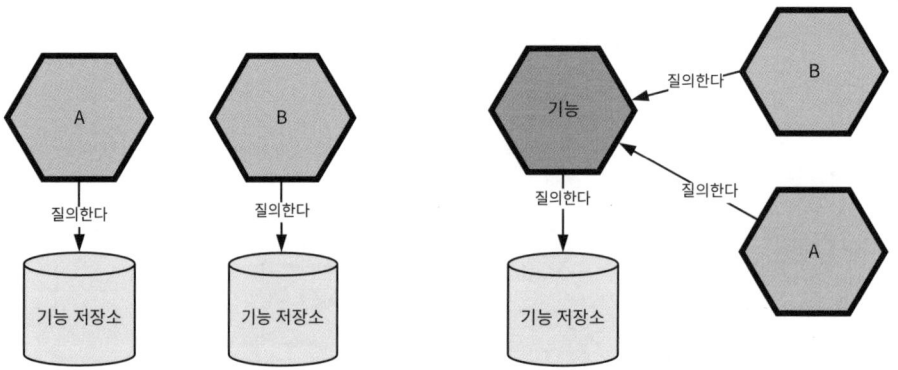

그림 10.11 기능 플래그는 하나의 서비스가 소유하는 저장소에 저장하거나 서비스별로 분리된 애플리케이션을 통해 관리한다.

기능 플래그를 통해 코드의 실행과 기능의 가용성을 부분적으로 제어할 수 있으므로 어떤 사용자가 변경을 볼 수 있게 할지를 제어하면 시스템 변경의 잠재적 영향을 최소화하는 데 도움이 된다. 에러가 발생했을 때 기능 플래그는 일반적인 롤백보다 더 신속하게 복구할 수 있게 한다. 마이크로서비스에서 기능 플래그를 사용하면 서비스 사용자에게 영향없이 새로운 기능을 안전하게 출시할 수 있다.

요약

- 마이크로서비스의 배포 과정은 속도의 안정성과 일관성의 2가지 목표를 만족해야 한다.

- 새로운 서비스를 배포하는 데 걸리는 시간이 종종 마이크로서비스 애플리케이션에서 걸림돌이 된다.

- 지속적인 전달은 작고 검증된 변경의 신속한 전달을 통해 위험을 줄여주는 마이크로서비스를 위한 이상적인 배포 실무다.

- 좋은 지속적인 전달 파이프라인은 엔지니어링팀에게 가시성과 정확성, 풍부한 피드백을 보장한다.

- 젠킨스는 전달 파이프라인에 여러 도구를 엮기 위한 스크립트 언어를 사용할 수 있는 인기 있는 빌드 자동화 도구다.

- 스테이징 환경은 가치 있지만, 대규모의 독립적인 변경을 처리할 때는 관리하기 어려울 수 있다.

- 여러 서비스에서 선언적인 파이프라인 단계를 재사용할 수 있다. 적극적인 표준화를 통해 여러 팀이 예측 가능한 배포를 만들 수 있다.

- 출시(rollout)와 롤백의 섬세한 제어를 제공하려면 배포의 기술적 활동을 기능 출시의 비즈니스 활동과 분리해 관리해야 한다.

04부

관측 가능성과 소유권

일단 서비스를 배포했으면 서비스가 실제로 무엇을 하는지 알아야 한다. 4부에서는 메트릭, 추적, 로깅을 사용해 모니터링 시스템을 구축해 마이크로서비스 애플리케이션을 다양하게 살펴볼 수 있는 방법을 제공할 것이다. 그 후 이런 아키텍처 접근 방식이 개발자들이 함께 일하는 방식에 미치는 영향을 알아보고 마이크로서비스 애플리케이션을 개발하는 일상적인 실무에 대해 살펴보면서 우리의 마이크로서비스 여정을 끝낼 것이다.

모니터링 시스템 구축하기 | 11장

이 장에서는 다음 내용을 다룬다.
- 운영 중인 애플리케이션에서 무슨 신호를 수집할지 이해하기
- 메트릭을 수집할 모니터링 시스템을 구축하기
- 수집된 신호를 사용해 경보(alert)를 설정하는 방법 배우기
- 경보를 설정하기 위해 수집된 신호를 사용하는 방법 배우기
- 개별 서비스의 행동과 시스템으로서의 상호작용 관찰하기

이제 서비스를 운영할 인프라스트럭처를 설정하고 사용자에게 기능을 제공하기 위해 결합할 수 있는 여러 구성요소를 배포했다. 이 장과 다음 장에서는 이런 구성요소들이 어떻게 상호작용하고 인프라스트럭처가 어떻게 작동하는지 항상 알 수 있는 방법을 고려할 것이다. 뭔가 예상한 대로 행동하지 않을 때 가능한 한 빨리 알아야 한다. 이 장에서는 관련된 메트릭을 수집하고 시스템의 작동을 관찰하고 적절한 경보를 설정하며 선제적으로 조치를 취함으로써 시스템을 원활하게 운영할 수 있게 돕는 모니터링 시스템 구축에 집중할 것이다. 선제적 조치를 할 수 없는 경우에도 최소한 주의가 필요한 영역을 빠르게 찾아내 문제를 해결할 수 있다. 또한 가능한 많은 것을 준비해야 한다는 것도 언급할 가치가 있다. 현재 사용하지 않는 데이터도 언젠가는 유용하게 쓰일 수 있다.

11.1 견고한 모니터링 스택

견고한 모니터링 스택은 서비스와 인프라스트럭처의 메트릭을 수집하고 이로부터 시스템의 운영에 대한 통찰을 얻게 한다. 그것은 데이터를 수집하고 저장하며 표시하고 분석할 수 있는 방법을 제공해야 한다.

모니터링 인프라가 없다고 하더라도 서비스에서 메트릭을 발생하는 것부터 시작해야 한다. 메트릭이 저장돼 있다면 언제든지 읽어서 표시하고 해석할 수 있다. 관측 가능성은 지속적인 노력이고 모니터링은 이런 노력의 핵심이다. 모니터링은 시스템의 작동 여부를 알게 해주는 반면, 관측 가능성은 왜 작동하지 않는지를 질문하게 해준다.

이 장에서는 모니터링, 메트릭, 경보에 집중할 것이다. 관측 가능성의 구성요소를 이루는 로그와 추적에 대해서는 12장에서 설명할 것이다.

모니터링은 문제를 예측하거나 대응할 수 있게 할 뿐만 아니라 수집된 메트릭을 사용해 시스템의 동작을 예측하거나 비즈니스 분석을 목적으로 데이터를 제공할 수도 있다.

모니터링 솔루션을 구성하기 위한 다양한 오픈 소스와 상용 솔루션이 있다. 팀 규모와 가용 리소스에 따라 상용 솔루션이 더 쉽고 사용하기 편리할 수도 있다. 하지만 이 장에서는 오픈 소스 도구를 사용해 자체 모니터링 시스템을 구축할 것이다. 이 스택은 메트릭 수집기와 시각화, 경보 구성요소로 구성된다. 또한 로그와 추적은 시스템 관측 가능성을 달성하는 데 필수 요소다. 그림 11.1은 시스템의 동작을 이해하고 관측 가능성을 달성하는 데 필요한 모든 구성요소의 개요를 보여준다.

그림 11.1은 모니터링 스택의 구성요소를 보여준다.

- 메트릭
- 로그
- 추적

각 구성요소는 여러 서비스에서 수집된 데이터의 집합으로 자체 대시보드에 제공된다. 이를 통해 자동화된 경보를 설정하고 수집된 데이터를 확인해 문제를 조사하고 시스템의 동작을 더 잘 이해할 수 있다. 메트릭은 모니터링을 가능하게 하고 로그와 추적은 관측 가능성을 활성화한다.

11.1.1 좋은 모니터링은 계층화돼 있다

3장에서 아키텍처 계층(tier)에 대해 논의했다. 여기에는 클라이언트, 경계, 서비스, 플랫폼이 있다. 이 모든 계층을 모니터링하도록 구현해야 한다. 특정 구성요소가 완전히 고립된 상태에서는 동작을 판단할 수 없기 때문이다. 네트워크 문제가 서비스에 영향을 줄 가능성이 가장 높다. 서비스 수준에서 수집한 메트릭은 서비스 자체가 요청을 처리하지 못함을 알려줄 뿐이다. 이것만으로는 문제의 원인에 대해 아무것도 알려주지 않는다. 또한 인프라스트럭처 수준의 메트릭을 수집하면 여러 다른 서비스에도 영향을 줄 것이라는 것을 알 수 있다.

그림 11.2를 보면 사용자가 주식 매매 주문을 제출할 수 있도록 하기 위해 서비스가 어떻게 협업하는지 볼 수 있다. 여러 서비스가 참여하는데, 서비스 간 일부 커뮤니케이션은 RPC 또는 HTTP를 통한 동기식이고 일부는 이벤트 큐(event queue)를 사용한 비동기식이다. 서비스의 수행 방식을 이해하려면 여러 데이터 지점에서 수집해 모니터링하고 문제를 진단하거나 문제가 발생하기 전에 예방할 수 있어야 한다.

서비스는 격리를 제공하지만, 외부 세계로부터 고립돼 있지 않기 때문에 서비스의 개별 모니터링은 거의 소용이 없다. 서비스는 종종 서로 의지하고 네트워크, 데이터베이스, 캐시 저장소, 이벤트 큐와 같은 하위 인프라스트럭처에 의존한다. 서비스를 모니터링해서 가치 있는 수많은 정보를 얻을 수 있지만, 더 많은 것이 필요하다. 모든 계층에서 무슨 일이 일어나는지 이해해야 한다.

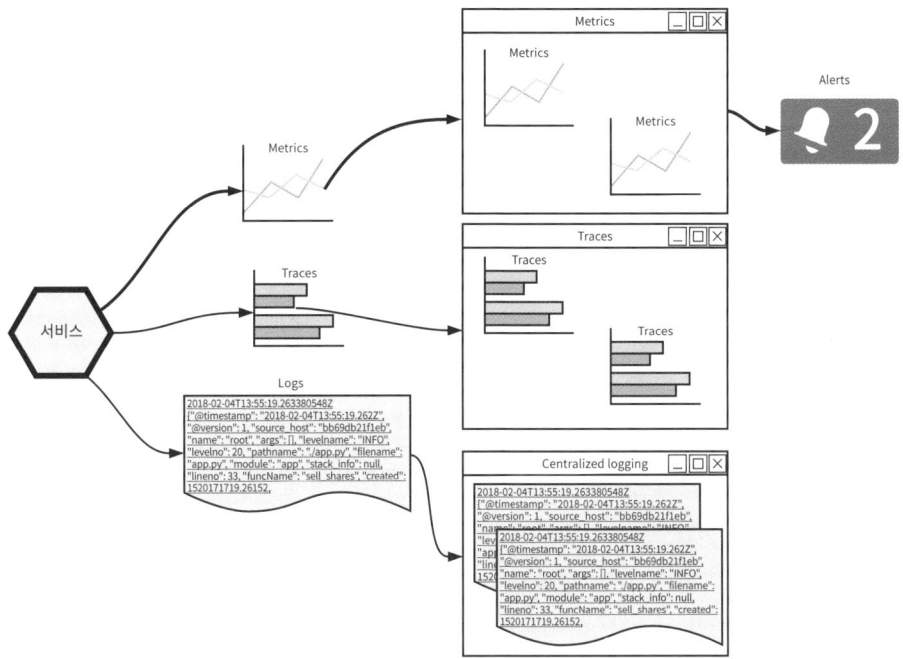

그림 11.1 메트릭, 추적, 로그와 같은 모니터링 스택의 구성요소는 각기 자체 대시보드에 통합된다.

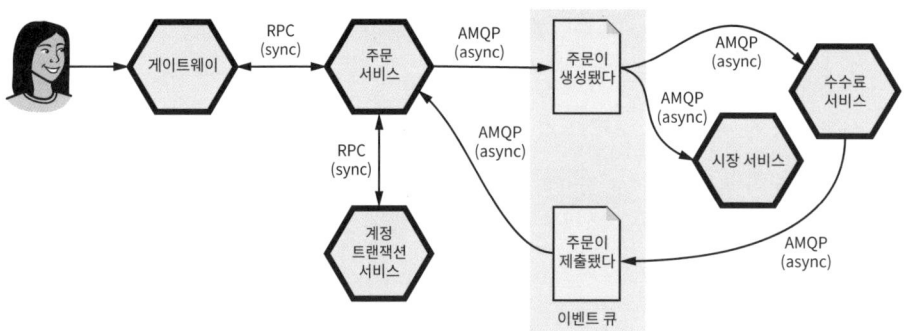

그림 11.2 주문 제출과 관련된 서비스들과 커뮤니케이션 프로토콜

모니터링 솔루션을 사용하면 무엇이 파손되는지나 성능이 저하되는지, 그 이유가 무엇인지를 알 수 있다. 그래서 신속하게 증상과 원인을 파악할 수 있다.

그림 11.2를 보면 증상과 원인은 관찰하는 지점에 따라 다양하다. 시장 서비스에 주식 거래(Stock Exchange)와 커뮤니케이션의 문제가 있다면 관련된 응답 시간 또는 HTTP 상태 코드를 측정해 문제를 진단할 수 있다. 이런 상황이라면 주문 제출 기능이 기대한 대로 작동하지 않을 거라는 것을 확신할 수 있다.

그렇다면 서비스와 이벤트 큐의 연결 문제가 있으면 무슨 일이 벌어질까? 서비스가 메시지를 게시할 수 없어서 하위 서비스가 처리할 메시지가 없을 것이다. 이 경우에는 모든 서비스가 일을 하지 않기 때문에 실패하는 서비스도 없다. 적절한 모니터링 시스템이 있다면 처리량이 비정상적으로 감소하는 것을 경고할 것이다. 즉, 큐에 있는 메시지의 수가 일정 임계치 밑으로 내려가면 자동으로 알림을 보내도록 모니터링 솔루션에 설정할 수 있다.

메시지 부족만이 문제가 있다고 말하는 것이 아니다. 큐에 메시지가 쌓이면 무슨 일이 벌어질까? 이런 누적은 큐에서 메시지를 소비하는 서비스가 적절하게 작동하지 않거나 증가된 요구사항을 처리하는 데 어려움이 있다는 것을 나타낼 수 있다. 모니터링을 통해 문제를 식별하거나 부하 증가를 예상하고 서비스의 품질을 유지하기 위한 적절한 조치를 취할 수 있다. 그러면 수집해야 할 신호에 대해 좀 더 배워보자.

11.1.2 골든 시그널

사용자를 대면하는 시스템에서는 메트릭을 수집할 때 다음 4가지 골든 시그널에 집중해야 한다. 여기에는 대기 시간, 에러, 트래픽, 포화(saturation)가 있다.

대기 시간

대기 시간은 서비스에 요청을 보낸 후 요청이 완료되기까지 소요된 시간을 측정한다. 이 신호에서 많은 것을 결정할 수 있다. 예를 들어, 대기 시간의 증가에서 서비스가 저하되는 것을 추론할 수 있다. 하지만 이 신호를 에러와 연관 짓는 것은 주의를 기울여야 한다. 예를 들어 요청 처리 중에 애플리케이션이 신속하게 응답했지만, 에러가 발생했다고 생각해 보자. 이 경우 대기 시간은 짧지만, 기대한 결과가 아니다. 그래서 에러가 발생한 결과는 요청의 대기 시간 측정에서 배제해야 한다. 오해의 소지가 있기 때문이다.

에러

이 신호는 성공적이지 않은 결과의 수를 나타낸다. 에러는 명시적이거나 암시적이다. 예를 들어, HTTP 500과 잘못된 내용을 가진 HTTP 200 응답이 있다. 후자는 모니터링하기가 쉽지 않는데, HTTP 코드에만 전적으로 의지할 수 없고 다른 구성요소의 잘못된 내용을 찾아서 에러를 결정해야 할 수 있다. 일반적으로 이런 에러는 종단 간 또는 계약 테스트(contract tests)를 통해 잡아낸다.

트래픽

이 신호는 시스템에 배치된 요청을 측정한다. 그것은 관찰되는 시스템의 유형, 초당 요청의 수, 네트워크 입출력 등에 따라 다양하다.

포화

이 신호는 주어진 시점에 서비스의 용량을 측정한다. 또한 CPU, 메모리, 네트워크와 같이 제약이 심한 리소스에 주로 적용된다.

11.1.3 메트릭의 유형

메트릭을 수집하는 동안 모니터링하려고 하는 리소스에 가장 적절한 유형을 결정해야 한다.

카운터(counters)

카운터는 단일 숫자로 항상 증가하는 누적량을 나타내는 메트릭이다. 다음과 같은 카운터를 사용하는 메트릭이 있다.

- 요청의 수
- 에러의 수
- HTTP 코드별 수
- 전송된 바이트

또한 감소될 수 있는 메트릭을 나타내는 데 카운터를 사용해서는 안 된다. 이를 위해서는 게이지를 사용해야 한다.

게이지(gauges)

게이지는 단일 숫자로 증가하거나 감소하는 임의의 값을 나타내는 메트릭이다. 다음과 같은 게이지를 사용하는 메트릭이 있다.

- 데이터베이스에 연결된 연결의 수
- 사용된 메모리
- 사용된 CPU
- 평균 부하
- 비정상으로 작동된 서비스의 수

히스토그램(histograms)

히스토그램을 사용해 관측을 샘플링하고 유형, 시간 별로 설정 가능한 버킷 유형으로 분류한다. 다음과 같은 히스토그램으로 나타내는 메트릭이 있다.

- 요청의 대기 시간
- I/O 대기 시간
- 응답별 바이트

11.1.4 추천 관례

앞서 말했듯이 되도록 많은 장치를 서비스와 인프라스트럭처에 적용해서 가능한 한 많은 데이터를 수집하도록 한다. 수집된 데이터는 나중에 새로운 장치를 도입해 연관 지어 사용할 수 있다. 과거의 시점으로 돌아가서 데이터를 수집할 수는 없지만, 이미 수집한 데이터를 사용할 수는 있다.

중요한 것은 한 번에 너무 많은 정보가 전달돼 추론하기 어렵지 않도록 데이터를 대시보드에 나타내고 점진적으로 경보를 설정해야 한다는 것이다. 서비스에서 수집된 각각의 데이터를 하나의 대시보드에 표시하는 것은 아무런 의미가 없다. 서비스별로 몇 개의 대시보드를 상세 보기와 함께 만들 수 있지만, 가장 중요한 정보를 표시하는 한 개의 상위 수준의 대시보드를 유지하면 된다. 이 대시보드는 서비스가 제대로 작동하는지 한눈에 확인할 수 있게 한다. 서비스에 대한 전체 보기를 제공해야 하고 좀 더 자세한 정보는 특화된 대시보드에 표시한다.

메트릭을 표시할 때 응답 시간, 에러, 트래픽 같은 가장 중요한 것에 집중해야 한다. 이것은 관측 역량의 토대가 된다. 또한 유스케이스별로 올바른 백분율에 집중해야 한다. 여기에는 99th, 95th, 75th 등이 있다. 어떤 서비스의 경우에는 요청의 95%가 x초 이하의 처리 시간이면 충분하지만, 다른 서비스는 요청의 99%가 이런 처리 시간 이하를 요구한다. 집중해야 할 백분율에 대해 정해진 규칙은 없고 일반적으로 비즈니스의 요구사항에 따라 달라진다.

가능하면 태그를 사용해 메트릭에 상황정보(context)를 포함해야 한다. 다음은 메트릭과 연계해 포함할 만한 태그들이다.

- 환경: 운영, 스테이징, QA
- 사용자 ID

메트릭에 태그를 달아서 나중에 그룹을 짓고 더 많은 통찰을 얻을 수 있다. 예를 들어, 사용자 ID로 태그가 지정된 응답시간을 선택한다. 사용자별로 값을 그룹 지어 모든 사용자 또는 특정 그룹의 사용자가 응답 시간의 증가를 경험하는지 확인할 수 있다.

메트릭의 이름을 지을 때 정의된 표준을 지키도록 항상 노력해야 한다. 서비스 전체에 명명 규칙을 유지하도록 하는 것이 중요하다. 메트릭의 이름을 짓는 한 가지 방법은 수집하려고 하는 메트릭의 서비스 이름, 메소드 이름, 메트릭의 유형을 사용하는 것이다. 다음은 몇 가지 예다.

- orders_service.sell_shares.count
- orders_service.sell_shares.success
- fees_service.charge_fee.failure
- account_transactions_service.request_reservation.max
- gateway.sell_shares.avg
- market_service.place_order.95percentile

11.2 프로메테우스와 그라파나로 심플뱅크 모니터링하기

서비스와 인프라스트럭처에서 수집한 메트릭은 통합해서 표시할 수 있는 시스템으로 보내야 한다. 이 시스템은 수집된 메트릭에서 경보를 생성한다. 이를 위해 프로메테우스로 메트릭을 수집하고 그라파나로 이를 표시한다.

- 프로메테우스(Prometheus– https://github.com/prometheus)는 원래 사운드클라우드(SoundCloud)에서 개발한 오픈 소스 모니터링 시스템 및 경보 도구다. 이제는 독립 오픈 소스 프로젝트로서 모든 회사에서 유지 보수하고 있다.
- 그라파나(Grafana, https://grafana.com)는 그래파이트(Graphite), 인플럭스디비(InfluxDB), 프로메테우스와 같은 다양한 메트릭 데이터 소스 기반으로 대시보드를 구축하게 해주는 도구다.

예제에서는 도커를 이용해 모든 것을 구축할 것이다. 7장에서 이미 서비스에 StatsD를 추가해 서비스에서 메트릭을 발생하도록 했다. 서비스를 변경하지 않고 StatsD 형식에서 프로메테우스가 사용할 형식으로 메트릭을 변경하도록 설정을 추가할 것이다. 또한 프로메테우스로 메트릭을 보내도록 미리 설정된 래빗엠큐(RabbitMQ) 컨테이너를 추가할 것이다. 그림 11.3은 모니터링 시스템 구축에서 추가할 구성요소를 보여준다.

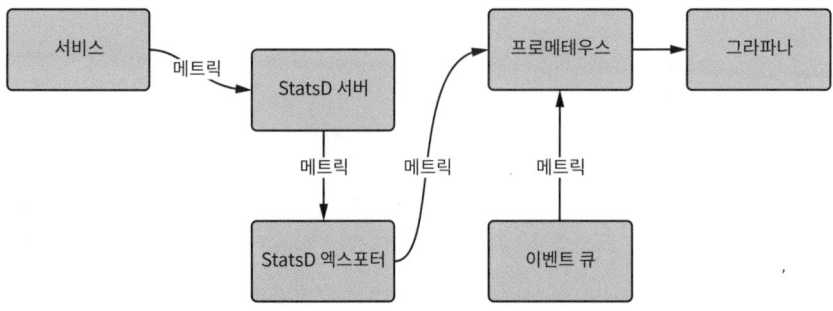

그림 11.3 모니터링 시스템 구축을 위한 컨테이너: StatsD 서버, StatsD 엑스포터, 프로메테우스, 그라파나

2가지 유형의 메트릭이 공존하는 방법을 보여주기 위해 프로메테우스와 StatsD 메트릭을 모두 사용할 것이다. StatsD는 푸시(Push) 기반 도구인 반면에 프로메테우스는 풀(Pull) 기반 도구다. StatsD를 사용하는 시스템은 수집 서비스로 데이터를 내보내고 프로메테우스는 메트릭을 내보내는 시스템에서 데이터를 당겨온다.

11.2.1 메트릭 수집 인프라스트럭처 설정하기

그림 11.2에 설명된 서비스를 도커 컴포즈 파일에 추가한 후 StatsD 엑스포터와 프로메테우스를 둘 다 설정하는 데 집중할 것이다. 마지막으로 그라파나에 대시보드를 만들고 서비스와 이벤트 큐를 모니터링할 것이다. 모든 코드는 이 책의 코드 저장소에 있다.

도커 컴포즈 파일에 구성요소 추가하기

도커 컴포즈 파일(다음 예제 코드 참조)을 통해 주문을 제출하는 기능에 필요한 모든 서비스와 인프라스트럭처 구성을 시작한다. 간단히 하기 위해 개별 서비스는 생략하고 인프라스트럭처와 모니터링에 관련된 컨테이너만 나타냈다.

예제 코드 11.1 docker-compose.yml 파일

```yaml
( ... )

rabbitmq:      ◀── 이벤트 큐로 래빗엠큐를 사용한다. 여기에서 사용하는 이미지는 이미 프로메테우스에 메트릭을
                   전달하도록 설정되어 바로 연결할 수 있다.
  container_name: simplebank-rabbitmq
  image: deadtrickster/rabbitmq_prometheus
  ports:
    - "5673:5672"
    - "15673:15672"
redis:
  container_name: simplebank-redis
  image: redis
  ports:
    - "6380:6379"
statsd_exporter:    ◀── StatsD 서버로 보내는 메트릭을 가져와 프로메테우스 형식으로 변환하므로 이후에
                        프로메테우스가 가져갈 수 있다.
  image: prom/statsd-exporter
  command: "-statsd.mapping-config=/tmp/statsd_mapping.conf"   ◀── 매핑 설정을 읽어 들여 statsd_
                                                                   exporter를 시작한다.
  ports:
    - "9102:9102"
    - "9125:9125/udp"
  volumes:
    - "./metrics/statsd_mapping.conf:/tmp/statsd_mapping.conf"

prometheus:    ◀──── 공식 프로메테우스 이미지를 설정한다.
```

```
    image: prom/prometheus
    command: "--config.file=/tmp/prometheus.yml --web.listen-address '0.0.0.0:9090'"
    ports:
      - "9090:9090"
    volumes:
      - "./metrics/prometheus.yml:/tmp/prometheus.yml"
  statsd:            ◀──────── 서비스가 보낼 메트릭을 수집할 StatsD 서버를 설정한다.
    image: dockerana/statsd
    ports:
      - "8125:8125/udp"
      - "8126:8126"
    volumes:
      - "./metrics/statsd_config.js:/src/statsd/config.js"
  grafana:           ◀──────── 수집된 메트릭을 위한 UI를 제공할 그라파나를 시작한다.
    image: grafana/grafana
    ports:
      - "3900:3000"
```

0.0.0.0:9000에 프로메테우스를 바인드하여 시작하고 조금 후에 보게 될 사용자 정의 설정을 읽어 들인다.

수신된 메트릭을 statsd-exporter 컨테이너에 전달할 사용자 정의 설정. 프로메테우스와 statsd-exporter 컨테이너를 위해 설정 파일이 포함된 폴더를 볼륨으로 마운트하고 metrics 폴더에 위치시킨다. 그래서 컨테이너가 실행될 때 이 설정을 읽어 들일 수 있다.

StatsD 엑스포터 설정하기

앞서 언급했듯이 주문을 제출하는 기능과 관련된 서비스는 메트릭을 StatsD 형식으로 발생한다. 표 11.1에 서비스와 발생하는 메트릭을 나열했다. 서비스는 모두 타이머 메트릭을 발생한다.

표 11.1 주문 제출과 관련된 서비스에서 발생하는 타이머 메트릭

서비스	메트릭
계좌 트랜잭션	request_reservation
수수료	charge_fee
게이트웨이	health, sell_shares,
시장	request_reservation, place_order_stock_exchange
주문	request_reservation, place_order_stock_exchange

설정 파일에 매핑해 StatsD가 수집한 각각의 메트릭에 레이블을 추가할 수 있도록 설정한다. 다음 예제 코드는 statsd-exporter 컨테이너를 위한 매핑 설정 파일이다.

예제 코드 11.2 StatsD 메트릭을 프로메테우스로 매핑하는 설정 파일

```
simplebank-demo.account-transactions.request_reservation      ← 계좌 트랜잭션 서비스 매핑
name="request_reservation"      ← 프로메테우스 메트릭의 이름을 설정
app="account-transactions"      ← 같은 이름을 가진 메트릭을 구분하기 위해 사용한다.
                                  예를 들어 "request_reservation"은 주문과 시장 서비스에서 사용한다.
job="simplebank-demo"           ← statsd_exporter에서 수집자를 구분하기 위해 사용한다.

simplebank-demo.fees.charge_fee      ← 수수료 서비스 매핑
name="charge_fee"
app="fees"
job="simplebank-demo"

simplebank-demo.gateway.health
name="health"
app="gateway"
job="simplebank-demo"                    게이트웨이 매핑

simplebank-demo.gateway.sell_shares
name="sell_shares"
app="gateway"
job="simplebank-demo"

simplebank-demo.market.request_reservation
name="request_reservation"
app="market"
job="simplebank-demo"
                                         시장 서비스 매핑
simplebank-demo.market.place_order_stock_exchange
name="place_order_stock_exchange"
app="market"
job="simplebank-demo"

simplebank-demo.orders.sell_shares      ← 주문 서비스 매핑
name="sell_shares"
app="orders"
job="simplebank-demo"

simplebank-demo.orders.request_reservation
```

```
name="request_reservation"
app="orders"
job="simplebank-demo"

simplebank-demo.orders.place_order
name="place_order"
app="orders"
job="simplebank-demo"          ←────── 주문 서비스 매핑
```

위의 메트릭을 프로메테우스에 매핑하지 않으면 메트릭은 여전히 수집되지만, 수집 방법이 좀 더 불편할 것이다. 그림 11.4 예제를 보면 프로메테우스에서 statsd_exporter 서비스에 매핑했을 때와 하지 않았을 때의 차이를 볼 수 있다.

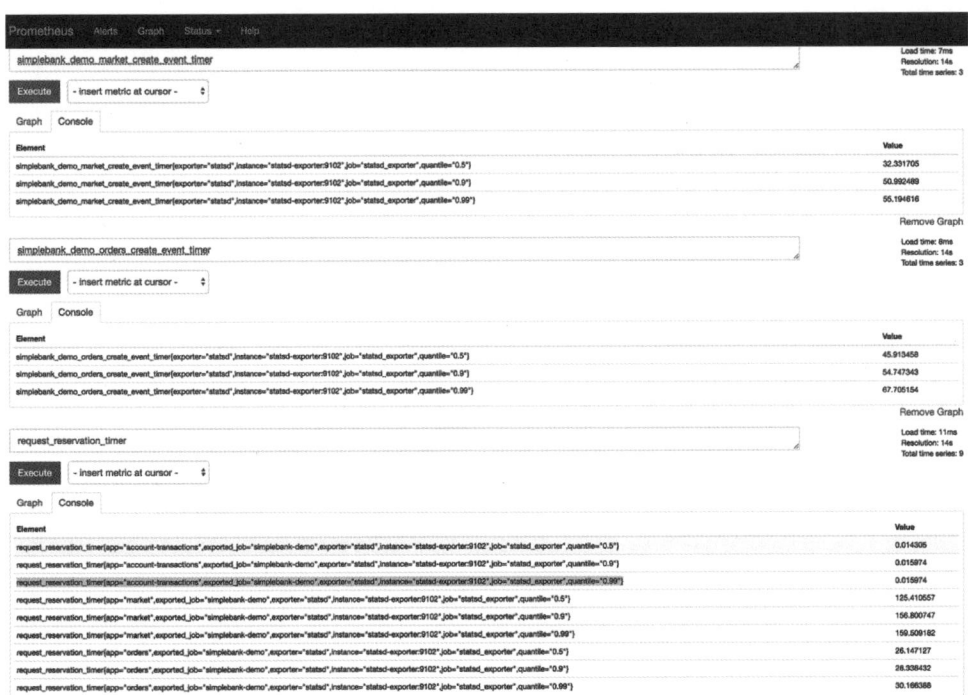

그림 11.4 수집된 심플뱅크 메트릭을 보여주는 프로메테우스 스크린샷 – 위의 두 메트릭은 statsd_mapping.conf 파일에 매핑되지 않았지만 마지막은 매핑됐다.

그림 11.4에서 보듯이 매핑되지 않은 시장 서비스와 주문 서비스의 create_event 메트릭은 프로메테우스에 다음과 같이 수집된다

- simplebank_demo_market_create_event_timer
- simplebank_demo_orders_create_event_timer

시장, 주문, 계좌 트랜잭션 서비스가 발생하는 request_reservation_timer 메트릭은 하나밖에 없고, 메트릭의 이름은 같으며 메타데이터만 다르다.

```
request_reservation_timer{app="*",exported_job="simplebank-demo",
    exporter="statsd",instance="statsd-exporter:9102",
    job="statsd_exporter",quantile="0.5"}
```
◁ statsd_exporter 설정 파일에 매핑된 메트릭. App 레이블은 request_reservation_timer 메트릭을 생성하는 모든 앱에서 값을 가져온다.

```
request_reservation_timer{app="*",exported_job="simplebank-demo",
    exporter="statsd",instance="statsd-exporter:9102",
    job="statsd_exporter",quantile="0.9"}

request_reservation_timer{app="*",exported_job="simplebank-demo",
    exporter="statsd",instance="statsd-exporter:9102",
    job="statsd_exporter",quantile="0.99"}

simplebank_demo_market_create_event_timer{exporter="statsd",instance="statsd-
    exporter:9102",job="statsd_exporter",quantile="0.5"}
```
◁ statsd_exporter 설정 파일에 매핑되지 않은 메트릭. app과 exported_job 레이블이 없다.

프로메테우스 구성하기

StatsD 엑스포터를 구성했기 때문에 다음 예제 코드에서처럼 StatsD 엑스포터와 래빗엠큐 모두에서 데이터를 가져오도록 프로메테우스를 구성할 때가 됐다. 2가지 소스 모두 메트릭 데이터를 가져오는 타깃으로 사용할 수 있다.

예제 코드 11.3 프로메테우스 설정 파일

```
global:
  scrape_interval:     5s    ◁ 프로메테우스가 메트릭을 위해 구성된 타깃에서
  evaluation_interval: 10s       데이터를 가져오는 주기를 설정한다.
  external_labels:
      monitor: 'simplebank-demo'
```

```
alerting:
  alertmanagers:
  - static_configs:
  - targets:

scrape_configs:                    ← 각 타깃이 구성된 스크레이프(scrapes) 구성 섹션
  - job_name: 'statsd_exporter'    ← 구성에서 수집한 모든 시계열 데이터에 레이블로 추가된다.
    static_configs:
      - targets: ['statsd-exporter:9102']
        labels:
          exporter: 'statsd'
    metrics_path: '/metrics'

  - job_name: 'rabbitmq'
    static_configs:
      - targets: ['rabbitmq:15672']   ←
        labels:                            타깃 호스트와 메트릭 경로가 결합돼 메트릭을 수집할 URL을 결정한다.
          exporter: 'rabbitmq'             http 스키마가 기본이므로 이 경우의 URL은 'http://rabbitmq:15672/
    metrics_path: '/api/metrics'.   ←      api/metrics'가 된다.
```

그라파나 설정하기

그라파나에서 메트릭을 수신하려면 데이터 소스를 설정해야 한다. 우선 도커 컴포즈 파일을 사용해 애플리케이션과 인프라스트럭처를 시작한다. 그러면 다음과 같이 포트 3900에서 그라파나에 접속할 수 있다.

예제 코드 11.4 docker-compose.yml 파일로 그라파나 설정하기

```
(...)
grafana:
  image: grafana/grafana      ← 공식 그라파나 도커 이미지에 기본 설정 사용하기
  ports:
    - "3900:3000"             ← 그라파나는 기본으로 포트 3000을 사용한다. 컴포즈 파일로 시작한 애플리케이션과 서비스는
                                기본 포트로 커뮤니케이션할 수 있다. 호스트 머신에서 포트 3900으로 그라파나에 접근하도록
                                매핑한다.
```

도커 컴포즈를 사용해 모든 애플리케이션과 서비스를 시작하려면 컴포즈 파일이 있는 폴더에 가서 up 명령을 실행한다.

```
chapter-11$ docker stop $(docker ps | grep simplebank | awk '{print $1}')
```
실행 중인 모든 심플뱅크 컨테이너를 중단한다.

```
chapter-11$ docker rm $(docker ps -a | grep simplebank | awk '{print $1}')
```
모든 심플뱅크 컨테이너를 제거해 이름 충돌이 없게 한다.

```
chapter-11$ docker-compose up --build --remove-orphans
```
docker-compose.yml 파일에 정의된 컨테이너를 시작한다. --build 옵션은 컨테이너를 시작하기 전에 빌드한다. 그리고 --remove-orphans 옵션은 컴포즈 파일에 정의되지 않은 모든 컨테이너를 제거한다.

```
Starting simplebank-redis ...
Starting chapter11_statsd-exporter_1 ...
Starting chapter11_statsd_1 ...
Starting simplebank-rabbitmq ...
Starting chapter11_prometheus_1 ...
Starting simplebank-rabbitmq ... done
Starting simplebank-gateway ...
Starting simplebank-fees ...
Starting simplebank-orders ...
Starting simplebank-market
Starting simplebank-account-transactions ... done
Attaching to chapter11_prometheus_1, simplebank-redis, chapter11_statsd_1,
    simplebank-rabbitmq, chapter11_statsd-exporter_1, simplebank-gateway,
    simplebank-fees, simplebank-orders, simplebank-market, simplebank-
    account-transactions
(...)
```

docker-compose up 명령의 출력을 보면 모든 서비스와 애플리케이션이 준비됐는지 알 수 있다. 애플리케이션에 접속하려면 도커에 할당된 URL 또는 IP 주소를 사용한다. docker-compose.yml 파일에 구성된 포트 3900을 사용해 그림 11.5와 같이 그라파나의 로그인 화면에 접속할 수 있다. 그라파나의 기본 로그인 인증 정보로 사용자에 **admin**, 비밀번호에 **admin**을 입력해 그라파나에 접속할 수 있다.

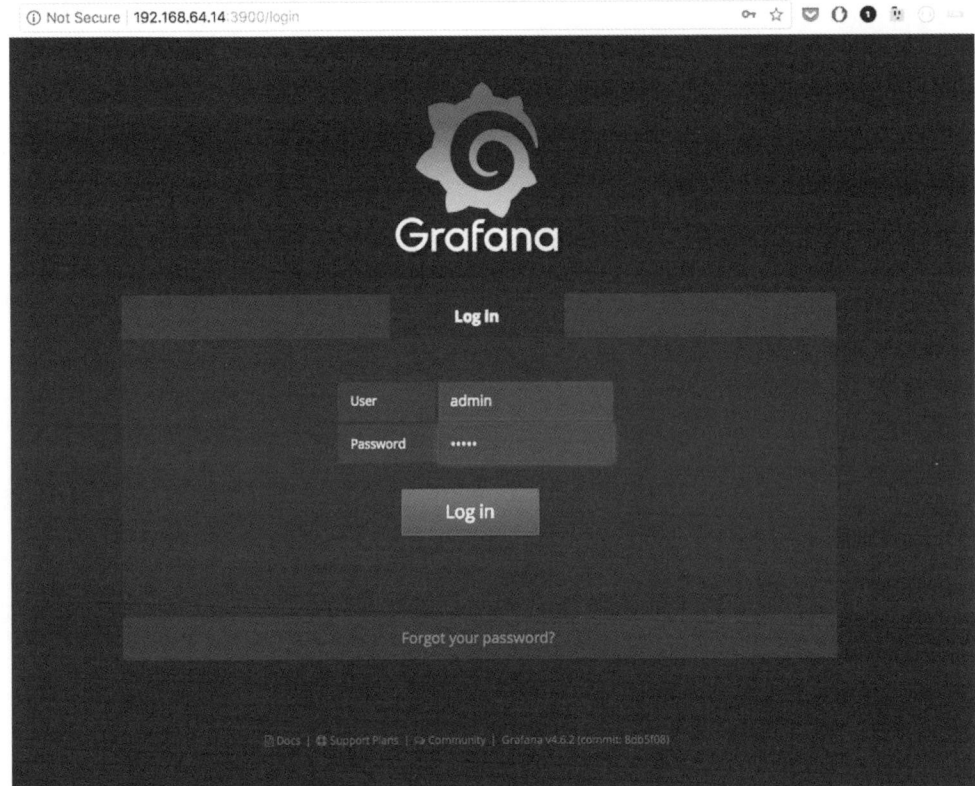

그림 11.5 그라파나 로그인 화면

일단 로그인하면 "데이터 소스 추가(Add Data Source)" 옵션이 보인다. 그림 11.6은 데이터 소스 구성 화면인 "데이터 소스 편집(Edit Data Source)" 화면이다. 그라파나에서 프로메테우스 데이터 소스를 구성하려면 프로메테우스 유형을 선택하고 프로메테우스 인스턴스가 실행하는 URL을 입력한다. 이 경우에는 도커 컴포즈 파일에 구성된 대로 http://prometheus:9090이 된다.

"저장하고 테스트하기(Save & Test)" 버튼은 데이터 소스의 상태를 바로 알려준다. 이것이 작동하면 수집된 데이터를 위한 대시보드를 구축하기 위해 그라파나를 사용할 준비가 끝난 것이다. 다음 몇 섹션에서는 이것을 사용해 심플뱅크의 주문 제출 기능을 위한 서비스와 인프라스트럭처의 핵심 요소인 래빗엠큐 이벤트 큐의 모니터링의 메트릭을 표시할 것이다.

11.2.2 인프라스트럭처 메트릭 수집하기 – 래빗엠큐

래빗엠큐를 모니터링하기 위한 대시보드를 설정하기 위해 JSON 구성 파일을 사용할 것이다. 이것은 대시보드를 공유하기 위한 편리하고 쉬운 방법이다. 소스 코드 저장소에 그라파나 폴더가 있다. 그 안에 래빗엠큐 metrics.json 파일이 대시보드 레이아웃과 수집하려는 메트릭 모두를 위한 구성을 담고 있다. 이 파일을 임포트하면 즉시 래빗엠큐 모니터링 대시보드를 구성할 수 있다.

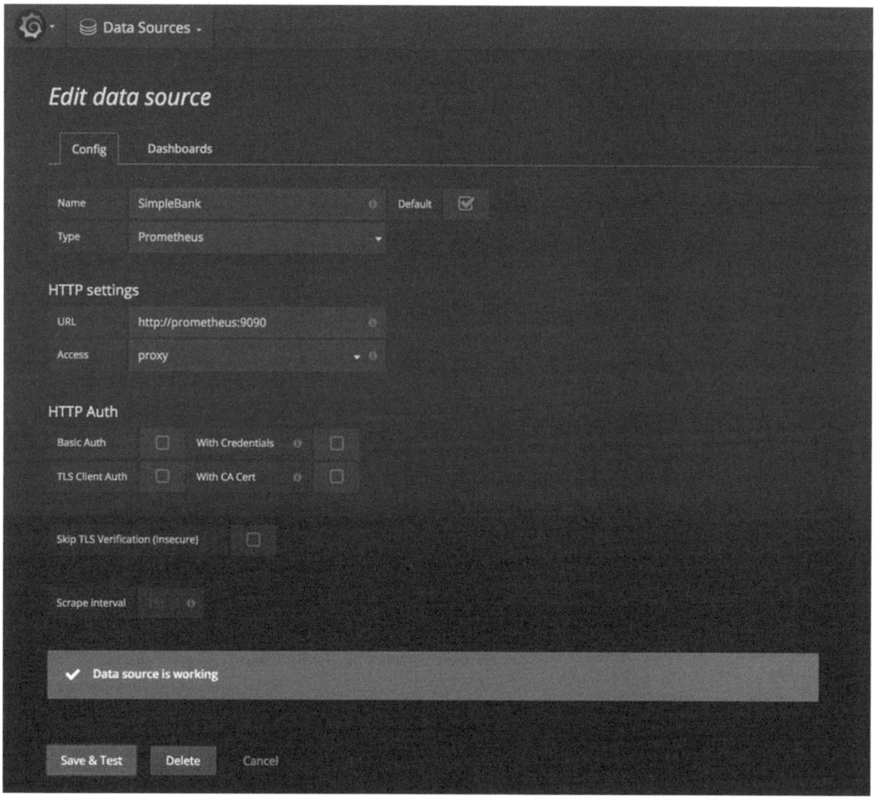

그림 11.6 그라파나에서 프로메테우스 데이터 소스 구성하기

그림 11.7은 그라파나에서 대시보드 임포트 기능에 접근하는 방법을 보여준다. 그라파나 로고를 클릭하면 메뉴가 나타나는데, 대시보드(Dashboard) 메뉴에 마우스를 올리면 임포트 옵션이 보인다.

임포트 옵션은 대화상자를 띄우는데, 텍스트 상자에 json을 붙여 넣거나 파일을 업로드할 수 있다. 임포트한 대시보드를 사용하기 전에 대시보드에 공급할 데이터 소스를 구성해야 한다. 이 경우에는 앞서 구성한 심플뱅크의 데이터 소스를 사용한다.

이렇게만 하면 래빗엠큐 대시보드가 작동한다. 그림 11.8에서 대시보드의 모습을 볼 수 있다.

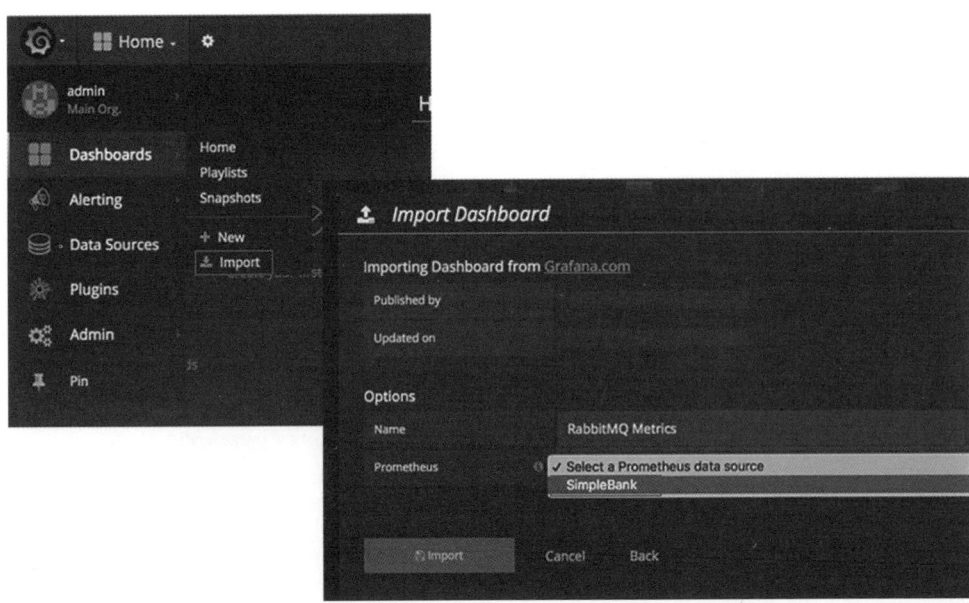

그림 11.7 json 파일로부터 대시보드 임포트하기

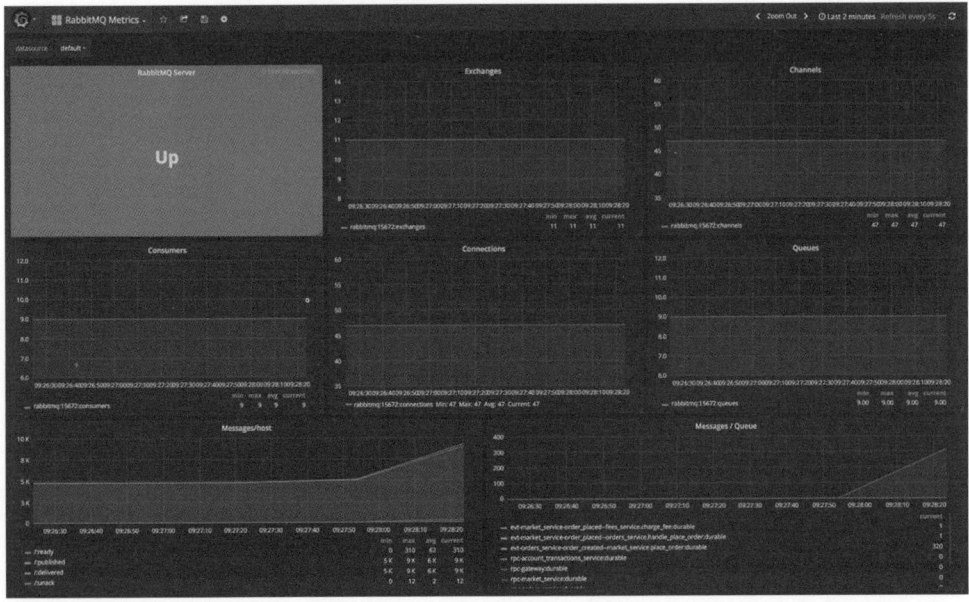

그림 11.8 프로메테우스를 통해 수집하고 그라파나로 표시한 래빗엠큐 메트릭

래빗엠큐 대시보드는 서버의 가동 또는 중단 상태의 모니터링과 호스트별 익스체인지, 채널, 컨슈머, 연결, 큐, 메시지의 그래프와 큐별 메시지의 그래프를 함께 표시해 시스템의 개요를 제공한다. 그래프 위로 마우스를 이동하면 특정 시점의 메트릭에 대한 상세 정보를 표시할 수 있다. 그래프의 타이틀을 클릭하면 그래프를 변경, 표시, 복제, 삭제할 수 있는 상황에 맞는 메뉴가 나온다.

11.2.3 심플뱅크의 주문 제출 계측하기

이제 서비스가 모니터링 인프라스트럭처인 프로메테우스와 그라파나와 함께 가동하므로 표 11.1에서 설명한 메트릭을 수집할 때다. 먼저 대시보드를 json으로 내보낸 파일(Place Order.json)을 그라파나 폴더에서 읽어 들여 대시보드를 구성한다. 래빗엠큐 대시보드는 11.2.2절에서와 같은 지시를 따른다.

그림 11.9는 주문 제출 기능과 관련된 서비스의 메트릭을 수집하는 대시보드를 표시한다. 패널의 타이틀을 클릭하면 각 패널을 표시, 편집, 복제, 공유, 삭제할 수 있다.

이렇게 읽어 들인 대시보드는 시계열 메트릭을 수집하고 각 메트릭을 0.5, 0.9, 0.99의 백분율로 표시한다. 오른쪽 위에서 메트릭의 표시를 주기적으로 갱신할 뿐만 아니라 수동으로도 갱신할 수 있는 버튼이 있다. 마지막 5분(Last 5 Minutes) 레이블을 클릭하면 그림 11.10에서처럼 메트릭을 표시하는 다른 기간을 선택할 수 있다. 미리 설정된 기간의 값을 선택하거나 임의의 사용자 정의 값을 생성해 저장된 메트릭을 필요한 기간으로 표시할 수 있다.

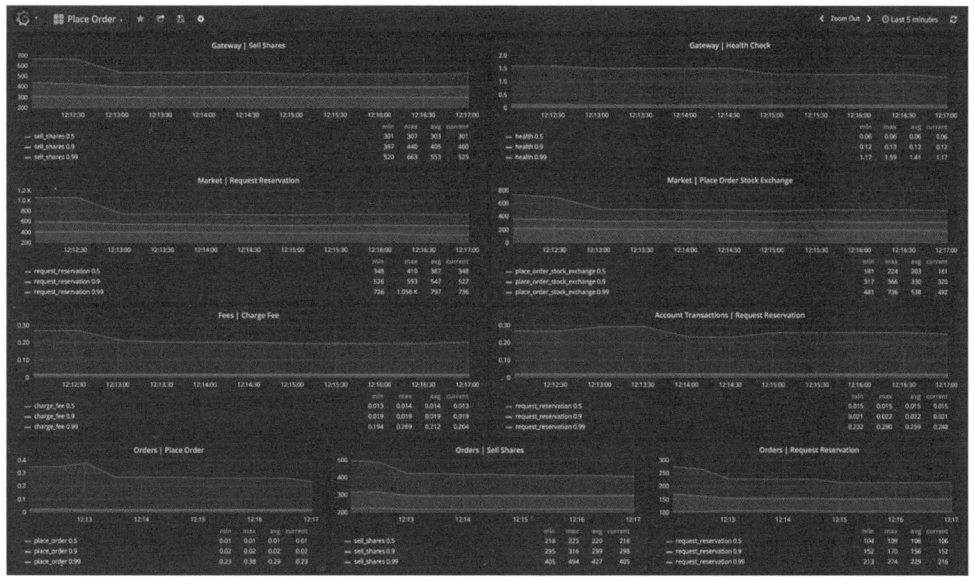

그림 11.9 그라파나의 /dashboard/db/place-order 종단점에서 접근할 수 있는 주문 제출 대시보드

그림 11.10 메트릭에서 표시하고자 하는 시간 범위 선택하기

그러면 특정 메트릭의 표시를 구성하는 방법을 상세히 알아보기 위해 시장|거래소 주문 제출(Market|Place Order Stock Exchange) 패널에 집중해 보자. 우선 패널 타이틀을 클릭하고 편집(Edit) 옵션을 선택한다. 그림 11.11은 시장|거래소 주문 제출(Market|Place Order Stock Exchange)의 편집 화면을 보여준다.

편집 화면은 다양한 옵션을 구성할 수 있는 여러 개의 탭(1)을 가진다. 선택된 탭은 표시할 메트릭을 추가하고 편집할 수 있는 메트릭 탭이다. 이 경우에는 마켓 서비스가 주문을 증권 거래소에 제출하는 데 소요된 시간인 place_order_stock_exchange_timer 메트릭(2)만 수집한다. 메트릭에 기본으로 표시되는 것은 애플리케이션 이름, 내보낸 잡(exported job), 백분위 수와 같은 메타 정보다. 범례가 나타내는 방식을 변경하려면 Legend Format(3)을 설정한다. 이 경우 이름을 설정하고 {{quantile}} 블록을 사용해 그래프 범례와 마우스를 따라 움직이는 붉은 수직 라인의 원도에 표시되는 백분위를 표시한다(붉은 라인은 수집된 메트릭을 따라 마우스를 움직일 때 커서로 동작한다). 대시보드에서는 백분율별로 최솟값, 최댓값, 평균, 그리고 현재 값을 표시한다(4).

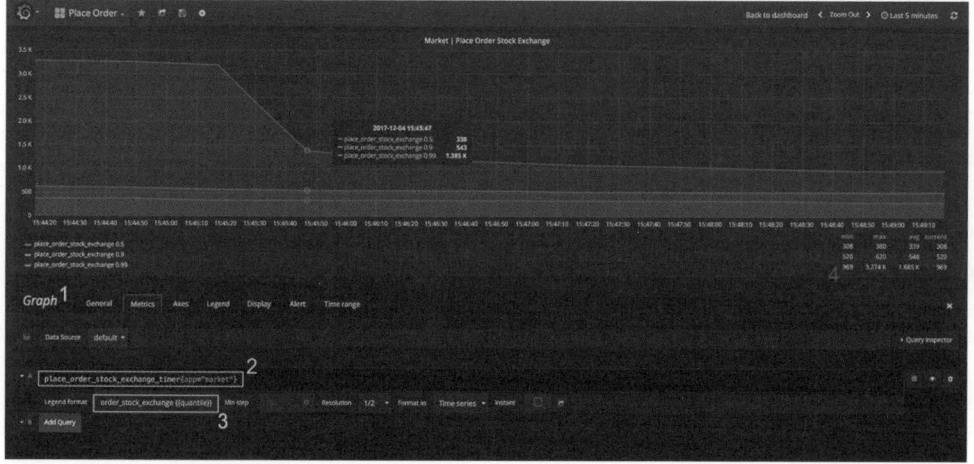

그림 11.11 시장|증권 거래소 주문 제출을 위한 패널 편집 화면

추가 참고 자료

프로메테우스를 그라파나와 함께 사용하는 방법과 프로메테우스 데이터 모델에 관해 더 배우려면 다음 페이지의 문서를 참고하자: 그라파나 홈페이지의 프로메테우스 문서(http://mng.bz/ui3b)와 프로메테우스의 데이터 모델(http://mng.bz/PZQ0).

여기서 설정한 대시보드는 매우 간단하지만, 전체적인 시스템의 동작을 이해하는 데 도움이 된다. 이제 시스템에서 서비스가 수행하는 몇 가지 동작의 시계열 메트릭을 수집할 수 있다.

11.2.4 경보 설정하기

이제 메트릭을 수집해서 저장하므로 메트릭이 생각하는 정상 범위에서 벗어나면 경보를 설정할 수 있다. 이는 요청을 처리하는 시간의 증가, 에러 비율의 증가, 비정상 변동의 수 등이 될 수 있다.

예제의 경우, 시장 서비스에 확장이 필요한 시기를 알려주는 경보를 설정할 수 있다. 게이트웨이 서비스를 통해 매도 주문을 제출하면 많은 일이 일어난다. 여러 가지 이벤트가 발생되고, 알다시피 시장 서비스에서 주문 제출 이벤트를 처리하는 것이 병목이 될 수 있다. 다행인 것은 주문 제출 큐에 메시지가 일정 임계치를 넘어가면 메시지를 보내도록 설정할 수 있다는 것이다. 이메일, 슬랙(slack), 페이저듀티(pagerduty), 핑돔(pingdom), 웹훅(webhooks) 등의 다양한 알림 채널을 구성할 수 있다.

여기서는 메시지 큐에 100개 이상의 메시지가 쌓일 때마다 경보 서버에서 알림을 수신하도록 웹훅 알림을 설정할 것이다. 현재는 경보 서비스에서 기능을 설명하는 용도로만 메시지를 수신하겠지만, 언제든 큐의 메시지 처리 용량을 증가시키기 위해 서비스의 인스턴스 수를 늘리도록 서비스를 변경할 수 있다.

또한 경보 서비스는 모든 다른 애플리케이션과 서비스를 시작할 때 함께 시작된 간단한 애플리케이션이다. 이것은 들어오는 POST 메시지를 기다릴 것이므로 그라파나에서 알림을 구성할 수 있다. 그림 11.12는 시장 주문 제출 이벤트 큐에서 경보가 시작되는 시기와 경보의 조건이 중단되는 시기의 경보 활동을 보여준다. 경보를 설정할 때 그라파나는 경보의 임계치가 설정되는 것(1)과 경보가 발생되는 순간(2, 4, 6), 그리고 경보가 해결되는 순간(3, 5, 7)을 모두 겹쳐서 표시한다.

현재 설정에서 경보 서비스는 큐의 메시지가 100개를 넘으면 웹훅으로 경보 메시지를 보낸다. 다음은 이런 경보 메시지 중 하나를 보여준다.

```
alerts.alert.d26ab4ca-1642-445f-a04c-41adf84145fd:
{
  "evalMatches": [
    {
      "value":158.33333333333334,              ◄──────── 경보 시점의 메트릭 값
      "metric":"evt-orders_service-order_created --market_service.place_order",  ◄──── 경보가 발생된
      "tags":{                                                                         메트릭의 이름
        "__name__":"rabbitmq_queue_messages",
        "exporter":"rabbitmq",
        "instance":"rabbitmq:15672",
        "job":"rabbitmq",
        "queue":"evt-orders_service-order_created --market_service.place_order",  ◄──── 경보가 발생된
        "vhost":"/"                                                                    큐에 관한 정보
      }                                                                                를 보여준다.
    }
  ],
  "message":"Messages accumulating in the queue",
  "ruleId":1,
  "ruleName":"High number of messages in a queue",   ◄──────── 이 경보가 연관된 룰을 식별한다.
  "ruleUrl":"http://localhost:3000/dashboard/db/rabbitmq-metrics?fullscreen\
u0026edit\u0026tab=alert\u0026panelId=2\u0026orgId=1",
  "state":"alerting",    ◄──────── 메시지의 유형을 나타낸다. 이 경우, "alerting"은 경보가 발생했고
                                   큐의 메시지 수가 정상 작동 임계치를 넘었다는 뜻이다.
  "title":"[Alerting] High number of messages in a queue"
}
```

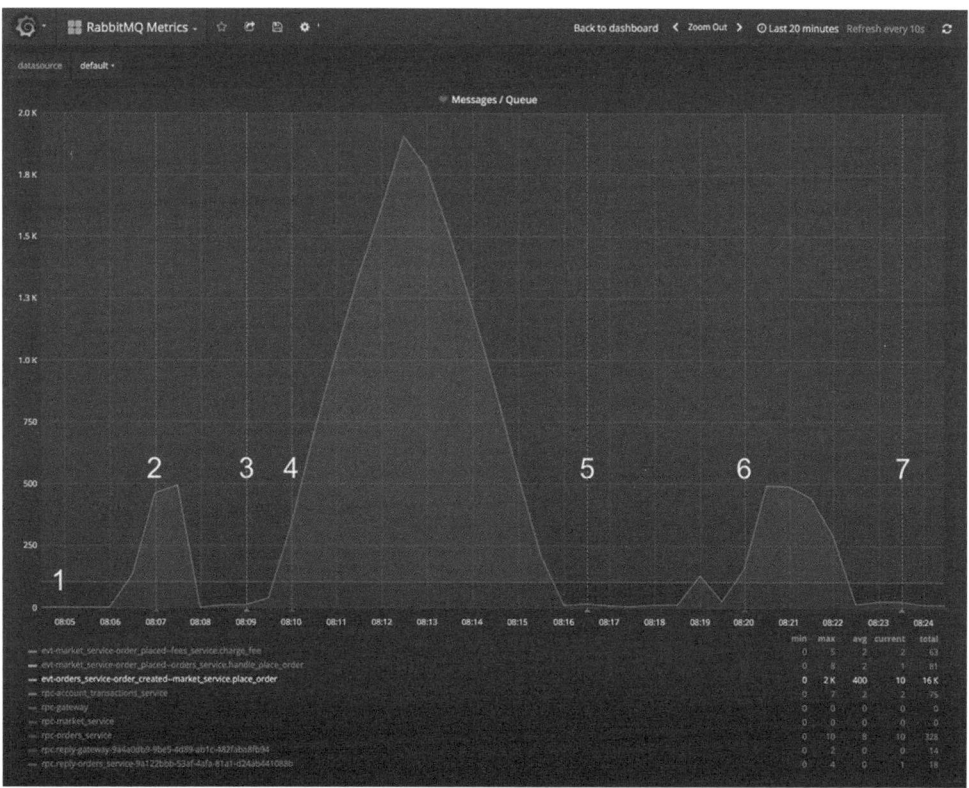

그림 11.12 경보가 겹쳐 보이는 메시지 큐의 상태

마찬가지로, 큐에 쌓여있는 메시지의 수가 정의된 경보의 임계치 아래로 떨어져도 서비스는 알림 메시지를 발생한다.

```
alerts.alert.209f0d07-b36a-43f4-b97c-2663daa40410:
{
    "evalMatches":[],
    "message":"Messages accumulating in the queue",
    "ruleId":1,
    "ruleName":"High number of messages in a queue",     ◀──────── 경보가 관련된 규칙을 식별한다.
    "ruleUrl":"http://localhost:3000/dashboard/db/rabbitmq-metrics?fullscreen\
    u0026edit\u0026tab=alert\u0026panelId=2\u0026orgId=1",
    "state":"ok",     ◀────── "ok" 상태는 큐의 메시지 수가 설정된 임계치
    "title":"[OK] High number of messages in a queue"      아래로 돌아온 것을 의미한다. 앞의 경보 조건
}                                                          은 더이상 유효하지 않다.
```

그러면 이제 큐 안의 메시지 수에 대한 경보를 설정하는 방법을 알아보자. 또한 그라파나에서 이 역량을 이미 제공하고 경보가 관련된 패널에 표시되기 때문에 경보 설정에 그라파나를 사용할 것이다. 그러면 알림을 받고 이전 경보를 패널에서 확인할 수 있다.

우선 경보 이벤트를 전파하는 데 사용할 알림 채널을 추가하는 것부터 시작한다. 그림 11.13은 새로운 알림 채널을 생성하는 방법을 보여준다.

그림 11.13 그라파나에서 새로운 알림 채널 설정하기

그라파나에서 새로운 알림 채널을 설정하려면 다음 단계를 따른다.

1. 화면에서 왼쪽 상단의 그라파나 아이콘을 클릭한다.
2. 경보 메뉴에서 알림 채널(Notification Channels)을 선택한다.
3. 채널의 이름을 넣고 웹훅(Webhook) 유형을 선택한 후 "모든 경보 보내기(Send on All Alerts)" 옵션을 체크한다.
4. 경보를 수신할 서비스의 URL을 입력한다. 예제의 경우, POST 요청에 대해 대기 중인 경보 서비스를 사용할 것이다.
5. "테스트 전송(Send Test)" 버튼을 클릭해 모든 것이 작동하는지 확인한다. 통과하면 "저장(Save)" 버튼을 클릭해 변경을 저장한다.

이제 알림 채널을 설정했기 때문에 패널에서 경보를 생성할 수 있다. 앞서 생성한 래빗엠큐 대시보드 아래 메시지 큐 패널에 경보를 설정할 것이다. "메시지/큐(Messages/Queue)"라는 제목의 패널을 클릭하면 나오는 메뉴에서 "편집(Edit)"을 선택한다. 그러면 경보(Alert) 탭 아래에 새로운 경보를 생성할 수 있다. 그림 11.14는 새로운 경보를 설정하는 방법을 보여준다.

"경보 구성(Alert Config)" 화면에서 경보의 이름과 조건을 평가하는 주기(예제의 경우 30초마다)를 추가한다. 다음 단계는 경보의 조건을 설정하는 것이다. 질의 A의 평균 수집 값이 최근 1분에 사이에 100 이상이면 경보를 발생하는 설정을 할 것이다.

> Tip "메트릭(Metrics)" 탭을 클릭하면 rabbitmq_queue_messages 메트릭에 대한 질의 A를 볼 수 있다. 또한 "규칙 테스트(Test Rule)" 버튼을 클릭해 규칙을 테스트할 수도 있다.

또한 "경보(Alert)" 탭 아래에 구성된 경보의 이력을 확인할 수도 있다. 그림 11.15는 큐에 쌓인 메시지 수의 이력을 보여준다.

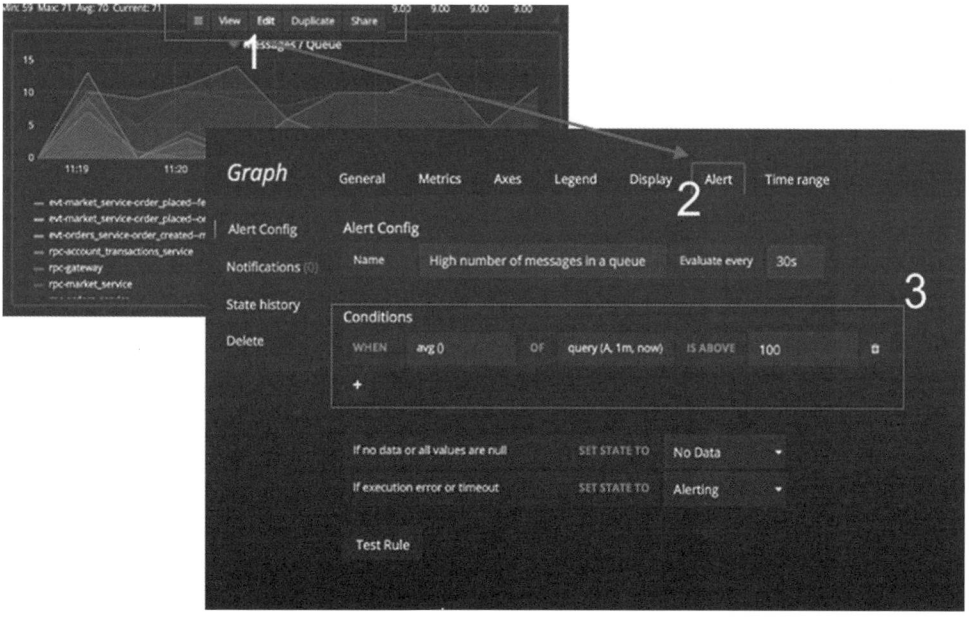

그림 11.14 래빗엠큐 대시보드의 메시지/큐 그래프에 대해 경보 설정하기

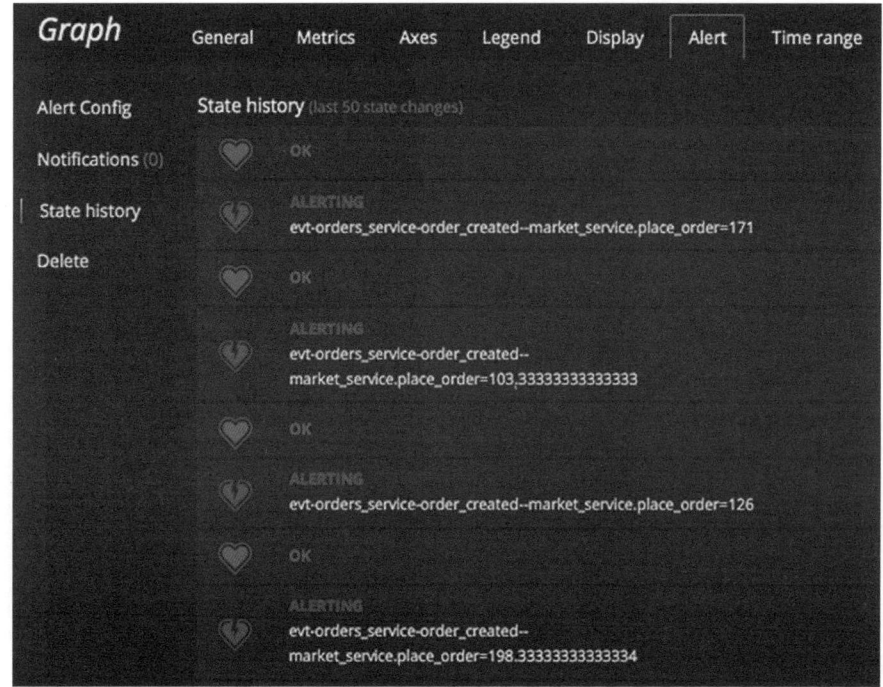

그림 11.15 주어진 경보의 이력 표시하기

이제 완료했다! 메트릭을 발생하도록 설정된 서비스와 서비스가 비동기식으로 커뮤니케이션하는 데 사용하는 핵심 구성요소인 이벤트 큐에서 발생하는 메트릭 모두를 수집하는 모니터링 인프라스트럭처를 설정했다. 또한 시스템에서 일정 조건을 만족하면 경보를 발생하도록 하는 방법을 봤다. 이제 알림을 어떻게 사용하는지 좀 더 자세히 알아보자.

11.3 감지할 수 있고 조치 가능한 경보 발생하기

모니터링 시스템을 구축하면 시스템의 성능을 측정하고 이런 측정값에 대한 기록을 유지할 수 있다. 또한 이것은 측정값에 대한 임계치를 결정하고 이를 초과하면 자동으로 알림을 발생할 수 있다는 것을 의미한다.

하지만 기억해야 할 한 가지는 이 모든 정보가 너무 많아 압도당하기 쉽다는 것이다. 결국에는 너무 많은 정보는 득보다 실이 많을 수 있다. 예를 들어, 상황이 나빠지면 사람들이 반복적인 경보를 무시하기 시작한다. 발생하는 경보가 실행 가능하고 조치가 취해지며 조직에서 올바른 사람에게 전달되도록 해야 한다.

서비스가 경보를 자동으로 처리해 조치를 취할 수도 있다. 예를 들어, 큐에 메시지가 누적되면 서비스를 자동으로 확장할 수 있다. 그러나 일부 경보는 사람이 확인하고 직접 조치를 취해야 한다. 이런 경보는 올바른 사람에게 전달돼야 하고 충분한 정보를 제공해서 가능한 원인을 진단하기가 쉬워야 한다.

또한 서비스 또는 인프라스트럭처의 모든 이슈는 대부분 여러 경보를 발생시킬 것이기 때문에 경보의 우선순위를 정해야 한다. 경보를 다루는 누구라도 개별 경보의 긴급성 정도를 즉각 알아야 한다. 일반적으로 경보는 기본적으로 서비스를 소유하는 팀에게 직접 전달해야 한다. 애플리케이션을 조직에 매핑하면 경보를 전달할 팀을 결정하는 데 도움이 된다.

11.3.1 문제가 발생했을 때 누가 알아야 하는가?

일상적인 운영에서는 경보는 서비스를 소유하고 개발한 팀에게 가야 한다. 이것은 마이크로서비스 지향 엔지니어링팀을 통솔해야 하는 사상인 "만든 이가 운영도 한다(you build it, you run it)"을 반영한 것이다. 팀이 서비스를 만들고 배포할 때 모든 이가 배포되는 모든 서비스에 대해 아는 것은 불가능하지는 않더라도 어려운 일이다. 서비스에 대해 가장 많은 지식을 가진 사람이 서비스가 생성한 경보에 대해 해석하고 조치를 취하는 최적의 위치에 있을 것이다.

또한 조직에는 경보를 수신하고 모니터링하며 필요한 경우 특별한 팀에 이관하는 비상 대기(on-call) 교대 또는 전담팀이 있을 것이다. 경보와 알림을 설정할 때는 다른 사람이 사용할 수 있으므로 가능한 한 경보를 간결하고 유용하게 유지하는 것이 중요하다. 또한 각 서비스는 공통 이슈와 진단 방법에 대한 몇 가지 문서를 만들어서 당직 근무팀이 경보를 수신했을 때 이슈를 해결할 수 있을지 아니면 이관해야 할지를 결정할 수 있게 해야 한다.

또한 이슈를 긴급 수준에 따라 분류한다. 모든 이슈가 즉각적으로 대응해야 하는 것은 아니지만, 일부는 고객 거래에 영향을 줄 수 있으므로 인지하자마자 즉시 대응해야 한다.

심각한 이슈는 알림을 보내서 서비스를 개발한 팀의 엔지니어 또는 비상 대기 엔지니어에게 알려야 한다. 중간 심각도의 이슈는 적절하다고 판단되는 모든 채널에 알림 경보를 생성해서 이를 모니터링하는 사람들이 알림을 받도록 해야 한다. 이런 유형의 경보는 즉시는 아니지만, 가능한 한 신속하게 수행해야 하는 일련의 작업을 생성하는 것으로 생각할 수 있다. 즉, 다른 이의 작업 흐름을 방해하지 않거나 한밤중에 누군가를 깨우지 않아도 되게 하는 것이다. 가장 낮은 우선순위의 경보는 기록만 남겨놓는다. 이런 경보는 서비스가 수신하고 필요할 경우 조치를 취할 수 있기 때문에 사람이 개입하기 위한 것은 아니다. 예를 들어, 응답 시간이 증가하면 서비스를 자동으로 확장하는 것이 여기에 해당한다.

11.3.2 원인이 아닌 증상

원인이 아닌 증상으로 경보를 발생해야 한다. 이것의 예시에는 사용자 대면 오류가 있다. 즉, 사용자가 더이상 서비스에 접근하지 못하는 경우 그에 근거해 경보를 생성해야 한다. **정상** 임계치를 벗어나는 모든 개별 파라미터에 대해 경보를 내보내서는 안 된다. 개별 정보만으로는 무슨 일이 일어나고 있는지 또는 무엇이 문제인지를 알 수가 없다. 그림 11.2에서 주식 시장에 주문을 제출하는 흐름을 설명했다. 4개의 서비스가 이 기능의 사용자 접근 지점 역할을 하는 게이트웨이와 협업한다. 이 서비스 중 하나 이상이 비정상 동작을 하거나 과부하를 받을 수 있다. 구성요소 간의 주된 비동기 커뮤니케이션의 특성상 에러의 발생 원인을 찾기가 어려울 수 있다.

게이트웨이에 전달되는 요청의 수와 제출된 주문과 관련해 발생된 알림의 수에 경보를 설정했다고 하자. 시간이 흐르면서 이 2가지 메트릭을 연관 짓기가 쉬워지고 둘 간의 비율을 결정할 수 있게 된다. 제출된 주문의 수가 완료된 수보다 많아지는 증상이 발견되면 어떤 구성요소가 실패하는지(또는 여러 구성요소가 실패하는지) 이해하려고 할 것이다. 이벤트 큐 또는 인프라스트럭처 문제인가? 시스템에 부하가 높아서 감당하기 어려운가? 증상은 조사를 위한 시작점이 되고 여기서부터 원인(들)을 찾을 때까지 추적하게 된다.

> **Tip** 경보 피로를 피하기 위해 알림을 최소한으로 하고 실행 가능하게 유지해야 한다. 시스템의 정상 동작에서 벗어나는 모든 것에 대해 알림을 발생하면 곧 알림을 무시하고 중요하지 않은 것으로 간주하게 된다. 따라서 최소한으로 유지하면 결국 간과될 수 있는 중요한 것을 놓치지 않을 수 있다.

11.4 애플리케이션 전체 관찰하기

시스템에서 서비스별 상태를 보는 것보다 메트릭을 연관 짓는 것이 추론하고 이해하는 데 더 중요한 도구가 된다. 또한 모니터링은 다양한 상황에서 시스템의 작동을 이해하고 추론하거나 수집된 모든 데이터를 활용해 용량을 예측하고 조정하는 데 도움을 준다. 서비스별 메트릭을 수집하는 것의 좋은 점은 다양한 서비스와 반복적으로 연관 지을 수 있고 애플리케이션 전체의 작동에 대한 전반적인 아이디어를 얻을 수 있다는 것이다. 그림 11.16에서 다양한 서비스의 메트릭 사이에 가능한 상관관계를 볼 수 있다.

다음에 제안된 상관관계를 살펴보자.

- A: 게이트웨이와 주문 서비스에 들어오는 요청을 비교하는 새로운 시각화 생성하기 - 이를 통해 사용자의 요청을 처리하는 데 문제가 있는지를 이해할 수 있다. 또한 이 처리율이 99% 이하로 떨어질 때마다 경보를 발생하는 새로운 상관관계를 사용할 수 있다.

- B: 게이트웨이로 들어온 사용자 요청의 수와 큐에 생성된 주문 메시지의 수를 연관 짓기 - 주문 서비스가 이런 메시지 게시를 담당하는데, A와 비슷하게 이를 통해 시스템이 정상 작동하고 고객의 요청이 처리되는지 알 수 있다.

- C: 주문 서비스로 들어온 요청의 수와 제출된 주문 메시지의 수를 연관 짓기 - 이를 통해 수수료 서비스가 잘 작동하는지 알 수 있다.

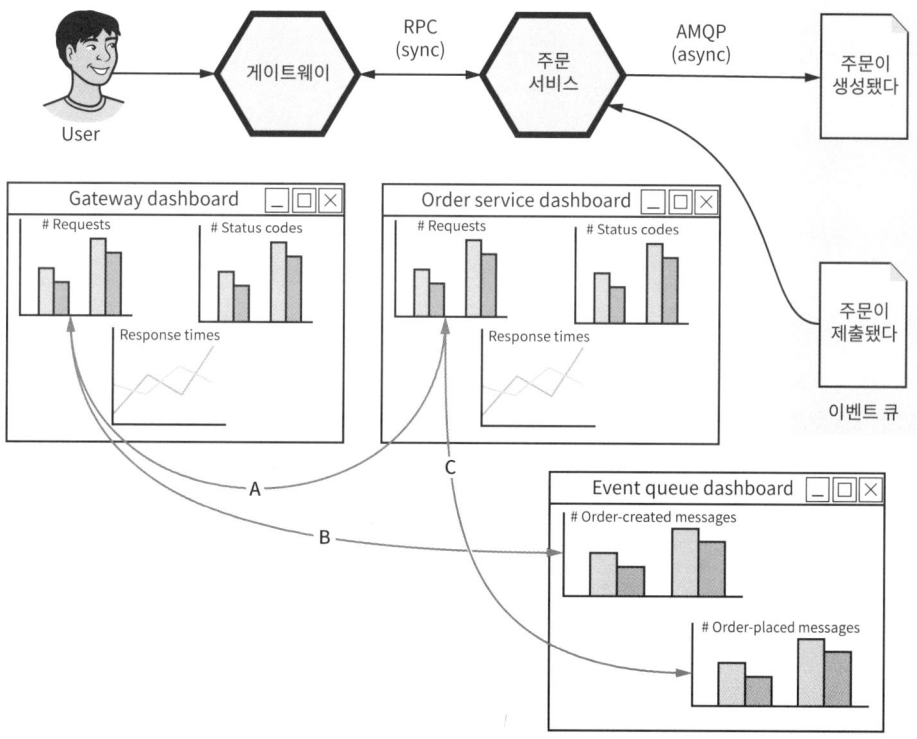

그림 11.16 서로 다른 서비스 간의 메트릭 상관관계

새로운 대시보드에서 다양한 메트릭을 엮고 상황별 경보를 설정하면 애플리케이션 전반에 대한 통찰을 얻을 수 있다. 그런 다음 상위 레벨의 보기부터 하위 레벨의 보기까지 원하는 상세 수준을 결정하는 것은 사용자의 몫이다.

지금까지 모니터링과 경보를 다뤘다. 모니터링 스택을 설정해서 무슨 일이 **어떻게** 발생했는지 이해할 수 있었다. 이제 서비스가 발생하는 메트릭을 관찰해 서비스의 상태를 이해하고 정상 수치 내에서 서비스가 작동하는지 결정할 수 있다. 그러나 이는 애플리케이션의 관측 가능성을 위한 노력의 일부일 뿐이다. 좋은 출발이지만 더 많은 것이 필요하다.

무슨 일이 일어나는지를 완전히 이해하기 위해 로그와 추적에 더 많은 투자를 하면 현재 무슨 일이 일어나고 있는지 그리고 과거에 무슨 일이 있었는지를 모두 파악할 수 있다. 다음 장에서는 관측 가능성으로의 여정에서 모니터링에 대한 보완으로 로깅과 추적에 집중할 것이다. 그렇게 함으로써 **왜** 그런 일이 발생했는지를 이해해 볼 것이다.

요약

- 튼튼한 마이크로서비스 모니터링 스택은 메트릭, 추적, 로그로 구성된다.
- 마이크로서비스에서 풍부한 데이터를 수집하면 문제를 식별하고 조사하며 애플리케이션의 전반적 작동을 이해하는 데 도움이 된다.
- 메트릭을 수집할 때는 4가지 중요 신호에 집중해야 한다. 여기에는 대기 시간, 에러, 트래픽(또는 처리량), 포화가 있다.
- 프로메테우스와 StatsD는 마이크로서비스에서 메트릭을 수집하는 일반적인 언어 독립적인 도구다.
- 그라파나를 사용해 메트릭 데이터를 그래프로 나타낼 수 있고 가독성 있는 대시보드를 생성하고 경보를 발생할 수 있다.
- 메트릭을 기반으로 한 경보는 원인보다는 잘못된 시스템 동작의 증상을 나타낼 경우 좀 더 견고하고 유지 가능하다.
- 잘 정의된 경보는 명확한 우선순위를 가지고 올바른 사람에게 전달되며 조치를 취할 수 있고 간결하며 유용한 정보를 담고 있어야 한다.
- 다양한 서비스에서 데이터를 수집하고 집계하면 고유한 메트릭을 연관 짓고 비교해 시스템에 대한 전반적인 이해를 얻을 수 있다.

로그와 추적 정보로 동작 이해하기 | 12장

이 장에서는 다음 내용을 다룬다.

- 로그를 기계가 읽을 수 있는 형태로 일관되고 구조화된 방식으로 저장하기
- 로그 인프라스트럭처 구축하기
- 추적과 연관 ID를 사용해 시스템의 동작 이해하기

앞 장에서는 서비스에서 메트릭을 발생시키고 메트릭을 활용해 대시보드와 경보를 만드는 것에 집중했다. 메트릭과 경보는 마이크로서비스 아키텍처에서 관측 가능성을 달성하기 위해 필요한 것의 일부에 불과하다. 이 장에서는 로그를 수집하고 서비스 간의 상호작용을 추적하는 데 집중할 것이다. 그러면 시스템의 동작에 대한 전반적인 이해뿐만 아니라 원하는 시점으로 돌아가 각 요청을 추적할 수 있다. 이는 에러를 개선하고 병목 구간을 식별하는 데 중요하다. 로그는 시스템에 대한 요청의 이력을 문서화하는 일정의 기록지인 반면, 추적은 각 요청의 시간 기록을 제공해 다양한 서비스에 소요된 시간을 알 수 있게 한다.

이 장의 마지막에서는 기본적인 로그 인프라스트럭처를 구축하고 추적 기능을 설정할 것이다. 애플리케이션의 작동을 모니터링하고 만약의 경우에 특정 요청을 조사할 수 있는 도구를 갖게 될 것이다. 게다가 추적 데이터를 이용해 성능 문제를 식별할 수도 있다.

12.1 서비스 간의 작동 이해하기

마이크로서비스 기반 아키텍처에서는 여러 서비스가 관여해 사용자에게 기능을 제공한다. 데이터에 대한 일원화된 통합 접근이 없으면 모든 요청이 어떻게 진행되는지 이해하기가 어려워진다. 서비스는 여

러 노드에 분산돼 있고 일시적이며 운영 요건을 만족하기 위해 지속적으로 배포되고 확장된다. 단일 머신에서 작동하는 단일 애플리케이션이 필요할 경우 구현했을 매도 주문 유스케이스를 다시 살펴보자(그림 12.1).

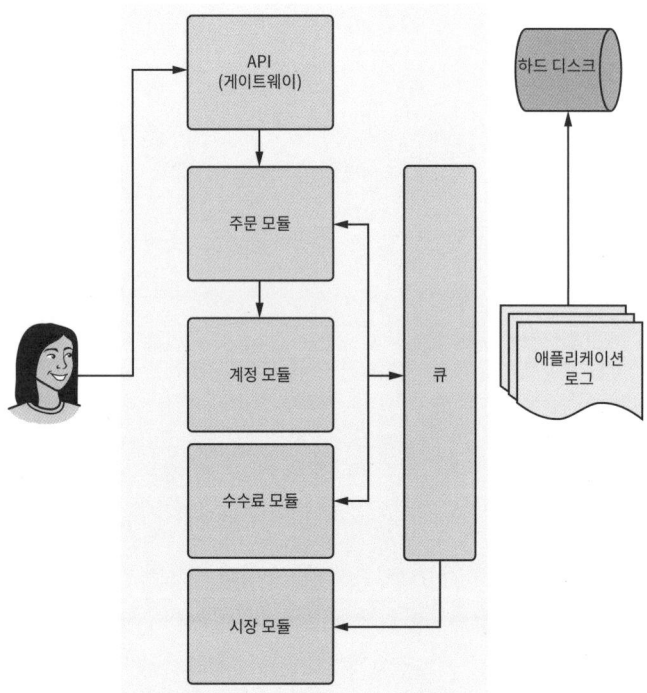

그림 12.1 단일 애플리케이션으로 구현된 매도 주문 유스케이스

그림 12.1은 같은 애플리케이션에서 각 서비스가 모듈화돼 사용자가 주식을 팔 수 있게 협업하는 것을 보여준다. 시스템에서 요청의 처리 과정을 조사한다면 머신에 로그인해서 하드 드라이브에 저장된 로그를 조사했을 것이다. 그러나 아마도 여분 및 가용성을 위해 애플리케이션이 작동하는 여러 머신이 있을 것이므로 단일 머신에 로그인하는 것만큼 쉽지 않을 것이다. 마침내 관찰하고자 하는 요청을 식별했다면 요청을 실행한 머신을 식별하고 조사하고 로그에서 필요한 통찰을 얻을 것이다.

단일 시스템에 로그를 유지하는 것은 결코 쉬운 일이 아니다. 서버가 중단되어 사용할 수 없게 될 수도 있다. 우리의 목적은 로그 데이터 또는 어떤 데이터를 유지하는 복잡성을 최소화하는 방법에 대한 것이 아니라 모든 데이터를 한 곳에 저장해서 다루기 쉽게 하는 것이다.

이제 마이크로서비스 애플리케이션에서 같은 시나리오를 비교해 보자. 그림 12.2는 각 서비스가 여분의 여러 복제본을 독립적으로 실행하는 여러 서비스의 동일한 사례를 설명한다.

그림에서 보듯이, 독립적으로 실행하는 5개의 서비스가 있고 각 서비스에는 3개의 인스턴스가 있다. 이는 어느 파드도 잠재적으로 같은 물리 머신에서 실행되지 않는다는 것이다. 시스템으로의 요청은 다른 물리 머신에서 실행 중인 여러 파드에서 처리될 것이고 로그를 접근해서 추적하기는 쉽지 않을 것이다. 이것을 할 수 있다고 해도 접속 데이터가 필요할 때 특정 파드가 여전히 실행되고 있다는 보장을 할 수 있을까?

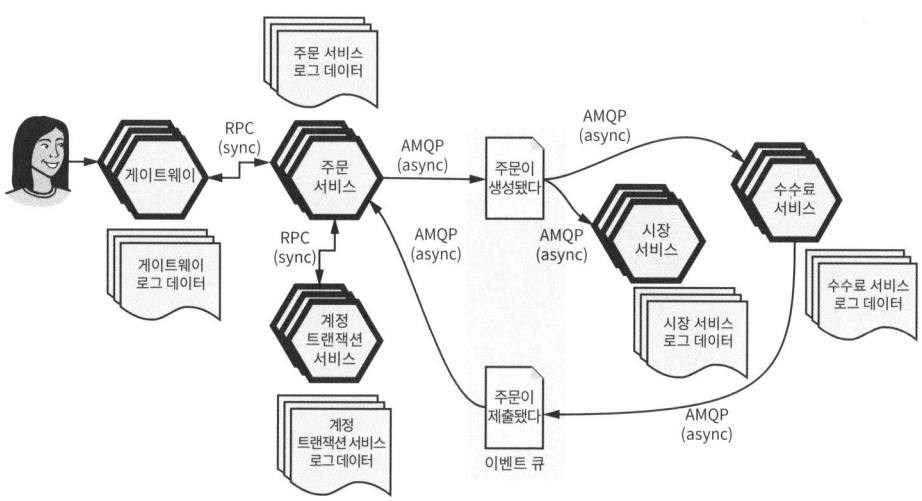

그림 12.2 심플 뱅크에서 매도 주문 유스케이스를 위한 여러 서비스가 각자의 로그 데이터를 갖는 사례

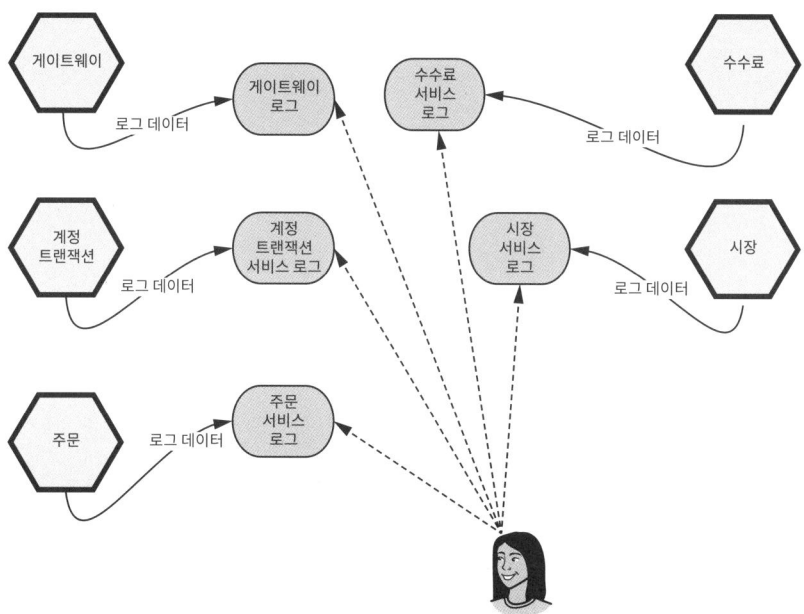

그림 12.3 서로 다른 인스턴스에서 각 서비스의 로그를 접근하는 것은 어렵다.

그림 12.3은 분산 시스템에서 데이터를 수집할 때 당면한 어려움을 설명한다. 실행 중인 파드가 교체된 후에 살아남은 로그 데이터가 있다고 하더라도 시스템에서 요청을 추적하기는 쉽지 않다. 시스템에서 일어나는 일을 기록하는 더 나은 방법이 필요하다. 동작을 완전히 이해하려면 다음 항목이 필요하다.

- 로그 데이터를 저장해서 서비스가 재시작하고 확장해도 보존할 수 있어야 한다.
- 여러 서비스와 서비스 인스턴스의 로그 데이터를 중앙에 집계해야 한다.
- 저장된 데이터를 활용해서 검색과 추가 처리를 할 수 있어야 한다.

이 장에서의 목적은 모든 서비스에서 로그 데이터를 수집하고 필요할 때 시스템의 동작을 추론하고 검색할 수 있게 하는 것이다. 가용한 데이터를 활용해서 감사, 디버그, 새로운 통찰을 얻을 수 있다. 데이터 처리를 통해 유용한 정보를 얻는 한 가지 예는 로그에서 IP 데이터를 수집해서 사용자의 가장 일반적인 지리적 위치를 시각화하는 것이다.

로그 데이터를 효과적으로 저장하고 검색하려면 우선 엔지니어링팀이 사용할 로그의 형식을 합의해야 한다. 일관된 형식은 데이터를 효과적으로 저장하고 가공하는 데 도움이 된다.

12.2 일관되고 구조적이며 읽기 편한 로그 생성하기

관측 가능성을 달성하려면 운영 중인 서비스뿐만 아니라 인프라스트럭처를 포함해 여러 소스에서 데이터를 수집해야 한다. 공통 형식을 정의하면 최소한의 노력으로 기존 도구를 사용해 데이터를 좀 더 쉽게 분석하고 검색할 수 있다.

다음은 저장하고 사용할 수 있는 데이터의 예다.

- 애플리케이션 로그
- 데이터베이스 로그
- 네트워크 로그
- 하위 운영 체제에서 수집된 성능 데이터

일부 구성요소의 경우 형식을 제어할 수 없으므로 그 특수성에 대응하고 어떻게든 변환해야 한다. 그러나 지금은 제어할 수 있는 서비스에 집중하자. 전체 엔지니어링팀이 형식을 준수하면 장기적으로 보상

이 따르는데, 이는 데이터를 더욱 간단하고 효과적으로 수집하기 때문이다. 우선 무엇을 저장할지 결정한 후 어떻게 저장할지 살펴보자.

12.2.1 로그에 포함할 유용한 정보

로그 데이터에서 시스템을 이해하는 데 유용하고 효과적인 도움을 얻으려면 어떤 것을 커뮤니케이션하는 데 필요한 정보를 포함해야 한다. 그러면 각 로그에 무엇을 포함해야 할지 살펴보자.

타임스탬프(timestamps)

데이터를 상호 연관 짓고 적절하게 순서를 정하려면 로그 엔트리에 타임스탬프를 포함해야 한다. 타임스탬프는 가능한 한 세밀하고 자세한 정보를 제공해야 한다. 예를 들어, 연도에는 4자리 숫자와 최상의 해상도를 사용한다. 각 서비스는 자체 타임스탬프를 표현해야 하는데, 가능하다면 마이크로초가 좋다. 또한 타임스탬프는 시간대(time zone) 정보를 포함해야 하는데, GMT/UTC로 데이터를 수집하는 것을 권장한다.

이런 상세정보가 있으면 서로 다른 시간대의 서로 다른 서비스의 데이터를 상호 연관 지을 때 발생하는 문제점을 피할 수 있다. 발생 시간으로 데이터를 정렬하면 분석할 때 훨씬 쉽고 적은 맥락 정보가 필요하다. 올바른 타임스탬프는 이벤트가 발생한 순서를 이해하기 위한 가장 기본적인 첫걸음이다.

식별자(identifiers)

저장하려는 데이터에 가능한 한 많은 고유 식별자를 포함해야 한다. 요청 ID, 사용자 ID, 다른 고유 식별자는 여러 소스의 데이터를 상호 참조할 때 따질 수 없는 가치가 있다. 또한 서로 다른 소스의 데이터를 효과적으로 그룹 지을 수 있다.

대부분 이런 ID는 이미 시스템에 존재하는데, 리소스를 식별하는 데 ID를 사용해야 하기 때문이다. 이런 ID는 이미 다른 서비스를 통해 전파됐을 것이므로 잘 활용해야 한다. 고유 식별자를 타임스탬프와 함께 사용하면 시스템에서 이벤트의 흐름을 이해하는 강력한 도구가 된다.

소스(source)

로그 엔트리의 소스를 식별하면 필요할 때 디버그를 쉽게 할 수 있다. 일반적인 소스 데이터는 다음을 포함한다.

- 호스트
- 클래스 또는 모듈
- 함수
- 파일 이름

함수를 호출할 때 실행 시간을 추가하면 나중에 소스에서 수집된 정보에서 성능을 계산할 수 있다. 메트릭 수집을 대체하는 것은 아니지만, 병목 구간과 잠재적 성능 문제를 식별하는 데 효과적으로 도움이 된다.

레벨(level) 또는 카테고리(category)

각 로그 엔트리는 카테고리를 포함해야 한다. 카테고리는 로그 데이터의 유형이거나 로그 레벨일 수 있다. 일반적으로 로그 레벨에는 ERROR, DEBUG, INFO, WARN의 값이 쓰인다.

카테고리로 데이터를 그룹 지을 수 있다. 어떤 도구는 로그 파일을 파싱해 ERROR 레벨을 가진 메시지를 찾아 에러 보고 시스템과 커뮤니케이션한다. 이것은 로그 레벨 또는 카테고리를 활용해 명시적 지시 없이도 에러 보고 절차를 자동화하는 방법의 완벽한 예다.

12.2.2 구조와 가독성

로그 엔트리를 생성할 때는 사람이 읽을 수 있는 형태이면서 동시에 머신에 의해 쉽게 파싱될 수 있기를 바란다. 사람이 읽을 수 있다는 것은 데이터를 일반적인 사람이 이해할 수 없는 바이너리 또는 모든 형태로 인코딩하지 않는 것을 뜻한다. 그 한 가지 예는 이미지를 바이너리 형태로 저장하는 것이다. 이 경우 ID, 파일 크기, 다른 관련 데이터를 대신 사용해야 한다.

또한 여러 줄에 걸친 로그를 피해야 하는데, 집계 도구에서 파싱할 때 파편화를 초래할 수 있기 때문이다. 이런 로그는 ID, 타임스탬프, 또는 소스와 같은 특정 로그 엔트리와 관련된 일부 정보를 쉽게 잃을 수 있다.

이 장의 예제는 로그 엔트리를 JSON 형태로 인코딩할 것이다. 그러면 사람이 데이터를 읽기 쉽고 기계가 파싱할 수 있을 뿐만 아니라 앞 섹션에서 언급한 일부 데이터를 자동으로 포함할 수 있다.

7장에서 마이크로서비스 섀시(chassis)를 논의할 때 로그 포맷을 제공하는 파이썬 라이브러리인 `logstash-formatter`를 소개했다. 로그스태시 라이브러리는 다양한 언어로 제공되므로 서비스가 개발된 언어에 상관없이 쉽게 사용할 수 있어 로그 형식이 널리 확산될 수 있다.

> **로그스태시**
>
> 로그스태시는 여러 소스에서 이벤트와 로그 메시지를 수집, 처리, 전달하는 도구다. 데이터 수집을 구성하기 위한 다양한 플러그인을 제공한다.
>
> 우리는 로그스태시의 형식 규칙에 관심이 있어 심플뱅크의 서비스에서 V1 형식 명세를 사용할 것이다.

그러면 파이썬의 로그스태시 라이브러리를 사용해 수집한 로그 엔트리를 살펴보자. 이 메시지는 로그스태시의 V1 형식을 사용했고 애플리케이션이 시작할 때 로그를 위한 특별한 코드 없이 자동으로 생성됐다.

```
{
    "source_host" : "e7003378928a",          ←──── 소스에 대한 정보: 애플리케이션이 실행되는 호스트
    "pathname" : "usrlocallibpython3.6site-packagesnamekorunners.py",
    "relativeCreated" : 386.46125793457031,
    "levelno" : 20,
    "msecs" : 118.99447441101074,            ←──── 작업을 처리하는 데 소요된 시간
    "process" : 1,
    "args" : [    "orders_service"    ],
    "name" : "nameko.runners",
    "filename" : "runners.py",       ←──── 로그를 생성한 파일명
    "funcName" : "start",            ←──── 로그를 생성한 함수
    "module" : "runners",            ←──── 로그를 생성한 모듈
    "lineno" : 64,                   ←──── 로그를 생성한 라인 번호
    "@timestamp" : "2018-02-02T18:42:09.119Z",   ←──── 타임스탬프, Z는 UTC 시간대를 의미한다.
    "@version" : 1,                  ←──── 로그 형식의 버전(logstash-formatter v1)
    "message" : "starting services: orders_service",  ←──── 서버를 시작한다는 의미의 메시지
    "levelname" : "INFO",            ←──── 로그 레벨 또는 카테고리. 이 경우는 INFO 레벨
    "stack_info" : null,
    "thread" : 140612517945416,
    "processName" : "MainProcess",
    "threadName" : "MainThread",
    "msg" : "starting services: %s",
    "created" : 1520275329.1189945
}
```

보다시피 로그스태시 라이브러리는 관련 정보를 입력해 개발자의 부담을 줄여준다. 다음 예제 코드에서 로그 엔트리를 표현하는 명시적인 로그 호출 방법을 볼 수 있다.

예제 코드 12.1 명시적 로그 명령 후의 로그스태시 V1 형태의 로그 메시지

```
# Python code for generating a log entry
self.logger.info ({"message": "Placing sell order", "uuid": res} )    ← 로그 레벨, 메시지 필드, UUID 필드
{
    "@timestamp": "2018-02-02T18:43:08.221Z",
    "@version": 1,
    "source_host": "b0c90723c58f",
    "name": "root",
    "args": [],
    "levelname": "INFO",    ← 로거 모듈에 결정된 로그 레벨. 이 경우는 INFO.
    "levelno": 20,
    "pathname": "./app.py",
    "filename": "app.py",
    "module": "app",
    "stack_info": null,
    "lineno": 33,
    "funcName": "sell_shares",
    "created": 1520333830.3000789,
    "msecs": 300.0788688659668,
    "relativeCreated": 15495.944738388062,
    "thread": 140456577504064,
    "threadName": "GreenThread-2",
    "processName": "MainProcess",
    "process": 1,
    "message": "Placing sell order",    ← 메시지 필드
    "uuid": "a95d17ac-f2b5-4f2c-8e8e-2a3f07c68cf2"    ← 이 로그 엔트리와 다른 서비스의 다른 로그를
}                                                        식별하고 잠재적으로 연관 지을 수 있게 하는
                                                         UUID 필드
```

로거를 명시적으로 호출할 때 원하는 로그 레벨과 메시지와 UUID를 담은 키-값 형태의 로그 메시지를 지정하기만 하면 된다. 그러면 로그스태시는 명시적으로 선언하지 않아도 자동으로 로그 항목에 있는 다른 모든 정보를 수집하고 추가한다.

12.3 심플뱅크를 위한 로깅 인프라스트럭처 구축하기

이제 정보를 수집하고 표현하는 형식을 설정했으니 기본적인 로깅 인프라스트럭처를 구축할 수 있다. 이 섹션에서는 운영 중인 모든 서비스에서 로그를 수집하고 집계하는 인프라스트럭처를 구축할 것이다. 또한 검색 및 상관 기능도 제공한다. 이것의 목적은 메트릭에 대해 이미 가지고 있는 것처럼 모든 로그 데이터에 대한 중앙 집중식 접근 지점을 제공하는 것이다. 그림 12.4는 로깅 인프라스트럭처를 구축해서 얻고자 하는 것을 보여준다.

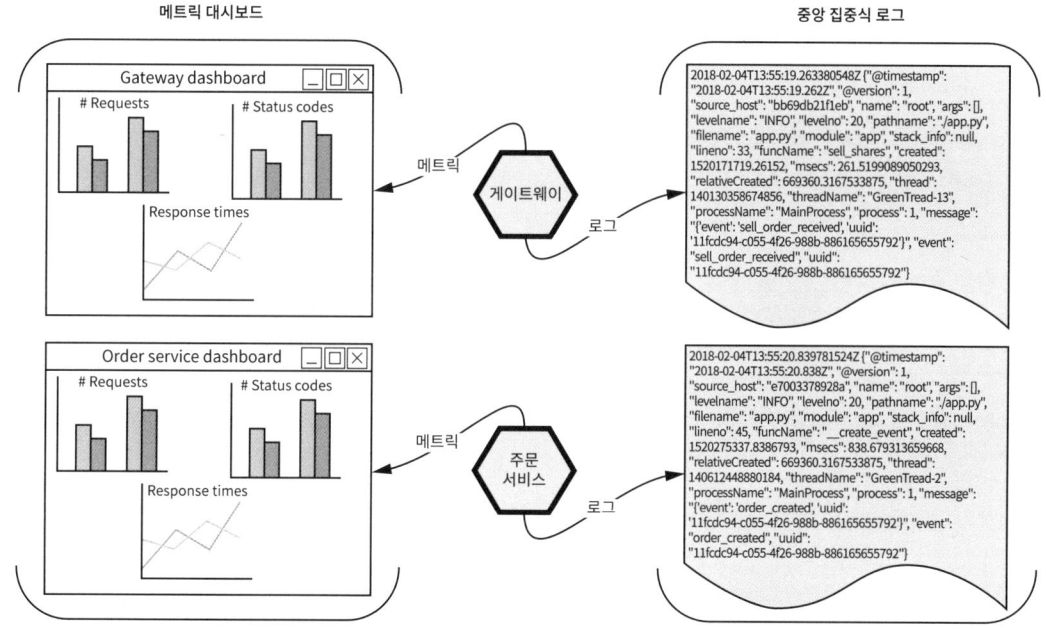

그림 12.4 중앙 집중식 메트릭과 중앙 집중식 로그를 사용해 데이터에 쉽게 접근하는 서비스

11장에서 메트릭을 위해 했던 것처럼 일단 로그 집계 기능을 구성하면 모든 서비스가 메트릭과 로그를 중앙 집중화된 시스템으로 보내 관측 가능성을 개선한다. 운영 중인 시스템에 대한 데이터를 관찰할 수 있고 특정 요청에 대해 감사나 디버그가 필요한 경우 더 많은 정보를 수집해 깊게 파고들 수 있다. 일반적으로 ELK(엘라스틱서치, 로그스태시, 키바나)로 불리는 솔루션을 구성하고 플루언트디(Fluentd)라는 데이터 수집기를 사용할 것이다.

12.3.1 ELK와 플루언트디 기반 솔루션

여기서는 엘라스틱서치, 로그스태시, 키바나를 사용한 로그 인프라스트럭처를 구축할 것이다. 또한 플루언트디를 사용해 애플리케이션 로그를 중앙 집중식 로깅 솔루션에 보낼 것이다. 이 기술을 자세히 다루기 전에 그림 12.5를 통해 우리가 달성하려고 하는 것의 개념을 이해하자.

그림 12.5는 게이트웨이 서비스의 여러 인스턴스에서 로그를 수집하고 중앙의 로그 시스템에 전달하는 방법을 보여준다. 같은 서비스의 여러 인스턴스를 나타냈지만, 이것은 우리가 실행하는 모든 서비스에도 작동한다. 서비스는 로그 정보를 STDOUT(표준 출력)로 내보내고 플루언트디 데몬에서 실행 중인 에이전트가 이 로그를 엘라스틱서치로 보낸다.

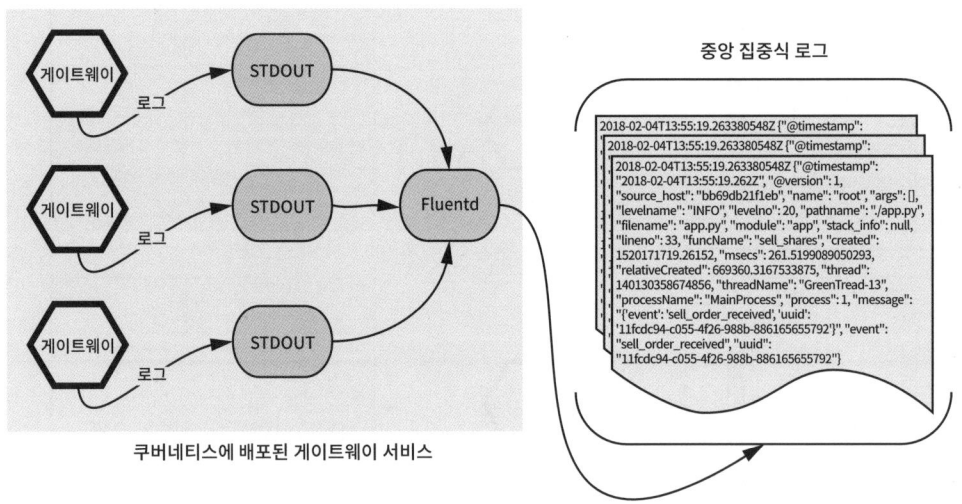

그림 12.5 여러 서비스 인스턴스에서 로그를 수집하고 중앙의 장소에 전달한다.

모든 새로운 서비스를 배포할 때 이 패턴을 따르면 로그 데이터가 수집되고 색인되고 검색이 가능해진다. 이 시스템을 구현하기 전에 여기서 사용할 기술을 살펴보자.

엘라스틱서치

엘라스틱서치(www.elastic.io/products/elasticsearch)는 데이터를 중앙에 저장하는 검색 및 분석 엔진이다. 데이터를 색인하고, 예제의 경우 로그 데이터와 저장된 데이터에 대해 효과적인 검색과 집계를 수행할 수 있다.

로그스태시

로그스태시(www.elastic.io/products/logstash)는 여러 소스에서 데이터를 받아 변환해서 엘라스틱서치로 보내는 서버 측 처리 파이프라인이다. 예제의 경우, 클라이언트 라이브러리를 사용해 데이터를 수집하고 로그스태시 포맷으로 변환한다. 이 장의 앞에서 소개한 예제에서 데이터를 엘라스틱서치로 일관되게 보내는 기능을 확인했다. 그러나 여기서는 데이터를 전송하는 데 로그스태시 대신 플루언트디를 사용한다.

키바나

키바나(www.elastic.io/products/kibana)는 엘라스틱서치의 데이터를 시각화하는 UI다. 이 도구를 통해 데이터를 질의하고 연관관계를 탐색할 수 있다. 예제의 경우 로그 데이터를 다룬다. 키바나를 사용하면 수집된 데이터에서 시각화를 유도하므로 검색 도구 이상의 역할을 한다. 그림 12.6은 키바나를 활용한 대시보드의 예를 보여준다.

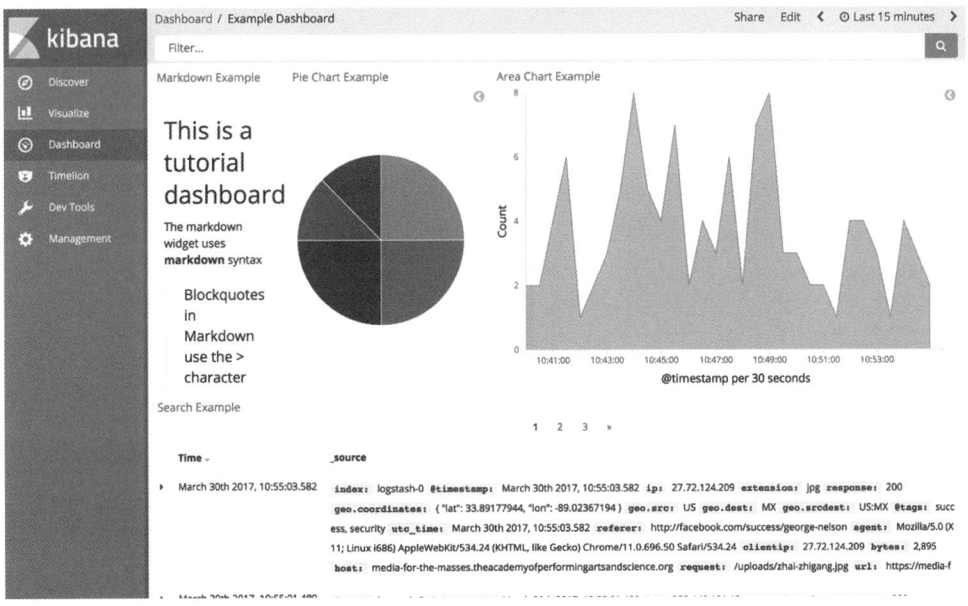

그림 12.6 로그 데이터에서 생성된 시각화 대시보드를 보여주는 키바나 사용 지침

플루언트디

플루언트디(www.fluentd.org)는 오픈 소스 데이터 수집기로, 예제의 경우 서비스의 데이터를 엘라스틱서치로 보내는 데 사용한다. 로그스태시로 데이터를 형식화하고 수집한 후 플루언트디로 데이터를 전송한다. 한 가지 장점은 도커 컴포즈 파일에 이것을 선언해 도커 파일의 로그 제공자로 사용할 수 있다는 것이다.

12.3.2 로깅 솔루션 설정하기

11장에서 메트릭 수집 및 경보 인프라스트럭처를 생성할 때 했던 것처럼 도커 컴포즈 파일을 통해 솔루션을 구성할 것이다. 이 장에 사용된 모든 코드는 깃허브에 있다(http://mng.bz/k191). 그중 docker-compose.yml 파일에 새로운 의존성을 선언할 것이다. 다음 예제 코드는 컴포즈 파일에 추가된 새로운 구성요소를 보여준다.

예제 코드 12.2 엘라스틱서치, 키바나, 플루언트디 컨테이너를 포함하는 도커 컴포즈 파일

```yaml
version: '2.1'
services:

  gateway:
    container_name: simplebank-gateway
    restart: always
    build: ./gateway
    ports:
      - 5001:5000
    volumes:
      - ./gateway:/usr/src/app
    links:
      - "rabbitmq:simplebank-rabbitmq"
      - "fluentd"
    logging:                    ◀── 각 서비스에 로깅 지시자를 추가해 도커가 서비스를 실행하는 각 컨테이너의 출력을 플루언트디로
      driver: "fluentd"              보내도록 하고 이어서 엘라스틱서치로 전달되도록 한다.
      options:
        fluentd-address: localhost:24224
        tag: simplebank.gateway
  (…)
```

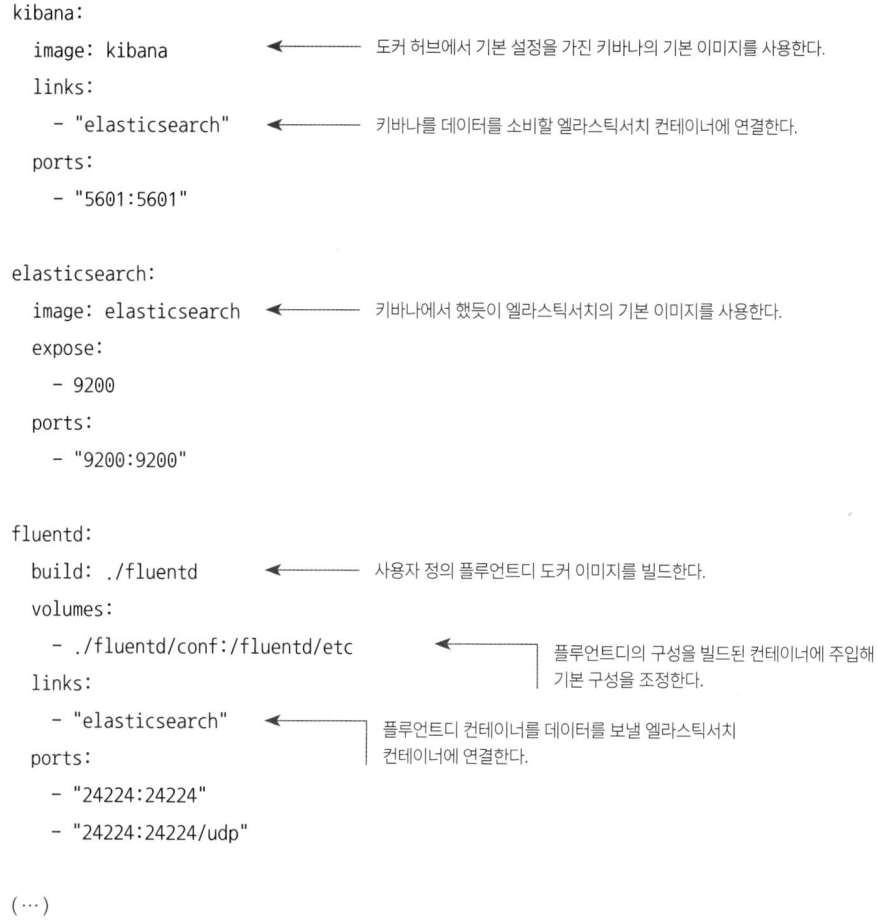

```
kibana:
    image: kibana          ◀── 도커 허브에서 기본 설정을 가진 키바나의 기본 이미지를 사용한다.
    links:
      - "elasticsearch"    ◀── 키바나를 데이터를 소비할 엘라스틱서치 컨테이너에 연결한다.
    ports:
      - "5601:5601"

elasticsearch:
    image: elasticsearch   ◀── 키바나에서 했듯이 엘라스틱서치의 기본 이미지를 사용한다.
    expose:
      - 9200
    ports:
      - "9200:9200"

fluentd:
    build: ./fluentd       ◀── 사용자 정의 플루언트디 도커 이미지를 빌드한다.
    volumes:
      - ./fluentd/conf:/fluentd/etc   ◀── 플루언트디의 구성을 빌드된 컨테이너에 주입해
                                          기본 구성을 조정한다.
    links:
      - "elasticsearch"    ◀── 플루언트디 컨테이너를 데이터를 보낼 엘라스틱서치
                               컨테이너에 연결한다.
    ports:
      - "24224:24224"
      - "24224:24224/udp"
```

(…)

위 내용을 도커 컴포우즈 파일에 추가하면 예제 서비스에 로깅 인프라스트럭처를 시작할 준비가 거의 다 된 것이다. 그러나 앞에서 언급한 대로 플루언트디의 구성을 필요한 형태로 조정해야 한다. 다음 Dockerfile로 플루언트디를 구축하자.

예제 코드 12.3 플루언트디 Dockerfile(fluentd/Dockerfile)

```
FROM fluent/fluentd:v0.12-debian    ◀── 플루언트디 기본 이미지를 내려 받는다.
RUN ["gem", "install", "fluent-plugin-elasticsearch",
  "--no-rdoc", "--no-ri", "--version", "1.9.2"]   ◀── 플루언트디를 위한 엘라스틱서치 플러그인을 설치한다.
```

이제 다음과 같이 플루언트디 구성 파일을 생성하기만 하면 된다.

이 플루언트디 구성파일에서 match 섹션은 엘라스틱서치에 접속하기 위해 필요한 모든 구성 (elasticsearch, port, host)뿐만 아니라 사용된 형식 또한 담고 있다. 여기서는 로그스태시 형식을 사용한다.

필요한 모든 설정이 완료되면 새로운 도커 컴포즈 파일로 서비스를 시작할 준비가 된 것이다. 그 전에 예제 서비스가 중앙의 로깅 인프라스트럭처로 데이터를 보내도록 코드를 변경하자. 다음 섹션에서 서비스에 로그스태시 로거를 구성하고 로그 레벨도 설정할 것이다.

12.3.3 수집할 로그 구성하기

예제 서비스는 환경 변수를 통해 로그 레벨을 제어할 수 있어서 개발과 운영 환경별로 다른 레벨을 둘 수 있다. 다른 로그 레벨을 사용하면 문제를 조사할 필요가 있는 경우 운영 환경에서 더 많은 로그를 수집할 수 있다.

게이트웨이 서비스의 로깅 구성을 살펴보고 로그 메시지를 내보내는 방법을 이해해 보자. 로깅 구성은 다음과 같다.

예제 코드 12.5 게이트웨이 서비스의 구성 파일(gateway/config.yml)

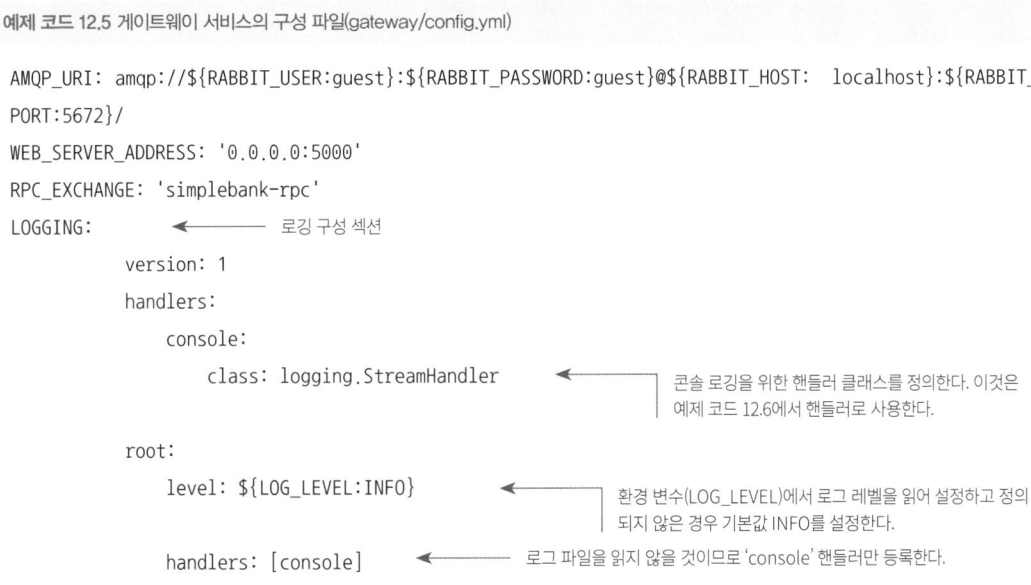

이 설정은 애플리케이션이 부팅할 때 로그 레벨을 설정한다. 도커 컴포즈 파일에 게이트웨이 서비스만 LOG_LEVEL 환경 변수를 DEBUG로 설정하고 모든 서비스는 INFO로 설정했다. 이제 게이트웨이 코드에 다음과 같이 로그를 설정하자.

예제 코드 12.6 게이트웨이 서비스에 로깅 활성화하기(gateway/app.py)

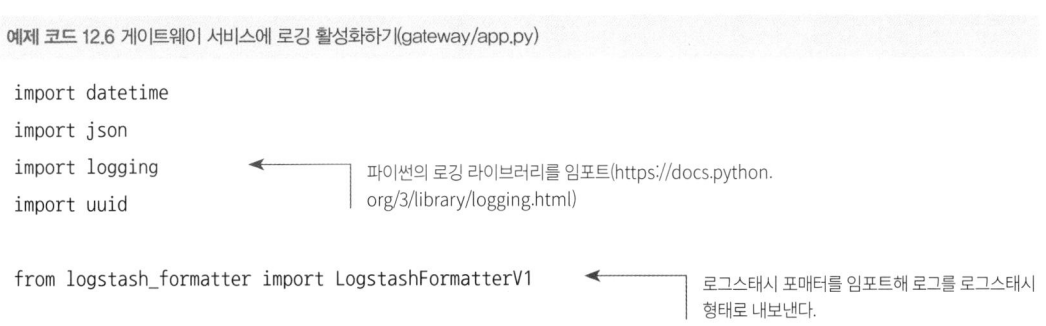

```python
from nameko.rpc import RpcProxy, rpc
from nameko.web.handlers import http
from statsd import StatsClient
from werkzeug.wrappers import Request, Response

class Gateway:
    name = "gateway"
    orders = RpcProxy("orders_service")
    statsd = StatsClient('statsd', 8125,
                        prefix='simplebank-demo.gateway')

    logger = logging.getLogger()
    handler = logging.StreamHandler()          ┐
    formatter = LogstashFormatterV1()          │ 로그를 초기화하고 구성한다.
                                               │
    handler.setFormatter(formatter)            │
    logger.addHandler(handler)                 ┘

    @http('POST', '/shares/sell')
    @statsd.timer('sell_shares')
    def sell_shares(self, request):
        req_id = uuid.uuid4()
        res = u"{}".format(req_id)
        self.logger.debug(
            "this is a debug message from gateway", extra={"uuid": res})
        self.logger.info("placing sell order", extra={"uuid": res}) self.__sell_shares(res)
        return Response(json.dumps(
            {"ok": "sell order {} placed".format(req_id)}), mimetype='application/json')

    @rpc
    def __sell_shares(self, uuid):
        self.logger.info("contacting orders service", extra={ "uuid": uuid}) )
        res = u"{}".format(uuid)
        return self.orders.sell_shares(res)

    @http('GET', '/health')
    @statsd.timer('health')
    def health(self, _request):
        return json.dumps({'ok': datetime.datetime.utcnow().__str__()})
```

DEBUG 레벨로 메시지를 남기는 방법에 대한 예제. 이 메시지는 애플리케이션 로그 레벨이 DEBUG일 때만 전달된다. INFO일 경우 메시지는 전달되지 않는다.

INFO레벨로 메시지를 남기는 방법에 대한 예제.

예제 코드 12.2는 도커의 로깅에서 플루언트디 드라이버를 활성화하는 방법을 보여준다. 이는 서비스에서 생성된 로그 데이터를 플루언트디를 사용해 엘라스틱서치로 보낼 준비가 됐고 이후에 키바나를 사용해 로그 데이터를 탐색할 수 있다는 뜻이다. 콘솔의 루트 디렉터리에서 모든 서비스와 메트릭, 로깅 인프라스트럭처를 시작하려면 다음 명령을 실행한다.

```
docker-compose up --build --remove-orphans
```

모든 작업을 마쳤으면 마지막 단계로 키바나에서 플루언트디를 통해 수집돼 엘라스틱서치에 저장된 로그를 사용하도록 구성해야 한다. 이를 위해 키바나 웹 대시보드(http://localhost:5601)에 접속한다. 그러면 관리 페이지로 이동하고 거기서 인덱스 패턴을 구성할 수 있다. 그리고 키바나가 데이터를 검색할 경로를 알려줘야 한다. 앞서 구성한 플루언트디의 설정을 보면 옵션에서 로그스태시 접두사를 fluentd로 설정했다. 이 값을 텍스트 박스에 넣는다. 그림 12.7은 키바나 대시보드 관리 섹션 화면과 입력해야 할 값을 보여준다.

인덱스 패턴에 fluentd-*를 입력하고 생성(Create) 버튼을 클릭하면 여러 서비스에서 생성한 로그 데이터를 탐색할 준비가 된다. 엘라스틱서치는 모든 데이터를 중앙의 장소에 전달하고 편리하게 이 데이터에 접근할 수 있게 해준다.

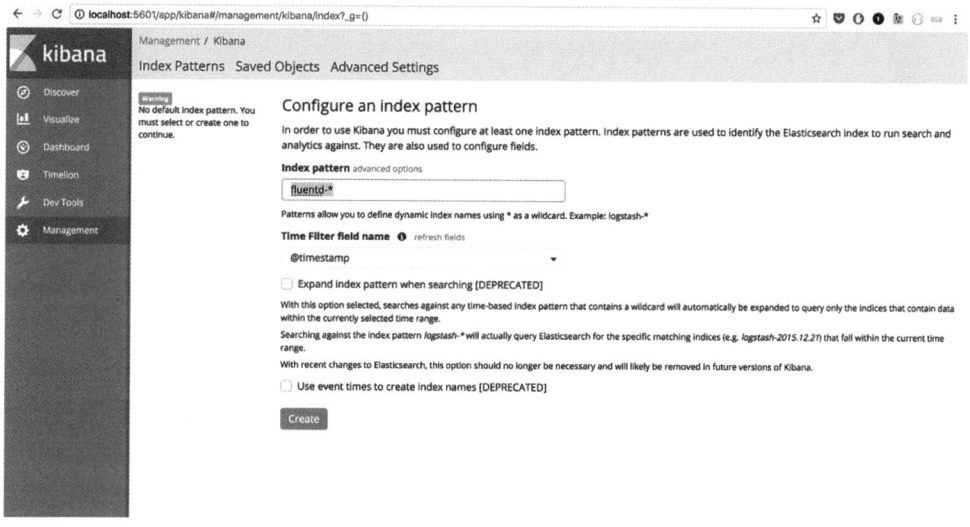

그림 12.7 엘라스틱서치에서 데이터를 가져오기 위해 인덱스 패턴을 지정하는 키바나 관리 섹션

샘플 로그 데이터를 생성하기 위해 게이트웨이 서비스에 POST로 매도 요청을 생성한다. 다음은 curl을 사용해 요청을 생성하지만, POST 요청을 생성할 수 있는 도구라면 무엇이든 괜찮다.

```
chapter-12$ curl -X POST http://localhost:5001/shares/sell \
-H 'cache-control: no-cache' \
-H 'content-type: application/json'

chapter-12$ {"ok": "sell order e11f4713-8bd8-4882-b645-55f96d220e44 placed"}
```

게이트웨이 서비스로의 요청을 보내는 curl 명령

서비스의 응답. UUID는 매도 주문을 식별하는 데 사용할 수 있어서 키바나에서 검색어로 사용할 수 있다(이 UUID는 임의로 생성된 것이므로 실제 응답에 있는 값을 사용하자).

이제 로그 데이터가 수집됐으니 키바나에서 탐색해 보자. 키바나의 웹 대시보드 왼편에 있는 디스커버 (Discover) 섹션을 클릭하면 검색할 수 있는 화면이 나온다. 검색창에 매도 주문의 응답으로 받은 UUID를 입력하자. 예제에서는 e11f4713-8bd8-4882-b645-55f96d220e44다. 다음 섹션에서는 관련된 다른 서비스를 통해 매도 요청의 실행을 추적하기 위해 키바나를 사용하는 방법을 볼 것이다.

12.3.4 모래사장에서 바늘 찾기

이 장의 예제에는 심플뱅크에서 사용자가 주식을 매도하는 것을 도와주는 5개의 독립 서비스가 있다. 모든 서비스는 요청 UUID를 사용해 동작을 로그로 남겨서 매도 주문 처리와 관련된 모든 로그를 집계할 수 있다.

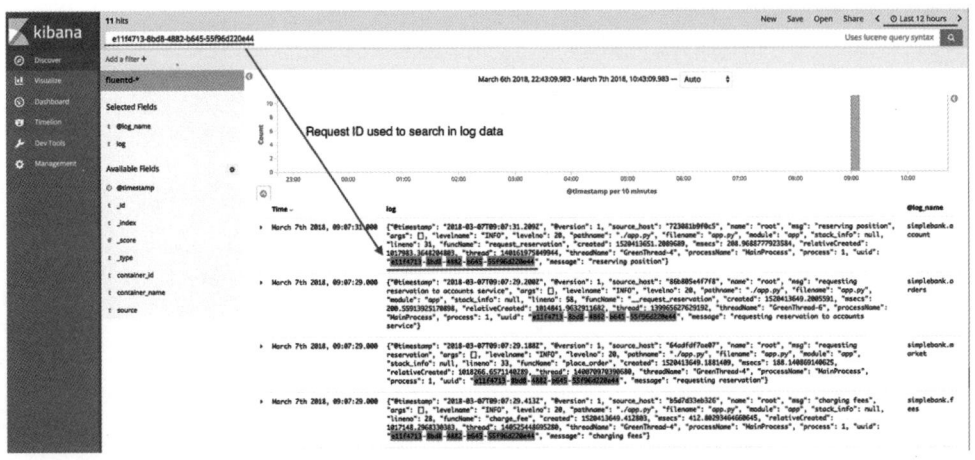

그림 12.8 요청 ID를 사용해 로그 데이터 검색하기

카바나에서 로그를 탐색하고 요청의 실행을 추적할 수 있다. 그림 12.8에서처럼 게이트웨이 서비스가 반환하는 주문 ID를 검색에 사용할 수 있다.

요청 ID를 검색어로 사용하면 키바나는 로그 데이터를 걸러내서 11개의 다른 서비스에서 수행한 요청 처리를 추적할 수 있다. 또한 키바나는 복잡한 질의도 가능해서 통찰을 얻을 수 있다. 서비스별 필터, 시간별 정렬, 로그 항목(예를 들어, 로그 항목에 나타난 실행 시간)을 사용해서 성능 추적 대시보드를 만들 수 있다. 이 부분은 이 장의 범위를 벗어나지만, 제공되는 기능을 탐색해 보고 수집된 데이터에서 새로운 관점을 찾아내기를 바란다.

이제 좀 더 깊이 들어가서 질의 결과가 보여주는 로그 항목에 집중할 것이다. 그림 12.9는 이런 일부 로그 항목에 대해 더 자세히 보여준다.

그림 12.9 키바나 검색 페이지의 로그 메시지 상세정보 보기

그림 12.9는 시장 서비스와 게이트웨이 서비스의 메시지를 보여준다. 게이트웨이 서비스는 DEBUG 로그 레벨을 설정했기 때문에 info와 debug 메시지 모두 보인다. 앞서 이야기한 대로 파이썬 코드에서 logstash-formatter 라이브러리를 사용해 더 많은 정보를 무료로 얻을 수 있다. 즉, 모듈, 기능, 라인, 프로세스, 그리고 스레드별 실행 시간과 실행 범위 관련 데이터를 검색할 수 있다. 이 모든 정보는 향후 문제를 진단할 때 유용하다.

12.3.5 올바른 정보를 로그로 남기기

이제 로그를 수집해서 저장할 수 있으므로 로그로 보내는 정보에 주의해야 한다. 로그 인프라스트럭처에 전달되는 비밀번호, 신용카드 번호, ID 카드 번호, 그리고 민감할 수 있는 개인정보 등은 로그 인프라스트럭처를 사용하는 모든 사람이 접근할 수 있다. 예제의 경우 직접 운영하고 제어하는 로그 인프라지만, 제삼자 제공자를 사용할 경우에는 더욱 주의가 필요하다. 이미 전송된 데이터는 삭제하기가 힘들다. 대부분 특정 정보를 삭제하려면 특정 기간의 모든 로그를 삭제해야 한다.

요즘에는 데이터 보호가 중요한 주제고 EU의 일반 데이터 보호 규제(GDPR- General Data Protection Regulation, www.eugdpr.org)도 이제 효력이 발생됐기 때문에 무슨 데이터를 어떻게 저장할지를 고려할 때 특별한 주의가 필요하다. 여기서는 필요한 조치에 대해 깊이 다루지 않지만, 플루언트디와 엘라스틱서치로 데이터를 걸러내 저장된 데이터와 엘라스틱서치 인덱스에서 모든 민감한 필드를 가리고 암호화하거나 삭제할 수 있다. 일반적인 규칙은 가능한 한 적은 정보를 로그로 남기고 로그에서 모든 개인 정보를 회피하며 운영 환경에 반영하기 전에 로그로 남겨지는 것을 면밀히 검토하는 것이다. 서비스가 데이터를 전송하기 시작하면 삭제하기가 어렵고 관련하여 비용이 발생할 것이다.

그렇기는 해도 시스템의 동작을 이해하기 위해 유용한 정보를 로그로 남겨 커뮤니케이션에 활용할 수 있고 그래야 한다. 서로 다른 시스템의 동작을 연관 지을 수 있는 ID를 전달하고 시스템에서 또는 시스템이 수행한 조치를 나타내는 로그 메시지를 간략히 하면 시스템에서 발생한 일을 추적하는 데 도움이 된다.

12.4 서비스 간 상호작용 추적하기

로그 인프라스트럭처를 구성하고 로그 메시지를 생성하도록 코드를 변경할 때 이미 시스템에서 요청의 처리 경로를 추적할 수 있는 ID 필드의 전파에 대해 고려할 것이다. 설정에서 로그 항목을 같은 맥락으로 그룹 지을 수 있다. 심지어 요청이 처리될 때 각 구성요소에서 얼마의 시간이 소요됐는지 이해하기 위해 로그 데이터를 사용해 시각화를 생성할 수 있다. 게다가 이를 활용해 병목 구간을 식별하고 추가로 성능을 개선하기 위해 어느 코드를 수정할지 결정할 수도 있다. 그러나 이 외에도 로그 데이터에 의존하지 않는 다른 방법을 사용할 수 있다.

마이크로서비스를 통해 처리되는 요청을 재구성해 앞의 작업을 더 잘할 수 있다. 이 섹션에서는 서비스 간 실행의 흐름을 시각화하는 분산 추적을 구성하고 동시에 각 동작의 소요 시간에 대한 통찰을 제공할 것이다. 이를 통해 요청이 여러 서비스에서 처리되는 흐름의 순서를 이해하는 것은 물론, 가능한 병목 구간을 식별할 수 있어 유용하다. 이를 위해 예거(Jaeger) 및 오픈트레이싱(OpenTracing) API와 호환이 되는 라이브러리를 사용할 것이다(http://opentracing.io).

> **오픈트레이싱(OpenTracing) API**
>
> 오픈트레이싱(OpenTracing) API는 분산 추적을 위한 벤더 중립적 개방형 표준이다. 대퍼(Dapper), 집킨(Zipkin), HTrace, X-Trace와 같은 수많은 분산 추적 시스템은 추적 기능을 제공하지만, 서로 호환되지 않는 API를 사용한다. 이런 시스템 중 하나를 선택하는 것은 다양한 프로그래밍 언어를 단일 솔루션에 묶어둔다. 오픈트레이싱(OpenTracing) 이니셔티브의 목적은 추적을 위한 표준 API와 규약을 제공하는 것이다. 라이브러리는 다양한 언어와 프레임워크에서 사용할 수 있다. 지원되는 추적 시스템은 http://mng.bz/Gvr3에서 찾을 수 있다.

12.4.1 요청 연관 짓기: 트레이스와 스팬

트레이스(trace)는 하나 또는 그 이상의 **스팬(span)**의 직접 비순환 그래프(DAG– Directed Acyclic Graph)로서, 스팬의 에지(edges)를 **레퍼런스(reference)**라고 부른다. 트레이스는 시스템 전체적으로 실행의 흐름을 집계하고 연관 짓는 데 사용된다. 이를 위해서는 일부 정보를 전파해야 하는데, 트레이스가 전체 흐름을 포착한다.

그림 12.10과 그림 12.11을 살펴보면 의존성 관점과 시간 관점에서 트레이스가 여러 스팬으로 구성되는 것을 알 수 있다.

단일 트레이스에서 스팬 간의 간단한 관계

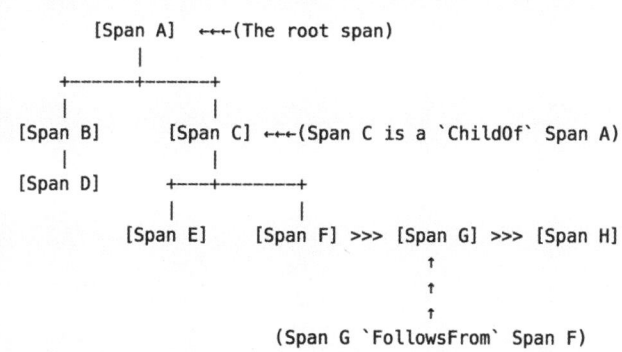

그림 12.10 의존성 관점에서 트레이스는 8개의 다른 스팬으로 구성된다.

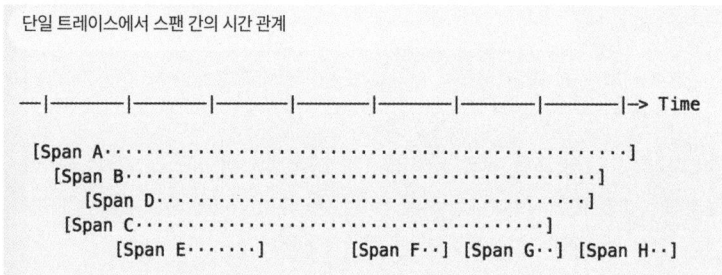

그림 12.11 8개의 스팬으로 구성된 트레이스의 시간 관계

그림 12.10에서 다른 스팬 간의 의존 관계를 관찰할 수 있다. 이 스팬은 같은 애플리케이션 또는 다른 곳에서도 호출될 수 있다. 유일한 요구사항은 부모 스팬 ID를 전파해서 새로운 스팬 ID가 시작돼 부모 스팬을 참조하게 하는 것이다.

그림 12.11에서는 시간 관점에서 스팬의 뷰를 볼 수 있다. 스팬에 담겨 있는 시간 정보를 이용해서 타임라인을 구성할 수 있다. 의존 관계에서 스팬의 발생을 볼 수 있을 뿐만 아니라 각 스팬이 완료되는 데 소요된 시간도 볼 수 있다.

각 스팬은 다음 정보를 담고 있다.

- 동작의 이름
- 시작 및 종료 타임스탬프
- 0개 이상의 스팬 태그(키 값의 짝)
- 0개 이상의 스팬 로그(타임스탬프를 포함한 키 값의 짝)
- 스팬의 맥락 정보
- 0개 이상의 스팬 참조(스팬 맥락 정보를 통해)

스팬 맥락 정보에는 로컬 또는 서비스 경계를 넘어 다른 스팬을 참조하는 데 필요한 데이터가 있다.

이제 서비스 간의 추적을 구성해 보자. 이를 위해 분산 추적 시스템인 예거(Jaeger, www.jaegertracing.io)와 오픈트레이싱(OpenTracing)과 호환되는 파이썬 라이브러리를 사용할 것이다.

12.4.2 서비스에서 추적 구성하기

다른 서비스 간의 요청을 추적하고 추적 정보를 표시하려면 추적을 위한 수집기와 UI를 구성하고 서비스에 라이브러리를 설정해야 한다. 예제에 사용할 서비스는 심플뱅크의 프로파일 서비스와 설정 서비스다. 그림 12.12는 추적할 서비스의 상호작용의 개요를 보여준다.

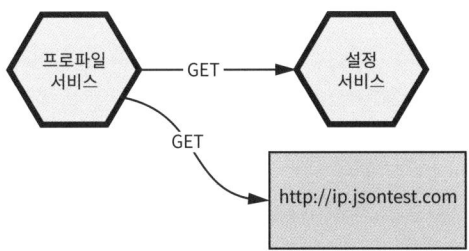

그림 12.12 프로파일 서비스의 상호작용

프로파일 서비스는 외부 서비스와 연동하는데, 예제의 경우 jsontest.com에서 IP를 가져온다. 또한 설정 서비스에서 사용자의 설정을 가져온다. 여기서는 추적 시스템인 예거를 구성하고 트레이스와 스팬을 표시하고 스팬을 연관 짓는 데 필요한 코드를 수정할 것이다. 이것을 연관 지으면 각 동작에 소요된 시간과 이것이 프로파일 서비스를 호출하는 데 소요된 전체 시간에 얼마나 영향을 줬는지 이해할 수 있다. docker-compose.yml 파일에 도커 이미지를 추가해서 예거와 분산 추적 시스템 수집기, UI를 구성할 것이다.

> **예거(Jaeger)**
> 대퍼(Dapper)와 오픈집킨(OpenZipkin)에서 영감을 얻은 예거는 우버 테크놀로지에서 만든 오픈 소스 분산 추적 시스템이다. 이를 통해 마이크로서비스 기반 분산 시스템을 모니터링하고 문제를 해결할 수 있다.

예제 코드 12.7 docker-compose.yml 파일에 예거(Jaeger) 추가하기

```
(...)
jaeger:
  container_name: jaeger
  image: jaegertracing/all-in-one:latest   ◀── 설정하기 쉽도록 필요한 모든 구성요소가 담겨 있는
  ports:                                        Jaeger 이미지를 사용한다. 이 올인원 이미지는 스팬을
    - 5775:5775/udp   ◀── 스팬의 커뮤니케이션을 위한 포트   인메모리(in-memory) 저장소에만 담는다.
    - 6831:6831/udp
    - 6832:6832/udp
```

```
      - 5778:5778
      - 16686:16686       ◀──── Jaeger UI에 접근하기 위한 포트
      - 14268:14268
      - 9411:9411         ◀──── 다른 분산 추적 시스템인 집킨이 사용하는 포트. 오픈트레이싱
    environment:                (OpenTracing) 이니셔티브의 장점 중 하나는 모든 구현을 변경하거나
      COLLECTOR_ZIPKIN_HTTP_PORT: "9411"  ◀──── 특정 솔루션에 얽매이지 않고 다른 시스템을 사용할 수 있는 것이다.
```

이제 docker-compose 파일에 도커 이미지를 추가했으니 심플뱅크의 모든 인프라스트럭처를 시작하면 분산 추적 시스템이 갖춰진다. 이제 심플뱅크의 프로파일 및 설정 서비스가 트레이스와 스팬을 생성해서 예거와 커뮤니케이션해야 한다.

설정 서비스와 프로파일 서비스에 필요한 라이브러리를 추가하고 트레이서(tracer)를 초기화하자. 다음은 추적 라이브러리를 추가하는 코드다.

예제 코드 12.8 requirements.txt 파일을 통해 서비스에 추적 라이브러리 추가하기

```
Flask==0.12.0
requests==2.18.4
jaeger-client==3.7.1              ◀──── 서비스를 트레이서 시스템에 연결하는 예거(Jaeger) 클
                                         라이언트 라이브러리
opentracing>=1.2,<2               ◀──── 파이썬 오픈트레이싱 플랫폼 라이브러리
opentracing_instrumentation>=2.2,<3  ◀──── 다양한 프레임워크와 애플리케이션에서 통합을
                                            간단하게 하는 도구들의 모음
```

이런 라이브러리를 추가하면 이제 서비스에서 트레이스와 스팬을 생성할 수 있다. 또한 이 과정을 쉽게 하려면 다음처럼 트레이서를 초기화하는 편리한 구성 함수를 제공하는 모듈을 생성하면 된다.

예제 코드 12.9 트레이서를 초기화하는 모듈: lib/tracing.py

```
import logging
from jaeger_client import Config       ◀──── 애플리케이션과 추적 수집 시스템 간의 커뮤니케이션을
                                              설정하는 Jaeger 클라이언트 임포트하기

def init_tracer(service):               ◀──── 서비스 이름을 인자로 받는다.
    logging.getLogger('').handlers = []
    logging.basicConfig(format='%(message)s', level=logging.DEBUG)

    config = Config(
        config={
            'sampler': {
                'type': 'const',
```

```
                'param': 1,
            },
            'local_agent': {         ◀──  트레이스와 스팬이 전달될 호스트와 포트를 설정한다. 도커 컴포즈 파일에
                'reporting_host': "jaeger",   UDP 포트 5775에서 "jaeger"라는 이름으로 Jaeger 시스템이 실행된다.
                'reporting_port': 5775,       모든 서비스를 위한 단일 수집 에이전트가 있기 때문에 이 설정이 필요하다.
            },
            'logging': True,         ◀──  Jaeger에서 메트릭을 수집하는 것 외에 추적 이벤트를
            'reporter_batch_size': 1,      로그로도 남긴다.
        },
        service_name=service,        ◀────── init 함수의 인자로 서비스 명을 설정한다.
    )
    return config.initialize_tracer()
```

심플뱅크의 프로파일 및 설정 서비스는 모두 예제 코드 12.9와 같은 트레이서 초기화 함수를 사용한다. 그래서 서비스가 예거에 연결을 설정할 수 있다. 그림 12.12에서 보듯이, 프로파일 서비스는 외부 서비스와 내부 서비스인 설정 서비스를 모두 연결한다. 여기서는 프로파일 서비스와 이 두 공동 협업 서비스의 상호작용을 추적할 것이다. 심플뱅크의 설정 서비스의 경우, 초기 추적 맥락 정보를 전달해야 요청의 전체 사이클을 시각화할 수 있다.

예제 코드 12.10은 외부 http 서비스와 설정 서비스의 스팬을 설정하는 프로파일 서비스의 코드다. 전자를 위해서는 스팬을 생성하고 후자를 위해서는 현재 스팬을 헤더에 전달해서 설정 서비스가 이 값을 이용해 하위 스팬을 만들도록 한다.

예제 코드 12.10 프로파일 서비스 코드

```
from urlparse import urljoin
import opentracing
import requests
from flask import Flask, jsonify, request
from opentracing.ext import tags
from opentracing.propagation import Format.
from opentracing_instrumentation.request_context import get_current_span .
from opentracing_instrumentation.request_context import span_in_context

from lib.tracing import init_tracer   ◀──  예제 코드 12.9에 정의한 초기화 함수를 임포트해서
                                           Jaeger에 연결을 설정한다.
app = Flask(__name__)
```

스팬과 태그를 설정할 수 있도록 OpenTracing 라이브러리를 임포트한다.

```python
tracer = init_tracer('simplebank-profile')    ◀── 트레이서 초기화 함수에 서비스명을 넣어 호출하면
                                                  우리가 사용할 트레이서 객체를 생성할 것이다.

@app.route('/profile/<uuid:uuid>')
def profile(uuid):
    with tracer.start_span('settings') as span:    ◀── 트레이서와 연결된 초기 스팬을 설정한다.
        span.set_tag('uuid', uuid)                     생성된 스팬은 외부 서비스 호출과 설정 서비스 호출
        with span_in_context(span):                    모두의 부모 스팬이 된다.
            ip = get_ip(uuid)
            settings = get_user_settings(uuid)
            return jsonify({'ip': ip, 'settings': settings})
                                                   외부 서비스 호출을 위한 새로운 스팬
                                                   을 생성한다. 이 스팬은 앞서 초기화
def get_ip(uuid):                                  된 부모 스팬의 자식이다.
    with tracer.start_span('get_ip', child_of=get_current_span()) as span:  ◀──
        span.set_tag('uuid', uuid)
        with span_in_context(span):    ◀── 새롭게 생성된 스팬의 아래로 코드 실행을 감싼다.
            jsontest_url = "http://ip.jsontest.com/"
            r = requests.get(jsontest_url)
            return r.json()

def get_user_settings(uuid):
    settings_url = urljoin("http://settings:5000/settings/", "{}".format(uuid))
    span = get_current_span()
    span.set_tag(tags.HTTP_METHOD, 'GET')
    span.set_tag(tags.HTTP_URL, settings_url)       ◀── 스팬을 위한 태그 설정
    span.set_tag(tags.SPAN_KIND, tags.SPAN_KIND_RPC_CLIENT)
    span.set_tag('uuid', uuid)
    headers = {}
    tracer.inject(span, Format.HTTP_HEADERS, headers)   ◀── 심플뱅크의 설정 서비스를 호출하기 전에 스팬 컨텍
                                                            스트를 주입한다. 스팬 컨텍스트는 헤더를 통해 전달
    r = requests.get(settings_url, headers=headers)         되는데, 하위 서비스는 적절한 컨텍스트에서 자신의
    return r.json()                                         스팬을 초기화하는 데 이것을 사용한다.

if __name__ == "__main__":
    app.run(host='0.0.0.0', port=5000)
```

심플뱅크의 프로파일 서비스는 다른 스팬을 묶는 데 사용할 트레이스를 초기화한다. 그리고 "http://ip.jsontest.com/" 호출과 심플뱅크의 설정 서비스 호출을 위한 스팬을 생성한다. 전자의 경우 서비스를 우리가 소유하지 않기 때문에 임의의 스팬으로 감싸서 호출한다. 그러나 후자의 경우 우리가 제어하므

로 하위 스팬을 생성하는 데 사용할 스팬 정보를 전달할 수 있다. 이렇게 하면 예거에서 관련된 모든 호출을 그룹으로 묶을 수 있다.

이제 다음 예제 코드에서처럼 심플뱅크의 설정 서비스에서 주입된 스팬을 어떻게 사용하는지 알아보자.

예제 코드 12.11 설정 서비스에서 부모 스팬 사용하기

```python
import time
from random import randint

import requests
from flask import Flask, jsonify, request
from opentracing.ext import tags
from opentracing.propagation import Format
from opentracing_instrumentation.request_context import get_current_span
from opentracing_instrumentation.request_context import span_in_context

from lib.tracing import init_tracer

app = Flask(__name__)
tracer = init_tracer('simplebank-settings')   ◀────── 서비스를 위한 트레이서를 초기화한다.


@app.route('/settings/<uuid:uuid>')
def settings(uuid):
    span_ctx = tracer.extract(Format.HTTP_HEADERS, request.headers)   ◀── 요청의 헤더에서 스팬
                                                                          컨텍스트를 추출한다.

    span_tags = {tags.SPAN_KIND: tags.SPAN_KIND_RPC_SERVER, 'uuid': uuid}   ◀── 새로운 스팬을 위한
                                                                                태그를 설정한다.

    with tracer.start_span('settings', child_of=span_ctx, tags=span_tags):   ◀── 요청 헤더를 통해 전달된
        time.sleep(randint(0, 2))                                                서비스의 자식으로서 새
        return jsonify({'settings': {'name': 'demo user', 'uuid': uuid}})         로운 스팬을 시작한다.


if __name__ == "__main__":
    app.run(host='0.0.0.0', port=5000)
```

설정 서비스가 수신한 스팬 컨텍스트에서 추출한 스팬 정보로 새로운 자식 스팬을 생성할 수 있다. 나중에 새로운 자식 스팬을 별도로 시각화할 수도 있다. 또한 예거에서 이 스팬은 심플뱅크의 설정 서비

스 컨텍스트에서 독립 스팬으로 보여지고 심플뱅크의 프로파일 서비스 컨텍스트에서는 자식 스팬으로 보일 것이다.

12.5 트레이스 시각화하기

모든 설정이 끝났으면 트레이스를 수집하기 위해 심플뱅크의 프로파일 종단점에 요청을 보낸다. 커맨드 라인 또는 브라우저를 사용한다. 커맨드 라인의 경우 curl을 사용해 다음과 같이 요청을 보낸다.

```
$ curl http://localhost:5007/profile/26bc34c2-5959-4679-9d4d-491be0f3c0c0
{
  "ip": {
    "ip": "178.166.53.17"
  },
  "settings": {
    "settings": {
      "name": "demo user",
      "uuid": "26bc34c2-5959-4679-9d4d-491be0f3c0c0"
    }
  }
}
```

다음은 프로파일 종단점에 요청을 보낼 때 벌어지는 일을 간단히 요약한 것이다.

- 프로파일 서비스가 스팬 A를 생성한다.
- 프로파일 서비스는 새로운 스팬 B를 만들고 이 스팬에서 외부 서비스에서 IP를 가져오는 작업을 한다.
- 프로파일 서비스는 새로운 스팬 C를 만들고 심플뱅크에서 사용자 정보를 가져올 때 부모 스팬의 컨텍스트를 전달한다.
- 이 두 서비스는 스팬을 예거에 전달한다.

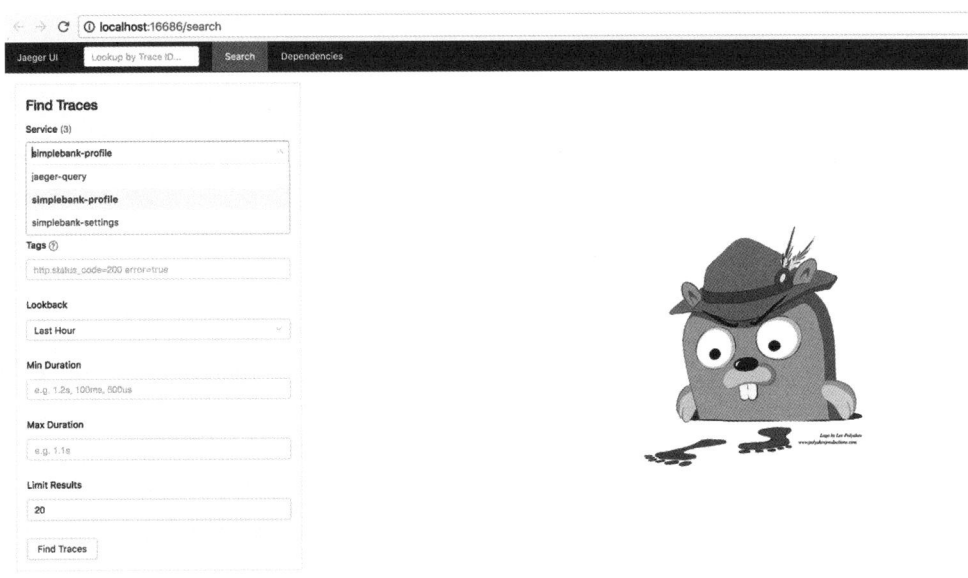

그림 12.13 트레이스 정보가 있는 서비스를 보여주는 예거(Jaeger) UI 검색 페이지

트레이스를 시각화하려면 16686 포트에서 실행 중인 예거 UI에 접근해야 한다. 그림 12.13은 예거 UI에서 트레이스 정보가 있는 서비스의 목록을 보여준다.

서비스 섹션을 보면 트레이스 정보가 있는 3개의 서비스(2개의 심플뱅크 서비스와 한 개의 jaeger-query)가 있다. 후자는 예거의 내부 트레이스로서 거의 쓸모가 없다. 여기서는 simplebank-profile과 simplebank-settings의 다른 두 개의 서비스에 관심이 있다. 프로파일 서비스는 외부 호출과 설정 서비스 호출을 위해 새로운 스팬을 생성했다. simplebank-profile을 선택하고 "Find Traces" 버튼을 클릭하자. 그림 12.14는 프로파일 서비스의 트레이스를 보여준다.

페이지는 6개의 트레이스를 나열하는데, 모두 두 서비스에 걸친 3개의 스팬을 가진다. 이는 2개의 내부 서비스의 협업과 관련된 정보와 실행에 대한 시간 정보를 수집했다는 뜻이다. 그림 12.15는 이 트레이스 중 하나의 상세정보를 보여준다.

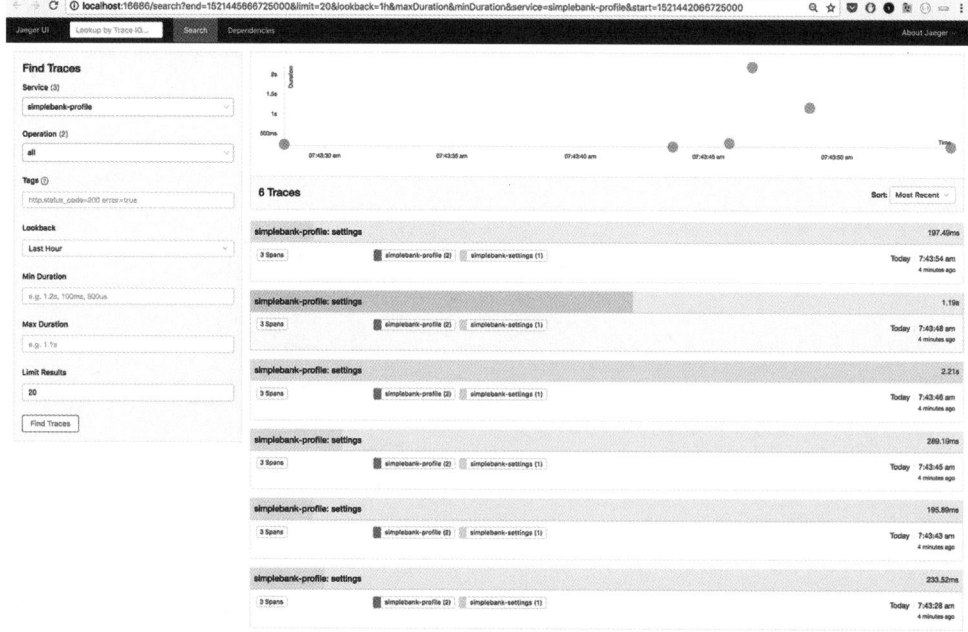

그림 12.14 simplebank-profile의 트레이스 정보

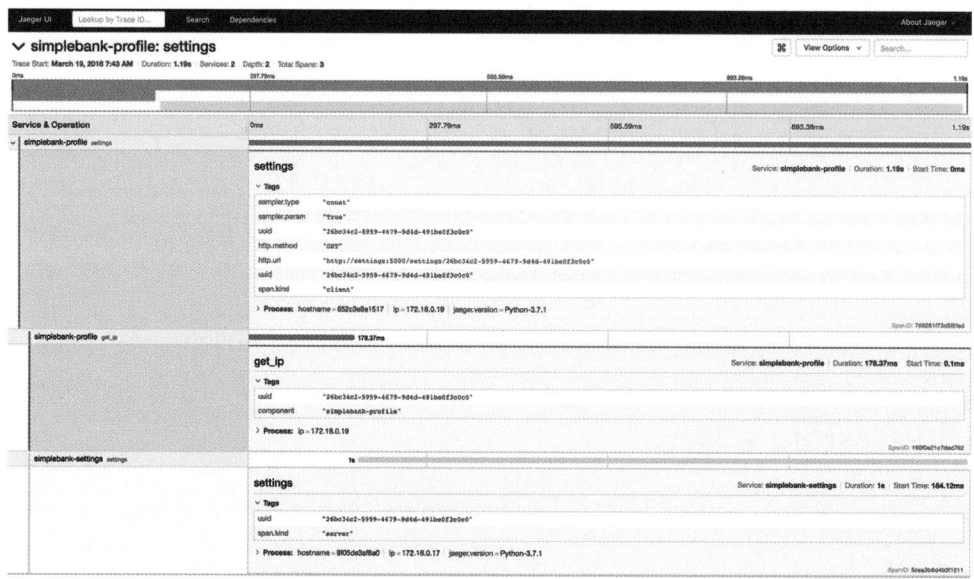

그림 12.15 프로파일 서비스의 시간 정보와 호출 실행 순서

그림 12.15를 보면 프로파일 서비스를 호출했을 때 실행되는 다양한 스텝의 흐름을 볼 수 있다. 전반적인 수행 시간 정보뿐만 아니라 각기 하위 동작의 시작 및 소요 시간 정보를 알 수 있다. 스팬은 동작 정보와 스팬을 생성한 구성요소 정보, 그리고 타임라인과 부모 스팬과의 의존성을 모두 포함하는 수행 시간과 상대적인 위치 정보를 담고 있다.

이런 정보는 분산 시스템에서 발생하는 일의 순서를 이해하는 데 매우 중요하다. 이제 여러 서비스에 걸친 요청의 흐름을 시각화하고 각 동작의 소요 시간을 알 수 있다. 이런 간단한 구성을 통해 마이크로서비스 아키텍처에서 수행의 흐름을 이해하고 개선할 수 있는 잠재적인 병목 구간을 식별할 수 있다.

또한 예거를 사용해 시스템을 구성하는 다양한 구성요소의 관계를 이해할 수 있다. 상단의 내비게이션 메뉴바에 "Dependencies" 링크가 있다. 이것을 클릭하면 열리는 페이지에서 DAG(directed acyclic graph) 탭을 선택하면 그림 12.16에서 보이는 화면이 열린다.

예제는 간단하지만, 이를 통해 마이크로서비스 아키텍처에서 추적의 강력함을 이해할 수 있다. 로그와 메트릭을 함께 사용하면 시스템의 성능과 동작에 대한 정보를 볼 수 있다.

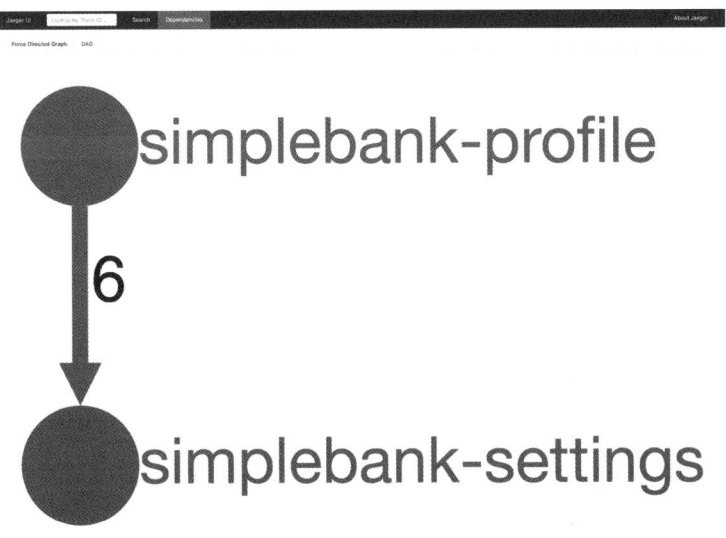

그림 12.16 예거 UI의 서비스 의존성 화면

요약

- 엘라스틱서치, 키바나, 플루언트디를 사용해 로그 인프라스트럭처를 구성하고 예거를 사용해 분산 추적 시스템을 구성할 수 있다.
- 로그 인프라스트럭처는 색인된 로그 데이터를 생성하고 전달하고 저장해 요청에 대한 검색과 연관 분석을 할 수 있게 한다.
- 분산 추적은 다양한 마이크로서비스 간에 요청을 수행하는 흐름을 이해하게 한다.
- 메트릭 수집과 함께 추적은 시스템의 행동을 더 잘 이해하고 잠재적 이슈를 식별하고 언제든 시스템을 감사(audit)할 수 있게 한다.

마이크로서비스 팀 구성하기 | 13장

이 장에서는 다음 내용을 다룬다.

- 마이크로서비스 아키텍처가 엔지니어링 문화와 조직에 미치는 영향
- 효과적인 마이크로서비스 팀을 구성하는 전략과 기술
- 마이크로서비스를 개발할 때 겪는 일반적인 함정
- 대규모 마이크로서비스 애플리케이션의 거버넌스와 모범 사례

지금까지 마이크로서비스의 기술적 측면, 즉 서비스를 설계하고 배포하고 운영하는 방법에 집중해왔다. 그러나 마이크로서비스의 기술적 특성만 검토하는 것은 실수다. 사람이 소프트웨어를 구현하고 훌륭한 소프트웨어를 구축하는 것은 구현할 때의 선택만큼이나 효과적인 커뮤니케이션, 조정, 협업이 중요하다.

마이크로서비스 아키텍처는 일을 끝까지 마무리하게 도와주는 훌륭한 도구다. 기존 기능은 그대로 유지한 채 독립적으로 새로운 서비스와 기능을 신속하게 구축할 수 있다. 반대로 운영, 보안, 비상 대기 지원과 같은 일상적인 작업의 범위와 복잡도를 증가시킨다. 또한 조직의 기술 전략을 크게 바꿀 수 있다. 그리고 엔지니어의 소유권과 책임감에 대한 강한 문화가 필요하다. 마찰을 최소화하고 반복 속도를 올리면서 이런 문화를 달성하는 것은 성공적인 마이크로서비스 구현에서 매우 중요하다.

이 장에서는 우선 소프트웨어 엔지니어링 팀의 구성과 효과적인 팀을 만드는 원리에 대해 논의할 것이다. 그 후 엔지니어링팀 구조의 다양한 모델과 마이크로서비스 개발에 적용하는 방법을 검토할 것이다. 마지막으로, 마이크로서비스 팀에서 통제와 엔지니어링 문화의 권장 관례를 살펴볼 것이다. 또한 이 장에서 마이크로서비스 개발의 일반적인 함정을 완화하는 방법을 설명할 것이다.

현재 엔지니어링 매니저, 팀 리더, 또는 디렉터가 아닐지라도 이러한 역동성과 조직에서의 의사결정이 마이크로서비스 개발의 속도와 품질에 어떤 영향을 주는지 이해하는 것은 매우 중요하다.

13.1 효과적인 팀 구성하기

조직이 성장하면서 엔지니어를 독립적인 팀으로 나누는 것은 자연스러운 결과다. 팀의 크기를 제한하는 것은 몇 가지 이점이 있으므로 조직의 규모를 효과적으로 조정하는 데 필요하다.

- 그림 13.1은 커뮤니케이션 복잡도가 커지는 것을 보여주는데, 팀 크기를 제한하면 충돌 문제를 완화하면서 팀의 역동성과 협업을 도와줘 관리 가능한 커뮤니케이션의 복잡도를 유지하게 한다. 제프 베조스(Jeff Bezos)의 피자 두 판의 규칙이나 마이클 롭(Michael Lopp)의 7+/-3 공식과 같은 수많은 경험적 접근법이 있다.
- 이것은 독립성과 민첩성을 장려하는 동시에 책임감을 명확하게 장려한다.

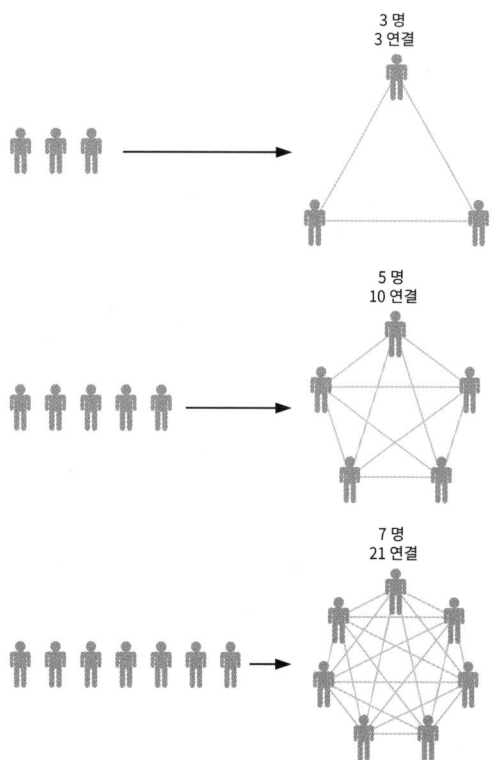

그림 13.1 그룹 크기별 커뮤니케이션의 복잡도

일반적으로 작고 독립적인 팀이 대규모 팀보다 빠르게 움직일 수 있다. 또한 효과도 빠르게 얻는다. 반면에 별개의 엔지니어링팀은 새로운 문제를 일으킬 수 있다.

- 팀이 문화적으로 고립되고 품질 또는 엔지니어링 가치에 대한 다른 관습을 따르고 받아들일 수 있다.
- 다른 팀과 협업할 때 우선순위를 조정하려면 추가적인 노력이 필요할 수 있다.
- 개별 팀은 전문 지식을 외부에 고립시켜 조직 전체의 이해 또는 효율성을 저해할 수 있다.
- 팀 간에 업무가 중복되어 비효율을 초래할 수 있다.

마이크로서비스는 이런 분열을 악화시킬 수 있다. 다른 팀이 같은 코드에 작업할 가능성은 낮다. 서로 다른 우선순위를 갖는 팀은 전체 애플리케이션을 이해할 가능성도 낮다.

작은 그룹의 팀을 넘어 효율적인 엔지니어링 조직을 구성하고 훌륭한 소프트웨어 제품을 개발하는 것은 자율성과 협업 사이의 팽팽한 줄다리기에서 균형을 찾는 활동이다. 팀 간의 경계가 중첩되고 소유권이 명확하지 않으면 긴장은 고조될 수 있다. 한편으로는 독립적인 팀이더라도 전체 애플리케이션을 전달하기 위해 여전히 협업해야 한다.

13.1.1 콘웨이의 법칙

마이크로서비스 애플리케이션을 성공적으로 구축한 조직에서 원인과 결과를 구분하는 것은 어려운 일이다. 조직 구조와 팀의 행동 때문에 작게 나뉜 서비스를 개발하게 된 것일까? 아니면 작게 나눠진 서비스를 개발하는 경험에서 조직과 행동이 정해진 것일까?

답은 둘 다 어느 정도 맞다는 것이다! 장수하는 시스템은 단순히 구현된 기능이 누적된 것이 아니라 개발자와 운영자의 선호도와 의견, 그리고 목적이 반영된 것이다. 이것은 팀이 일하는 것, 팀이 설정한 목표, 팀이 협업하는 방식과 같은 구조가 마이크로서비스 애플리케이션을 성공적으로 개발하고 운영하는 데 중대한 영향을 준다는 것을 의미한다.

콘웨이의 법칙(Conway's Law)은 팀과 시스템의 관계에 대해 다음과 같이 표현한다.

> … 시스템을 설계하는 조직은 그 조직의 커뮤니케이션 구조를 복제한 설계를 하도록 제약을 받는다…

"제약을 받는다"라는 표현은 조직의 구조가 효과적인 시스템 개발을 제한하고 위축한다는 것을 뜻한다. 그러나 이 규칙의 정반대 또한 옳다. 팀 구조의 변경을 이용해 원하는 아키텍처를 만들어낼 수도 있다. 팀 구조와 마이크로서비스 아키텍처는 공생한다. 둘 다 서로에게 영향을 줄 수 있고, 그래야 한다. 이것은 강력한 기술로, 이 장에서 그 내용을 살펴볼 것이다.

13.1.2 효과적인 팀을 위한 원칙

거시적 수준에서는 팀을 성과와 커뮤니케이션 단위로 생각하는 것이 좋다. 이것은 조직에서 어떻게 일이 처리되고 사람들이 서로 어떻게 연관되는지에 대한 것이다. 마이크로서비스의 혜택을 실현하고 마이크로서비스의 복잡도를 적절히 관리하려면 팀에서 모놀리식 애플리케이션을 개발할 때 사용했던 동일한 기술을 사용하는 대신 새롭게 일하는 원칙과 실무를 채택할 필요가 있다.

팀을 구성하는 완벽한 정답은 없다. 인력, 예산, 개성, 기술, 그리고 우선순위의 제약에 항상 시달릴 것이다. 때로는 차이를 메꾸기 위해 인력을 고용할 것이고 때로는 그렇지 못할 것이다. 애플리케이션과 비즈니스 도메인의 특성상 다양한 접근과 기술이 필요하다. 조직이 변화를 받아들이는 여력에 제한이 있을 수 있다. 우리가 발견한 가장 좋은 접근 방식은 소유권, 자율성, 그리고 처음부터 끝까지의 책임이라는 작은 공유 원칙을 사용해 팀을 구성하는 것이다.

> **노트** 수많은 기업에서 마이크로서비스로의 이동 또는 모든 대규모 아키텍처의 변화는 어렵고 파괴적이다. 고립돼서는 성공할 수 없다. 스폰서를 찾고 신뢰를 구축하고 앞으로 겪을 논쟁에 대해 수많은 준비를 해야 한다. 리처드 로저(Richard Rodger)의 책 ≪The Tao of Microservices≫(Manning Publications 2017)는 이러한 제도적 정책의 탐색을 좀 더 자세히 (약간 냉소적으로) 들여다본다.

소유권

소유욕이 강한 팀은 강한 내적 동기가 있고 소유한 영역에 상당한 수준의 책임을 행사한다. 마이크로서비스 애플리케이션은 일반적으로 오랫동안 서비스되기 때문에 영역을 오랫동안 소유한 팀은 깊은 이해와 지식을 개발하면서 그 코드를 진화시킨다.

모놀리식 애플리케이션에서 소유권은 일반적으로 n:1이다. 수많은 팀이 하나의 모놀리식 서비스를 소유한다. 소유권은 종종 프런트엔드 및 백엔드와 같은 다른 계층으로 나뉘거나 주문 및 결제와 같은 기능 영역으로 나뉜다. 마이크로서비스 애플리케이션에서 소유권은 일반적으로 1:n이다. 즉, 하나의 팀이 여러 서비스를 소유할 수 있다는 뜻이다. 그림 13.2는 이러한 소유권 모델을 표현한다.

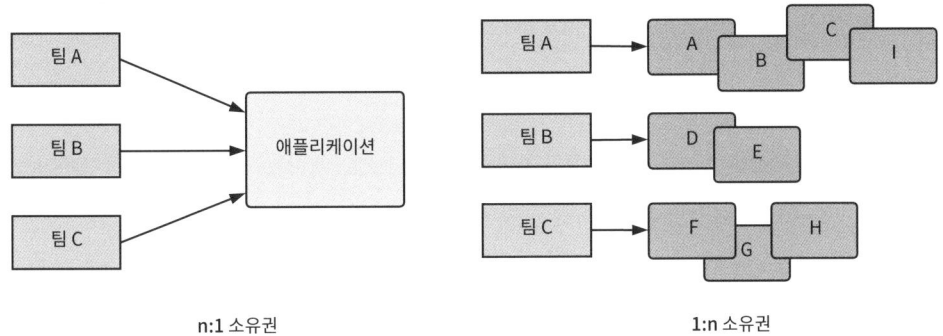

그림 13.2 모놀리식 대비 마이크로서비스에서 팀의 코드베이스에 대한 소유권

> **경고** 여러 팀이 하나의 서비스를 소유하는 1:n 소유권 모델은 일반적으로 나쁜 관습이다. 이것은 책임 소재를 흐리게 하고 기술 선택과 기능 우선순위를 조정할 때 충돌을 일으킬 수 있다.

조직의 코드베이스가 커지고 엔지니어링팀의 구성이 급격하게 변하면 누구도 모르는 코드 또는 코드가 동작하지 않을 때 고칠 수 있는 사람이 없는 코드가 될 위험이 증가한다. 명확한 소유권은 소유권이 개인 개발자가 아닌 그룹이 책임지도록 보장하면서 자연스럽고 합리적인 팀의 지식에 대한 경계를 만들어 이러한 위험을 회피하게 해준다.

자율성

이 3가지 원칙이 마이크로서비스 자체의 일부 원칙을 반영한 것은 우연이 아니다. 다른 팀과 제한적인 의존성을 갖고 자율적으로 일하는 팀은 일할 때 마찰이 적을 수 있다. 이런 유형의 팀은 모두 같은 생각을 하고 있지만, 서로 의존적이지 않다.

자율성은 규모에서 중요하다. 엔지니어링 매니저에게 여러 팀의 일을 조정하는 것은 지치는 일이다. 팀 자체의 권한을 축소하는 것은 말할 필요도 없다. 대신 팀이 자체적으로 관리하도록 권한을 부여할 수 있다.

제품 생애(end-to-end) 전반에 걸친 책임

개발팀은 제품의 전체 아이디어-개발-운영의 흐름을 소유해야 한다. 팀은 구축 중인 것을 제어해 합리적으로 팀 내 우선순위를 결정할 수 있다. 아이디어를 제안하고 실제 코드와 사용자로 아이디어를 검증하는 실험을 짧은 사이클의 시간에 달성할 수 있다.

대부분 소프트웨어는 구축에 소요된 시간보다 상당히 긴 시간을 운영에 소모한다. 그러나 수많은 소프트웨어 엔지니어는 개발 단계에 집중하고 운영하는 팀에 코드를 인계한다. 이는 궁극적으로 낮은 품질과 느린 전달을 낳는다.

실 세계에서 관찰한 소프트웨어 동작 방식에 대한 피드백은 그 소프트웨어를 개선하는 데 반영돼야 한다(그림 13.3). 운영에 대한 책임이 없으면 이 정보는 종종 소멸된다. 또한 이 원리는 데브옵스 운동의 중심이기도 하다.

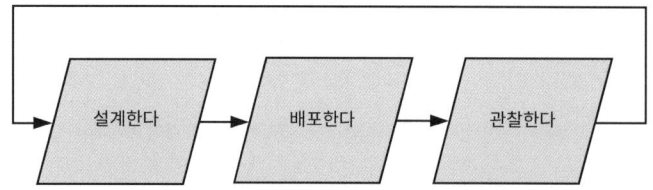

그림 13.3 소프트웨어의 운영은 지속적으로 향후 설계와 개발에 전달돼야 한다.

엔드-투-엔드 책임은 자율성 및 소유권과 밀접하게 연관돼 있다.

- 팀의 개발/운영 프로세스에서 다른 팀과의 의존성이 적을수록 팀의 전달 속도를 최적화하고 제어할 가능성이 높다.
- 더욱 넓은 범위의 소유권은 팀이 전반적인 전달에서 더 많은 책임을 합리적이고 생산성 있게 가져갈 수 있도록 한다.

13.2 팀 모델

이 섹션에서는 팀 구조를 위한 두 가지 접근 방식, 즉 기능에 의한 방식이나 기능을 포괄하는 방식을 탐색하고 마이크로서비스를 개발할 때의 이점과 단점에 대해 알아본다.

- **기능별**(functional) 방식에서는 직원을 전문성에 의해 그룹 짓고 기능별 보고 체계를 만들고 시간 제한이 있는 프로젝트에 할당한다. 대부분 조직은 특별한 범위와 제한된 시간을 갖는 프로젝트를 지원한다. 그들은 지정된 시간 범위 내 전달 여부로 프로젝트의 성공을 측정한다.
- 다양한 기술을 조합해 구성하는 **다기능**(cross-functionally) 방식의 팀은 일반적으로 장기적인 제품의 목표 또는 열망하는 미션에 부합하는 범위 내에서 프로젝트의 우선순위를 자유롭게 정하고 미션을 달성하기 위해 필요에 따라 기능을 구축한다. 팀의 성공은 일반적으로 비즈니스에 기여한 성능 지표(KPI)와 성과를 통해 측정한다.

후자의 접근 방식이 마이크로서비스 개발에 자연스럽게 맞는다.

13.2.1 기능에 의해 그룹 짓기

전통적으로 수많은 엔지니어링 조직은 수평적으로 기능에 따라 그룹 지었다. 여기에는 백엔드 엔지니어, 프런트엔드 엔지니어, 디자이너, 테스터, 제품(또는 프로젝트) 매니저, 시스템 관리자/운영자가 있다. 그림 13.4는 조직의 유형을 표현한다. 팀 또는 개인은 시간제한이 있는 여러 프로젝트를 옮겨 다닐 수 있다.

이 방식은 전문성을 최적화한다.

- 이 방식은 전문가 간의 커뮤니케이션 루프를 짧게 만들어 지식과 솔루션을 효과적으로 공유하고 기술을 일관되게 적용하도록 한다.
- 비슷한 작업과 접근 방식이 함께 모여 명확한 경력 성장과 기술 개발을 제공한다.

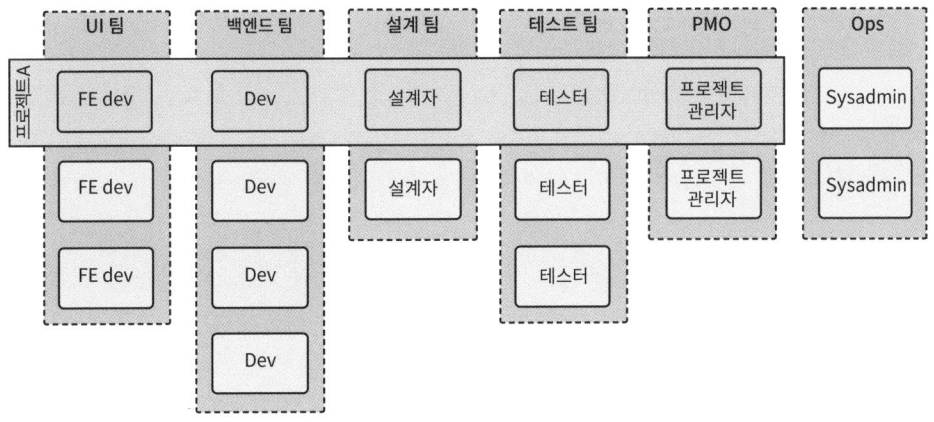

그림 13.4 기능과 프로젝트 기준으로 팀을 그룹 짓기

이제 새로운 기능을 개발한다고 해보자. 기능에 의한 방식은 거의 체인처럼 보인다. 분석팀은 요구사항을 수집하고, 엔지니어는 백엔드 서비스를 개발하고, Q팀과 테스트 기간을 예약하고, 시스템 관리자는 서비스를 배포한다. 이런 방식은 조정에 대한 부담이 높다. 기능을 전달하려면 여러 독립적인 팀 간의 동기화(aligned)가 필요하다(그림 13.5).[1] 그러나 이 방식은 효과적인 조직을 위한 3가지 원칙을 만족하지 못한다.

---

[1] 그리고 이를 위해 조직에서는 프로젝트 매니저를 고안했다.

불분명한 소유권

비즈니스 성과 또는 가치에 대해 명확한 소유권을 가진 팀이 없다. 이들은 가치 체인의 톱니바퀴에 불과하다. 마찬가지로 개별 서비스의 소유권도 불분명하다. 프로젝트가 종료되고 나면 누가 개발된 서비스를 유지 보수할 것인가? 반복적인 개선 또는 폐기는 어떻게 할 것인가? 프로젝트 기반으로 작업을 할당하는 것은 개별 엔지니어가 장기적 관점으로 생각하고 코드에 대한 소유권을 장려하기에 부족한 경향이 있다. 이것은 우리가 피하고 싶은 것이다.

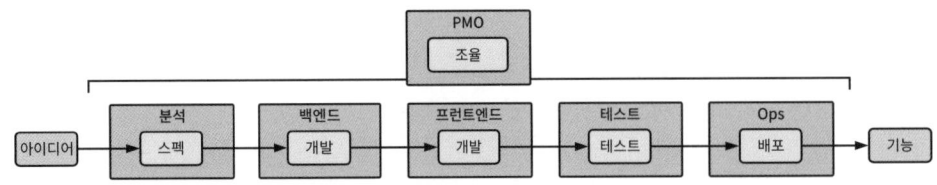

그림 13.5 기능 구현에 기여하는 기능 팀

자율성의 부족

이런 팀은 단단하게 결합돼 자율성이 없다. 이들의 우선순위는 다른 곳에 설정되고 모든 작업이 팀의 경계를 넘나들어 팀이 작업을 멈추고 개발이 방해받을 가능성이 커진다. 이로 인해 긴 대기시간, 재작업, 품질 문제와 지연이 발생한다. 팀이 개발하는 시스템 아키텍처를 따르지 않으면 다른 팀의 방해를 받지 않고 애플리케이션을 개선할 수 없다.

장기적 책임의 부재

프로젝트 지향 방식은 개발된 코드 또는 제품의 품질에 대한 장기적 책임에 도움이 되지 않는다. 시간이 제한된 프로젝트에서만 함께하는 팀은 그들의 코드를 애플리케이션을 운영하는 다른 조직에 인계할 것이고, 초기 팀은 초기의 생각과 구현을 반복할 수 없게 된다. 또한 조직은 초기 팀의 지식으로부터 혜택을 누릴 수 없다.

마지막으로 새로운 팀은 생산적인 작업 습관을 습득할 시간이 필요하다. 오랫동안 함께 일할수록 더 효율적인 팀이 만들어진다. 오랫동안 함께한 팀은 높은 성과를 오래 지속할 것이다.

> **Tip** 오랫동안 함께한 팀은 너무 편안해지거나 그들의 방식에 안주할 위험이 있다. 장기적 유대감과 새로운 시각과 기술을 가진 사람을 팀에 데려오는 것 간의 균형을 유지하는 것이 중요하다.

고립(silos)의 위험

마지막으로 이 방식은 사일로(silos)[2] 형태의 위험, 즉 팀이 목표에서 벗어나 효과적이고 공감하는 협업을 할 수 없게 만드는 위험이 있다. 테스터와 개발자 또는 개발자와 운영자 간의 관계가 적대적인 곳에서 일하지 않기를 바라지만, 실제로 발생한다.

궁극적으로 프로젝트 지향의 기능적 조직이 상당한 마찰과 비용을 발생시키지 않고 마이크로서비스 애플리케이션을 제공할 가능성은 낮다.

13.2.2 기능적 조직을 넘어서 협업하기

기능적 조직은 전문성을 최적화해서 중복된 작업과 기술 기반의 비효율성을 제거하고 이로 인해 전반적인 비용을 절감하는 것이 목표다. 그러나 이것은 교착상태를 일으킬 수 있다. 즉, 조직의 목표를 달성할 때 마찰을 증가시키고 속도를 줄인다. 이것은 좋지 않다. 마이크로서비스 아키텍처는 속도를 **증가시키고** 마찰을 **줄여야** 한다.

다른 대안은 기능별로 그룹 짓는 대신 기능을 넘어 협업하는 것이다. 다기능 팀은 특정 비즈니스 목표를 달성하기 위해 다양한 전문성과 역할을 가진 사람들로 구성된다. 이런 팀은 시장 주도 팀이라 부를 수 있다. 이들은 제품을 만드는 것 또는 최종 고객의 요구사항과 직접 연결하는 것 등 특정한 장기 미션을 목표로 할 것이다. 그림 13.6은 전형적인 다기능 팀을 표현한다.

> **노트** 이 책에서는 팀의 리더십 또는 보고 체계는 다루지 않는다. 제품 소유자, 엔지니어링 리더, 기술 리더, 프로젝트 리더, 또는 역할 간의 파트너십이 다기능 팀을 이끈다. 예를 들어, 온피도(Onfido)에서 **무엇을** 해야 하는지에 집중하는 제품 매니저와 이것을 **어떻게** 달성할지에 집중하는 엔지니어 리더가 파트너십을 가지고 팀을 이끈다.

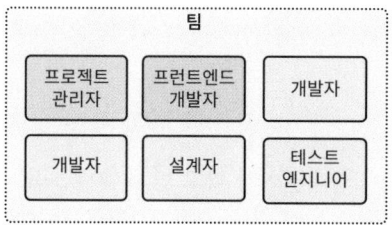

그림 13.6 전형적인 다기능 개발 팀

---

2 (옮긴이) 곡식을 저장하는 창고로, 담을 쌓고 소통을 꺼리는 현상을 빗댄 표현

기능별 방식에 비해 다기능 팀은 팀 활동의 최종 목표에 좀 더 가깝게 조정될 수 있다. 팀의 다양한 분야의 특성은 소유권에 도움이 된다. 팀이 명세, 배포, 운영까지 모든 책임을 지면 자율적으로 기능을 전달할 수 있다. 팀은 비즈니스의 성공에 유의미한 영향을 주는 미션을 가져가면서 명확한 책임을 얻는다. 팀원은 팀의 일인 궁극의 제품을 위해 소유권을 공유하므로 다양한 전문가 간의 일상적인 파트너십이 사일로(silos)를 제거한다.

또한 오래 지속되는 팀을 설계하는 것은(적어도 6개월) 혜택이 있다. 오래 지속되는 팀은 관계를 형성해 효율성을 높이고 지식을 공유함으로써 개발 중인 시스템을 최적화하고 개선하는 능력을 향상시킨다. 또한 마이크로서비스 애플리케이션의 운영을 다른 팀에 넘기는 대신 오랜 기간 책임을 진다.

다기능의 엔드-투-엔드[3] 방식으로 팀을 구성하면 마이크로서비스 개발에 다음과 같은 장점이 있다.

- 비즈니스 가치에 팀을 일치시키면 개발하는 애플리케이션에 반영된다. 팀은 비즈니스 기능을 정확하게 구현한 서비스를 개발할 것이다.
- 개별 서비스가 명확한 소유권을 갖는다.
- 서비스 아키텍처는 팀의 느슨한 결합과 높은 응집을 반영할 것이다.
- 다른 팀의 기능 전문가가 실무 공유와 일하는 방식을 개선하기 위해 비공식적으로 협업할 수 있다.

이 방식은 현대적인 웹 엔터프라이즈에서는 일반적으로 쓰이고 종종 그들이 성공하는 이유로 거론된다. 예를 들어 아마존의 CTO는 2006년에 회사의 아키텍처 접근 방식을 다음과 같이 언급했다.

> 아마존에서 사용하는 잘게 쪼갠 서비스 방식에서 서비스는 소프트웨어 구조를 나타낼 뿐만 아니라 조직의 구조도 나타낸다. 서비스가 강력한 소유권 모델을 가지는데, 이것은 작은 팀 사이즈로 혁신을 매우 쉽게 하기 위함이다. 어떤 의미에서 이런 서비스는 거대한 회사 내의 작은 스타트업처럼 보일 것이다. 이런 각각의 서비스는 외부에 있든 내부에 있든 상관없이 그들의 고객이 누구인지에 강력하게 집중해야 한다.
>
> 워너 보겔스(Werner Vogels)

어쩌면 가장 중요한 점은 잘 구성된 다기능 방식의 팀은 커뮤니케이션의 길이가 짧고 팀 내에서 조율하고 팀원이 잘 조정되어 있기 때문에 기능별로 구성된 팀보다 요구사항에 더 빠르게 대응한다는 점일 것이다. 다기능 접근 방식은 품질 비용이 아니라 속도에 우선순위를 둔다!

---

[3] (옮긴이) 모든 책임을 지는

13.2.3 팀 경계 설정하기

다기능 팀에는 미션이 있어야 한다. 미션은 영감을 준다. 즉, 팀이 앞으로 나아가게 할 뿐만 아니라 팀의 책임 경계를 설정해준다. 팀의 책임(그리고 아닌 것)을 결정하는 것은 자율성과 소유권을 장려하는 동시에 다른 팀과 조정되도록 돕는다. 미션은 대개 중요한 문제다. 예를 들어, 성장팀은 고객의 반복적인 소비를 극대화하는 것을 목표로 하고 보안팀은 코드베이스와 알려진 새로운 위협으로부터 데이터를 보호하는 것을 목표로 한다. 이 미션에 따라 각 팀은 비즈니스 내의 관련 파트너와 협업해 자체 로드맵을 정한다. 제품과 기술 리더십이 교차할 수 있도록 주도권을 부여한다.

> **노트** 또한 이런 팀 조직 유형을 **제품 모드**(product mode)라고도 한다. 이것은 각 팀이 자체 제품을 개발한다는 뜻은 아니다. 팀은 같은 제품에서 수직으로 자른 다른 조각을 소유하거나 수평적인 컴포넌트를 소유할 수 있다. 특정 컴포넌트는 전담팀을 요구할 만큼 기술적으로 복잡할 수 있다[4].

회사에서 다양한 소형 제품을 제공하는 경우 7+/-3의 팀이 효과적으로 일할 수 있다. 그림 13.7에서처럼 각 팀은 한 가지 제품을 담당한다. 하지만 이 방식은 여러 팀이 노력해 크고 복잡한 제품을 시장에 공급하는 수많은 회사에서는 맞지 않는다.

대규모 시나리오의 경우 4장에서 소개한 바운디드 컨텍스트가 조직에서 여러 팀의 느슨한 경계를 설정하는 효과적인 시작점이다. 또한 이것은 엔터프라이즈 내의 비즈니스팀과 밀접하게 연계된 팀을 구성한다는 이점도 있다. 예를 들어 재고 관리 제품 팀은 재고 관리 운영과 긴밀하게 협업한다[5]. 그림 13.8은 심플뱅크 내에서 가능한 팀 모델을 표현한다.

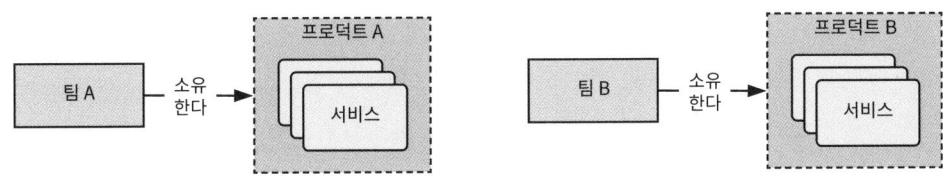

그림 13.7 제품별 팀 모델

---

4 'ThoughtWorks'의 최근 기사에서 이 제품-모드 팀을 설명한다. 스리람 나라얀(Sriram Narayan)의 "프로젝트에서 제품으로(Products Over Projects)"(2018년 2월 20일), http://mng.bz/r0v4.
5 이 방식에 접근할 때는 조심해야 한다. 조직 구조 자체가 최적이 아닐 수 있기 때문이다!

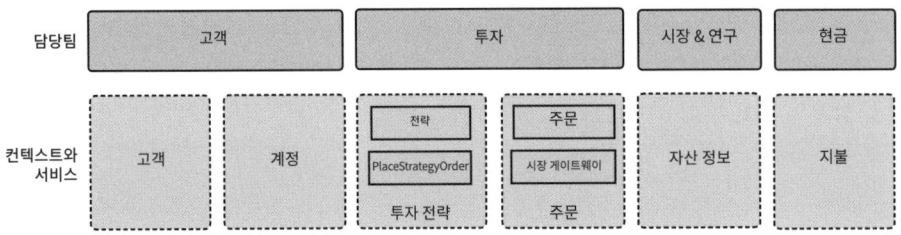

그림 13.8 심플뱅크에서 다양한 엔지니어링팀이 소유하는 서비스와 기능의 모델 예시

특정하게 제한된 컨텍스트에서 서비스를 소유하는 팀을 구성하는 것은 콘웨이의 법칙을 역으로 이용하는 것이다. 시스템이 시스템을 생산하는 조직의 구조를 반영한다면 우선 조직 구조와 조직의 책임을 조정해 원하는 시스템 아키텍처를 얻을 수 있다.

서비스 자체도 그렇듯이, 팀 간의 올바른 경계가 항상 명확하지는 않다. 다음 두 가지 일반적인 규칙을 명심하자.

- **팀 크기를 확인하라**: 9명에 근접하거나 그 수치가 넘는다면 팀이 너무 많은 일을 하거나 커뮤니케이션 부담으로 고생하기 시작할 가능성이 있다.
- **작업의 응집도를 고려하라**: 팀의 활동이 응집도 있고 밀접하게 관련이 있는가? 그렇지 않다면 여러 일관성 있는 작업 그룹 간에 자연스러운 갈등이 팀 내에 존재할 수 있다.

13.2.4 인프라스트럭처, 플랫폼, 제품

엔드-투-엔드 소유권을 강하게 옹호하기는 하지만, 이것이 항상 실현 가능한 것은 아니다. 예를 들어 대규모 회사의 하위 인프라스트럭처 또는 마이크로서비스 플랫폼은 일반적으로 복잡하다. 그리고 여러 팀에 분산된 데브옵스 전문가들의 느슨한 협업보다는 단단하게 결합된 로드맵과 이를 위한 전담 인력의 노력이 필요하다.

이 책의 앞에서 설명한 대로, 마이크로서비스 플랫폼을 구축하는 것은(프로세스, 섀시, 그리고 모니터링을 배포하는 것) 훌륭한 마이크로서비스 애플리케이션을 지속해서 신속하게 구축하는 데 중요하다. 처음으로 마이크로서비스 작업을 시작할 때 애플리케이션을 구축하는 팀은 일반적으로 플랫폼을 구축하는 일도 소유하게 된다(그림 13.9). 시간이 지남에 따라 이 플랫폼이 여러 팀의 요구사항을 서비스할 필요가 있고 그 단계에서 플랫폼팀을 구성할 수 있다(그림 13.10).

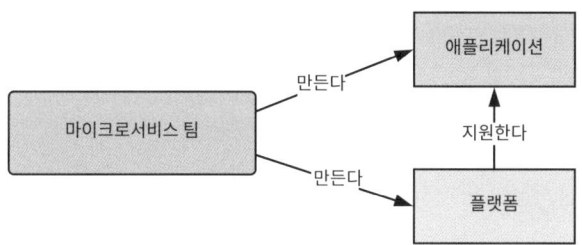

그림 13.9 초기에는 하나의 팀이 마이크로서비스 애플리케이션과 지원하는 플랫폼을 모두 구축한다.

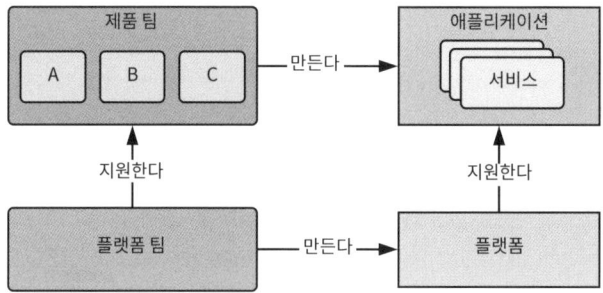

그림 13.10 플랫폼 팀 구성하기

회사의 필요와 기술적 선택에 따라 클라우드 관리와 보안 같은 핵심 인프라스트럭처 관심사를 배포와 클라우드 운영과 같은 특정 마이크로서비스의 관심사와 구분하기 위해 이 플랫폼팀을 좀 더 나눌 수 있다(그림 13.11) 이 방법은 특히 클라우드 제공자를 사용하는 회사보다는 자신의 인프라스트럭처를 운영하는 회사에서 일반적으로 쓰인다.

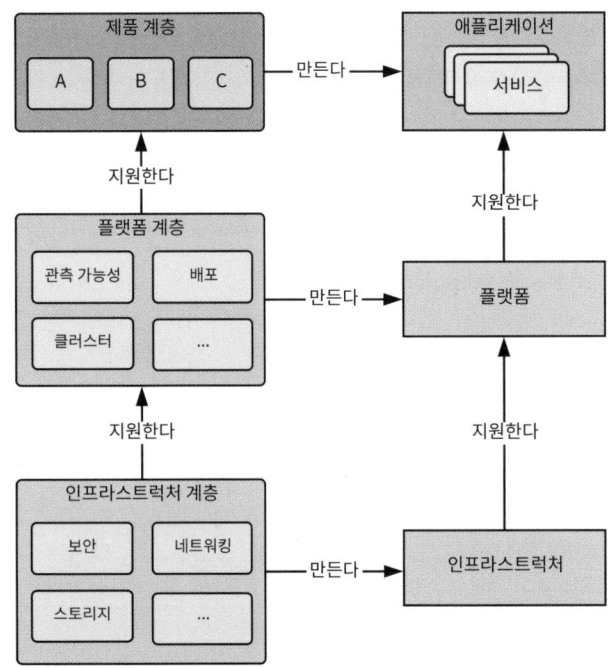

그림 13.11 3계층 모델에서 인프라스트럭처 팀을 하나의 계층으로 구성하기

더 큰 엔지니어링 조직에서는 이런 계층을 더 나눈다. 예를 들어, 다른 플랫폼팀이 배포 도구, 관측 가능성, 또는 서비스 간 커뮤니케이션에 집중할 수 있다. 그림 13.11에서 보여준 3계층 모델은 규모와 특성화의 경제 모델을 제공한다. 이는 팀 사이에 서로 티켓을 발행해 성과를 만들어내는 서비스 관계가 아니다. 대신, 각 계층의 성과를 상위 계층이 좀 더 효과적이고 생산적일 수 있게 도와주는 '제품'으로서의 서비스로 봐야 한다.

13.2.5 누가 비상대기할 것인가?

데브옵스 운동은 마이크로서비스 접근 방식에 강력한 영향을 미쳤다. 수많은 애플리케이션을 배포하고 운영하는 것은 운영 작업의 비용과 복잡도를 증가시키기 때문에 개발과 운영의 벽을 허무는 데브옵스 정신은 마이크로서비스를 잘하는 데 있어 매우 중요하다. 이 운동은 "개발한 사람이 운영도 한다"는 마음가짐을 장려한다. 서비스의 생애 동안 운영을 책임지는 팀은 애플리케이션을 좀 더 낫고 안정적이고 신뢰할 수 있게 개발할 것이다. 이것은 생산 서비스에 대해 경보에 응답할 준비를 하는 비상대기를 포함한다.

> Tip 11장에서 마이크로서비스에서 유용하고 실행 가능한 경보를 발생시키는 모범사례를 다뤘다.

예를 들어, 3계층 모델에서는 팀이 다음과 같은 역할을 담당한다.

- 엔지니어링팀은 자신의 서비스에서 나오는 경보에 대해 비상대기를 담당한다.
- 플랫폼 및 인프라스트럭처 팀은 하위 인프라스트럭처 또는 배포와 같은 공유 서비스의 이슈에 대해 비상대기를 담당한다.
- 조사를 지원하기 위해 이런 팀 간에 에스컬레이션 경로가 있다.

이 비상대기(on-call) 모델을 그림 13.12에 표현했다.

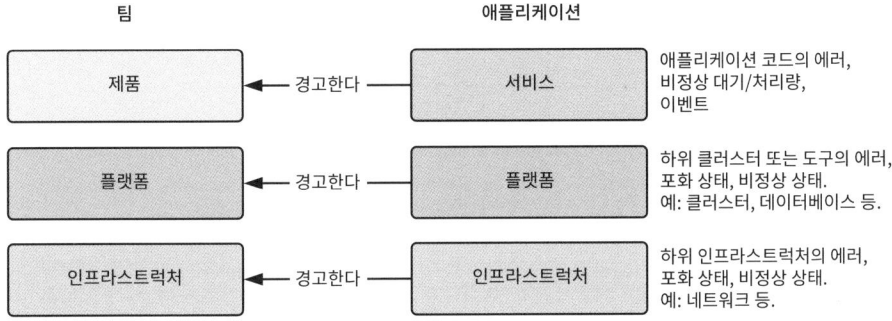

그림 13.12 3 계층 마이크로서비스 팀 구조에서 온-콜 모델

마이크로서비스가 가져다주는 수많은 변화 중에서 이것이 시작하기 가장 어려울 수 있다. 엔지니어가 자신의 코드라도 온-콜을 거부할 수 있다. 성공적인 온-콜 교대는 다음과 같아야 한다.

- **포괄적**: VP와 디렉터를 포함해 할 수 있는 모든 사람이 해야 한다.
- **공정함**: 비상대기는 정상 근무 시간에 더해서 보수를 받아야 한다.
- **지속 가능함**: 일과 삶의 균형 또는 사무실에서 일상 업무에 지장을 주지 않고 지치지 않게 충분한 엔지니어가 교대해야 한다.
- **사려 깊음**: 팀이 지속적으로 경보를 검토하고 경보가 관련된 사람만 깨워야 한다.

규모 있는 소프트웨어를 운영하는 것은 복잡하기 때문에 이 모델에서는 팀별로 경보를 나눴다. 운영에 드는 노력은 한 팀 내 엔지니어의 범위와 지식을 넘어설 수 있다. 엘라스틱서치 클러스터 운영, 카프카 인스턴스 배포, 또는 데이터베이스 튜닝 같은 운영 작업은 제품 엔지니어가 일률적으로 얻기를 기대하기 힘든 특정 전문 기술을 요구한다. 또한 운영 작업은 제품 전달 속도와 다른 주기를 갖는다.

경고 역사적으로 인프라스트럭처 운영팀은 운영용 애플리케이션을 운영할 책임을 진다. 애플리케이션을 안정적으로 운영하고 장애를 복구한다. 이것이 긴장을 만든다. 운영팀은 불안정한 애플리케이션을 운영팀에게 던지는 개발자를 불쾌하게 여기는 반면, 개발자는 운영팀이 엔지니어링 기술이 부족하다고 불평한다. 이와 같이 개발과 운영이 분리된 모델에서는 잘못된 팀이 운영 이슈를 해결하게 된다. 그렇지 않고 개발자가 자신의 코드를 운영하는 책임을 지면 장애를 더 잘 해결하고 장기적으로 코드를 최적화할 수 있다.

책임과 전문성의 균형을 갖는 비상대기 모델을 위한 올바른 선택은 개발하는 애플리케이션의 유형, 애플리케이션의 처리량, 그리고 선택한 하부 아키텍처에 따라 달라진다. 이에 대해 더 배우고 싶다면 최근에 '인크리멘트(Increment)'가 게시한 구글, 페이저듀티, 에어비엔비, 그리고 다른 조직에서 사용했던 비상대기 접근 방식에 대한 깊이 있는 리뷰를 참조하라(https://increment.com/on-call/who-owns-on-call/).

13.2.6 지식 공유하기

자율적인 팀이 개발 속도를 증가시키기는 하지만, 여기에는 3가지 단점이 있다.

- 다른 팀에서 같은 문제를 다른 방식으로 여러 번 해결할 수 있다.
- 팀원이 다른 팀의 전문가와 덜 협업하게 된다.
- 팀원이 조직 전체의 필요 또는 전체의 맥락을 고려하지 않고 지역적인 결정을 내릴 수 있다.

이런 이슈는 해결할 수 있다. 개인적으로 스포티파이(Spotify)의 챕터(Chapter)와 길드(guild)를 적용해 성공한 경험이 있다.[6] 이것들은 실무 커뮤니티다.

- 챕터는 모바일 개발과 같은 전문 기능을 가진 사람의 모임이다.[7]
- 길드는 성능, 보안과 같은 공통 관심사에 대한 실무 사례를 공유한다.

그림 13.13은 이 모델을 묘사한다.

이와는 대조적으로, 일부 조직에서는 매트릭스 관리를 사용해 기능 유닛에 대한 공식적인 주체를 구성한다. 이는 좀 더 복잡한 관리 구조를 구축하는 비용을 들여 QA 담당, 설계 담당과 같은 관리 책임자를 추가한다.

---

[6] 헨릭 니버그(Henrik Kniberg)의 Crisp's Blog "Scaling Agile @ Spotify with Tribes, Squads, Chapters & Guilds"(2012년 11월 14일), http://mng.bz/94Lv 참조.
[7] 대규모 조직에서 챕터는 엔지니어링 부서 내에서 기능 전문가 그룹일 수 있다(스포티파이에서는 이것을 트라이브[tribe]라고 부른다).

> **Tip** 대부분 엔지니어는 반복하지 말라는 DRY(Don't repeat yourself) 원리를 따르도록 교육받는다. 이는 서비스 내에서는 여전히 중요하다. 같은 코드를 두 번 작성하는 것은 의미가 없다. 그러나 여러 서비스에 걸친 경우에는 덜 중요하다. 왜냐하면 실제로 재사용이 가능한 코드를 공유하는 것은 여러 사용자에 걸쳐 코드를 출시하는 것을 조정하는 비싼 노력이 필요하기 때문이다. 기능을 좀 더 신속하게 전달할 수 있다면 어느 정도의 중복은 수용할 수 있다.

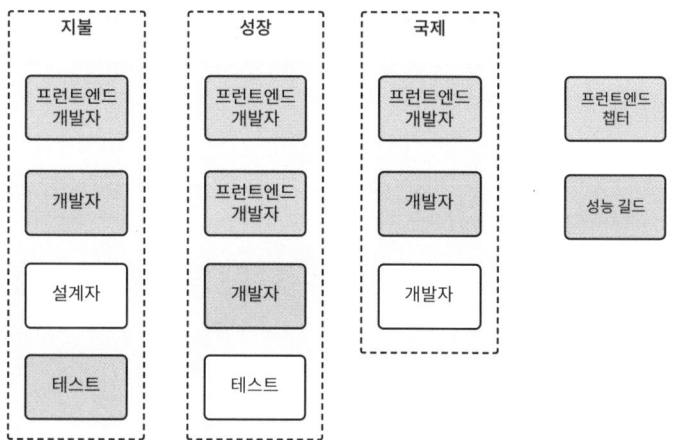

그림 13.13 챕터, 길드, 팀 모델

두 방법 모두 지식을 전파하고 업무 방식을 공유하는 데 효과적이다. 이는 고도로 자율적인 팀에서 발생할 수 있는 격리를 방지해 기술적, 문화적으로 팀이 일관되게 유지되도록 한다. 또한 아이디어, 솔루션, 기술을 서로 공유하면 팀 간에 인력 이동을 돕고 조직 수준의 인력에 대한 위험(bus factor risk)을 줄여준다.

또한 팀의 수명과 유동성 간의 균형을 유지하는 것도 중요하다. 장기적으로 팀 간의 정기적인 엔지니어의 이동은 지식과 기술을 공유하는 것을 돕고 챕터와 길드 모델을 보완한다.

13.3 마이크로서비스 팀을 위한 추천 관습

마이크로서비스 애플리케이션에서 변화의 규모는 상당하다. 유지하기가 어렵다! 모든 엔지니어가 모든 서비스와 그 상호작용 방법을 깊이 이해하기를 기대하는 것은 무리다. 왜냐하면 이런 서비스의 지형은 경고 없이 변경될 수 있기 때문이다. 마찬가지로, 독립적인 팀은 전체적인 관점을 형성하는 것을 저해할 수 있는데, 이러한 요인은 흥미로운 문화적 의미를 내포한다.

- 엔지니어는 자신 또는 자신의 팀을 위해 국지적으로 최적화된 솔루션을 설계한다. 그것이 넓은 범위의 엔지니어링 조직과 회사에 항상 적합한 것은 아니다.
- 기존 서비스의 문제를 해결하기보다 임시조치를 취하거나 새로운 서비스를 배포할 가능성이 있다.
- 팀의 사례가 너무 국지적이어서 엔지니어가 다른 팀에 적용하기 어려울 수 있다.
- 아키텍트와 엔지니어가 전체 애플리케이션에 대해 가시성을 얻고 효과적인 결정을 내리기 어렵다.

좋은 엔지니어링 관례는 이런 문제를 피하도록 돕는다. 이 섹션에서는 서비스를 구축하고 유지할 때 팀이 따라야 할 몇 가지 사례를 살펴본다.

13.3.1 마이크로서비스의 다양한 변경 요인

잠시 시간을 내어 일상적으로 작업하는 빌드 항목의 유형에 대해 생각해 보자. 제품 팀원이라면 주로 기능의 추가 또는 변경에 대한 백로그일 것이다. 새로운 기능을 출시하고 고객의 새로운 요청을 지원하고 새로운 시장에 진출하고 싶을 것이다. 이와 같이 새로운 기능 요구사항에 맞춰 마이크로서비스를 구축하고 변경한다. 그리고 감사하게도 마이크로서비스는 변화의 국면에서 애플리케이션이 유연하게 대처하도록 돕는다.

그러나 비즈니스 도메인의 변화에서 발생하는 기능 요구사항 외에도 마이크로서비스의 변화를 주도하는 다음과 같은 다양한 요인이 있다(그림 13.14).

- 하부의 프레임워크와 의존성(예: 레일즈[Rails], 스프링[Spring], 또는 장고[Django])이 성능, 보안 또는 새로운 기능을 위해 업그레이드될 필요가 있을 수 있다.
- 서비스가 더이상 목적이 적합하지 않을 수 있고(예: 자연스럽게 확장의 한계에 다다른 경우) 변화 또는 교체가 필요할 수 있다.
- 서비스의 결함 또는 의존성을 발견한다.

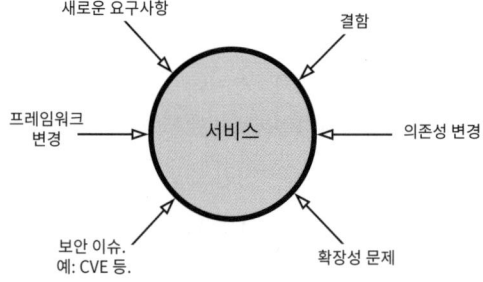

그림 13.14 마이크로서비스에서 변화의 요인

이런 모든 변화는 복잡도를 증가시킨다. 예를 들어, 단일 모놀리식 애플리케이션에서 보안 취약점을 추적하는 대신 몇 개의 애플리케이션(그리고 경우에 따라 다양한 언어와 프레임워크)에 걸쳐 정적 분석과 경보를 지원하는 도구를 갖춰야 한다. 모든 신규 서비스는 더 많은 일감을 만들어 낸다.

이에 대한 대안으로 일부 마이크로서비스 실용주의자들은 **불변의** 서비스를 주장한다. 일단 서비스가 성숙하면 변경을 불가능하게 하고 변화가 필요하면 새로운 서비스를 추가하는 것이다. 여기에는 미묘한 비용 대비 혜택에 대한 의사결정 문제가 있다. 서비스를 변화시켜 장애를 일으키는 위험보다 새로운 서비스를 구축하는 비용이 큰가? 물론 이것은 답변하기 어려운 질문이고 비즈니스 컨텍스트와 위험에 대한 기대에 따라 달라진다.

13.3.2 아키텍처의 역할

마이크로서비스 애플리케이션은 시간이 지남에 따라 발전한다. 예를 들어, 팀에서 새로운 서비스를 구축하고 기존 서비스를 제거하며 기존 기능을 리팩토링한다. 마이크로서비스가 가능하게 한 빠른 속도와 유연한 환경은 아키텍트와 기술 리더의 역할을 변화시킨다.

아키텍트는 애플리케이션의 범위와 전반적인 모습을 가이드하는 데 중요한 역할을 한다. 그러나 그들은 병목지점이 되지 않으면서 그 역할을 수행해야 한다. 주요 기술 결정에서 규범적이고 중앙화된 접근 방식이 마이크로서비스 애플리케이션에서 항상 잘 작동하는 것은 아니다.

- 앞에서 설명한 마이크로서비스 접근 방식과 팀 모델은 지역 팀들이 승인 절차 없이 맥락을 이해하는 신속한 의사결정을 하도록 권한을 부여한다.
- 마이크로서비스 환경의 유동성이란 요구사항이 변화하고 서비스가 진화하며 비즈니스 자체가 성숙하면서 의도한 시스템의 기술적 계획 또는 기대한 모델이 빠르게 유효기간을 넘긴다는 뜻이다.
- 의사결정의 양은 서비스의 수와 함께 증가하는데, 이것이 아키텍트를 압도해 아키텍트가 병목이 되게 할 수 있다.

그렇다고 아키텍처가 유용하지 않고 필요 없다는 것은 아니다. 아키텍트는 전체적인 관점을 갖고 애플리케이션의 전반적인 요구사항을 충족하도록 하며 아키텍처가 발전하도록 가이드해 다음과 같은 효과를 낸다.

- 애플리케이션이 조직의 전략 목표에 맞춘다.
- 한 팀의 기술적 선택이 다른 팀과 충돌하지 않는다.
- 팀이 공통적인 기술적 가치와 기대치를 공유한다.

- 관측 가능성, 배포, 서비스 간 커뮤니케이션과 같은 공통 관심사가 여러 팀의 요구사항을 만족한다.
- 전체 애플리케이션이 변화에 유연하고 쉽게 대응한다.

아키텍처는 **원칙**에서 시작하는 것이 가장 좋다. 원칙은 팀이 더 높은 목표를 성취하기 위해 따라야 할 가이드 또는 규칙이다. 이것은 팀에게 사례를 알려준다. 그림 13.15는 이 모델을 설명한다.

예를 들어, 제품의 목표가 개인정보와 보안에 민감한 기업에 판매하는 것이라면 알려진 외부의 표준, 데이터 호환성, 개인정보의 명확한 추적에 대한 준수의 원칙을 설정할 수 있다. 또한 신규 시장 진출이 목표라면 지역 요구사항에 대한 유연성, 여러 클라우드 지역을 위한 설계, 국제화의 즉시 지원 등을 요구할 수 있다(그림 13.16).

원칙은 유연하다. 이것은 비즈니스의 우선순위와 애플리케이션의 기술적 발전을 반영해 변화하고, 그래야 한다. 예를 들어, 초기 개발은 제품 시장의 적합성 검증에 중점을 두지만, 성숙한 애플리케이션은 성능과 확장성에 집중해야 한다.

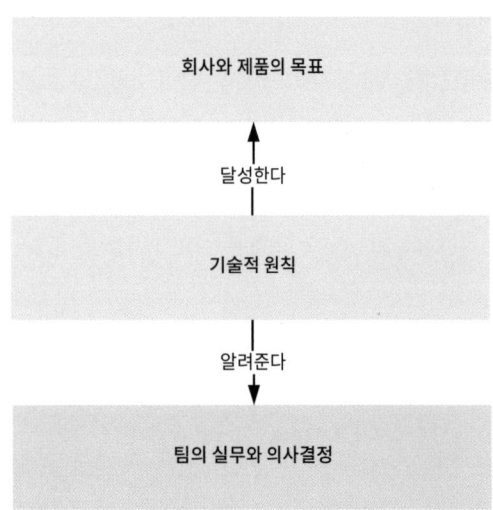

그림 13.15 기술적 원칙에 근거한 아키텍처의 접근 방식

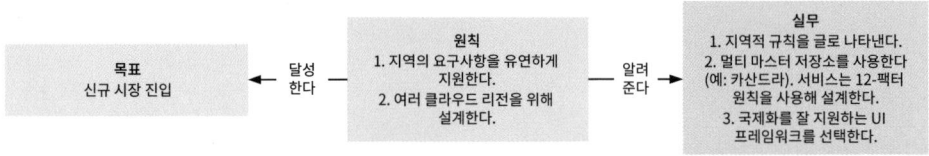

그림 13.16 신규 시장 진입을 지원하기 위한 원칙과 실무

설계 검토, 내부-소스 모델, 그리고 살아있는 문서와 같은 발전적인 아키텍처 접근 방식을 지원하는 몇 가지 일상적인 실무가 있다. 다음의 몇몇 섹션에서 이것에 대해 알아볼 것이다.

13.3.3 동질성과 기술적 유연성

까다로운 의사결정 이슈 중 하나는 마이크로서비스를 개발하는 데 사용할 언어를 선택하는 것이다. 마이크로서비스가 기술적 자유를 제공하기는 하지만, 폭넓은 언어와 프레임워크를 사용하면 위험이 증가할 수 있다.

- 제한된 지식 공유와 유지보수. 그리고 서비스 지원을 어렵게 하기 때문에 버스 팩터와 핵심 인력의 의존성이 증가할 수 있다.
- 새로운 언어로 작성된 서비스는 운영 표준을 충족하지 못할 수 있다.

실제로, 전문 기능 또는 성능 요구와 같은 이유로 다양한 언어를 선택할 필요가 있는 시나리오와 마주친다. 예를 들어, 자바는 시스템 인프라스트럭처를 작성하기에 적합하지 않고 루비는 파이썬에 있는 깊이 있는 과학 및 머신러닝 라이브러리가 없다. 이와 같은 시나리오에서 버스 팩터 위험(팀원을 순환하고 짝 프로그래밍을 하며 문서를 작성하고 새로운 엔지니어를 멘토링하는 것 등)을 줄이기 위해 수많은 팀원과 새로운 언어/프레임워크로 서비스를 개발하는 것을 공유하는 것이 중요하다.

기본 언어 하나 또는 작은 세트를 선택하면 그 언어를 위한 기법과 접근 방식을 더욱 최적화할 수 있다. 서비스 템플릿과 섀시, 그리고 표본을 만들 때 선호하는 언어로 개발하는 것이 쉽고 더 많은 개발자가 그것을 서비스 작성에 사용하게 하는 것은 자연스러운 일이다. 이처럼 마찰을 줄이면 선순환이 생성된다. 선호하는 언어를 명시적으로 선택하지 않아도 이런 현상이 (시간이 걸리겠지만) 조직의 특성상 발생할 수 있다.

> **Tip** 마이크로서비스는 교체할 수 있어야 한다. 필요한 경우 모든 서비스를 더 선호하는 언어로 다시 작성할 수 있어야 한다.

13.3.4 오픈 소스 모델

마이크로서비스 코드에 오픈 소스 원칙을 적용하면 지식 공유를 개선하면서 경쟁과 기술적 격리를 완화할 수 있다. 앞서 언급한 대로, 마이크로서비스 조직에서 각 팀은 일반적으로 여러 서비스를 소유한다. 그러나 운영하는 각 서비스는 서비스의 기능과 운영, 그리고 안정성을 장기적으로 책임지는 명확한 팀인 소유자가 있어야 한다. 이것은 서비스에 공헌하는 사람만 소유자가 된다는 말은 아니다. 다른 팀도 그들의 요구 또는 결함을 수정하기 위해 기능을 수정할 필요가 있을 수 있다. 이런 변경이 모두 같

그룹의 사람에게 필요하다면 각자 자신의 우선순위를 중시할 것이고, 그에 따라 다른 팀을 위한 변경은 느리게 처리할 것이다.

대신, **내부-소스(inner-source)** 모델은 조직 내의 오픈 소스로서 소유와 가시성의 균형을 맞춘다.

- 모든 서비스의 소스 코드는 내부적으로 접근할 수 있어야 한다.[8]
- 모든 엔지니어는 서비스 소유자가 리뷰하는 한 모든 서비스에 반영 요청(pull request)을 올릴 수 있다.

이 모델(그림 13.17)은 핵심 그룹의 커미터가 대부분 커밋을 하고 주요 결정을 내리며 다른 사람들은 변경에 대한 승인을 요청하는 대부분 오픈 소스 프로젝트와 매우 닮았다. 예를 들어, 팀 A의 엔지니어가 팀 B 소유의 서비스를 변경할 필요가 있다고 가정해 보자. 팀 A는 이 변경에 대해 자신들의 다른 백로그와 우선순위에 대해 논쟁하거나 팀 B의 코드를 가져와 스스로 변경한 후 팀 B가 검토하도록 변경 반영 요청을 올릴 수 있다.

이렇게 하는 것은 3가지 혜택이 있다.

- 팀 간의 경쟁과 우선순위 논쟁을 줄여준다
- 조직 내에서 적은 수의 개발자가 일하는 서비스에서 자라날 수 있는 기술적 고립감과 소유성을 감소시킨다.
- 엔지니어가 다른 팀의 서비스를 이해하도록 도와 조직 안에 지식을 공유하고 다른 내부 사용자의 요구사항을 잘 이해할 수 있다.

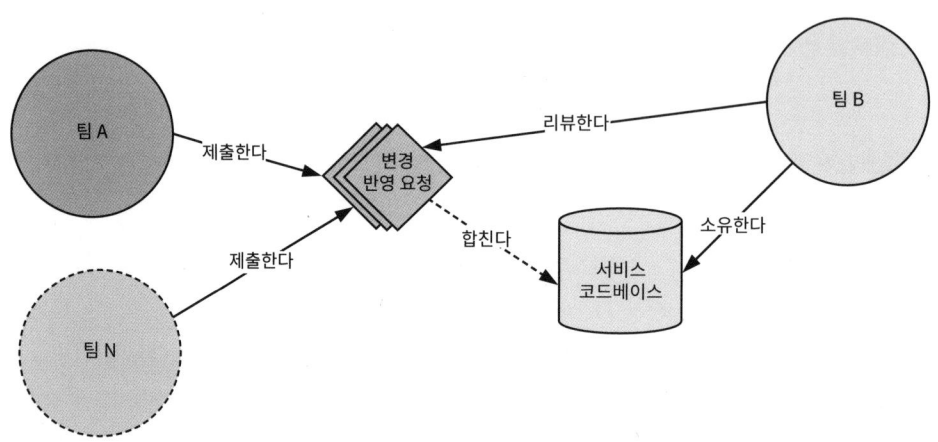

그림 13.17 서비스 개발에 오픈 소스 모델을 적용하기

---

[8] 어떤 조직에서는 소스 코드가 매우 민감한 경우와 같이 합리적인 예외 규칙이 적용될 수 있다.

> **노트** 이 책에서 논의했던 것과 같은 공통 아키텍처와 배포 규칙을 따르는 서비스라면 여러 서비스에 기여하는 것이 상당히 쉬워진다.

13.3.5 설계 검토

각각의 새로운 서비스는 빈 석판과 같아서 자유분방하다. 예를 들어, 각 서비스는 다양한 성능 특성을 가지고 다양한 언어로 개발됐을 수도 있고 새로운 인프라스트럭처를 요구할 수도 있다. 새로운 기능은 새로운 서비스나 여러 서비스로 작성되기도 하고 기존 서비스 내에 작성되기도 하는 등 다양한 방식으로 개발됐을 수 있다. 이런 자유도는 멋지지만, 감시가 부족해 다음과 같은 결과를 만든다.

- **일관성 부족**: 예를 들어 서비스가 요청을 일관되게 기록하지 못해서 결함 조사와 같은 일반적인 운영 작업을 저해한다.
- **최적이 아닌 설계 결정**: 단일 서비스가 더 유지하기 쉽고 잘 작동함에도 여러 서비스로 구축할 수 있다.

몇 가지 방법으로 이 문제를 해결할 수 있다. 7장에서 모범사례를 소개하기에 앞서 서비스 섀시와 서비스 표본을 사용하는 것을 논의했다. 그러나 그것은 단지 부분적인 해결책일 뿐이다.

우버와 Criteo의 사례와 견줄 만한 우리 회사에서는 설계 검토 프로세스를 따른다. 모든 새로운 서비스 또는 상당한 새로운 기능에 대해서 담당 엔지니어가 설계 문서를 만든다. 이 문서를 RFC(Request for comments)라 부른다. 그리고 자신의 팀 내부와 외부의 리뷰어 그룹에 피드백을 요청한다. 표 13.1은 전형적인 설계 검토 문서의 섹션을 설명한다.

표 13.1 새로운 마이크로서비스를 위한 설계 검토 문서의 섹션

섹션	목적
문제 & 컨텍스트	이 기능은 무슨 기능/비즈니스 문제를 해결하는가? 왜 우리가 이것을 하는가?
솔루션	이 문제를 어떻게 해결할 것인가?
의존성 & 통합	기존 또는 계획된 서비스/기능/컴포넌트와 어떻게 상호작용하는가?
인터페이스	이 서비스가 노출할 동작은 무엇인가?
확장 & 성능	기능은 어떻게 확장하는가? 대략적인 운영 비용은 어떻게 되는가?
신뢰성	목표하는 신뢰성 수준은?
가용성	백업, 복구, 배포, 폴백
모니터링 & 도구	이 서비스의 동작을 어떻게 이해할 것인가?
장애 시나리오	가능한 장애의 영향을 어떻게 극복할 것인가?

섹션	목적
보안	위협 모델, 데이터 보호 등
출시	이 기능을 어떻게 출시할 것인가?
위험 & 열린 질문	식별한 위험은 무엇인가? 모르는 것은 무엇인가?

이 프로세스를 통해 개발 사이클 초기에 최적이 아닌 설계 결정을 잡아낸다. 문서를 작성하는 것이 추가적인 노력처럼 보일 수 있지만, 서비스 설계를 고려하기 위한 준 정식 프롬프트를 사용하면 팀이 구현 방향을 결정하기 전에 고려사항과 절충안 전반에 대해 다루므로 전체적으로 개발을 빠르게 할 수 있다.

13.3.6 살아있는 문서

앞서 언급했듯이, 마이크로서비스 아키텍처를 머릿속에 기억하기는 어렵다. 규모가 있는 마이크로서비스 애플리케이션 팀은 문서화에 시간을 투자해야 할 것이다. 서비스별로 개요, 계약, 런북(runbooks), 메타데이터의 4가지 계층의 접근 방식을 추천한다. 표 13.2는 이 4가지 계층을 상세히 설명한다.

표 13.2 마이크로서비스의 문서화를 위한 최소한의 추천 계층

유형	요약
개요	서비스 목적의 개요, 의도한 사용법과 전체 아키텍처. 서비스 개요는 팀원과 서비스 사용자를 위한 시작점이 돼야 한다.
계약	서비스 계약은 서비스가 제공하는 API를 설명한다. 전송 메커니즘에 따라 이것은 스웨거(HTTP APIs) 또는 프로토콜 버퍼(gRPC)를 사용해 기계가 읽을 수 있다.
런북	운영을 위해 작성된 런북은 공통적인 운영과 장애 시나리오를 상세하게 지원한다.
메타데이터	서비스의 기술적 구현에 관한 사실. 예를 들어 프로그래밍 언어, 주요 프레임워크 버전, 지원 도구의 링크, 배포 URL.

이 문서는 **레지스트리(registry)** 에서 찾을 수 있어야 한다. 레지스트리는 단일 웹사이트로 모든 서비스의 상세정보가 있는 곳이다. 훌륭한 마이크로서비스 문서는 수많은 목적을 지원한다.

- 개발자는 기존 서비스가 노출하는 계약과 같은 기능을 발견할 수 있다. 이것은 개발 속도를 높이고 낭비와 중복된 작업을 줄여 줄 수 있다.

- 다양한 서비스는 운영도 다양할 것이기 때문에 온-콜 스태프가 운영 환경에서 문제를 진단하기 위해 런북과 서비스 개요를 사용할 수 있다.

- 팀에서 서비스 인프라스트럭처와 질문에 답을 하기 위해 메타데이터를 사용할 수 있다. 예를 들어 "얼마나 많은 서비스가 루비 2.2에서 실행되는가?"라는 질문이 있을 수 있다.

MkDocs(www.mkdocs.org)와 같은 프로젝트 문서를 작성하기 위한 수많은 도구가 있다. 이런 도구를 서비스 메타데이터 접근 방식과 연계해 표 13.2에 설명된 것처럼 마이크로서비스 레지스트리를 구성할 수 있다.

> **Tip** 단일 애플리케이션이라 하더라도 문서를 최신 상태로 유지하는 것은 어렵기로 악명이 높다. 가능하면 애플리케이션의 상태로부터 문서를 자동으로 생성하도록 해야 한다. 예를 들어, `swagger-ui` 라이브러리를 사용해 스웨거 YML 파일에서 계약 문서를 생성할 수 있다.

13.3.7 애플리케이션에 관한 질문에 답하기

서비스 소유자 또는 아키텍트로서 다음과 같은 질문에 답하기 위해 애플리케이션의 상태에 관해 전반적으로 알기를 원할 것이다.

- 언어별로 얼마나 많은 서비스가 개발됐는가?
- 보안 취약점을 가지거나 의존성이 오래된 서비스는 무엇인가?
- 서비스 A를 사용하는 상위와 하위 협업 서비스는 무엇인가?
- 운영에서 중요한 서비스는 무엇인가? 애플리케이션의 중요 경로에서 부하가 치솟거나 실험을 하거나 또는 덜 중요한 서비스는 무엇인가?

이 글을 쓰는 시점에는 이런 정보를 쉽게 결합해 사용할 수 있는 도구가 거의 없다. 사용할 수 있다면 일반적으로 여러 위치에 분산돼 있다.

- 언어와 프레임워크 선택은 코드 분석 또는 저장소 태깅을 요구한다.
- 의존성 관리 도구(예를 들어, Dependabot)는 시대에 뒤떨어진 라이브러리를 훑어본다.
- 지속적인 통합 작업은 임의로 정적 분석 작업을 실행한다.
- 서비스 간의 네트워크 메트릭과 코드 계측 표면의 관계

비슷한 정보를 스프레드시트나 아키텍처 다이어그램에 보관할 수 있지만, 슬프게도 최신 정보를 유지하기가 힘든 경우가 많다.

존 아숀(John Arthorne)은 최근 스포티파이[9] 강연에서 각 코드 저장소에 service.yml을 포함하고 그것을 서비스 메타데이터의 소스로 사용할 것을 제안했다. 이것은 좋은 생각이지만, 이 책을 쓰는 시점에는 여러분이 직접 만들어야 한다.

13.4 추가 자료

엔지니어링팀을 구성하고 성장시키고 개선하는 것은 광범위한 주제라서 이 장에서는 그 일부만 다뤘다. 흥미가 있다면 다음 책도 읽어볼 것을 추천한다.

- 로이 오셔로브(Roy Osherove) 《Elastic Leadership》(Manning 2016)
- 마이클 롭(Michael Lopp) 《통쾌한 인간관리 이야기》(ITC 2009)
- 미키 맨틀(Mickey W. Mantle), 론 린치(Ron Lichty) 《Managing the Unmanageable》(Addison-Wesley 2013)
- 톰 디마르코(Tom DeMarco), 티모시 리스터(Timothy Lister) 《피플웨어》(매일경제신문사 2003)

이 장에서는 많은 내용을 다뤘다. 마이크로서비스 엔지니어링 접근 방식을 선택하는 것은 일을 마무리하고 엔지니어에게 권한을 부여하는 데 좋다. 그러나 기술 기반을 바꾸는 것은 전쟁의 서막에 불과하다. 모든 시스템은 그것을 구축하는 사람과 깊게 엮여 있다. 성공적인 지속 가능한 개발은 협업과 커뮤니케이션, 그리고 엄격하고 책임 있는 엔지니어링 실무와 밀접하게 관련이 있다.

결국 사람이 소프트웨어를 인도한다. 최고의 제품을 출시하려면 팀의 실력을 최대한 발휘해야 한다.

요약

- 훌륭한 소프트웨어를 구축하는 것은 구현의 선택만큼이나 효과적인 커뮤니케이션, 조정, 그리고 협업에 관한 것이다.
- 애플리케이션 아키텍처와 팀 구조는 공생관계를 갖는다. 팀 구조를 활용해 애플리케이션 구조를 변경할 수 있다.
- 팀이 효과적이기를 원한다면 팀이 자율성과 소유권, 모든 책임을 극대화하도록 구성해야 한다.
- 다기능 팀은 전통적이고 기능적인 접근 방식보다 마이크로서비스를 신속하고 효과적으로 인도한다.
- 대규모 엔지니어링 조직은 인프라스트럭처, 플랫폼, 그리고 제품 팀의 계층 모델을 개발해야 한다. 하위 계층의 팀은 상위 계층의 팀이 좀 더 효과적으로 일하도록 지원한다.

---

[9] 존 아숀(John Arthorne)의 발표를 참조하자. "Tracking Service Infrastructure at Scale"(SRECon San Francisco, 2017년 3월 13일), http://mng.bz/Z6d0.

- 길드와 챕터 같은 실무의 커뮤니티는 기능적 지식을 공유할 수 있다.
- 마이크로서비스 애플리케이션은 머릿속에 간직하기 어렵다. 그래서 전체의 의사결정과 온—콜 엔지니어를 어렵게 한다.
- 아키텍트는 애플리케이션의 발전을 가이드하고 구체화해야 하며 방향과 결과를 지시해서는 안 된다.
- 내부 소스 모델은 여러 팀의 협업을 개선하고 소유감을 약화시키며 버스 팩터(bus factor)의 위험을 줄인다.
- 설계 검토는 마이크로서비스의 품질과 접근성, 일관성을 개선한다.
- 마이크로서비스 문서는 개요, 런북, 메타데이터, 서비스 계약을 포함해야 한다.

부록 | 미니큐브에 젠킨스 설치하기

> 부록에서는 다음 내용을 다룬다.
> - 미니큐브에서 젠킨스 실행하기
> - 헬름에 대한 간단한 소개

여기서는 10장의 예제에서 사용한 로컬 미니큐브 클러스터에 젠킨스를 실행하는 과정을 설명한다.

미니큐브에서 젠킨스 실행하기

9장에서 구성한 로컬 쿠버네티스 클러스터인 미니큐브에 젠킨스를 서비스로 실행할 수 있다. 미니큐브를 설치하려면 깃허브의 설치 가이드를 따른다(https://github.com/kubernetes/minikube). 일단 설치했으면 터미널에서 `minikube start` 명령으로 클러스터를 실행한다.

젠킨스 애플리케이션은 마스터 노드와 선택적으로 임의의 에이전트 노드로 구성된다. 젠킨스 잡을 실행하면 배포 활동을 수행하기 위해 에이전트 노드에서 `make`와 같은 스크립트가 실행된다. **잡(job)**은 코드 저장소의 로컬 복제본인 **워크스페이스(workspace)** 내에서 동작한다. 그림 A.1은 이 아키텍처를 설명한다.

헬름(Helm)을 사용해 미니큐브 클러스터에 젠킨스의 "공식" 쿠버네티스 구성을 설치할 수 있다.

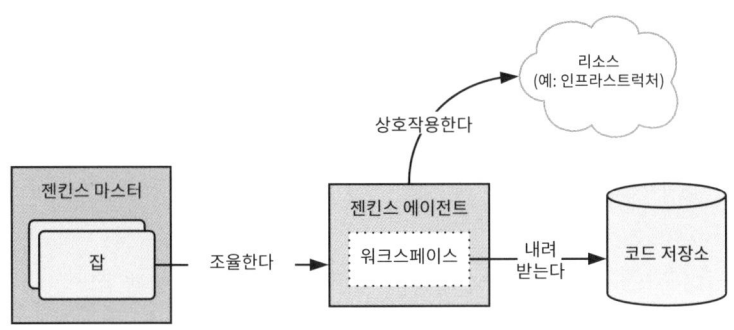

그림 A.1 젠킨스의 개념 아키텍처

헬름 구성하기

헬름(Helm, https://helm.sh)은 쿠버네티스를 위한 패키지 관리자로 생각할 수 있다. 헬름의 패키지 형식을 **차트(chart)**라고 하는데, 쿠버네티스 객체 템플릿의 집합으로 정의한다. 커뮤니티에서 개발된 차트는 깃허브(https://github.com/helm/charts)에 저장돼 있고 여기서 사용할 젠킨스를 위한 차트도 여기에 있다.

헬름은 2개의 컴포넌트로 구성된다.

- 헬름 차트와 상호작용할 클라이언트
- 차트의 설치를 수행하는 서버 측의 애플리케이션인 틸러(Tiller)

그림 A.2는 이것을 도식화했다.

헬름의 설치 가이드는 깃허브(https://github.com/helm/helm)를 참조하자. 가이드를 따라하면 로컬 머신에 클라이언트를 실행할 수 있다. 헬름을 설치하고 나면 미니큐브에 틸러를 구성해야 한다. `helm init` 명령을 실행해 틸러를 구성한다.

네임스페이스와 볼륨 생성하기

젠킨스 차트를 설치하기 전에 두 가지를 생성해야 한다.

- 클러스터 내에서 젠킨스 객체를 논리적으로 격리하기 위한 새로운 네임스페이스
- 미니큐브가 재시작되더라도 젠킨스 설정을 보존할 수 있는 영구 볼륨

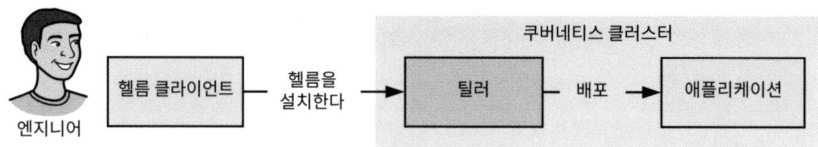

그림 A.2 쿠버네티스를 위한 패키지 관리자인 헬름의 구성요소

> **Tip** 이 장에서 사용하는 모든 템플릿은 깃허브에 있는 이 책의 코드 저장소에 있다(https://github.com/morganjbruce/microservices-in-action).

다음 명령으로 미니큐브 클러스터에 템플릿을 적용해 네임스페이스를 생성한다.

```
kubectl apply -f <file_name>
```

예제 코드 A.1 jenkins-namespace.yml

```yaml
---
apiVersion: v1
kind: Namespace
metadata:
  name: jenkins
```

그리고 같은 방법으로 다음의 영구 볼륨도 적용한다.

예제 코드 A.2 jenkins-volume.yml

```yaml
---
apiVersion: v1
kind: PersistentVolume
metadata:
  name: jenkins-volume
  namespace: jenkins
spec:
  storageClassName: jenkins-volume
  accessModes:
    - ReadWriteOnce
  capacity:
    storage: 10Gi
```

```
      persistentVolumeReclaimPolicy: Retain
      hostPath:
        path: /data/jenkins/
```

젠킨스 설치하기

젠킨스를 설치할 때는 커뮤니티에서 제공하는 헬름 차트를 사용한다. 이 차트는 상당히 복잡한데, 관심이 있다면 다음의 깃허브 페이지를 참조하기 바란다(https://github.com/helm/charts/tree/master/stable/Jenkins).

우선, values.yml 파일을 생성한다. 헬름은 다음 코드를 참고해 미니큐브에서 실행하기 위한 적절한 기본값을 젠킨스 차트에 설정한다.

예제 코드 A.3 values.yml

```
Master:
  ServicePort: 8080
  ServiceType: NodePort
  NodePort: 32123
  ScriptApproval:
    - "method groovy.json.JsonSlurperClassic parseText java.lang.String"
    - "new groovy.json.JsonSlurperClassic"
    - "staticMethod org.codehaus.groovy.runtime.DefaultGroovyMethods
      leftShift java.util.Map java.util.Map"
    - "staticMethod org.codehaus.groovy.runtime.DefaultGroovyMethods split
      java.lang.String"
  InstallPlugins:
    - kubernetes:1.7.1
    - workflow-aggregator:2.5     ◀── 이 기본 플러그인은 젠킨스 파이프라인 잡의
    - workflow-job:2.21              실행을 지원한다.
    - credentials-binding:1.16
    - git:3.9.1
Agent:
  volumes:
    - type: HostPath
      hostPath: /var/run/docker.sock
      mountPath: /var/run/docker.sock
Persistence:
```

```
    Enabled: true
    StorageClass: jenkins-volume          ←——— 앞서 생성한 영구 볼륨을 사용하는 설정
    Size: 10Gi
  NetworkPolicy:
    Enabled: false
    ApiVersion: extensions/v1beta1
  rbac:
    install: true
    serviceAccountName: default
    apiVersion: v1beta1
    roleRef: cluster-admin
```

이제 helm 명령을 사용해 젠킨스를 설치한다.

```
helm install
    --name jenkins
    --namespace jenkins
    --values values.yml
  stable/Jenkins          ←——— 설치할 차트
```

설치가 성공하면 그림 A.3에서처럼 생성된 리소스의 목록이 출력된다.

몇 분 후 젠킨스가 시작되면 서버에 접근하기 위해 비밀번호가 필요하다. 다음 명령으로 패스워드를 추출한다.

```
printf $(kubectl get secret --namespace jenkins jenkins -o jsonpath="{.data.
    jenkins-admin-password}" | base64 --decode);echo
```

그리고 나서 로그인 페이지로 이동한다.

```
minikube --namespace=jenkins service jenkins
```

사용자 이름 "admin"과 앞서 추출한 비밀번호를 이용해 로그인한다. 이렇게 해서 젠킨스를 구성했다.

RBAC 설정하기

미니큐브는 RBAC(role-based access control)를 기본으로 사용한다. 젠킨스가 쿠버네티스 클러스터에서 동작하려면 추가 설정을 해야 한다.

```
NAME:   jenkins
LAST DEPLOYED: Thu Jun  7 17:50:53 2018
NAMESPACE: jenkins
STATUS: DEPLOYED

RESOURCES:
==> v1/Secret
NAME     TYPE    DATA  AGE
jenkins  Opaque  2     0s

==> v1/ConfigMap
NAME           DATA  AGE
jenkins        5     0s
jenkins-tests  1     0s

==> v1/PersistentVolumeClaim
NAME     STATUS  VOLUME          CAPACITY  ACCESS MODES  STORAGECLASS    AGE
jenkins  Bound   jenkins-volume  10Gi      RWO           jenkins-volume  0s

==> v1/Service
NAME           TYPE       CLUSTER-IP     EXTERNAL-IP  PORT(S)         AGE
jenkins-agent  ClusterIP  10.99.195.109  <none>       50000/TCP       0s
jenkins        NodePort   10.110.150.27  <none>       8080:32123/TCP  0s

==> v1beta1/Deployment
NAME     DESIRED  CURRENT  UP-TO-DATE  AVAILABLE  AGE
jenkins  1        1        1           0          0s

==> v1/Pod(related)
NAME                      READY  STATUS    RESTARTS  AGE
jenkins-69575dd96f-sfd59  0/1    Init:0/1  0         0s
```

그림 A.3 stable/Jenkins 헬름 차트가 설치한 쿠버네티스 객체

다음 순서로 젠킨스 서버를 적절히 구성한다.

1. 젠킨스 대시보드에 로그인한다.
2. Credentials > System > Global Credentials > Add Credentials로 이동한다.
3. 쿠버네티스 서비스 계정 인증정보(Service Account credential)를 추가하고, ID 필드를 Jenkins로 설정한다.
4. 저장 후 Jenkins > Manage Jenkins > System으로 이동한다.
5. Kubernetes 섹션에서 앞의 3번 스텝에서 생성한 인증정보(credentials)를 설정하고 저장한다.

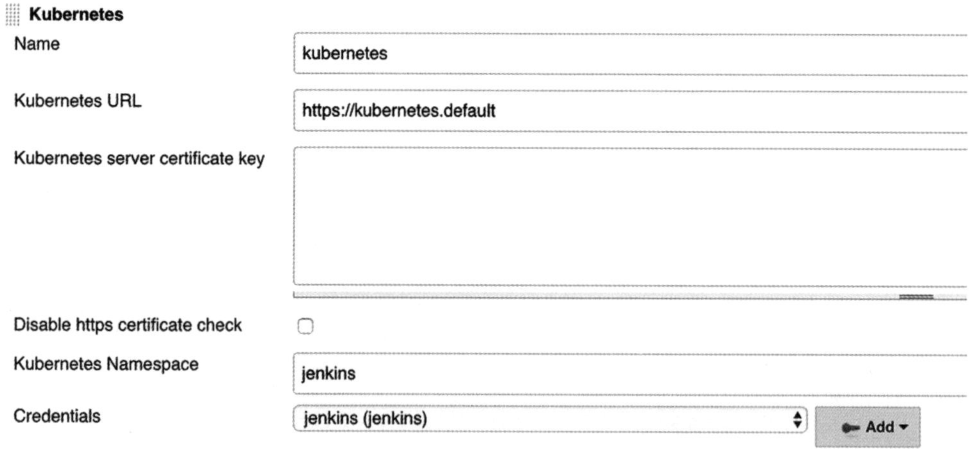

Kubernetes	
Name	kubernetes
Kubernetes URL	https://kubernetes.default
Kubernetes server certificate key	
Disable https certificate check	☐
Kubernetes Namespace	jenkins
Credentials	jenkins (jenkins) ▾ ← Add ▾

그림 A.4 쿠버네티스 클라우드 인증정보

테스트하기

간단한 빌드를 실행해 보면서 젠킨스가 정상 동작하는지 확인해 보자. 우선 새로운 젠킨스 대시보드에 로그인한 후 왼쪽 칼럼의 "New Item"으로 이동한다.

그림 A.5의 설정에 따라 새로운 파이프라인 잡을 "test-job"으로 생성한다. OK를 클릭해 다음 페이지로 이동한 후 "Pipeline Script" 필드에 다음 스크립트를 설정한다.

예제 코드 A.4 테스트 파이프라인 스크립트

```
podTemplate(label: 'build', containers: [
    containerTemplate(name: 'docker', image: 'docker', command: 'cat',
    ttyEnabled: true)
  ],
  volumes: [
    hostPathVolume(mountPath: '/var/run/docker.sock', hostPath: '/var/run/
    docker.sock'),
  ]
) {
    node('build') {
      container('docker') {
        sh 'docker version'
      }
    }
}
```

저장 후 다음 페이지에서 "Build Now"를 클릭하면 잡을 실행한다.

> **Tip** 첫 빌드에는 시간이 오래 걸릴 수 있다!

추가한 스크립트의 내용은 다음과 같다.

1. 도커 컨테이너를 담고 있는 새로운 파드를 만든다.
2. 컨테이너 내부에서 `docker version` 명령을 실행하고 결과를 콘솔에 출력한다.

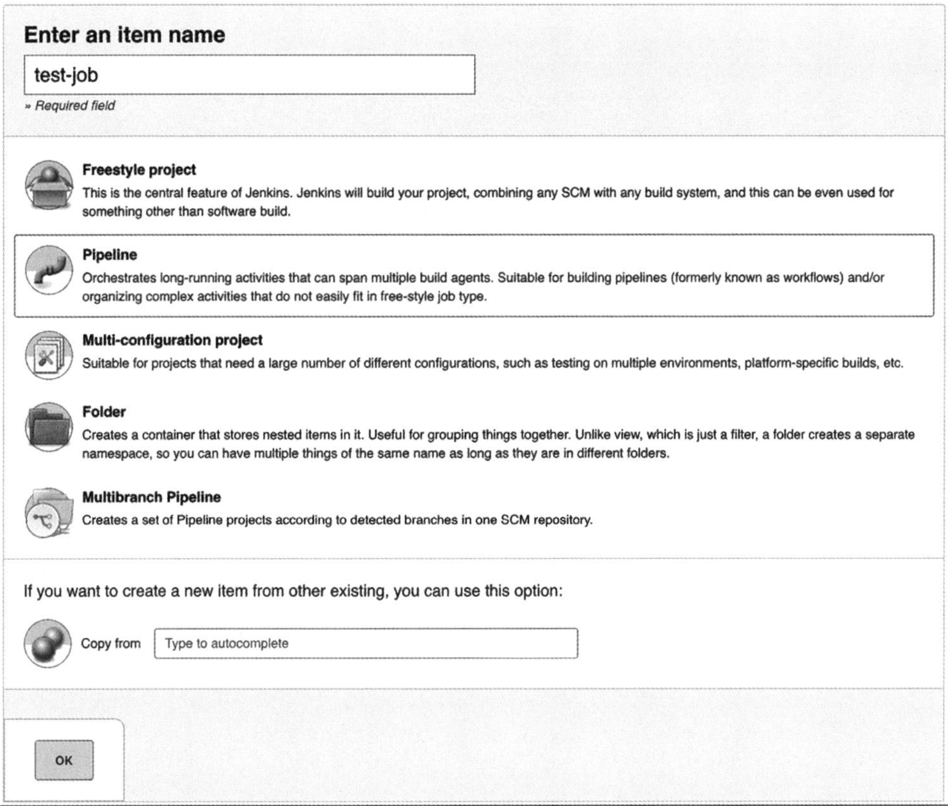

그림 A.5 새로운 잡을 생성하는 젠킨스 화면

빌드 잡이 완료되면 빌드 콘솔 화면으로 이동한다(http://⟨insert Jenkins ip here⟩/job/test/1/console). 잡 스크립트의 실행 결과가 그림 A.6과 같다면 성공적으로 동작한 것이다! 만약 이렇게 나오지 않았다면 어떤 문제가 있는지 확인하기 위해 젠킨스의 로그를 확인해보자: http://⟨insert Jenkins ip here⟩/log/all.

Console Output

```
Started by user admin
Running in Durability level: MAX_SURVIVABILITY
[Pipeline] podTemplate
[Pipeline] {
[Pipeline] node
Still waiting to schedule task
jenkins-slave-83vg6-gvs6d is offline
Agent jenkins-slave-83vg6-gvs6d is provisioned from template Kubernetes Pod Template
Agent specification [Kubernetes Pod Template] (build):
* [docker] docker

Running on jenkins-slave-83vg6-gvs6d in /home/jenkins/workspace/test
[Pipeline] {
[Pipeline] container
[Pipeline] {
[Pipeline] sh
[test] Running shell script
+ docker version
Client:
 Version:      18.05.0-ce
 API version:  1.35 (downgraded from 1.37)
 Go version:   go1.9.2
 Git commit:   f150324
 Built:        Wed May  9 22:11:29 2018
 OS/Arch:      linux/amd64
 Experimental: false
 Orchestrator: swarm
```

그림 A.6 테스트 빌드 잡의 콘솔 출력

번호

2단계 커밋	116
2PC	116
3계층 아키텍처	21
12-팩터 앱 매니페스토	224
12factor.net	224
99.999	141

A – D

acbuild 커맨드 라인 도구	237
ACID	19
ACID 트랜잭션	115
action-oriented services	98, 101
aggregator	64
Alignment	10
AMQP 프로토콜	68
API 게이트웨이	43, 73
API 컴포지션	132
Automation	10
Autonomy	8
awesome-ddd 목록	131
backbone	55
backends for frontends	74
back pressure	165
BDD	84
BEAM	199
Behavior-Driven Development	84
BFF	74
big-bang	266
blocking	183
blue-green	27
Blue-green deploys	228
bootstrapping	179
boundary	71
bounded context	73, 84, 85
bus factor	45
bus factor risk	373
business Impact	13
busybox	264
caching	156
canaries	27, 258
Canaries	228
CAP 이론	118
capabilities	63
cascading failures	147
category	330
chaos testing	165, 167
chart	385
chassis	174, 330
choreographed	119
choreography	102
Clair	240
clean architecture	100
Command Query Responsibility Segregation	68, 134
communication broker	68
composition	131
Consul	70
container runtime	252
containers	25
context	67, 301
Conway's Law	29
correlation ID	131
counters	299
CQRS	68, 134
CQRS 아키텍처	134
CQRS의 어려운 점	136
cross-cutting	267
CRUD	33
DAG	355
DAG- Directed Acyclic Graph	345
dark launch	290
DDD	85
deadlock	117
decomposition	84
de facto	187
deployment	256
directed acyclic graph	355
DNS	70
docker-compose	152
Docker Hub	236
Docker Swarm	233
domain-driven design	85
Domain-specific language	270
Domain Specific Language	236
Don't repeat yourself	373
downstream collaborators	140
downtime	141
DRY	373
DRY에 대해 덜 걱정하기	112
DSL	236, 270
dumb pipes	66, 127

E – K

edge capabilities	73
Elasticsearch	134
ELK	333
ELK와 플루언트디 기반 솔루션	334
end-to-end	361
ESBs	6
event backbone	68
event queue	297
event sourcing	68, 115
eventual consistency	118
expand-migrate-contract pattern	109
exponential back-off	154
façade	71
feature flags	290
Feature flags	291
Flipper	291
Fluentd	333
frontend composition	55
FTP	45
functional redundancy	157
gauges	300
GCE에 카나리와 롤링 배포	229
GCP	208
GDPR- General Data Protection Regulation	344
GKE	245
graceful degradation	155
GraphQL	75
gRPC	67
half open	161
health check	163
Helm	384
Heterogeneity	13
hexagonal architecture	100
histograms	300
horizontal decomposition	11
idempotent	152
identifiers	329
infrastructure-as-code	10
Infrastructure as code	207
inner-source	378
instance group	210
intermediate state	127
interruption	128
interwoven	127
isolation	127
Jaeger	344, 346
Jenkinsfile	270
jitter	154
job queue	68
JVM	199
Kafka	68
ksonnet	280
kubelet	252
kube-proxy	252
Kubernetes	233

L – R

level	330
load testing	165
lock	117
locking	128
Logstash	192
Mesos	233
micro-frontend	78
micro-frontends	55
Minimum Viable Product	35
MkDocs	381
model-view-controller	21
Monolithic	XVIII
MVC	21
MVP	35
nameko 프레임워크	181
NGINX	241
noisy neighbor	279
noun-oriented decomposition	94
nslookup	264
on-call	371
OpenAPI 명세	88
Open Container Initiative	233
OpenTracing	344, 346
Optimistic updates	137
orchestration	102, 125
OrderCreated 이벤트	69
OrderExpired 이벤트	42
OrderPlaced 이벤트	42
PaaS	226
paging	131
partitioning	84
peer-to-peer	127
pip 도구	239
Platform as a service(PaaS)	226
polling	137

positive feedback	147
Principles of Chaos Engineering	167
product discovery	36
product mode	367
protobufs	67
publish-subscribe	68
Publish-subscribe	138
RabbitMQ	68
RBAC	389
RBAC 설정하기	389
reconciliation action	126
Redis	68
reference	345
ReplicaSet	247, 248
replication log	136
Request for comments	379
Resilience	9
RESTful HTTP	67
RFC	379
rkt	233
role-based access control	389
rolling deploy	228
round-robin	164
RPC	67

S - Z

saga log	125
sagas	115
Sagas	120
saturation	255
scripted Pipeline	270
service artifact	216
service contracts	40
service discovery	70
service mesh	170
service responsibility	40
sharding	7
short-circuiting	128
silos	365
site reliability team	204
smart endpoints	66, 127
SOA	15, 106
SOAs	6
span	345
state machine	126
StatsD	187
StatsD 엑스포터	303
Stubbed data	157
tarball	243
three-tier architecture	21
Tiller	385
timestamps	329
time zone	329
Togglz	291
trace	345
TradeExecuted 이벤트	42
Transparency	10
truck factor	45
two-phase commit	116
UDP 프로토콜	187
upstream collaborators	40, 140
uptime	141
verb-oriented	125
verb-oriented approach	100
vertical decomposition	11
VM	45
volatility	103
workspace	270
WS-BPEL	127
YAGNI	104
you build it	321
you run it	321

ㄱ – ㄷ

가독성	330
가동 시간	141
가상 머신	45
가상 머신 배포하기	209
가용성	132, 204
가용성 우선순위 지정하기	134
가용성의 일반적인 약칭	141
감지할 수 있고 조치 가능한 경보 발생하기	320
개념 모델	58
개발 라이프사이클	36
게시-구독	68, 69, 138
게이지	300
격리	52, 127
경보 설정하기	315
경쟁과 데드락	117
계층 마이크로서비스 애플리케이션	59
고립의 위험	365
골든 시그널	298
공개 레지스트리	236
공개 이미지와 보안	240
관문	71
관측 가능	48
관측 가능성	20, 186
교차하는 관심사	267
구글 쿠버네티스 엔진	245
구글 클라우드 플랫폼	208
궁극적 일관성	118
균형과 제한	194
그라파나 설정하기	308
그라파나의 로그인 화면	309
그래프큐엘	75
금융 소프트웨어의 위험과 관성	34
기능적 조직을 넘어서 협업하기	365
기능 중복	157
기능 플래그	291
기술 부채	94
기술의 혼재성	13
기술적 다변화	51
기술적 역량	63
기술적 유연성	377
기하급수적 백-오프	154
깨지기 쉬운 구현을 식별하고 리팩터하기	27
낙관적 갱신	137
내부-소스	378
내포된 컨텍스트	92
네임스페이스	385
네임스페이스와 볼륨 생성하기	385
네트워크 커뮤니케이션	66
높은 응집력	4
느슨한 결합	8
느슨한 결합력	4
다양한 속도로 개발	112
다크 런치	290
대기 시간	299
대기시간	149
대체 데이터	157
데브옵스	370
데이터 소유권	114
도메인 모델링	84
도메인 모델링을 통한 마이크로서비스 식별하기	36
도메인 주도 설계	85
도메인 지식	16
도메인 지정 언어	236
도커 스웜	233
도커 이미지를 타볼로 저장	243
도커 컴포즈	152
도커 컴포즈 파일에 구성요소 추가하기	303
도커 허브	236
독립적으로 배포 가능	8
독립적으로 변경	8
동기식 메시지	66
동기식 커뮤니케이션	183
동기화	10
동료 간 자율적 구성	127
동사-지향 접근법	100
동사-지향 서비스	125
동작 지향 서비스	101
동질성	377
디플로이먼트	256
똑똑한 종단점	127

ㄹ – ㅁ

라운드-로빈 알고리즘	181
라운드로빈 부하 분산기	164
락	117
래빗엠큐	68
런타임 플랫폼	62
레디스	68
레벨	330
레퍼런스	345
로그 생성하기	328
로그스태시	192, 331, 333, 335

로그에 포함할 유용한 정보	329
로그 엔트리의 소스	329
로그와 메트릭 수집	73
로깅	192
로깅 솔루션 설정하기	336
로깅 인프라스트럭처 구축하기	333
로컬 DNS 서비스	264
로켓	233
롤링 배포	228
롤링 백	263
롤백 동작	124
리포팅	138
리플리카세트	247, 248
마스터 노드의 구성요소	251
마이크로서비스	3
마이크로서비스 배포 산출물 표준화	24
마이크로서비스 섀시	174, 330
마이크로서비스 섀시의 목적	177
마이크로서비스에 관한 경고	15
마이크로서비스의 3가지 주요 특성	5
마이크로서비스 팀을 위한 추천 관습	373
마이크로서비스 패턴	69
마이크로-프런트엔드	55, 78
마찰	13, 14
마찰 감소	34
만든 이가 운영도 한다	321
메시지의 맥락	67
메트릭의 유형	299
멱등성	152
명백한 기대	112
명사-지향 분해	94
명확한 인터페이스	112
모놀리식	XVIII, 56
모놀리식 애플리케이션	115
모놀리식 프런트엔드	77
모호함 다루기	107
무중단 서비스 배포	228
문제가 발생했을 때 누가 알아야 하는가	321
미니큐브에서 젠킨스 실행하기	384

ㅂ - ㅅ

바운디드 컨텍스트	73, 84, 85
반만 열린다	161
배포 파이프라인	267
백 프레셔	165
버스 팩터	45

범용 도메인 특화 언어	270
변동 가능성	84, 103
보상 동작	122, 126
복잡성	13
복제 로그	136
볼륨	385
부하 분산	162
부하 분산기	213
부하 분산하기	249
부하 테스팅	165
분산된 환경에서의 질의	131
분산 시스템	16, 18
분산 애플리케이션	115
분산 추적 시스템	346
분산 트랜잭션	116
분석	138
분해	84
분해를 통한 확장	7
불변성	218
불변의 서비스	375
불분명한 소유권	364
블로킹	183
블루-그린 배포	228
블루그린 배포	27
비동기식 메시지	67
비동기 커뮤니케이션	162
비상대기	370
비상대기 모델	371
비율 제한	73, 165
비즈니스 역량	63, 84
비즈니스 역량의 범위 지정하기	84
비즈니스 영향력	13
빅뱅 방식	266
빈약한 서비스	32
빌드 자동화 도구	217
빌드 파이프라인 설정하기	270
사가 로그	125
사가 패턴	115, 120
사이트 신뢰성 팀	204
삭제	32
산출물	217
산출물 게시하기	278
살아있는 문서	380
상위 조율 서비스	40
상위 주문 서비스	64
상태 머신	126
상태 변화 감시하기	252

상태 점검	163, 254
상황정보	301
새로운 버전 배포하기	256
생성	32
샤딩	7
섀시	174
섀시 설계	179
서버 이미지	220
서비스 간 계약 유지하기	17
서비스 간 상호작용 추적하기	344
서비스 간의 순환 의존성	124
서비스 간의 작동 이해하기	325
서비스 간의 협업	39
서비스 계약	40
서비스 기반 아키텍처	6
서비스 디스커버리	70, 181
서비스를 배포하는 빠른 방법	207
서비스를 컨테이너화하기	234
서비스 메시	170
서비스 범위 정하기	22
서비스 산출물	216
서비스 산출물 만들기	216
서비스 산출물의 유형	219
서비스 설계하기	140
서비스에서 추적 구성하기	347
서비스의 메트릭 사이에 가능한 상관관계	322
서비스의 여러 인스턴스 실행하기	210
서비스 책임	40, 41
선언적 빌드 파이프라인	288
설계 검토	379
설계상의 어려움	16
설계 제약	112
설계하기	81
설정	224
소유권	360
수백 개의 서비스에 걸친 동작	28
수직으로 분해	11
수집할 로그 구성하기	339
수평적 분해	11
스웨거	88
스캐닝 도구	240
스케줄링 모델의 장점	227
스크립티드 파이프라인	270
스테이징 환경	279, 282
스테이징 환경에 배포하기	278
스팬	345
시간대	329
시끄러운 이웃	279
식별자	329
신뢰성 정의하기	141
신속한 기반 구축	179

ㅇ – ㅈ	
아키텍처 원칙	58
아키텍처의 역할	375
아키텍트의 역할	58
아파치 미소스	233
안정성	204
알림 보내기	105
애플리케이션에 관한 질문에 답하기	381
애플리케이션 전체 관찰하기	322
액션	100
액션–지향–서비스	98
양성 피드백	147
얼랭 가상 머신	199
업계 표준	187
업데이트	32
에러	299
에러 리포팅	190
엔드–투–엔드 소유권	368
엔지니어링 문화	29
엔진엑스	241
엔터프라이즈 서비스 버스	6
엔터프라이즈 SOA	127
엘라스틱서치	134, 333, 334
엣지 역량	73
여러 서비스 연결하기	264
역량	63, 84
연관 ID	131
예거	344, 346
오픈 소스 모델	377
오픈 컨테이너 이니셔티브	233
오픈트레이싱	344, 346
올바른 정보를 로그로 남기기	343
왜 배포가 중요한가	204
요청 포화	255
용량 증설	212
우둔한 파이프	127
우아한 서비스의 저하	155
운영상의 도전 과제	19
운영 체제 패키지	220
운영 플랫폼 매핑	62
운영 환경에 기능 반영하기	44

운영 환경에 배포하기	283
워커 노드의 구성요소	252
워크스페이스	270
원인이 아닌 증상	322
위험	14
위험과 비용의 균형	143
위험 제거	178
유스케이스	84
유스케이스로 범위 정하기	94
육각형 아키텍처	100
의도하지 않는 복잡성	13
이미지 빌드하기	237, 274
이미지 작업하기	235
이미지 저장하기	243
이벤트 백본	55, 68
이벤트 소싱	68, 115, 129
이벤트와 모놀리식 시스템	120
이벤트 큐	297
인스턴스 그룹	210
인증 및 권한 부여	73
인터럽트	128
인프라스트럭처	368
인프라스트럭처 메트릭 수집하기 - 래빗엠큐	311
인프라스트럭처 코드화	10
일관된 트랜잭션	115
일관성 패턴	129
일반 데이터 보호 규제	344
읽기	32
자가 치유	212
자동화	10
자바 가상머신	199
자율성	8, 361
자율성의 부족	364
자율적	122
자율적 구성	41, 102
자율적 상호작용 스타일	124
자율적으로 구성된다	119
자율적으로 구성된 사가 패턴	122
잠그기	128
잠재 위험	143
잡 큐	68
장기적 책임의 부재	364
장애의 원인	144
장애 전파	147
장애 존	211
장애 지점	20
재사용할 수 있는 파이프라인 단계 만들기	287

재시도	152
저장소	100
전체 가용성	132
절차적 빌드 파이프라인	288
제거와 이관	109
제품	368
제품 모드	367
제품 생애 전반에 걸친 책임	361
제품 탐색	36
제한된 제어	112
젠킨스로 파이프라인 만들기	269
젠킨스 설치하기	387
젠킨스파일	270
조율	102, 125
조율된 사가 패턴	125
조직의 서비스 오너십	111
좋은 모니터링	296
중단 시간	141
중요 경로	65
중요하지 않은 경로	65
중첩된 사가 패턴	127
지속 가능한 가치의 전달	34
지속 전달 파이프라인	26
지속 통합 도구	27
지식 공유하기	372
지터	154
직접 비순환 그래프	345
질의와 명령 분리하기	134
집계	64
집계자	64

ㅊ - ㅎ

차트	385
최소기능제품	35
추천 관례	300
출시 기법	290
카나리	27, 228, 258
카오스 엔지니어링의 원리	167
카오스 테스팅	165, 167
카오스 툴킷	168
카운터	299
카테고리	330
카프카	68
캐싱	73, 156
커뮤니케이션	23, 65

커뮤니케이션 브로커	68	플랫폼	368
컨설	70	플루언트디	333, 336
컨슈머-주도 게이트웨이	75	플루언트디 데몬	334
컨테이너	25, 222	플리퍼	291
컨테이너 런타임	252	피처 플래그	290
컨테이너 실행하기	240	행동 주도 개발	84
컨테이너의 스케줄링	227	향후 분해를 위한 준비	108
컴포지션	131	헬름	384
코드로 인프라스트럭처를 관리	207	헬름 구성하기	385
코드베이스	367	헬름 차트	385
콘웨이의 법칙	29, 359	호스트별 단일 서비스	225
쿠버네티스	233	호스트별 여러 서비스 스케줄링	226
큐브-프락시	252	호스트별 여러 정적 서비스	226
큐블릿	252	혼재성	199
큰 규모의 서비스	94	확장-이관-축소 패턴	109
큰 규모의 서비스로 시작하기	107	회로 차단기	159
클러스터에 배포하기	244	회로 차단하기	128
클레어	240	회복성	9, 23, 47
클린 아키텍처	100	효과적인 팀을 위한 원칙	360
키바나	333, 335	훌륭한 복잡성	13
타임스탬프	329	히스토그램	300
타임아웃	157		
테스트 실행하기	276		
테스트하기	390		
토글즈	291		
투명성	10, 48		
투자 전략 주문 제출하기	95		
트래픽	299		
트럭 팩터	45		
트레이스	345		
트레이스 시각화하기	352		
틸러	385		
팀 구성하기	358		
팀 모델	362		
파드 설계하고 실행하기	246		
파드의 운영 방식 이해하기	253		
파티셔닝	84		
페이징 기법	131		
포화	299		
폴링	137		
폴백	155		
품질 관리와 자동 배포	47		
프런트엔드를 위한 백엔드	74		
프런트엔드 컴포지션	55		
프로메테우스 구성하기	307		
프로메테우스와 그라파나로 심플뱅크 모니터링하기	302		
프로토콜 버퍼	67